1ª edição - Junho de 2022

Coordenação editorial
Ronaldo A. Sperdutti

Projeto gráfico e editoração
Juliana Mollinari

Capa
Juliana Mollinari

Imagens da capa
Shutterstock

Assistente editorial
Ana Maria Rael Gambarini

Revisão
Marilda Perez Cabral
Ana Maria Rael Gambarini

Impressão
Gráfica Assahi

Direitos autorais reservados. É proibida a reprodução total ou parcial, de qualquer forma ou por qualquer meio, salvo com autorização da Editora. (Lei nº 9.610, de 19 de fevereiro de 1998)

Traduções somente com autorização por escrito da Editora.

© 2022 by Boa Nova Editora.

Av. Porto Ferreira, 1031 | Parque Iracema
CEP 15809-020 | Catanduva-SP
17 3531.4444

www.petit.com.br | petit@petit.com.br
www.boanova.net | boanova@boanova.net

Dados Internacionais de Catalogação na Publicação (CIP)
(Câmara Brasileira do Livro, SP, Brasil)

```
Daniel (Espírito)
    Círculo do poder / ditado pelo espírito Daniel,
[psicografia de] Cristina Censon. -- 1. ed. --
Catanduva, SP : Petit Editora, 2022.

    ISBN 978-65-5806-024-6

    1. Espiritismo 2. Psicografia 3. Romance espírita
I. Censon, Cristina. II. Título.
```

22-110499   CDD-133.93

Índices para catálogo sistemático:

1. Romance espírita psicografado   133.93

Eliete Marques da Silva - Bibliotecária - CRB-8/9380

Impresso no Brasil – Printed in Brazil
01-06-22-3.000

Prezado(a) leitor(a),
Caso encontre neste livro alguma parte que acredita que vai interessar ou mesmo ajudar outras pessoas e decida distribuí-la por meio da internet ou outro meio, nunca deixe de mencionar a fonte, pois assim estará reservando os direitos do autor e, consequentemente, contribuindo para uma ótima divulgação do livro.

CRISTINA CENSON
ROMANCE DITADO PELO ESPÍRITO DANIEL

CÍRCULO DO PODER

Prefácio

CÍRCULO DO PODER

A cada encarnação vivida, com a programação por nós efetuada e, se devidamente cumprida, daqui sairemos com a certeza de que nossa consciência encontrou a paz, em função do saldo positivo na balança da vida. Porém, nem sempre isso acontece...

Aqui chegamos ávidos para efetuar conquistas, buscando superar os obstáculos a que nos propomos, pois só assim obteremos o aprendizado que nos tornará seres mais lúcidos e sábios. No entanto, ao contato com nossa porção ainda imperfeita, nos perdemos no cipoal das dúvidas e das tentações que a materialidade nos oferece e nem sempre obtemos aquilo que viemos buscar. É certo que o véu do esquecimento pode nos favorecer, porém não nos protege contra a própria capacidade de minar nossas energias em prol de objetivos menos dignos, que ainda insistem em nos corromper.

Assim, falhamos incessantes vezes... Por nossa própria incúria e de mais ninguém...

O Pai misericordioso, no entanto, não perde a esperança em nós e oferece outra chance, uma nova oportunidade de superar as barreiras de nossa fragilidade espiritual. Nos concede uma nova encarnação! Com o firme propósito de trabalhar nossas imperfeições, nos propomos a galgar um degrau que seja na escalada evolutiva!

Nossas conquistas, entre erros e acertos, nos acompanharão, visando, dessa vez, nos favorecer. Os erros, para serem revistos e quitados; os acertos, para nos auxiliarem a ter olhos de ver e ouvidos de ouvir, evitando novas quedas. Assim se processa a complexa experiência reencarnatória! A ela nos submetemos convictos de que iremos obter o aprendizado que nos libertará da ignorância, que ainda nos prende a patamares inferiores. No entanto, aprender é tarefa inglória, que custamos a empreender com êxito, pois significa rever sentimentos, emoções, tentações e, essencialmente, as mazelas que ainda somos portadores. Nosso orgulho fala mais alto e nos remete aos mesmos erros de outrora, impedindo, assim, que nossa porção divina possa emergir e conduzir o grandioso espetáculo da existência humana.

E duas forças antagônicas se enfrentam nessa batalha: o bem e o mal, a luz e a sombra! Essa dualidade ainda comanda os rumos de nosso caminhar e, nem sempre, podemos antever aquele que sairá vencedor dessa contenda. Trazemos em nossa essência esses dois atributos e aqui renascemos com o desejo de que apenas um deles prevaleça: o bem. O mal se apresenta por nossa incapacidade de observar o todo, atendo-se apenas aos nossos desejos, valorizando o egoísmo de nossas ações, como se apenas isso fosse relevante. O orgulho é, na verdade, soberano e impõe seu próprio ritmo, desprezando as necessidades alheias, fazendo valer apenas sua vontade. No outro extremo, temos o bem, representando nossa essência divina, que está contida em germe em cada um de nós, esperando o tempo certo de se expandir por toda imensidão e eternidade. A compaixão, a paz, o amor são os frutos sagrados que apenas o agricultor previdente e dedicado poderá experimentar, se assim se dispuser. E quem vencerá essa batalha?

Fomos criados simples, ignorantes, trazendo em nosso íntimo todo potencial da perfeição ainda em germe. A cada oportunidade da encarnação, temos por tarefa executar uma programação, visando nosso aprimoramento moral. Isso significa que renascemos para aprender as lições valiosas que desprezamos no pretérito. Por isso aqui nos encontramos! O bem e o mal ainda nos acompanham a jornada, cada qual emergindo em determinado momento, nos chamando a reavaliar nossas condutas. Aliado a isso, não podemos nos esquecer de que toda bagagem conquistada segue conosco, nos incentivando a prosseguir sempre em frente. Os erros nos servem de lições a serem revistas; os acertos, de oportunidades de persistir em nossos propósitos. Se já aprendemos que o bem é a ferramenta que devemos utilizar, por que ainda o desprezamos, relegando-o a uma condição secundária?

Por que o mal ainda exerce tal fascínio? Para provar que é mais poderoso que o bem?

Esquecemos desse fator essencial a que o orgulhoso sempre se voltará: a conquista do poder! A ilusão do poder, se assim podemos nos expressar, que apenas conduz os invigilantes a despenhadeiros da dor e sofrimento indizíveis! Que poder pretendemos obter? E sobre quem iremos exercer esse poder?

O poder que temos em nossas mãos é apenas o de lutar para extinguir o mal que ainda reside em nosso íntimo. O poder a que o homem se submete e que a ele se volta com toda sua fúria é efêmero, não é conquista definitiva de seu espírito. No entanto, é ele que seduz o imprevidente, levando-o a realizar as mais pérfidas ações para obtê-lo, desprezando valores morais, afetos verdadeiros, afinidades tecidas ao longo das sucessivas encarnações, tendo como único propósito a própria satisfação pessoal, mesmo que provisória e vã! Muitos a ele se rendem, esquecendo-se de que a vida material é apenas um breve intervalo de tempo. Ao retornar à verdadeira vida, a espiritual, e tomarem conhecimento de todos os atos indignos praticados no afã de conquistar o poder entre os homens, constatarão que perderam a sagrada oportunidade de se redimir de todos os erros por ele perpetrados. Lágrimas serão derramadas, a revolta será instalada, mas nada poderá modificar o que já está consumado. As ações estão gravadas no livro da vida e apenas poderão ser revistas numa nova oportunidade que o Pai lhe conceder.

E quando isso irá acontecer? Quando o filho estiver pronto para rever seu passado e reformular suas condutas. Entretanto, a misericórdia de Deus é infinita e concede uma nova experiência. E para que ele não se sinta em desvantagem perante as cobranças que lhe serão direcionadas, envia companheiros espirituais para lhe acompanharem a jornada, dessa vez com vistas à própria renovação íntima. Jamais estaremos sós, essa é a única verdade inscrita em nosso íntimo. E como um ímã, atrairemos para perto de nós esses benfeitores espirituais, almas generosas, fruto da compaixão que esse Pai Maior tem por nós, filhos ainda tão imperfeitos e amados!

Nesta nova história, com personagens que retornam à vida material para dar prosseguimento às suas jornadas evolutivas, essa batalha ainda irá ocorrer: as forças do bem e do mal irão se enfrentar, cada qual com seus ideais, com suas fragilidades, com suas pretensões. Uma batalha onde vencerá aquele que se dispuser a seguir o caminho da luz, do bem e do amor, em qualquer condição. Nada resiste à força do amor!

Escrita novamente a quatro mãos, com o objetivo de esclarecer, porém sempre levando à reflexão da nossa própria história, para que possamos exercer a difícil arte de se conhecer em toda essência!

"Conhecereis a verdade e ela vos libertará", assim disse o Mestre.

Que a verdade aqui contida possa conduzi-lo a descobrir a sua própria!

Daniel
22/02/2018

Índice

Capítulo 1 – Contando sua história, **11**

Capítulo 2 – Sonho revelador, **22**

Capítulo 3 – Reencontro, **32**

Capítulo 4 – Presença hostil, **43**

Capítulo 5 – Momento crítico, **54**

Capítulo 6 – Programação em ação, **65**

Capítulo 7 – Revelações contundentes, **76**

Capítulo 8 – Ações necessárias, **87**

Capítulo 9 – Um novo acontecimento, **98**

Capítulo 10 – Abrindo as comportas, **109**

Capítulo 11 – Notícia perturbadora, **120**

Capítulo 12 – Lembranças dolorosas, **130**

Capítulo 13 – Lição esclarecedora, **141**

Capítulo 14 – Imagem torturante, **152**

Capítulo 15 – Novas ações, **163**

Capítulo 16 – Voltando ao passado, **174**

Capítulo 17 – Caminhos que se cruzam, **185**

Capítulo 18 – Uma esperança surge, **196**

Capítulo 19 – Colaboração essencial, **207**

Capítulo 20 – Recuperando lembranças, **218**

Capítulo 21 – Assédio invisível, **229**

Capítulo 22 – Investigação em andamento, **240**

Capítulo 23 – Acertando o passo, **251**

Capítulo 24 – Novas cenas do passado, **262**

Capítulo 25 – Perseguição atroz, **273**

Capítulo 26 – Semeadura fecunda, **284**

Capítulo 27 – Encontro premeditado, **295**

Capítulo 28 – Trágico acidente, **306**

Capítulo 29 – Novas providências, **317**

Capítulo 30 – Lutando bravamente, **328**

Capítulo 31 – Uma visita inesperada, **339**

Capítulo 32 – A força do amor, **350**

Capítulo 33 – Nova ofensiva, **361**

Capítulo 34 – Encontro nas trevas, **372**

Capítulo 35 – Visita necessária, **383**

Capítulo 36 – Ação premeditada, **393**

Capítulo 37 – A um passo da verdade, **404**

Capítulo 38 – Destino que se cumpre, **415**

Capítulo 39 – Escolhas do coração, **426**

Epílogo, **444**

Capítulo 1

CONTANDO SUA HISTÓRIA

Passava das dezenove horas e ainda havia um paciente para atender. Sua agenda havia sido exaustiva naquele dia. Pela manhã, ministrara aulas na faculdade, o que sempre era motivo de satisfação. Ensinar era uma das suas atividades favoritas e a ela se dedicava com todo comprometimento. Excepcionalmente naquele dia, vários pacientes solicitaram vê-lo e teve que encaixá-los em horários alternativos. Estava exaurido e, ao olhar o nome do próximo, viu que era um paciente novo, sendo aquela sua primeira consulta. Não se sentiu muito confortável quando observou de quem havia sido a indicação. Luciano já não era mais frequentador de seu consultório, o que era uma bênção, pois havia sido um caso delicado e complexo, demandando alguns anos de terapia. Ele agora parecia estar bem, com seus problemas resolvidos. Bem, foi o que ele lhe dissera alguns meses atrás, em sua última sessão. Era ele quem indicara o paciente das dezenove e trinta, o último do dia. Assim tinha preferido, pois uma primeira sessão sempre pode haver imprevistos e o tempo estipulado pode ser acrescentado, se assim for necessário. Ricardo se levantou, caminhou até uma cafeteira e preparou um café. Conforme saboreava o café, dedicou seus pensamentos a sua própria existência, um tanto quanto conturbada nos últimos meses. O fim do seu casamento o atormentava em excesso e nem todos os conhecimentos que possuía ou técnicas que ele próprio ensinava aos seus alunos foram suficientes para apaziguar seu mundo íntimo, que havia desmoronado em questão de meses. Silvia pedira a separação alegando que já não se sentia tão apaixonada como quando se casaram seis anos antes. Queria uma vida diferente da que levava e assim decidira. Apenas lhe comunicara, sem avisos anteriores ou qualquer sinalização mais ostensiva. Tentara dialogar, mas ela estava convicta de suas decisões e nada a faria alterar seus planos. E, assim, seu casamento se encerrara. Os protestos foram inúteis e ela decidiu fazer um curso no exterior. Como aquilo tinha acontecido com ele? Ainda não conseguira assimilar a fatídica decisão que alterara o rumo de sua própria vida. Sentia-se só como nunca experimentara e isso doía demais. Respirou fundo e controlou a emoção que insistia em assomar. Quando essa dor cessaria? Essa pergunta não tinha resposta e ele sabia. Cada um tem seu tempo, era assim que falava aos pacientes que o buscavam. O telefone tocou anunciando a chegada do paciente. Ricardo se aprumou em sua cadeira aguardando a entrada. O dever era prioridade, sua vida pessoal trataria depois.

A porta se abriu e um jovem entrou. Parecia um garoto assustado e quando seus olhares se cruzaram, sentiu um arrepio percorrer o seu corpo. Um certo desconforto o acompanhou e procurou não demonstrar. Estendeu a mão e com um sorriso disse:

— Muito prazer, Ricardo. Sente-se, por favor.

— Afonso, muito prazer. — O rapaz parecia incomodado também. Ricardo o encarou fixamente, procurando os sinais, como sempre fazia. O jovem desviou o olhar por instantes, em seguida o encarou também. Uma sensação estranha o acometeu.

— Luciano é seu amigo?

— Apenas um colega de trabalho. A recomendação foi excelente. — Disse procurando sorrir.

— Agradeço a consideração. Sabe que sou um psiquiatra e não um psicólogo?

— Sei e era exatamente isso que eu buscava. — Sua expressão se tornou séria.

— Fale-me um pouco de você. — Ricardo percebeu que ele estava constrangido e tenso.

— O que quer saber?

— Preciso conhecer você e, para isso, é importante que me dê algumas informações. Algo o trouxe até aqui. Pode começar por isso... — E esperou em silêncio.

O jovem ficou pensativo, mexendo as mãos em aflição.

— Temo que esteja enlouquecendo. — O temor estampou-se em seu rosto.

Ricardo percebeu a seriedade no olhar do jovem. A dor que ele ostentava o envolveu, coisa que raramente acontecia.

— O que o faz pensar que isso possa estar acontecendo?

— Tenho tido alucinações. — O semblante se contraiu ao dizer as palavras.

— Que tipo de alucinações? — A curiosidade do profissional imperou. A mente é capaz de pregar muitas peças, principalmente quando se está fragilizado, o que parecia ser o caso daquele jovem.

— Cenas aterrorizantes que não podem ser reais! — E se calou.

— Fale sobre elas e quando se iniciaram. Mas antes conte-me um pouco de você e de como está sua vida neste momento. — O jovem deu um suspiro e um sorriso triste.

— Tenho trabalhado muito, minha vida afetiva está um caos, minha família não me entende. É isso! — Disse com simplicidade.

— Objetivo demais, não nega a profissão. Deve ser engenheiro como Luciano, certo?

— Sim. Minha vida não está como gostaria, mas...

Ricardo sorriu perante o comentário sincero do jovem. A vida dele próprio também não estava como ele queria, porém tinha que seguir em frente.

— Podemos alterar a qualquer momento o rumo de nossas existências, basta a vontade e a ação. Já teve algum sintoma de depressão? — A pergunta direta fez o rapaz sorrir.

— Nunca tive tempo para isso, se quer saber. Na verdade, não estou num bom momento pessoal, com vários questionamentos solicitando respostas que, infelizmente, não tenho ideia de como obtê-las.

— Um relacionamento conturbado? — Ricardo perguntou.

— Já não existe mais um relacionamento. — Fez uma pausa, olhando de viés para o médico à sua frente. Havia muita dor contida, o que sensibilizou Ricardo, apesar de estar acostumado a essas situações. Mesmo assim, algo pareceu incomodá-lo e prosseguiu com as perguntas diretas, que Afonso respondia como num jogo de pingue pongue.

— E isso tem perturbado você excessivamente? Gostava muito dessa pessoa?

— Sim, mas isso não mais importa. Ela não está mais aqui. — E se calou.

— Ela viajou para algum lugar distante?

— Sim, e não vai mais voltar! — Seus olhos ficaram marejados. — Ela morreu.

Ricardo respirou profundamente e começava a fazer ideia da real situação do jovem à sua frente. Estava passando por um luto, uma dor profunda que custa a cessar e pode provocar sérios danos àqueles que nele se encontram. O jovem estava emocionalmente fragilizado, mas daí a estar enlouquecendo era uma grande distância.

— Quer falar sobre isso? — Foi apenas o que perguntou.

— Ainda não me sinto preparado. Está sendo difícil encarar essa verdade, se é que me entende.

— Suas alucinações, como assim você denominou, se iniciaram depois que essa tragédia ocorreu? — Seus olhares se cruzaram por instantes.

— Algumas, sim, outras já me acompanham há um tempo.

— Fale-me um pouco sobre elas, em especial aquelas que te perturbam em demasia.

— A mais real aconteceu quando estava numa praia, sozinho, semanas depois que ela morreu. Era fim de tarde e fiquei a observar as ondas do mar em seu ritmo incessante e até hipnótico. Em dado momento, a paisagem se modificou drasticamente e as águas se tingiram de vermelho e labaredas de fogo passaram a comandar o espetáculo à minha frente. Uma sensação de angústia me dominou e o ar pareceu me faltar. Tentava respirar, mas me sentia sufocado e aquele calor, proveniente do fogo, parecia atingir todo meu corpo, como se ele estivesse em chamas. Uma sensação aterrorizante! Fechava os olhos para dissipar aquela imagem, mas ela persistia como se fosse real! Meu celular tocou e me tirou daquele pesadelo. Não conseguia pronunciar uma só palavra, como se estivesse totalmente ausente. Minhas mãos formigavam, meu coração estava acelerado, suava em bicas e meu corpo não respondia aos meus estímulos. Pensei que morreria sozinho naquele lugar, sem que ninguém pudesse me acudir. Jamais vivenciei algo tão intenso e desesperador. Quando me acalmei, tudo estava como deveria. O mar, as ondas, o céu já se tingindo de vermelho, o sol se pondo. O lugar era de uma admirável beleza, mas confesso que não sei se voltaria lá novamente.

— Cenas semelhantes o acompanham desde então? — Perguntou o médico.

— Ocorre em sonhos ocasionalmente, quando acordo em pânico. Chego a pensar se isso não é uma premonição indicando que essa será a minha morte.

— Você tem premonições acerca de certos fatos ao seu redor? — Ele estava curioso.

O jovem não sabia se poderia falar com aquele médico sobre esses assuntos um tanto quanto místicos, afinal, ele era um homem de ciência e racional. A verdade é que ele tivera vários eventos semelhantes, cujos fatos ocorreram para sua surpresa. Perguntava-se por que não o haviam alertado quanto ao acidente de Olívia. Talvez pudesse ter evitado...

— Algumas ocasiões, sim. Não quero falar sobre isso. Não gosto do que vejo e não posso mudar o que irá acontecer. Não entendo por que isso me é mostrado, se nada posso fazer.

— Afonso, você é uma pessoa impressionável?

— Não entendi sua pergunta. — Seu semblante ficou sério.

— Você veio até aqui, pois acredita que possa estar tendo alucinações, então todas as perguntas que lhe fizer são relevantes para entender o que está acontecendo com você. Preciso conhecê-lo, para poder ajudá-lo. Não é isso que se propôs vindo aqui?

O jovem pareceu relaxar e perguntou:

— Isso pode ser uma alucinação? Posso estar enlouquecendo?

— Não posso lhe responder essa pergunta, ainda. O importante é que você confie em mim e responda tudo que eu preciso saber. Assim tenho dados para elaborar um diagnóstico. Devo, entretanto, lhe dizer que eventos traumáticos como o que você viveu são causadores de várias dissociações, algumas passageiras e que podem persistir até que seu equilíbrio emocional seja restituído. O que você acredita ser uma alucinação pode ser apenas uma peça que seu cérebro está a lhe impor. Você precisa ter paciência, respeitando seu próprio tempo. Pode ser um fato isolado que tende a arrefecer a partir do momento que suas defesas estejam novamente guarnecidas. Quem irá determinar seu tempo é você. Naturalmente, uma ajuda extra pode favorecer e antecipar seu reequilíbrio e creio que essa seja sua proposta. Não deve se alarmar com as artimanhas que sua mente possa lhe causar. E ao perguntar-lhe se era impressionável, não subentenda que esteja afirmando que seja propenso a algum distúrbio psíquico.

Afonso respirou fundo pela primeira vez desde que lá chegara e esboçou um tímido sorriso para Ricardo, que o encarava com serenidade.

— Tirou-me um peso imenso dos ombros, doutor.

— Me chame de Ricardo, apenas. — Disse ele sorrindo. Sentiu uma sensação estranha, como se já o conhecesse anteriormente. Gostara do jovem e se sensibilizara com sua história. De súbito, lembrou-se dos próprios pesadelos que o atormentavam nos últimos meses. Fogo, sofrimento, raiva, dor física, isso e outras sensações que pareciam persegui-lo. Seria coincidência? Não, estava cansado de saber que isso não existia. Sentiu-se perturbado e, dessa vez, precisou de um esforço hercúleo para poder se controlar. Agora era ele quem não estava entendendo o que estava acontecendo. Percebeu que o jovem já estava calmo, até se levantara e andara pela sala, analisando o local com atenção.

— Algo o incomoda? — Perguntou Ricardo saindo do torpor.

— Jamais imaginei viver algo assim. — E sorriu, novamente parecendo um garoto.

— Estar na sala de um psiquiatra?

— Sim. Meus pais diriam que eu passei dos limites vindo procurá-lo.

— E o que eles pensam o perturba?

— Não mais. Porém não foi assim no passado. Bem, creio que isso seja material para outro dia. Se é que poderei voltar.

— Não vai contar a eles que decidiu buscar ajuda?

— Não. Isso para eles é irrelevante. Além do que estão morando fora do Brasil há alguns anos e seus interesses são diversos dos meus. Mas, como sempre dizem, o que mais eu poderia necessitar se já tenho tudo o que preciso? Dinheiro, o suficiente para viver sem precisar trabalhar um dia sequer. No entanto, sinto que jamais tive um lar, se é que me entende.

— Sua família se resume a seus pais? Não tem irmãos?

— Filho único, infelizmente para mim. Sempre fui muito solitário. Minha avó foi minha grande parceira por parte significativa da minha vida. Porém ela já se foi também.

— E o trabalho? Sente-se realizado?

— Faço o que gosto e isso é o que realmente importa. É o que está me sustentando todos esses meses.

— Amigos?

— Poucos. — Deu um suspiro. — Bem, creio que deva estar achando que sou uma pessoa completamente fora dos padrões que conhece. Minha vida nem sempre foi assim! — E seu olhar se perdeu no vazio, como se buscasse uma referência perdida no passado.

— O que pretende dizer com isso? — A pergunta foi rápida.

— Sempre julguei que, apesar dos entraves que meus pais sempre me impuseram, consegui superar os obstáculos e levar uma vida dentro dos padrões de normalidade. Até que os sonhos começaram a ocorrer. — Calou-se, ainda inseguro quanto a relatar o que tanto o perturbava. — Estava na faculdade e, no início, não dei muita atenção. Sempre fui um garoto com uma sensibilidade apurada, como se tivesse acesso ao que as pessoas pensassem ou sentissem, porém, para mim, parecia natural e desconhecia que isso não era padrão habitual de comportamento de um ser. Minha avó dizia que eu era especial e seu olhar sempre se fazia distante, como se tivesse acesso a alguma informação que eu desconhecesse. Ela me abraçava e dizia que um dia compreenderia o que se passava comigo, mas, até lá, teria que ter uma vida normal, o que incluía tentar me relacionar com aquelas pessoas tão diferentes de mim. Voltando... Já mais velho, na faculdade, fatos estranhos começaram a suceder e tentava entender o que significavam aquelas visões, às vezes aterrorizantes. – Calou-se como se as lembranças assomassem e o perturbassem. – E os sonhos reveladores e premonitórios. Sabia de antemão coisas que surpreenderiam a qualquer um, mas me continha e jamais revelei isso a alguém, que não minha avó. Ela dizia que isso tinha um significado maior e o tempo me mostraria as razões deles estarem ocorrendo. Mas ela se foi pouco antes de me formar, abalando minhas estruturas emocionais além do que poderia permitir. Nesse momento, conheci Olivia, minha parceira em todos os sentidos. – Novo silêncio, dessa vez permeado com algumas lágrimas. – Porém ela também se foi. Sinto que afasto todos aqueles que desejam me auxiliar a entender o que ocorre comigo. – Olhou com firmeza para o médico e perguntou com a voz embargada: – Tem certeza de que pretende me ajudar?

Ricardo se comoveu perante as palavras daquele jovem sensível e dotado de um mundo interior ainda indevassável, que parecia clamar para ser desvendado.

– Sou um profissional, Afonso. Meu trabalho é esse e se veio até aqui buscar recursos para compreender seus questionamentos, é meu dever ajudá-lo. Há muito a conversar e sinto que existe algo mais envolvido e, juntos, poderemos encontrar o fio da meada, se é que me entende. Esse processo teve um início e vamos buscar como tudo começou.

– Posso confiar em você? – A pergunta era carregada de emoção.

– Pode, no entanto, você precisa inicialmente confiar que tudo tem uma resposta. Não existe um fato isolado ou algo que esteja simplesmente presente sem uma razão. Se sua mente está a arquitetar alguma artimanha, visando seu desequilíbrio, tentaremos entender as razões disso acontecer. Se está fragilizado e permitindo que ela pregue peças em você, ou se algo diverso ocorre. Vou pedir alguns exames com o intuito de descartar possíveis anomalias ou algo que esteja comprometendo suas funções cognitivas. Bem, isso pode parecer complexo e vou dizer de forma mais simples. Vamos tentar eliminar fatores concretos, como lesões, traumas ou mesmo tumores que possam interferir em sua capacidade de armazenar dados ou mesmo impedir que o seu cérebro possa funcionar eficientemente. Entendeu?

– Sei o que pretende e sinto lhe dizer que essa abordagem já foi tentada anos atrás, quando meus pais julgaram que eu tivesse sérios problemas mentais. – Um sorriso amargo assomou. – Eles me levaram aos mais competentes neurologistas e uma infinidade de exames foram realizados. Nenhum tumor ou coisa semelhante estava presente. Tudo estava dentro dos padrões de normalidade. Nada foi encontrado que justificasse!

– Na época não lhes foi sugerido uma abordagem psicológica?

– Sim, porém meus pais acharam inadmissível essa alternativa e tudo ficou como deveria. Bem, pelo menos, foi o que eles pensaram. A partir daí, evitei relatar os fatos recorrentes, os sonhos estranhos, as visões assustadoras. Tive que conviver com isso, até conhecer Olívia, quando tudo pareceu serenar. Foram alguns anos de paz, se é que me entende. Até que ela se foi, também! – Calou-se.

– Quer falar sobre isso? – O silêncio se fez presente. – Veja, Afonso, em algum momento teremos que abordar esse tema, afinal, foi ele o precursor dessas imagens perturbadoras nos últimos meses. Era sua namorada, alguém em quem confiava plenamente e que, infelizmente, não está mais aqui ao seu lado. Foi um evento doloroso, que pode ter deixado marcas indeléveis em sua estrutura emocional. É um fato importante a avaliar.

– Ainda sinto tanto a falta dela! Creio que esse vazio que hoje sinto jamais será preenchido novamente. Ela sofreu um acidente de carro. Deveria ter ido com ela naquela viagem! – Havia um sentimento de culpa que Ricardo observou.

– Mas você não foi e nada se pode fazer. Isso o perturba? – O jovem deu de ombros e respondeu num tom quase inaudível.

— Se eu estivesse com ela, talvez morresse também. Teria sido melhor!

— Você já pensou em morrer? — A pergunta foi direta.

— Muitas vezes! — Ele respondeu com naturalidade. — A morte não me assusta. O que me perturba é não ter o controle sobre ela.

— Ninguém tem o controle sobre esse evento que, fatalmente, chegará a todos nós em determinado momento. Você tem alguma crença ou filosofia de vida?

— Acredito em Deus! E sou cristão, pois creio em Cristo. Minha avó foi quem me ensinou sobre a importância da fé, porém não tenho uma crença no sentido de praticá-la.

— O consolo que advém de uma crença nos auxilia a superar eventos dolorosos, como, por exemplo, a perda de entes queridos. Família e amigos também são essenciais nesse período. Esse amparo está presente em sua vida? — Ele baixou o olhar.

— Não! No meu caso não faria muita diferença. Prefiro a solidão.

— O que significa que o isolamento tem ocorrido. — Ricardo sentiu a fragilidade dele.

— Minha vida seguiu em frente. Tenho trabalhado normalmente.

— Veja, Afonso, nesses momentos conflituosos, a solidão não é a melhor companheira, pois pode nos afastar daqueles que desejariam nos ajudar.

— Você pode me ajudar? — A pergunta do jovem foi carregada de emoção.

— Não. Você é que irá se ajudar, para isso está aqui, eu presumo. Não existem fórmulas mágicas e isso você precisa compreender.

Capítulo 2

SONHO REVELADOR

— Não sei como fazer! Essas alucinações ou o que quer que sejam, estão me perturbando e sinto medo do que sou capaz de fazer. – Seu semblante endureceu.
— Você não me parece alguém que aja por impulso ou de forma insensata. Está confuso, atemorizado, mas tem consciência que esses eventos misteriosos fazem parte de sua vida há um bom tempo. Agora estão em sua fase mais ostensiva, porém você mesmo relatou que eles sempre estiveram presentes. Por que somente agora eles estão a perturbá-lo?
— Já me fiz essa mesma pergunta e não encontrei uma resposta. Talvez eu seja um sensitivo ou algo parecido. Talvez não sejam os eventos que me perturbem, mas o sentimento que o acompanha que estão me impressionando em demasia.
— Seja mais claro, Afonso.
— Sinto que algo esteja acontecendo e faço parte disso! Não sei explicar, talvez por isso esteja aqui. Essas emoções conturbadas

que estão presentes é algo que não consigo entender, me arrastam para um mundo desconhecido o qual tenho medo de adentrar, pois talvez isso signifique que esteja perdendo a razão. Sinto que se ultrapassar esse portal, não saiba mais como voltar! Consegue me entender?

Ricardo ouvia as palavras do jovem e analisava detidamente o conteúdo, tentando abalizar sobre as condições de equilíbrio psíquico que ele era portador. Ao mesmo tempo, ele tinha total controle sobre o fluxo de suas ideias, o que denotava que poderia apenas estar passando por um período traumático, em decorrência dos eventos vividos. Decidiu que faria os exames o mais breve possível.

— Peço que não se torture além da conta. Tudo tem uma explicação plausível e no seu caso não é diferente. Juntos encontraremos as respostas que busca. Mesmo que já tenha realizado os exames que sugeri, peço que sejam repetidos. — E teve uma ideia. — Peço que me aguarde fazer uma ligação. — Ricardo pegou o telefone e falou por alguns instantes. Em seguida, virou-se para Afonso e perguntou: — Consegue um dia de folga, amanhã para ser mais exato?

O jovem respondeu imediatamente:

— Sim. — O médico continuou a conversar por mais alguns minutos. Ao desligar, disse:

— Amanhã terá um dia cheio. Comecemos com isso, combinado?

— Você estará lá? — A pergunta parecia de um garoto assustado. Ricardo sorriu.

— Serão apenas alguns exames com um profissional que gostaria que conhecesse. E se isso o tranquiliza, estarei lá com você. — Olhou o relógio e percebeu que passava das vinte e uma horas. O tempo passara rápido. Escreveu algumas orientações num papel e entregou ao rapaz.

— Espero você amanhã! — Levantou-se como a dizer que seu tempo se encerrara. Estendeu a mão e disse: — Fique bem, Afonso. Qualquer coisa, me ligue. — E deu um cartão a ele.

— Então, até amanhã. — Ele parecia mais sereno ao sair.

Ricardo ficou pensativo avaliando o caso do jovem que acabara de se retirar. Por que se sentira tão incomodado com ele? Ainda não entendera por que a urgência em realizar exames e a preocupação excessiva com ele. Lembrou-se dos próprios sonhos e sentiu seu corpo estremecer. Não eram muito diferentes dos de Afonso e isso também o perturbara. Não havia sido um fato isolado, pois eles se repetiram sucessivamente nas últimas semanas. O fogo que ardia intensamente, ele desejando fugir, mas sentia-se impedido de qualquer movimento. Seu corpo se contorcendo de dor, a raiva que o acometia! Tudo isso o transtornara intensamente, eram sensações angustiantes! Como psiquiatra chegara à conclusão de que necessitava de férias com urgência. No entanto, isso não seria possível, pois estava em pleno ano letivo e seus alunos não iriam aceitar seu afastamento. Pensou se não estava precisando de terapia! Riu das próprias conjeturas, porém sua atenção retornou a Afonso, que estava num momento tenso e solitário.

Sensibilizado com a história do rapaz, pensou se não seria conveniente passar o caso para outro médico. Não se sentia confortável e ainda não compreendera os motivos, se é que eles existiam. Algo, no entanto, o perturbava e ele não entendia o que poderia ser. Olhou o relógio e decidiu ir para casa. Sabia o que o esperava e ficou tentado a não voltar! Sua casa estava tão vazia desde que Silvia foi embora! Que incentivo tinha ele para retornar ao seu lar? Mais uma noite solitária, pensou ele. E assim foi...

Estava tão cansado que se deitou no sofá da sala e lá adormeceu. Teve mais um sonho perturbador. Dessa vez não era o fogo que o atormentava e o feria. Sentiu-se transportado para um lugar que lhe parecia familiar, algo semelhante a um castelo medieval. Uma porta de estrutura pesada se abriu e ele entrou. Caminhou por corredores largos e escuros. Subitamente, uma ampla sala apareceu à sua frente e havia pessoas nela. Uma mesa imponente preenchia parte significativa da sala tão familiar. Conhecia aquele lugar! Uma mulher se aproximou dele e o abraçou com carinho:

— Ricardo querido, quantas saudades! — O médico se entregou ao abraço com emoção. Até que se desvencilhou e perguntou:

— O que deseja de mim? Não quero mais fazer parte de nada, já lhe disse! Não me peça para fazer o que meu coração não quer! — E se afastou da mulher.

— Meu bom amigo, por que reluta em aceitar seu destino? — O olhar amoroso que ela oferecia o desarmou.

— Não quero e não vou passar por tudo aquilo novamente! Procure outro para lhe auxiliar. Sabe que falharei, por que ainda confia em mim? — A pergunta era carregada de emoção. — Deixe-me em paz, eu lhe peço! — Virou-se determinado a sair de lá, até que ouviu aquela voz tão familiar.

— Devolvo-lhe a pergunta: por que não confia em ti? Foi meu discípulo mais dedicado, assimilou as lições necessárias naquela encarnação, por que insiste em permitir que a revolta domine a cena, quando apenas deveria estar presente a certeza de ter cumprido sua tarefa com êxito? — Ricardo virou-se novamente e, com lágrimas nos olhos, disse:

— Êxito? Sabe como daqui parti! Esqueci meus propósitos, permiti que a raiva se apoderasse de todo meu ser e a vingança fosse sua herdeira maior! Falhei contigo e com todos que em mim confiaram! Não irei me submeter a nova prova, eu lhe afirmo!

— Precisamos de você para reunir todos aqueles que lá estiveram. Afonso e os demais, assim como você, se programaram para novas tarefas. Você será fator determinante e assim sabia, quando aceitou retornar. — As feições bondosas do homem o sensibilizaram, mesmo assim o médico estava resoluto.

— Sinto tanto o que aconteceu! Se tivesse agido de forma diversa, todos os eventos talvez não ocorressem. Não confio em mim e sei que posso alterar minha programação quando assim decidir. O ônus será exclusivamente meu! Afonso e os outros necessitam de alguém que lhes corresponda e esse ser não sou eu!

— Sei das dúvidas que o acompanham e sinto que está confuso. Quanto ao que aconteceu, asseguro-te que assim estava programado. Não falhaste com os seus, aceite isso! Do que tem medo? — A pergunta o atingiu diretamente.

– Sabe o motivo de meus temores. Sei que ela estará por perto novamente. Não quero enfrentá-la e sabe meus motivos. – Seus olhos ficaram marejados novamente.

– Meu bom amigo, acalma seu coração e não recuse seu destino. Ela faz parte dele e sabe disso! Seus sentimentos ainda não se modificaram, acredita em sua transformação e isso será determinante na execução de sua programação. Talvez seja o único que a conheça em toda sua essência e reúne as condições necessárias para fazê-la modificar seus intentos. Creia que não estará só nessa empreitada, meu fiel amigo!

– No entanto, nem todo meu amor foi suficiente para que ela modificasse seus planos. Esse amor já foi sepultado há muito tempo. Ela jamais teve olhos para mim, apenas para seu filho e assim mesmo permitiu que aquilo se consumasse! Afonso e eu fomos impiedosamente entregues aos nossos verdugos.

– Sabe, também, que a morte cruel a que ambos se submeteram a transtornou, o que significa que ainda há esperança. Ela não é um ser insensível como supomos. Sabe que ela já está encarnada, com suas alianças indébitas, propagando a discórdia e semeando a dor aos que se encontram em seu caminho?

– Ela já reconheceu Afonso?

– Ela sabe que ele se encontra por perto e brevemente saberá seu paradeiro. Tentará enredá-lo trazendo-o para perto, supondo que ele a acompanhará em sua trajetória indigna. Ele está num momento delicado e frágil, precisando de um condutor leal aos princípios que adotou séculos atrás. Este é você, Ricardo. É capaz de auxiliá-lo e sabe disso! Não recuse a tarefa, eu lhe peço. Avalie com serenidade e voltaremos a conversar. Deve, agora, retornar ao seu corpo físico. Nada concreto dessa conversa se lembrará, apenas fragmentos esparsos. – Com um sorriso cordial, Julian se despediu de Ricardo, que retornou ao corpo físico.

O médico despertou subitamente no meio da madrugada e sentiu-se confuso. Só então percebeu que ainda estava vestido. Levantou-se e dirigiu-se para a cozinha vagarosamente, quando ouviu um barulho às suas costas. Virou-se e teve a nítida impressão de ter visto um vulto ao seu lado. Foi tudo muito rápido e a imagem se dissipou quase que instantaneamente, porém a sensação aterrorizante persistiu por alguns instantes. Lembrou-se de Afonso, o jovem paciente que o procurara naquele dia e sentiu-se como ele, tendo alucinações. Teve vontade de rir perante seus temores e percebeu o quanto a sessão com o jovem o havia impressionado além da conta.

– Pare com esses desvarios, caso contrário terei que levá-lo a um psiquiatra! – Falou ele em tom audível para que ele próprio se certificasse de que aquilo era um devaneio.

Na manhã seguinte, conforme o combinado, ele e Afonso se encontraram no hospital para que os exames fossem realizados. O jovem parecia tenso e Ricardo o acalmou:

– Fique tranquilo, isso é um procedimento simples. Estarei aqui com você!

Tudo ocorreu de forma tranquila e, por volta do meio-dia, Ricardo já tinha conversado com o médico e estava de posse de informações importantes. Afonso permanecera aguardando o retorno de Ricardo com muita ansiedade. Quando ambos se encontraram novamente, o médico disse:

– Conforme você antecipou, nenhuma anormalidade foi encontrada, o que nos leva a concluir que temos muito a conversar, não acha? – Viu a decepção no olhar do rapaz.

– Pensei que fosse uma notícia favorável, por que esse olhar?

– Tinha uma esperança que existisse algo que pudesse explicar o que está ocorrendo comigo. No entanto essa hipótese foi descartada, certo?

– O que deveria deixá-lo mais sereno e confortável. Quer desistir? Ou posso esperá-lo na próxima semana no mesmo horário? – Ricardo foi direto. Afonso refletiu alguns instantes e com um sorriso infantil disse:

– Se acredita que pode me ajudar, lá estarei. Já posso ir? – Ricardo assentiu e com um aperto de mãos os dois se despediram.

Ricardo observava o rapaz seguindo vagarosamente, como se carregasse um pesado fardo. Mais uma vez, sentiu-se incomodado e começou a ter dúvidas se deveria ou não dar continuidade às sessões com ele. Não compreendia essa apreensão sobre o rapaz e porque se sentia responsável por ele. Talvez fosse o caso de passar para outro profissional mais isento que ele. Sentia-se vulnerável e isso não era bom sinal.

Os dias se passaram e Ricardo continuou com sua rotina árida e exaustiva. Não entendia por que se sentia tão exaurido como nos últimos dias. Deixara de fazer até seus exercícios físicos, coisa que jamais relegara ao abandono, apenas não conseguia levantar da cama quando o despertador tocava. Estaria doente ou coisa parecida? Talvez precisasse realizar um check-up, coisa que não fazia há um bom tempo. Na sexta-feira, na faculdade, entre uma aula e outra, foi tomar um café com uma amiga muito querida, também professora e médica. Ao ver seu semblante tenso e cansado, ela argumentou:

— Ricardo, não quero crer que esteja assim em função de Silvia! Vire a página, meu amigo, pois a vida segue em frente. Ela assim fez e você deveria fazer o mesmo. O que está acontecendo com você? As pessoas já estão com receio de te procurar, pois não sabem o que irão encontrar. — Brincou ela.

— Pare com isso, Vitória, ou me sentirei pior do que já estou. Na verdade, não sei os motivos dessa exaustão que me acomete. Talvez esteja precisando de férias. — Seu olhar estava triste e tenso ao mesmo tempo.

— Isso se iniciou quando Silvia o deixou?

— Não me coloque na berlinda, eu lhe peço. Não sei de mais nada, essa é a verdade!

— Sei que é uma fase complexa, mas tem condição de superar isso com maestria. Com toda sua experiência em analisar a mente de seus pacientes, causa-me profunda consternação vê-lo nessa condição deplorável. Lute e saia desse atoleiro, meu amigo.

— Você sabe que é muito mais fácil pregar do que praticar. A dor do outro não nos pertence, então fica menos doloroso mexer com questões delicadas. Quando somos nós a vivenciar um problema semelhante, parece que nossas defesas desaparecem e a fragilidade passa a imperar.

— Com isso, você tem perdido energias em excesso e não tem conseguido recuperá-las como deveria. Posso lhe sugerir algo? — Perguntou ela olhando-o fixamente.

— Já sei o que vai dizer e sinto decepcioná-la, mas não pretendo ir a esse lugar que já me sugeriu anteriormente.

— Posso saber por que essa recusa? Tem medo de quê? De ver espíritos? Ora, faça-me um favor. Sabe que isso é algo sério, nada místico como supõe. E você me ofende com essa visão simplista e desprovida de bases sólidas. Não fale sobre o que não conhece, Ricardo!

— Me perdoe, não é minha intenção ser grosseiro ou mesmo insensível sobre um assunto que desconheço. E, também, não sei se gostaria de conhecer. Me parece algo desprovido de razão ou mesmo de lógica. Não sei se isso poderia me auxiliar.

— Você diz isso, pois nada sabe acerca das propriedades curativas e reequilibrantes que o passe oferece. Você está sem energias, necessitando de fluidos salutares para recuperar sua vitalidade energética. O passe é uma transfusão de fluidos, apenas isso. Não confunda com misticismo, ou seja, o que povoa seu imaginário. A casa que frequento é séria e acolhe a todos que a buscam, sejam em que condições estiverem. Será bem-vindo, Ricardo. Se quiser, posso acompanhá-lo. — A médica olhava atentamente para ele.

— Agradeço seu interesse, mas vou declinar. Não sei se estou preparado para novas descobertas. Além do que meu tempo está tão escasso.

— Vá lá e certifique-se, é o que eu lhe peço. Sem compromissos com a crença, se ainda se sente despreparado para tal. Vou insistir, pois sei que irá me agradecer. Podemos ir amanhã cedo, passo em sua casa e vamos juntos. O que acha?

Ricardo ficou pensativo, sabia que ela não iria desistir facilmente. Sorriu para a amiga:

— Você venceu! A que horas? — Os dois combinaram a visita para a manhã seguinte.

Despediram-se e retornaram às suas funções. A tarde estava repleta de pacientes e um deles tinha preocupação especial. Era uma jovem que lá chegara apenas há alguns meses, no entanto, parecia que já se conheciam por toda vida. Betina era uma farmacêutica, ligada a pesquisas inovadoras que caíra em seu consultório por uma indicação irrecusável. Filha de um renomado médico, que havia sido seu professor e mentor em suas especializações ao longo da carreira. A jovem passava por momentos tensos, em que atentara contra sua própria vida. Desde então, o pai requisitara seus serviços, confiando que ele seria discreto o suficiente para que uma exposição indevida não ocorresse. Ela tinha vinte e sete anos, de uma beleza clássica e suave. Ninguém poderia supor que ela fosse capaz de tal gesto inconsequente, nem tampouco ela conseguira explicar os motivos que a levaram a tal atitude. Havia sido por impulso, nada premeditado. Desde então, semanalmente às sextas, ela vinha até seu consultório conversar sobre os mais variados assuntos, que não fosse a própria vida. Isso era algo que testava seus limites e sua percepção aguçada. Iria descobrir o que ela ocultava, precisava apenas de tempo para minar suas barreiras emocionais. Ele era tinhoso e persistente, além de ser um psiquiatra competente. Nas últimas semanas, observara que ela parecia mais introspectiva, como se algo a perturbasse. Talvez seu momento tivesse chegado e ela abriria seu coração, devassando sua vida para que ele pudesse ajudá-la.

Às dezesseis horas pontualmente, Betina entrou em seu consultório. Um sorriso caloroso emoldurava seu rosto.

— Aqui estou! Ainda não desistiu de mim? Vejo que você não parece bem hoje. Quer conversar? — Ela brincou como ele faria, jogando-se no sofá de forma displicente.

— Esse discurso me pertence! Está de excelente humor hoje. Algo que queira me dizer?

— Estou viva, Ricardo. Não é motivo para comemorar? — Ela o encarou com seus olhos verdes e profundos.

— Certamente. Mas vejo um brilho diferente em seu olhar e gostaria de saber a razão.

— Nada especial. Sobre o que vamos falar hoje?

— Sobre o que deseja falar? — Ele a encarava fixamente.

— Sobre você. — E se levantou caminhando até ele. — Tive um sonho interessante e você estava presente. Mas não fique muito feliz, pois não se tratava de um sonho erótico. Sabia que muitas amigas me pediram seu telefone, mas falei que você era comprometido? — Disse isso apontando para a aliança ainda em seu dedo esquerdo. Só agora percebeu que ainda não a tinha tirado. Mexeu nela por alguns segundos e disse:

— Conte-me seu sonho, se assim desejar.

— Estávamos num castelo medieval e você relutava a entrar, até que eu peguei sua mão e entramos juntos. Havia muitos corredores e percorremos vários deles até chegar a uma sala muito extensa e iluminada. Senti que conhecia aquele lugar. Havia uma estante alta e vários livros nela. Peguei um deles e lhe disse: "Era esse o livro que lhe falei. Vou levar comigo! Ele é um tesouro inestimável." Aí você disse com frieza: "Deixe-o! Ele não nos ajudou quando assim foi necessário. E não ajudará agora!" Em seguida, pegou minha mão e puxou-me dizendo ser perigoso lá estarmos.

Conforme ela narrava o sonho, sentiu-se estremecer. Castelo medieval? Tinha a sensação de lá também ter estado. Um frio percorreu seu corpo e sentiu-se perturbado.

— Por que você disse aquilo? — Perguntou ela olhando-o nos olhos.

— O sonho foi seu, Betina, você é que tem as explicações. — Disse ele sorrindo.

— Não tenho. Será que foi um sonho mesmo? — Questionou ela.

— Eu não visitei nenhum castelo medieval neste último ano, aliás creio que não o fiz nesta vida. Foi um sonho apenas. — Ricardo parecia incomodado com o rumo da conversação.

— O que você pensa que faz à noite quando seu corpo está repousando? — Ela parecia se divertir com o olhar que ele lhe oferecia.

— Estou dormindo!

— Também, mas existe algo mais. — Ela fazia ares de mistério.

— Aonde pretende chegar? — Agora estava sério.

Capítulo 3

REENCONTRO

— Não fique bravo comigo. Se não pretende saber, mudemos de assunto.

— Betina, você começou o assunto. Vá em frente. O que quer dizer com isso?

— Você é um homem de ciência e racional. No início, confesso que também era, mas as coisas se modificaram. Não penso mais como pensava. — Calou-se.

— Explique melhor o que aconteceu para tudo se modificar.

— Não acredito apenas naquilo que meus olhos físicos podem observar. Existe algo mais, que apenas nossos sentidos espirituais podem acessar. — E apontava para seu corpo. — O que você vê além desse meu corpo físico? — O olhar dele estava confuso.

— Vejo uma jovem linda que está tentando me enlouquecer com conversas estranhas.

— E por que estaríamos nesse castelo? Qual seria o propósito?

— Ainda não consegui entender, porém creio que em breve saberei. Talvez explique muitas coisas. — Seu olhar se entristeceu.

— Não deseja falar sobre o que a motivou a fazer aquilo?

— Ainda não estou pronta. Sei que irá respeitar minha vontade e não insistir. Só posso lhe antecipar que sei que foi uma grande estupidez, a qual não irei mais repetir, mesmo que... — Calou-se, abaixando o olhar. Havia algo que a impedia de se abrir e ele teria que respeitar seu próprio tempo.

— Isso já é um avanço. Sabia que chegaria a essa conclusão. Quanto aos motivos, prometo que irei aguardar seu tempo de me relatar tudo.

— O tempo de colher os frutos se aproxima, Ricardo, é o que posso lhe dizer. Ainda não me contou a razão desse seu olhar. — Ela sorriu curiosa.

— Apenas cansaço, não se preocupe, Betina.

— Sei que tem algo mais. Por que ainda está usando sua aliança? — A pergunta o pegou de surpresa. Como ela sabia se ele evitava devassar sua vida a quem quer que seja? Apenas uns poucos tinham acesso ao que se passava em sua intimidade.

— Creio que minha vida pessoal não esteja em pauta. — Falou de forma ríspida.

— Me perdoe, não quis ser invasiva, apenas queria me certificar.

— De quê? — Ele a encarava fixamente.

— Que você está disponível. — Falou ela com firmeza.

— Quem disse que estou?

— Eu sei que está, mesmo que jamais me confirme isso. Simplesmente sei! — O médico decidiu interromper a conversa, pois não era esse o propósito da sessão.

— Podemos focar no que realmente importa? — Betina suspirou profundamente e sorriu.

— Parei por aqui, não vou mais lhe questionar sobre isso, combinado?

— Não é isso que pretendo, pois você é alguém muito especial em minha vida. Quero apenas expandir seus conhecimentos. Escute com atenção: você é muito mais do que um simples corpo material, é um espírito imortal que pode se movimentar não apenas nesta realidade física que nos absorve, mas numa outra, que apenas nossos sentidos espirituais podem observar. Quando dormimos, nosso corpo aqui permanece e nosso espírito liberto pode nos conduzir onde desejarmos. — Ricardo ouvia a jovem com atenção redobrada, pensando o que estaria acontecendo com ela para dizer coisas tão sem sentido. — Não me olhe como se fosse alguém com graves problemas mentais. Isso é Doutrina Espírita, meu caro. Ainda não foi apresentado a ela? — O médico a encarou por alguns momentos, pensando se Vitória teria algum acesso a ela, pois o mesmo assunto estava sendo veiculado naquele mesmo dia.

— Ainda não. Talvez você me apresente. Continue com seu discurso.

— Você está debochando de mim? — Seus olhos se retraíram. Só então ele percebeu que sua expressão poderia levá-la a assim pensar.

— Betina querida, me perdoe, não tive a intenção de ofendê-la. Volte ao sonho ou o que você acredita que possa ser.

— Você não está me levando a sério. Não quero mais falar sobre isso. — Cruzou os braços e se calou, permanecendo imóvel na poltrona.

— Eu tenho minhas crenças e essas não estão em questão, Betina. Porém, peço que me perdoe se fui indelicado. Você disse que talvez não tenha sido um sonho. O que seria então? — A jovem descruzou os braços e disse.

— Talvez tenhamos ido a esse castelo. Apenas nossos corpo espirituais, quero dizer.

— Eles são dissociados um dos outros? — Questionou.

— De certa forma sim, mas um cordão mantém ambos unid os dois corpos.

– Você estava introspectiva nas duas últimas vezes, não quer falar sobre o assunto?

– Problemas pessoais, mas segui seu conselho e não vou permitir que ninguém me magoe mais. Primeira lição aprendida. – Um sorriso meigo se fez presente.

– Fico feliz por essa decisão. Quer compartilhar comigo o motivo dessa atitude?

– Ainda não estou pronta. – Olhou o relógio e não se fez de rogada. Levantou-se e, com um sorriso, disse: – Já está em minha hora. Nossa conversa foi mais proveitosa do que possa supor. Nos vemos na semana próxima, ou melhor, amanhã.

– Amanhã, é sábado, Betina. Nossa sessão será apenas na próxima sexta.

– Papai pediu-me que convocasse você para uma reunião em casa amanhã à noite. Sei que não recusa nada a ele, então... – Um olhar faceiro iluminou seu rosto juvenil.

– Deveria ter feito o convite antecipadamente, não sei se estarei disponível amanhã. – Estava tentado recusar o convite. Queria apenas ficar em casa e descansar.

Betina, como se lesse seus pensamentos, disse:

– Não creio que seja uma atitude sensata o isolamento. Lição aprendida nas minhas primeiras visitas. Tive um conselheiro muito eficaz. Posso lhe apresentá-lo! – Falou com certa ironia que o desarmou. – Venha, Ricardo. Pelo menos terei alguém mais jovem para conversar. Não, farei melhor, irei lhe apresentar alguém inesquecível. – Deu uma risada leve e contagiante. – Você irá conhecer Suzana, uma amiga de minha mãe que está solteira há mais de dez anos.

– Com um incentivo desse, fica difícil declinar tal convite. Que horas? – Sabia que não poderia recusar nada a seu velho amigo.

– Às vinte e uma horas. Papai ficará feliz. Ele gosta muito de você, sabia?

— Sei, Betina. Só espero que não tenha ciúmes de mim. Ficará ao meu lado me poupando os dissabores de conhecer Suzana?

— Não seja cruel, doutor. Não conhecia essa sua faceta.

— A sessão já finalizou. Quem está aqui é apenas Ricardo, seu amigo.

— Uma amizade que prezo mais do que tudo nesta vida! Já lhe falei isso?

— Como você mesmo disse, eu simplesmente já sabia! — E com um abraço afetuoso, os dois se despediram.

Betina era uma garota especial e ele queria muito ajudá-la. As sessões pareciam surtir resultado, mas sentia que ela ainda era uma ostra dificultando o acesso. Ela escondia um segredo indefensável e faria tudo para encontrar a chave mágica, libertando-a definitivamente do que a perturbava.

Na manhã seguinte, conforme combinado com Vitória, os dois se dirigiram até o centro espírita que ela frequentava. Ao chegarem, Ricardo se deparou com um local bem diverso do que imaginava. Muitas pessoas estavam presentes, todas acolhedoras e simpáticas. Ela o encaminhou a uma senhora de aspecto sereno e jovial. Em questão de minutos, ele foi atendido por um senhor educado que lhe perguntou os motivos de ele lá estar. Resumiu sua história em instantes, evitando falar excessivamente sobre sua vida íntima. O homem ouviu atentamente e ao término disse:

— A vida nem sempre corresponde a nossos anseios, no entanto não devemos desprezar as oportunidades que a dor nos oferece. Ela é sábia professora que nos ensina onde estamos falhando, meu amigo. Os problemas que enfrenta, apesar da recusa em falar sobre eles, estão presentes e cabe a você transformá-los em algo proveitoso. Que lição ela pretende oferecer a você? Esteja atento e não desprezar os sinais. Sinto que se encontra confuso e necessita de recursos que o auxiliem neste momento. O passe irá fortalecer suas defesas energéticas e sentirá profundo bem-estar após recebê-lo. Quando sentir a confiança em expor seus medos, nos procure novamente.

Ricardo permaneceu calado, ouvindo as palavras daquele homem que sequer o conhecia, mas parecia saber exatamente o que ele sentia. Sorriu e perguntou-lhe:

– O que irá acontecer comigo? – Ele estava curioso para o passe.

– Se se refere ao que irá acontecer em instantes, fique tranquilo, pois nenhuma manifestação espiritual irá ocorrer, apenas receberá fluidos salutares para restituir-lhe a energia despendida. Quanto à sua vida, cabe a você desenhar seu destino, pois está em suas mãos as rédeas, ou não? – A pergunta foi direta e deixou-o sem ação. – Ricardo, cuide-se e confie mais. Talvez ainda ignore, mas sua vida atual foi talhada por suas próprias mãos muito antes de aqui chegar. Não recuse as tarefas que você mesmo solicitou. Faça com que sua existência tenha um sentido nobre e faça-a valer a pena. – Em seguida, encaminhou-o até outra sala onde ele seria chamado para receber o passe.

Ricardo agradeceu com um sorriso, sem entender exatamente as palavras daquele senhor. Enquanto aguardava sua vez, observava as pessoas presentes. Algumas pareciam tensas, outras curiosas, algumas com o olhar cético. Era um bom local para uma avaliação detalhada acerca das emoções e expectativas que traziam em seu íntimo, como motivo de estudo. Foi só então que percebeu que não havia deixado de ser o médico racional que a tudo analisava. Ele lá estava para receber algo, era um assistido como os demais e assim deveria se comportar. Fechou os olhos por instantes e absorveu a paz que aquele local proporcionava. Pela primeira vez nos últimos meses, sentiu que precisava extravasar suas próprias emoções, pois a separação da esposa corroía suas entranhas. Sentiu que estava sufocado e era isso que o desgastava cada dia mais. A emoção queria invadi-lo, mas manteve-se no controle. Na hora do passe, no entanto, foi inevitável e algumas lágrimas escorreram. Sentiu-se em paz, como há muito tempo não experimentava e isso lhe proporcionou profundo bem-estar, exatamente como aquele homem proferira momentos antes. Enquanto esperava Vitória, ficou a pensar em sua vida e o que desejava para si. Não era momento de reflexões, mas sabia que precisava tomar algumas atitudes que até então não se dera conta. Primeiro, para manter seu equilíbrio emocional e segundo, porque ele era um profissional que cuidava dos problemas de muitos. Para isso, era necessário que ele estivesse na posse de sua vida. Mas será que ele a tivera em algum momento? Foi tirado de seus devaneios com a chegada da amiga.

– E então, o que achou? – Ela estava curiosa.

– Vou ser franco com você, esperava algo bem diverso do que presenciei.

– Não lhe disse? Pretende retornar para dar seguimento aos passes?

– Isso me fez muito bem, por que não?

Vitória sorriu, imaginando o que se passava em seu mundo íntimo. Ele estava acostumado a avaliar as pessoas, diferente dela. Sua área era totalmente diversa.

Ricardo passou o dia corrigindo algumas provas e percebeu que estava revigorado. Quando se deu conta, já anoitecera e lembrou-se da reunião em casa de Macedo. Não estava muito propenso a ir, mas prometera a Betina. Não iria decepcioná-la.

Na hora certa, ele lá estava. Pensou que seria uma reunião para poucos amigos e percebeu que havia sido enganado pela jovem. Era uma festa com muitos participantes e sua vontade era correr dali. Como se lesse seus pensamentos, Betina apareceu e segurou seu braço.

– Onde pensa que vai, doutor? Hoje é meu dia. Caso não saiba, é meu aniversário. – Falou isso com jeito travesso, fazendo-o sorrir.

– Enganou-me direitinho. Não sei onde estava com a cabeça de não ter me certificado antes o motivo da pretensa reunião. – Disse ele sério.

— Se eu simplesmente o convidasse, talvez recusasse. Não fique bravo comigo. Sua presença aqui é motivo de muita alegria para mim. Você me resgatou de um local sombrio. Talvez não tenha ideia do quanto foi importante em minha vida nesses últimos meses. Comemorar sem sua presença perderia o brilho de hoje. — Seu olhar estava iluminado, assim como ela, que estava radiante.

— Eu viria de qualquer jeito, Betina. E lhe traria um presente especial. — Beijou-lhe o rosto carinhosamente. — Parabéns! Desejo toda felicidade do mundo!

Seus olhos brilharam intensamente e havia algo presente que ele não soube detectar. Os dois ficaram se encarando, até que o pai dela surgiu com um sorriso.

— Que bom que veio! Betina não iria perdoá-lo se assim não fosse. Seja bem-vindo, Ricardo. Essa casa é sua! Minha filha, cuide dele. Ele é muito especial!

— Sei, papai. E ficarei com ciúmes se continuar a mimá-lo desse jeito. — O médico deu um abraço em Ricardo e disse em seu ouvido: "Obrigado por tudo." — Em seguida os deixou.

— Não pretende me apresentar aquela amiga de sua mãe, creio que não mereço.

— Fique tranquilo, ela já foi apresentada a outro. — E deu uma risada descontraída. — Venha, vou apresentá-lo a algumas amigas, aquelas... — E sorriu.

— Não me faça ir embora antes do bolo. — Os dois caminharam entre os convidados.

Tudo parecia tranquilo, quando uma mulher se aproximou de ambos. Ricardo estava de costas, olhando Betina, cujo semblante se alterou significativamente com a chegada da convidada. Seus olhos ficaram tensos, mas procurou disfarçar.

— Boa noite, Estela. Esse é Ricardo, um amigo. — Quando ele se virou, deparou-se com uma mulher beirando a casa dos trinta anos, de uma beleza excepcional.

Seus olhares se cruzaram e ele estremeceu. Sentiu atração, raiva, repulsa, temor, tudo ao mesmo tempo, sem entender as razões. Ela possuía lindos olhos azuis, de uma frieza impressionante, como jamais vira. Assim como ele, a mulher franziu a testa, observando-o com atenção, sentindo familiaridade por aquele olhar. Ricardo estendeu a mão e a cumprimentou:

— Muito prazer! Nós nos conhecemos? — Ele estava intrigado.

— Quem sabe? Talvez tenhamos cruzado em algum momento. Confesso que me é familiar. Amigo de Betina? — Ela segurava a mão dele com energia, sentindo como se uma descarga elétrica o prendesse a ela.

— Sim, um amigo muito querido. — Betina respondeu antes dele.

— Médico também? — Inquiriu ela.

— Sim, fui aluno de Macedo e nos tornamos bons amigos. — Respondeu ele com poucas palavras. Sentiu-se sufocado, sem entender os motivos. Queria correr dali, mas seus pés pareciam fincados no chão. Betina percebeu o desconforto e tentou ajudá-lo, entabulando conversa com ela.

— Seu irmão a acompanha?

— Sim, está numa conversação animada com alguns médicos.

— Você é médica? — Perguntou Ricardo.

— Não, apenas proprietária de um laboratório muito afamado. Você deve conhecer.

Falou o nome familiar, narrando os feitos obtidos com as pesquisas de última geração.

— Betina trabalhou como pesquisadora, mas decidiu mudar seus propósitos, não é mesmo? Depois do que lhe aconteceu, creio que precise repensar sua vida. Porém, sabe que pode contar comigo em qualquer situação. — Enviou um olhar dramático para Betina, que se sentiu perturbada e, dessa vez, era ela que desejava correr dali.

Ricardo percebeu o desconforto entre elas e decidiu intervir.

— Foi um prazer conhecê-la. Betina, mostre-me o que prometeu. Com licença! — Puxou-a pelo braço, conduzindo-a até um local afastado da multidão e parou. Foi então que percebeu que a jovem estava chorando. Segurou seu rosto com carinho e perguntou:

— Quem é essa mulher? — Ela permaneceu calada por instantes, ainda chorando. — É amiga de sua família? — Ele necessitava de respostas.

— Não sei por que meu pai a convidou. É meu aniversário! Ele não podia ter feito isso!

— Por que não gosta dela?

— Pelo mesmo motivo que você! — Dessa vez ela o encarou fixamente. — Sei que sentiu algo quando a conheceu e creio que não tenha sido nada favorável.

Ricardo percebeu o quanto a jovem era perspicaz em suas avaliações. Sentira imenso desconforto com a presença daquela mulher, sem entender as razões. Seu olhar frio e incisivo, como se desejasse invadir seu mundo íntimo e dele se apoderar. Algo arrebatador e perturbador ao mesmo tempo. Atração e repulsa, tudo ao mesmo tempo! Quem era aquela bela mulher e por que causava tanto impacto na vida de Betina?

— Quem é ela, Betina? Não me esconda nada. Sou seu amigo em qualquer circunstância e sabe que pode confiar em mim.

— Fala como médico ou como meu amigo? — A jovem o olhava com energia.

— Ambos, Betina. Não consigo dissociar completamente um do outro. Quem prefere que aqui esteja presente? — Perguntou ele com suavidade.

— Prefiro meu amigo! — E o abraçou com carinho. Ele a reteve em seus braços, aguardando o momento de ela se acalmar. Após alguns instantes, ela se desvencilhou e disse: — Não queira conhecê-la como eu, é só o que posso lhe dizer. Ela é pérfida, cruel, manipuladora, insensível e só traz a discórdia e o desamor por onde passa. — A revelação o chocou profundamente.

— Não acha que essa avaliação é deveras contundente? O que ela lhe fez? — Betina desviou o olhar e se calou. Exatamente como quando o assunto de sua tentativa de suicídio voltava à baila. Novamente, ela se fechava em sua concha, sem permitir que alguém acessasse suas emoções.

— Não quero falar sobre isso! Ainda não! — Seu olhar ficou marejado novamente, prenúncio de novas lágrimas. Ricardo se sensibilizou e decidiu encerrar o interrogatório, deixaria para outro dia, em outro local. Aquele deveria ser um dia feliz! E ela merecia essa felicidade. Ele a abraçou novamente e assim permaneceram.

— Não vou insistir. Tudo no seu tempo, é o que conversamos, certo? Hoje não é dia de tristezas. Enxugue essas lágrimas e ofereça aquele sorriso radiante de quando aqui cheguei. Não vou permitir que ninguém a faça sofrer! Não hoje!

Betina sorriu por entre as lágrimas e disse:

— Um dia irá compreender tudo o que se passa a sua volta e qual o seu papel nesse contexto. Estela, infelizmente, faz parte disso, por mais que seja algo deplorável para sua vida. Não me pergunte qual a razão de dizer essas coisas, apenas sinto que ela permanecerá tecendo os fios do destino que nos une. Algo que o tempo não foi capaz de sepultar. — As palavras soaram como uma sentença definitiva, fazendo Ricardo estremecer.

— Afaste-se dela e não permita que ela o enrede em suas teias satânicas. Você é muito importante para mim, jamais se esqueça. — Abraçou-o fortemente.

Capítulo 4

PRESENÇA HOSTIL

A festa prosseguia animadamente, enquanto Ricardo evitava uma aproximação com Estela. Era inegável que ela o perturbara profundamente, sentindo que a cautela precisava imperar. A advertência de Betina havia sido clara, pedindo que se cuidasse. A jovem decidiu que iria se divertir e assim fez, mantendo distância de Estela e o irmão. O médico percebeu que havia alguma razão para essa precaução, mas somente Betina poderia esclarecer esse fato. E isso aconteceria somente se ela assim desejasse.

Dr. Macedo e sua esposa, Ligia, haviam preparado a homenagem à filha com todo esmero e a festa estava sendo um evento memorável.

Ricardo conversava com um dos amigos médicos quando Estela pegou seu braço, chamando a sua atenção.

— Espero estar enganada, mas deu-me a impressão de que está evitando se aproximar de mim. — Disse ela oferecendo um sorriso sedutor.

— Apenas impressão, certamente. Por que faria isso? — Perguntou ele olhando fixamente.

— Sei que é o psiquiatra que está tratando de Betina. Foi um gesto tresloucado, tem de admitir. Não posso imaginar os motivos que levam uma pessoa a agir assim.

— Não podemos analisar o íntimo de cada um, nem tampouco outorgar o direito de julgar as ações de quem quer que seja. Sou apenas um médico e minha profissão consiste em auxiliar as criaturas a encontrarem um sentido à própria existência.

— Um ato insano desses está associado a algum distúrbio psíquico, pelo que posso imaginar. Betina tem tudo o que uma mulher deseja e mesmo assim seria capaz de deixar tudo isso, desistindo da vida. Não é uma pessoa normal.

— Defina-me uma pessoa normal. — Ricardo cruzou os braços aguardando. Isso pareceu irritá-la e ela assumiu uma postura defensiva.

— Creio que essa não foi a melhor forma de iniciar um diálogo proveitoso com você. Está zombando de mim! Vamos começar novamente? — Disse ela aproximando-se dele.

— Após sua definição sobre pessoas normais, pois talvez eu não seja uma. Pode estar perdendo seu tempo comigo. Quem sabe? — Ele tentava afastá-la de seu caminho.

— Você é bem normal, tenho toda convicção. Talvez um tanto tristonho em função do rompimento de um casamento de muitos anos. Alguém me deu esse conselho algum dia e vou repassar: a vida segue em frente! — E sorriu sem desviar o olhar do dele.

Ricardo retesou e, dessa vez, foi ele a permanecer na defensiva. Não iria escancarar sua vida para uma estranha, principalmente para ela.

— Um bom conselho que todos deveriam seguir. Porém creio que esteja equivocada no que diz respeito à minha vida pessoal. — Ela se aproximou mais ainda e ele tentava se esquivar, mas não tinha para onde fugir.

— Meus informantes jamais falharam anteriormente. Bem, deve estar na fase da negação. Sua esposa nem está mais aqui, pelo que soube. — Ela tentava de todas as maneiras enredá-lo como Betina prenunciara.

— Esteve a me investigar? — Seu olhar agora era frio. Nesse instante, Estela passou a mão em seu rosto e disse:

— Quando tenho interesse por alguém, como é o caso, sim. Preciso saber tudo sobre minha nova conquista. — E beijou seu rosto com sensualidade. Ricardo sentiu seu corpo estremecer e queria fugir dela, temeroso do que poderia advir. Pensou em todos os argumentos que poderia utilizar, decidindo a forma mais simples. Dessa vez, ele puxou-a para bem perto de seu rosto e disse em seu ouvido, retendo-a em seus braços:

— Não pretendo me envolver com você. Aceite isso e jogue seu charme para outro. — Pegou sua mão e a beijou. — Foi um prazer te conhecer. — Disse isso e saiu caminhando lentamente, tentando retomar seu próprio equilíbrio. Viu Betina e foi até ela:

— Foi uma festa maravilhosa! Seu presente lhe entrego depois! Estou indo! — E a abraçou.

— Você foi meu presente! Fique mais um pouco, ainda é cedo.

— Foi o suficiente por hoje. Divirta-se, afinal, é sua festa. — Betina percebeu que ele estava perturbado. Ela havia visto Estela e ele conversando.

— O que ela queria com você? — Perguntou a jovem com o olhar curioso.

— Nada que mereça ser considerado. Esqueça!

— Obrigada por estar aqui comigo esta noite. E não se aproxime de Estela novamente.

— Só farei isso se me contar as razões dessa advertência. Na próxima sexta?

— Quem sabe! – Seu olhar ficou distante.

De longe, Estela observava Ricardo saindo e procurou o irmão. Diego era mais novo que ela, com os mesmos olhos azuis frios e instigantes.

— Quero todas as informações que puder sobre esse médico. Chama-se Ricardo, foi aluno de Macedo e é psiquiatra. Descubra tudo o que puder sobre ele!

— Posso saber o motivo de tal interesse? O que está tramando, minha irmã? – Ele a conhecia como ninguém. – Não gosto desse seu olhar. – Era pérfido.

— Conversamos depois! Com relação àquele assunto, creio que precisamos estar mais atentos do que nunca. Senti algo estranho na presença desse médico. Será? – E não finalizou a frase. O irmão ficou sério e disse:

— Ele não me pareceu portador de talento algum. Mas posso estar enganado! Precisamos nos certificar. É ele o psiquiatra de Betina? – Perguntou Diego.

— Sim e por isso temos que estar mais atentos que nunca. Nosso plano falhou e ela ainda está aqui entre nós. Ela tem muita ajuda espiritual, isso apenas fortalece mais nossa tese. E se ela encontrar todos os outros? – Havia certo temor nas palavras de Estela.

— Sabíamos que correríamos esse risco e assim mesmo aqui estamos. Somos poderosos e temos muitos que nos auxiliam também. As forças do bem contra o mal! Quando eles irão aceitar nossa supremacia? Toda honra e moral não serão suficientes dessa vez. Precisamos encontrar o livro sagrado. E com urgência! Com ele, seremos imbatíveis!

— Isso chegará às nossas mãos, Diego. Tenho pessoas cuidando disso. Em breve, teremos as notícias tão desejadas. Me leve para casa, isso está um tédio.

— Vamos nos despedir. Devemos manter a cordialidade com todos eles. Não sabemos quando iremos necessitar de seus préstimos. – Ofereceu o braço à irmã e saíram.

Betina observou os dois irmãos conversando e sentiu a repulsa aflorar. Todos lá os reverenciavam, porém não suspeitavam quem eles realmente eram. Seu coração batia em descompasso e sentiu suas mãos frias. Seu maior desejo era o de que eles desaparecessem de sua vida de forma definitiva. E todo mal os acompanhando. Lembrou-se daquela festa e seus olhos ficaram marejados. Como havia sido tola! Tudo o que havia presenciado! As imagens não a deixavam em paz! Até aquele momento tinha dúvidas do que realmente havia sido capaz de fazer! Não deveria ter bebido aquilo! E isso a atormentava em demasia! Tanto que fora capaz daquele ato abominável! Morrer talvez fosse a melhor alternativa! No entanto, havia falhado e lá estava, tendo que administrar todas essas emoções distorcidas que permaneceram com ela!

Uma amiga querida se aproximou nesse momento, tirando-a das divagações:

— Como é mesmo o nome dele? — Perguntou a jovem referindo-se ao médico.

— Ricardo. Mas não se anime, pois ele já tem dona.

— Você não disse que ele estava separado da esposa?

— Sim, mas não ficará muito tempo sozinho! — Disse Betina com um olhar matreiro.

A festa se encerrou quando o dia estava amanhecendo, porém só os mais jovens lá se encontravam. Betina estava radiante!

O domingo foi tenso para Ricardo, que praticamente ficou acordado até o dia amanhecer, conseguindo dormir apenas por algumas horas. A imagem de Estela não saía de sua mente, como se a hipnotizá-lo. Tentava modificar o rumo dos seus pensamentos, mas ela retornava de forma insistente, dominando suas ideias. Ela o perturbara demais, isso era fato! Nem a figura de Silvia o perseguira tanto quanto a daquela mulher que o provocara, fazendo seu imaginário ficar atordoado. Ela o atraía como nenhuma outra mulher conseguira até então. Entretanto a repulsa também estava presente, fazendo com que o conflito se instalasse. Analisando objetivamente, o que ele sentia era pura atração física, como se uma paixão avassaladora pudesse acontecer, se ele desse vasão a isso. Por outro lado, a perspectiva de se envolverem se traduzia em algo maléfico, coisa que não conseguia compreender, como se um sinal de alerta estivesse instalado, orientando-o a permanecer distante de um problema. Isso o torturou durante todo o dia, fazendo-o sentir-se exaurido novamente. O que Vitória diria sobre isso? De que nada valera o esforço de tê-lo conduzido a um centro espírita. Perdera todos os benefícios recebidos com o passe. Toda energia recebida já havia sido perdida. Sua mente, que conhecia de forma técnica, o conduzira a essa condição. Sentiu-se mal com essa constatação e decidiu relaxar um pouco. Tomou um banho e saiu para comer algo. Finalizou a noite com um bom filme e percebeu que já se sentia mais equilibrado. A semana seria longa e teria logo no dia seguinte Afonso, o jovem com suas alucinações.

E assim aconteceu! O jovem chegou pontualmente no consultório. Sua expressão era séria e a palidez estava presente.

– Como está, Afonso? Como foi sua semana? – Ele parecia mais tenso que na semana anterior. Ricardo observou seu semblante prostrado. – Parece doente!

– E devo estar! Não tenho conseguido dormir e quando durmo... – Calou-se.

– O que acontece quando dorme? – Ricardo tentava entender o que se passava.

– Apenas pesadelos! Coisas que não posso, e não quero narrar. É tudo muito sórdido! Cenas aviltantes, sem sentido, mas que me chocam. Ricardo, não tenho mais dúvida. Estou perdendo a razão! Nenhum ser, em reais condições de equilíbrio e sensatez, seria capaz dessas ideias insanas. Se o sonho pode representar o que pensamos intimamente, eu não sei mais quem eu sou! – Ele estava descontrolado.

– Primeiro, peço que tente manter sua calma, pois ela é essencial para não perder o foco. Sonhos são representativos de nosso inconsciente, dos nossos medos, dos nossos traumas, das nossas fragilidades, que precisam ser tratados, eclodindo na forma de revelações confusas. São conturbados, densos, tensos, sem qualquer representatividade com a realidade, apenas uma forma de expurgar o que se encontra enraizado em seu inconsciente, comprometendo seu livre pensar. Estou tentando ser o mais simplista possível para que possa compreender. Não significa que esses sonhos estranhos estejam sinalizando algum distúrbio psíquico, ou que esteja perdendo seu equilíbrio mental.

– Nesses sonhos tenho a nítida impressão de que essa vida é uma prova que tenho que realizar. Como se já tivesse outras vidas, se é que me entende. – E se calou.

– Você acredita que podemos viver outras experiências em outros corpos? – Após fazer a pergunta, Ricardo já se arrependera. Estavam adentrando um terreno perigoso, o das crenças e religiões, que não estavam em questão naquele momento.

– Creio que isso seja possível. Não vou negar que já fui apresentado à Doutrina dos Espíritos, codificada por Allan Kardec no século dezenove na França. Não a conheço profundamente, apenas alguns pontos básicos. Não quis falar isso na primeira vez, pois talvez não aceitasse tratar de mim.

– Eu respeito suas crenças, Afonso, mas elas não estão em questão.

– Mas estão interligadas, mesmo que não aceitemos!

– Afonso, seus sonhos, ou pesadelos, estão reproduzindo algo que necessita ser trabalhado. Se as cenas o remetem a emoções em desalinho ou se elas o chocam, representando frustrações ou traumas vivenciados, precisamos colocá-las na mesa e estudá-las à luz da razão. Pois é essa que você acredita estar perdendo.

O jovem ficou pensativo, analisando as palavras do médico.

— Entendo seu ponto de vista e tem razão. Por isso estou aqui! É sua ajuda de que necessito.

— Estou aqui para ajudá-lo a reencontrar seu caminho. Preciso que confie em mim e conte tudo o que julgar necessário. Você ainda não me respondeu à pergunta: sente-se doente? Os exames realizados mostram que seu corpo físico está saudável. Nenhuma enfermidade está presente.

— Meu corpo está saudável, mas minha mente não.

— Pois suas emoções estão desordenadas em virtude dos eventos que você vivenciou nesses últimos meses. As perdas dolorosas de pessoas que amamos repercutem em doenças emocionais, que, com o passar do tempo, afetam nosso organismo, causando doenças reais. Imagine o que a tristeza faz conosco, quando ela permanece muito tempo ao nosso lado? Nossa imunidade fica comprometida e alguma doença nos acomete. Uma dor emocional causando uma dor física. Isso é possível e mais comum do que se imagina. Afonso, não se cobre tanto. Vivencie sua dor! Permita-se sofrer! Chore, se assim desejar, coloque para fora toda mágoa, raiva, revolta, ou a emoção que estiver presente. Aceitar o infortúnio é uma maneira de lidar com a dor proveniente de uma perda. Entender que fatos indesejáveis ocorrem em nossas vidas e precisamos aceitá-los, pois só assim iremos prosseguir nossa jornada. É a lei da vida! A separação nos faz sofrer, nos maltrata, nos torna infelizes, mas, em dado momento, teremos que aceitar e, quando isso ocorrer, estaremos prontos para seguir em frente. — Conforme ele falava, uma luz intensa o envolvia, perceptível aos olhos de Afonso, que olhava fixo e sensibilizado pela cena à sua frente. Abaixou o olhar e as lágrimas escorreram. Ricardo ficou em silêncio, esperando que ele se acalmasse. Após alguns instantes, o jovem disse baixinho:

— Eu aceitei a morte de Olivia, apenas sinto muito a falta dela. Acredito que eventos infelizes irão acontecer conosco ao longo de nossa existência e teremos que aprender a lidar com eles. Não foi por isso que vim até você. – Ao levantar o olhar, Ricardo viu a expressão resignada que ele ostentava. – A morte não me atemoriza, já lhe disse isso. Perder o controle sobre minha vida, sim. É isso que mais temo. Não posso mais viver assim! Preciso ter paz íntima, preciso compreender o que essas alucinações querem me dizer, preciso seguir com minha vida, pois sinto que tenho muito a realizar. Você disse que meu corpo está saudável, me ajude a reconquistar meu equilíbrio mental!

Afonso se calou esperando que o médico sinalizasse o caminho a seguir.

– Meu jovem, todos os eventos se entrelaçam, por mais que julguemos estarem dissociados. As perguntas referentes a sua namorada, a seus pais, a seu emprego, de uma forma ou de outra fazem parte de sua existência. Cada área de sua vida está associada a outra. Uma ação praticada, uma emoção vivenciada, tudo influencia sua maneira de pensar, sentir, se relacionar com o outro. Você é um jovem sensível, com uma percepção aguçada, capaz de perceber mais intensamente tudo a sua volta. Inegável que o impacto das emoções vivenciadas o perturbe excessivamente. O processo da cura íntima necessita de tempo, paciência, confiança em si e, principalmente, trabalho árduo para modificar posturas enraizadas em seu íntimo. É um esforço individual, Afonso. Não conseguirá resultados imediatos apenas porque assim deseja. Tudo tem seu tempo de maturação. O importante é seu desejo sincero de buscar a própria felicidade. E ela independe do próximo ou do mundo à sua volta. É uma atitude individual. Você disse que sente que sua vida tem um propósito e eu concordo com você. Sua tarefa é realizar aquilo que lhe compete.

Afonso sorriu timidamente perante o que ele acabara de pronunciar.

– E qual será meu propósito nesta vida? Percebo que tenho tanto a realizar, mas me sinto tolhido em minhas ações, como se algo me bloqueasse impedindo-me de prosseguir. Como se uma força estranha e maléfica me rondasse, me torturasse, querendo me sufocar e me desestruturar, pois assim perderia a confiança em meu potencial. Me perdoe, mas é tudo tão confuso que nem consigo me expressar de forma conveniente.

— Afonso, peço serenidade. Pare de se torturar, pois esse não é o caminho mais indicado. Aliás, isso jamais lhe propiciará a conquista da paz. Um passo por vez. Conte-me seus sonhos, sem efetuar críticas ou julgamentos. Narre como se fosse um mero espectador. E se apenas está observando, a emoção não acompanhará o relato. Respire fundo, se acalme, procure se lembrar dos detalhes mais significativos ou chocantes do seu sonho. Conte-me o que mais o perturbou. — E esperou o jovem iniciar a narrativa.

Afonso fechou os olhos, respirando profundamente, tentando colocar em sua tela mental todas as imagens que ainda estavam retidas em sua memória. E iniciou:

— Estávamos num local muito escuro, muitas pessoas estavam presentes recitando o que parecia um mantra. Não me recordo exatamente das palavras, pois me pareceu uma língua estranha ou pelo menos desconhecida para mim. O canto persistiu, cada vez em tom mais elevado. Havia uma mesa no centro da sala e pareceu que havia alguém deitado nela. Aí aquela mulher surgiu e todos se calaram. Ela vestia uma túnica negra e um capuz, impedindo-me de ver seu rosto, mas era a mais poderosa de todos os presentes, pois conforme ela passava, todos rendiam reverência a ela em sinal de respeito. Ela chegou próxima à mesa e parecia gritar com quem lá estava. Foi aí que tudo aconteceu. Ela virou-se com fúria e, como se direcionasse a mim seu discurso, proferiu em altos brados: "você não me vencerá, alie-se a mim e terá todo poder da Terra". Conforme ela falava, ia se aproximando cada vez mais dizendo "eu irei te encontrar e juntos seremos imbatíveis", "as forças do bem cairão por terra e todos sucumbirão". Em seguida, ela se virou novamente para o grupo e um ritual estranho e pavoroso deu início. Eu apenas observava a cena chocante e mórbida, mas não conseguia me mover, tamanho o pavor que me dominava. – Ele parou de falar por instantes.

– Por que se sentiu tão aterrorizado?

– Jamais participei de um ritual ou coisa parecida, no entanto aquilo me perturbou, como se soubesse que isso ocorria e nada fizesse para impedir. Como eu lhe disse, me senti impotente diante da situação. Reservo-me no direito de não relatar as cenas chocantes que se sucederam. Era um ritual satânico e creio que uma morte ocorreu logo em seguida. É só o que posso contar. – Ele estava pálido e respirando de forma descompassada. Aquilo o havia perturbado em excesso, foi o que Ricardo constatou.

– Sem dúvida, nada condiz com sua realidade. Por que sentiu tanto pavor? – Ele insistia.

Afonso ficou calado, refletindo na pergunta que ele mesmo já se fizera. Ainda não compreendia as razões para que isso fosse tão perturbador. Poderia se assemelhar a um filme de terror, daqueles que não têm lógica alguma, mas que nos fazem sentir um medo incontrolável. Era exatamente assim que se sentia. No entanto, havia uma ligação com aqueles personagens, como se todos o conhecessem e o chamassem para participar daquele culto satânico. E a culpa parecia estar presente. Por quê? Essa pergunta não tinha uma resposta. Onde estavam seus amigos da luz nessa hora? Por que permitiam que ele experimentasse todas essas sensações dolorosas? Sentiu-se tão só. Ricardo era sua esperança. Eles haviam contado a ele que assim seria. E precisava confiar!

– Afonso, foi simplesmente um pesadelo. Nenhum fato, nenhuma ligação com a sua realidade. Esse foi um evento isolado ou se repetiu?

– Infelizmente, não foi algo isolado. Tenho medo de dormir e novamente isso acontecer. Não pretendo usar artifícios que conheço para me relaxar. – Disse isso e baixou a cabeça.

Capítulo 5

MOMENTO CRÍTICO

— De que artifícios tem se utilizado, Afonso? — O olhar do médico estava sério. — Tem usado algum tipo de droga ilícita? — O jovem permaneceu com a cabeça baixa.

— Precisava aliviar a tensão, apenas isso.

— Você veio a este consultório para buscar ajuda e creio que seja essa a proposta. Estou certo? — Ricardo olhava com firmeza para o jovem.

— Está. — Foi a resposta lacônica de Afonso.

— E encontrou o que buscava com as drogas? Resolveu seu problema?

— Não! Os pesadelos apenas se agravaram. E usei mais, para ver se eles se encerravam.

— E o resultado? Foi o esperado? — A tensão imperava no médico.

— Você já usou qualquer tipo de droga? — Perguntou Afonso.

— Não. Mas sei o que ela provoca, não se esqueça de que sou médico.

— Não vou contestar, pois sei que não foi uma atitude correta. E sim, fruto de meu desespero, algo irrefletido. Jamais apelei para esse tipo de recurso e saiba que não faltaram motivos ao longo de minha vida. Na verdade, foi uma aposta malsucedida, não ganhei o que esperava e não sei se vou repetir a experiência.

— Ainda tem dúvida acerca disso? — A pergunta direta o deixou incomodado.

— Talvez. Não estou suportando o que está acontecendo comigo. Tenho tanto receio de cometer algum ato que possa me arrepender. — Seus olhos ficaram marejados.

Ricardo refletia sobre a situação que o jovem enfrentava. Onde estava sua família que não o apoiava nesse momento crítico? Lembrou-se de Betina e de todo suporte que a família lhe ofereceu quando necessário. Era impossível não efetuar uma comparação entre os dois jovens passando por situações estressantes. Recorreram a um profissional, mas era preponderante o apoio familiar nessas horas, que dava uma direção diversa a cada um. Afonso era um jovem solitário, que tinha tudo e não tinha nada. Seu único apoio na atual circunstância era ele, seu psiquiatra, que não podia interferir diretamente nas decisões que Afonso tomasse, por mais comprometedoras que fossem. Sua atuação tinha que ser discreta, porém percebera que teria que oferecer um outro olhar sobre o caso. Era complexo e desesperador, pois a qualquer momento poderia receber uma notícia inesperada, comunicando uma fatalidade.

— Afonso, o que espera obter com essas atitudes insensatas? Acredita que irá recuperar o equilíbrio ou a paz íntima? Você já ouviu alguém que tenha se utilizado dessas drogas e encontrado a solução para seus problemas? — Perguntou o médico com energia.

O jovem mantinha-se calado, ponderando sobre suas atitudes irrefletidas, sentindo a culpa invadir seu mundo íntimo. Tinha convicção de que cometera um grande equívoco, porém desconhecia a fórmula para alterar seu estado de espírito.

– É muito grave o que acabou de me relatar. Não gostaria de que utilizasse novamente qualquer tipo de droga. Isso me impede de ministrar-lhe qualquer medicamento, pois num momento crítico, é capaz de ingerir todo o vidro de remédio. Está acompanhando meu raciocínio? – Ricardo usava de energia.

– Sei aonde pretende chegar. Sinto muito! – Disse o jovem com a emoção dominando.

– Você deve sentir, sim. É sua vida que está em jogo, não a minha. Estou tentando auxiliá-lo a readquirir o controle de sua vida, mas isso pertence exclusivamente a você. Qualquer atitude leviana, levada por impulso ou desespero, pode lhe acarretar danos significativos e até irreversíveis. É o que estamos tentando impedir.

– Por favor, Ricardo, me ajude! Eu preciso dormir sem que essa perseguição me acompanhe! Não quero enlouquecer! – As lágrimas vertiam incontroláveis e era indiscutível o desespero de que ele era portador. A situação estava dramática, necessitando de ações céleres. Uma tragédia poderia ocorrer e, talvez, Ricardo não conseguisse impedir. O médico ouvia atentamente o desabafo do rapaz, esperando o momento que ele se acalmasse. Minutos depois, Afonso perguntou:

– Existe algum medicamento que possa impedir essas ocorrências perturbadoras?

– Sim, mas temos que ser cautelosos quanto a isso, mediante o que acabou de me relatar.

– Prometo que não farei nenhuma besteira. Confie em mim!

– É o que eu mais quero, Afonso. – Ele se levantou e foi até um armário, retirando de lá um pequeno vidro. Levou consigo e abriu-o, derramando várias cápsulas sobre a mesa. Separou apenas algumas. – O que você está vendo?

– Algumas cápsulas sobre a mesa e o vidro quase cheio.

– A ingestão de todo conteúdo é capaz de levá-lo a óbito. – Disse com frieza. – Essas que aqui estão são capazes de atenuar seu descontrole imediato. Uma apenas será suficiente para apaziguar suas emoções. Entendeu o que isso significa? – Olhava fixamente para o jovem que não desviou o olhar um instante sequer. – Não fará o mesmo efeito que obteria com as drogas que experimentou, pois essas apenas superexcitaram você e nenhum benefício lhe trouxeram. Quantas estão na mesa?

– Apenas sete e imagino o que isso significa. – Disse Afonso.

– Exatamente o que imagina. Uma para cada noite até seu retorno na próxima segunda. É o máximo de risco que irei correr. Terá de me provar que posso confiar em você. Irá me ligar se algo o perturbar em demasia, ou mesmo se os sonhos confusos e aterrorizantes persistirem. Ligue-me a qualquer hora, entendeu bem? Gostaria de que me deixasse o contato de seus pais. – Nesse momento, as feições do jovem endureceram e a resposta foi ríspida e objetiva.

– Já disse que não quero colocá-los aqui entre nós. Respeite minha decisão.

– Peço que compreenda meus receios. Prometo não falar com eles, apenas deixe os contatos. Não posso assumir nenhum risco sozinho.

– E se eu não tivesse ninguém? Deixaria de me atender? – Ele estava decidido.

– Porém não é o caso, Afonso. Faça isso como um favor pessoal! Não vai lhe custar nada.

O jovem estava relutante, mas acatou e escreveu num papel alguns números.

– Duvido que os encontre, mas já que insiste. – Entregou na mão de Ricardo.

– Obrigado, Afonso. – Olhou o relógio e, como na semana anterior, eram vinte e uma horas.

O jovem se levantou e apertou a mão de Ricardo.

— Prometa que vai ligar se algum incidente ocorrer. — Insistiu o médico.

— Assim farei. — Ricardo guardou as cápsulas num outro recipiente e entregou-lhe.

— Confie nos resultados que irá obter. Estamos apenas no início. Procure manter-se no controle de suas emoções. Estou aqui para ajudá-lo!

— Agradeço sua preocupação e prometo me esforçar. — Acenou e saiu, deixando o médico apreensivo com a situação reinante.

Ricardo ficou em sua sala analisando tudo o que acabara de presenciar, sentindo-se impotente. Há muito tempo não tinha um caso tão perturbador quanto esse. A muito custo, deixou o consultório e se dirigiu para casa. Foi difícil conciliar o sono, mediante tantos questionamentos que povoavam sua mente. Pensou em ligar para algum médico, mas a figura de Vitória aparecia constantemente em sua tela mental. Decidiu que, na manhã seguinte, dividiria com ela suas preocupações. E adormeceu. Novamente viu-se transportado para aquele castelo. Caminhou confiante pelos corredores, sabendo onde eles o conduziriam. A mesma sala, as mesmas pessoas lá se encontravam. A mulher sorriu e perguntou:

— Ainda não reconhece aqueles que ao seu lado se encontram?

— Eu já disse que não contassem comigo, por que insistem? Se escolhi um novo caminho, caberá a mim responder pelos meus atos. Não vou participar de tudo o que está previsto.

— Já não lhe pertence mais essa decisão, pois tudo está consumado.

A essas simples palavras, Ricardo deu um grito de fúria e tentava sair do local, mas não conseguia.

— Não me torture mais! Eu suplico! Deixe-me em paz! Sabe que eu falhei, por que ainda confia em mim? Não poderei ajudar seu filho! Ele está acompanhado de forças malignas, eu sinto! Ela está por perto, disseminando todo mal novamente e o encontrará.

Sabe que ele não irá se render e preferirá a morte. Me perdoe! – As lágrimas escorriam sem que ele pudesse contê-las.

– Acalma-te, meu bom amigo. Não confia em teu potencial? A lição não foi aprendida? Precisa manter a serenidade e tentar unir os dois irmãos, pois juntos estarão fortalecidos. Afonso e Betina necessitam de teu apoio e está nesta encarnação com essa finalidade. Ambos estão tão próximos e cabe a ti uni-los. Parecem frágeis, com suas mentes em desalinho, porém trazem consigo a bagagem que jamais os abandonou. Cabe a você, Ricardo, propiciar que isso ocorra, deixando que essa força possa emergir em todo seu esplendor, só assim conseguirão combater nossa infeliz irmã, que se desviou cada vez mais dos caminhos da luz. As trevas a envolvem e ela ainda não se deu conta de que esse caminho não lhe conduzirá ao que ela tanto anseia.

– Eu a reconheci e não quero combatê-la. Tenho medo do confronto.

– Ele se faz necessário, Ricardo. Ainda não entendeu que estamos todos acompanhando cada etapa desse processo? Não podemos intervir, porém podemos irradiar a força da luz capaz de eliminar as energias deletérias e inferiores que ela emite. Estamos em vantagem, pois ela acredita que vocês ainda estão submersos no esquecimento do passado. Ela pensa que cada um veio em tarefa individual, não coletiva. Sabe que ela não conseguiu identificá-lo? Sentiu sua força, porém não imagina quem seja. Ainda! Nossos companheiros infelizes e levianos, que ousam crer na soberania das forças do mal, não têm tanto poder quanto a luz. Confie!

– Sabe que reneguei a luz! A revolta me corroeu as entranhas e segui caminhos sombrios por muito tempo. Com tudo que já havia aprendido, permiti que meu egoísmo imperasse. Sabe que me arrependi de todos os conchavos que realizei em nome do orgulho insano. Não suportei a dor física e moral, que ela nos causou com seu jogo sujo. Quantos perderam a vida? Quantos foram sufocados em nome do pretenso poder que ela acreditava possuir? Ela fez com que todos nós sucumbíssemos! Fomos humilhados, ultrajados, vilipendiados e ela continuou incólume, como se nada mais importasse!

— Betina e Laurita sobreviveram, sabe disso! Vitória as auxiliou! E deram continuidade ao aprendizado ainda na matéria, distante da Espanha, protegidas pelos nossos fiéis adeptos. Nosso legado foi defendido, meu amigo. E deu frutos! Estela jamais teve em suas mãos nosso livro sagrado e até hoje ela o procura. Ela acredita que ele seja um objeto material, onde esteja contido todos os segredos invioláveis, capazes de proporcionar o poder absoluto. Ela desconhece que todos os conhecimentos estão inscritos no íntimo das consciências nobres e justas. Jamais terá acesso a eles se persistir nessa sua cruzada implacável contra a luz e o bem. A vantagem não lhe pertence, por isso não a tema.

— Não foi isso que presenciei. Ela tem o domínio da mente, subjugando aqueles que dela discordem. Sei do que ela é capaz! Eu a amava tanto! Hoje sinto apenas comiseração, piedade. Ela conseguiu destruir um amor puro e verdadeiro, pois isso não lhe traria o tão desejado poder! Não posso me aproximar dela, sinto muito.

— Não é isso que pretendemos. Pedimos apenas que se mantenha próximo de nossos filhos, que, desta vez, não estarão unidos pelos laços materiais, apenas pelas afinidades tecidas ao longo de todas as encarnações vivenciadas na propagação do bem, da luz e do amor. Eles se reconhecerão, acredite. E juntos darão prosseguimento às tarefas programadas. Sabe que sempre foi o mais leal de todos! Vacilou, porém, despertou a tempo de reconsiderar suas escolhas. Precisamos de ti e da tua bravura! Não nos decepcione, Ricardo! — Ela o abraçou com todo carinho.

— É um filho muito amado! Estamos juntos há tantos séculos, Ricardo. — Julian irradiava uma intensa luz que o envolveu integralmente, sentindo a paz lhe retornar.

— Queria acreditar em tudo isso!

— Depende apenas de você. Siga sua intuição, ela o conduzirá às melhores escolhas.

Ricardo acordou renovado, sem lembrança alguma, porém sentiu-se em paz. Pensou em Vitória e mandou-lhe uma mensagem, pedindo que se encontrassem no almoço.

No horário marcado, ela lá estava.

— Ricardo, sabe que sou uma mulher comprometida. — Ela era sempre espirituosa.

— Espero que você não tenha espalhado sobre nosso encontro. — Brincou ele beijando carinhosamente seu rosto.

— Faria muitas morrerem de inveja. Sabe que toda universidade já descobriu sobre seu rompimento com Silvia? Você se tornou o solteiro mais cobiçado do pedaço! — Ambos caíram na risada.

— Até parece. Não me iluda, Vitória. Não sou tão bom partido assim. Estou na fase celibatária e não sei quanto tempo vai durar.

— Uma pena, mas... Diga o que tanto o incomoda. Conheço você há mais de quinze anos, desde os tempos de faculdade. Sempre discreto com sua vida afetiva e profissional. Para me chamar aqui, deve ser algo que o incomoda excessivamente e, talvez, envolva suas crenças sobre espiritualidade. Vamos, comece.

— Com você tudo é tão simples! Primeiro, quero agradecer sua disponibilidade. Não sabia a quem recorrer e sua imagem não saía do meu pensamento. E por que tem tanta certeza de que se refere a minhas crenças? — Ela sorriu com ar maroto.

— Porque tenho talentos que desconhece. Sabia que me procuraria após sua visita ao centro espírita. Sei que você ficou curioso sobre o assunto. Mas, diga o que o preocupa.

— Talvez, indiretamente, tenha a ver com minhas crenças, se é que as tenho em algum grau. Realmente, fiquei curioso com o que aconteceu comigo naquela manhã e retornarei a esse assunto em outra ocasião. Não é sobre isso que gostaria de conversar. O que você pensa acerca dos sonhos?

– Como assim, sonhos? Você é o psiquiatra e conhece profundamente esse assunto.

– Esqueça nossa formação profissional. O que você, como espírita que é, acredita sobre isso? O que são os sonhos na sua visão? – Lembrou-se de Betina e sobre o que ela lhe falara. Queria certificar-se se o que ela dissera tinha algum fundamento.

– Bem, vamos lá. Você pensa que durante o sono físico nada mais sucede senão o descanso do seu corpo material. Isso ocorre, mas existe algo mais que pode acontecer, o que não se constitui uma regra. Enquanto nosso corpo físico se encontra em repouso, nosso corpo espiritual pode se desprender e sair para desenvolver qualquer atividade programada ou não. Pode visitar companheiros desencarnados, ou mesmo encarnados, que se encontram também em estado de repouso e desprendidos. Pode ir aonde desejar e encontrar quem estiver disponível, ou que esteja ligado pelos laços de afinidade. Os iguais se atraem, estejam encarnados ou desencarnados. Então seu corpo fica descansando e seu espírito retoma suas funções, pois ele não precisa de repouso. Ele é constituído de uma matéria fluídica, mais sutil, enquanto nosso corpo físico é feito de matéria mais densa. Estou sendo clara? – Perguntou ela.

– Interessante o que acabou de dizer, pois uma paciente disse exatamente a mesma coisa. Contou que sonhou comigo e que estávamos juntos em algum lugar. Confesso que fiquei curioso com o relato dela, para mim, desprovido de senso lógico.

– Ricardo, o mundo a sua volta é muito mais representativo do que julga. Você valoriza apenas o que seus olhos materiais podem ver, porém existe muito mais do que apenas as pessoas mais sensíveis podem observar. A essas denominamos de médiuns. Isso tudo, dentro da visão espírita, que professo e respeito pelos seus fundamentos baseados na ciência e na razão. Uma conversa que não se resume a apenas alguns minutos. Para nos aprofundarmos no tema, seria necessário um embasamento maior e as leituras seriam necessárias. Creio que isso seja do seu interesse, certo?

Ricardo ficou refletindo nas palavras da amiga, dessa vez pensando nos sonhos aterrorizantes de Afonso. Teriam ele alguma ligação com a realidade? Rituais, seitas satânicas, o que aquilo poderia significar?

— Qualquer pessoa pode, enquanto seu corpo está em repouso, sair e visitar outros lugares, outras pessoas?

— Qualquer um, meu amigo. Isso é inerente ao próprio ser. Pode também permanecer velando seu corpo físico, por receio de se ausentar ou com medo do que poderá encontrar. Essa sua paciente lhe relatou uma experiência semelhante? Nem sempre guardamos a lembrança do que nos ocorre, pois nosso consciente, esse censor rigoroso, acaba confundindo nosso cérebro e pouco recordamos. Às vezes, guardamos apenas as sensações referentes ao que conosco aconteceu. Não lembramos de nada, mas sentimos coisas positivas ou negativas, em função das experiências que vivenciamos. Podemos despertar tensos, tendo ido dormir bem e felizes, ou em paz, quando os problemas nos perturbam excessivamente.

— Não é essa a visão que tenho como psiquiatra. — Ponderou ele.

— Naturalmente que não. Mas o conhecimento dessa outra perspectiva pode auxiliá-lo a compreender seus pacientes de forma mais plena. Pense nisso!

— Você é incrível, sabia? Não sei como não lhe procurei antes.

— Pelo motivo simples: tudo tem seu tempo.

— Gosto dessa frase e a utilizo com frequência. Não posso lhe dizer que concordo com essa visão. Teria muito o que repensar e, naturalmente, precisaria conhecer com mais profundidade essa doutrina. Quem sabe não a acompanho nos cursos que faz.

— Como sabe que eu faço curso lá? — Perguntou ela sorrindo.

— Tenho meus informantes. Conhecendo você, sei que não se conformaria apenas em usufruir dos benefícios do passe, mas iria se aprofundar, aprendendo com detalhes, sedimentando seu entendimento sobre o assunto. – Disse ele com propriedade.

– Você me conhece bem mesmo, por isso somos amigos há tanto tempo. E por esse motivo sei que algo o perturba. Outro paciente, quero crer.

– Sim, um jovem interessante e extremamente sensível, vivendo um momento tenso em sua existência. Relatou-me ocorrências de pesadelos complexos, com cenas confusas e intensas e isso me levou a te procurar, tenho que ser franco. Algumas alucinações, assim ele as caracteriza, o perturbam e ele crê que esteja perdendo o senso crítico e a estabilidade emocional.

– Já pensou em fazer regressão com ele?

– Tenho sérios receios em empregar esse tipo de abordagem. É temerário, eu pressinto. No entanto, sinto que ele está arredio e com possibilidades de assumir riscos desnecessários, comprometendo sua integridade física.

– Em resumo, está receoso de que ele atente contra sua vida?

– Existe a possibilidade e isso é algo a ser avaliado. Acredita que uma regressão possa surtir efeito positivo? Não havia pensado nessa possibilidade. É um caso recente e preciso me familiarizar com ele. Quem sabe?

– Você já utilizou isso por tanto tempo, por que hoje é reticente quanto a essa técnica?

– Não sei. Talvez tenha ficado mais cauteloso com essa abordagem, afinal, trazemos conteúdos muitas vezes complexos demais, que podem fazer mais mal que bem.

– Algo o fez mudar sua forma de pensar?

Capítulo 6

PROGRAMAÇÃO EM AÇÃO

Ricardo ficou pensativo por instantes e respondeu:

— Não consigo esconder nada de você, Vitória. Algo que me perturbou profundamente, tenho que admitir. — O médico estava sério.

— Não creio que seja impressionável, meu amigo. Pelo seu semblante, foi algo intenso.

— Quando abrimos comportas íntimas, permitimos que muitos conteúdos possam aflorar. Muitos que estão no recesso de nossas mentes, que desejam lá permanecer, e exercem força contrária para impedir que sejam expostos. Acabam propiciando tensão excessiva e nem sempre os resultados são satisfatórios. — Ele estava reticente.

— Pare de me enrolar, Ricardo. Conte-me o que realmente aconteceu.

— Numa dessas sessões, realizadas com um paciente, algo estranho aconteceu. — Ele estava receoso em dividir com ela seu segredo.

— Fale logo, está me deixando tensa. Algum problema adveio disso? E seu paciente?

— Nada ocorreu com ele. Ou melhor, ele se lembrou de fatos importantes que haviam sido sepultados e que eram causadores de muito sofrimento. Não foi com ele, mas comigo. — Ela o encarava fixamente aguardando seu relato. — Assim que o paciente saiu, eu me senti distante de lá, como se estivesse num transe hipnótico, revivendo fatos e cenas que eu não me lembrava de ter vivenciado.

— Nessa vida. — Completou ela.

— Pare, Vitória. Sabe o que penso acerca disso. Não tente me confundir ainda mais.

— Meu amigo, sua mente deve ter acessado conteúdos de outras vidas e sei que isso é possível. Um dia irá se render aos meus argumentos. Foi isso que aconteceu?

— Esperava que fosse o quê? Para mim, foi mais do que suficiente para reavaliar essa abordagem. Desde então, meus pacientes estão sobrevivendo sem ela.

— Isso pode acontecer com qualquer pessoa, Ricardo. Alguns conseguem, de forma espontânea, acessar lembranças do passado que podem não se restringir a apenas essa vida. Somos espíritos eternos, que já viveram sucessivas oportunidades de encarnação. É natural que essa bagagem nos acompanhe quando aqui renascemos. E, se tiver alguma utilidade ou necessidade, isso pode emergir de forma natural. O que você viu?

— Cenas estranhas, confusas, locais distantes da minha realidade. Não sei bem, foi tudo muito rápido e apavorante, devo confessar.

— Se precisar de um psiquiatra competente tenho quem indicar. — Disse ela segurando seu braço com carinho, ofertando um gracioso sorriso.

— Pare com brincadeiras! Isso foi perturbador, acredite.

— Eu acredito, apenas estou tentando descontraí-lo. Tudo isso tem uma explicação, mas não pela ótica que você acredita. Bem, não quero irritá-lo com minhas teses, pois você não está receptivo a me ouvir. Deixemos tudo como está. Por hora! Me perdoe se eu não consegui ajudar. Você pode parecer um profissional extremamente racional e, em alguns momentos, sei que essa postura seja essencial, porém, por trás dessa máscara, se esconde um ser humano sensível que ainda desconhece suas próprias potencialidades. — Seu olhar ficou distante e carregado de mistério.

— O que quer dizer com isso? — As feições dele estavam confusas.

— Como é mesmo seu discurso? Tudo a seu tempo. — Ela sorriu. — Se ainda não se sente confiante em utilizar essa abordagem, siga seu coração, Ricardo. Quanto a esse jovem, creio que poderia ajudá-lo, no entanto você, como médico, não aprovaria. Vou colocar o nome dele nas vibrações, se você permitir. Vamos auxiliar de forma discreta. Sinto que ele tem questões a resolver nesta vida e ainda não sabe como. Sei que fará o possível para deixá-lo na situação mais confortável possível. Você é competente no que faz.

— Porém, não o suficiente para libertá-lo de seus temores. É um caso complexo que está me tirando o sono, literalmente. — Sua expressão era de preocupação. A amiga segurou sua mão e disse com simplicidade.

— Está fazendo tudo ao seu alcance, meu amigo. Se ele precisa passar por esses momentos conflituosos, deve haver uma razão. Esteja ao seu lado, isso será o essencial. E confie!

— Obrigado, Vitória. Estou menos tenso depois de dividir meu problema com você. Espero que Mauro não sinta ciúmes de nossa amizade. Como ele está?

Vitória ostentou um ar de tristeza e resignação:

— Trabalhando muito, como sempre. Na verdade, estamos tendo alguns desencontros. Esperamos nos casar com alguém que compartilhe sua vida conosco. Creio que nossos caminhos estejam se distanciando, o que me leva a refletir sobre meus próprios ideais. A ambição exacerbada nunca acalentou meus sonhos. Sinto que ele esteja seguindo por essa tortuosa estrada e não sei se desejo acompanhá-lo. Mas não quero falar sobre isso.

Ricardo teve ímpetos de abraçar a amiga, mas se conteve. Vitória era uma mulher especial e Mauro não estava valorizando isso. Segurou a mão dela entre as suas e disse:

— Sabe que pode contar comigo em qualquer circunstância. Vamos, me dê um sorriso, essa expressão séria não combina com você.

— É o que eu tenho analisado nesses últimos meses. Bem, sigamos em frente. A vida espera ação constante de nós. Se precisar de algo, sabe onde me encontrar. — Beijou seu rosto com carinho e se levantou. — Desculpe minha saída intempestiva, mas os alunos me aguardam.

Ricardo ficou sozinho refletindo nas palavras da amiga. Sentia-se estranho nessas últimas semanas, com sonhos confusos, lembranças esparsas, despertando com a sensação de apreensão como jamais sentira. Algo estava acontecendo com ele e precisaria estar mais atento ao que se passava em sua vida. Pensou se isso não era decorrente da sua separação, fragilizando-o excessivamente. Talvez! Porém, ele sempre fora equilibrado, jamais permitindo que as emoções comprometessem seu trabalho. E era isso que estava acontecendo. Pensou na amiga e em sua fase também complicada emocionalmente. Todos tinham problemas, era inegável.

Os dias se passaram e a sexta-feira chegou, trazendo Betina para sua consulta. Ela entrou com uma expressão leve e serena. Cumprimentou-o com carinho e sentou-se.

— Tudo bem, Betina? — Perguntou o médico.

— Sim e ficará melhor. — Ela ostentava um sorriso enigmático.

— Pode me contar a razão desse sorriso?

— Ainda não. Logo saberá. — Estava cheia de mistério.

— Gostou da sua festa? — Tentava iniciar um diálogo.

— Com exceção de algumas presenças indesejáveis, foi maravilhosa.

— Não esqueci seu presente. — Abriu a gaveta e tirou um pequeno pacote. — Espero que goste. — E entregou-lhe.

Betina sorriu e disse:

— O seu presente você já me deu indo à minha festa. Mas agradeço a gentileza. — Pegou o pacote e o abriu, tirando dele um livro. — Obrigada, Ricardo. Sabe que adoro ler.

— Você ficou devendo-me algo, lembra-se?

— Sobre? — Ela se fazia de desentendida.

— Betina, você me disse algo naquela noite que gostaria que explicasse.

— Não sei se quero falar sobre Estela. — Seu olhar se tornou grave.

— O que aconteceu entre vocês que tanto a perturbou? — Ele foi direto.

Betina continuou calada, fechando-se por completo. O médico percebeu que algo de extrema gravidade ocorrera e ela precisava liberar o conteúdo que tanto a perturbara. Ele sabia que o atentado à própria vida tinha um motivo e talvez Estela estivesse ligada a ele. Só não podia imaginar o que poderia ser. A jovem se encolhera e assim permaneceu por longos minutos, que Ricardo esperou pacientemente calado.

— Não sei se você compreenderia os motivos que me levaram a fazer o que fiz. Hoje, eu mesma me questiono as razões. Talvez, tardiamente, porém... — Calou-se. — Estela e Diego são pessoas perturbadas, muito mais do que eu mesma. É o que posso lhe dizer.

— Parecem pessoas normais, mas se está me dizendo isso, confio em você. Por que não consegue contar o que a motivou a fazer aquilo? Que papel eles representam nesse episódio? — Ele insistiu.

Nesse momento, sua secretária bateu à porta. Ricardo levantou-se sobressaltado, prestes a repreendê-la. Ela sabia que ele não tolerava ser interrompido em suas sessões. Ao lado dela estava Afonso, com suas feições contraídas.

– Eu lhe pedi que esperasse. – A jovem tentava se justificar.

– Afonso, me aguarde, eu falo com você assim que finalizar. Sente-se e acalme-se. Daisy, pegue um copo de água e fique com ele. Assim está bem? – O pânico estava em seu rosto.

O jovem demonstrava total descontrole, era visível. No entanto, ele estava com Betina, que há poucos instantes parecia prestes a revelar algo de suma importância. Afonso assentiu e ele retornou para sua sala.

– Quer que eu vá embora? – Questionou ela.

– Não, quero que fique aqui e continuemos nossa conversa. Estava ficando interessante.

– Isso não vai mudar o rumo da minha vida, Ricardo. Não quero envolvê-lo nessa sordidez. Já conseguiu resultados favoráveis comigo e tem consciência disso. Pensei em voltar a trabalhar, o que acha? – Ela tentava distraí-lo e ele não gostou.

– Creio que seja uma atitude sensata, já que se sente preparada para retornar às suas atividades profissionais. Vai voltar para o mesmo emprego? – Ricardo sabia que ela trabalhava no laboratório dos dois irmãos, que ela agora abominava.

– Existem outros locais, até recebi uma proposta. Acha que devo aceitar?

– Betina, sua vida é seu patrimônio e cabe a você gerenciá-la da melhor maneira. Seu pai está de acordo? – E fixou seu olhar no dela.

– Ele pediu que eu discutisse essa questão com você. – Ela enfrentou o olhar. – E então?

– Como estão seus sonhos? Tem dormido bem? – Perguntou ele.

– O que isso tem a ver com minha decisão?

– Preciso saber como você está lidando com tudo o que aconteceu. O processo de cura é longo e será mais favorável quando decidir confiar plenamente em alguém.

— Eu confio em você! – Disse isso com os olhos marejados.

— Não a ponto de contar algo que tanto mal tem lhe causado. Ocultar não fará com que isso desapareça. Essa dor precisa eclodir, Betina. Meu trabalho é proporcionar condições para que isso ocorra. Porém, é essencial que a confiança prevaleça.

A jovem encolheu-se ainda mais e disse apenas:

— Eu me envergonho do que fiz. – As lágrimas escorriam livremente.

Ricardo pegou uma caixa de lenços e entregou-lhe, esperando que ela se acalmasse. Quando isso ocorreu, ele falou:

— Está sendo um juiz severo demais com você. Todos erramos, Betina. Isso não é algo exclusivo de você. Erramos porque confiamos demais, erramos por estar desatentos demais, erramos pelos mais variados motivos. Assumir nossos erros não nos transforma em criaturas desprezíveis, mas, sim, em pessoas normais, que estão aprendendo as lições que a vida oferece. O erro irá estar presente até que determinada lição seja aprendida. Por que se tortura tanto? Por mais abominável que tenha ocorrido, você está aqui se dispondo a seguir em frente. E isso será mais rápido e indolor se estiver livre dessas algemas invisíveis que essas lembranças estão lhe causando. Liberte-se e retire esse fardo de seus ombros! Não irei mais insistir e esperarei seu próprio tempo.

— Sei que tem razão, Ricardo, e por isso venho aqui semanalmente. Esse tempo está próximo, eu pressinto. Confie em mim! – Ela viu quando ele olhou o relógio. Pensou que já estaria liberado após Betina, porém seus planos se alteraram. Afonso o aguardava.

— Quem é o rapaz? Eu o conheço? – Perguntou ela curiosa.

— Não creio, pois ele é um paciente recente. Você ficará bem?

— Não sei, mas vou tentar. – Levantou-se e com um aceno disse: – Até amanhã? – e sorriu.

— Como assim, teremos outra festa amanhã? – Brincou ele.

— Quem sabe o que o destino irá propiciar, doutor. Podemos nos encontrar casualmente!

Ricardo percebeu que ela já estava espirituosa, sinal de que o equilíbrio já lhe retornara.

— Betina, cuide-se! — Levantou-se também e a conduziu até a porta.

Quando ela se abriu, os dois jovens se entreolharam. E uma misteriosa conexão ocorreu entre eles. Ficaram estáticos, como se estivessem hipnotizados, apenas se olhando. Quantas emoções foram vivenciadas naqueles poucos instantes! Pareciam estar sozinhos naquela sala e assim permaneceram até que ambos se abraçaram! E cada qual sentiu estar novamente em terreno seguro, pela primeira vez naquela existência! Foi um abraço afetuoso e intenso, daqueles que a saudade dita a intensidade! Ricardo observou a cena à sua frente sentindo que algo inesperado acabara de ocorrer. Fruto do destino? Quem poderia dizer! Os dois permaneceram abraçados por alguns instantes e quando se desvencilharam, o mistério preponderou.

— Sabia que o reencontraria! — Disse ela com os olhos marejados.

— Eu esperava que esse dia chegasse! — Afirmou ele com a emoção contida.

Ricardo que a tudo observava decidiu fazer a pergunta:

— Vocês já se conhecem?

— Por toda eternidade! — Respondeu ela. — Afonso? — Olhava com carinho para o jovem.

— Betina? — Perguntou ele.

O médico estava curioso com a cena que se desenrolava a sua frente, sem nada compreender. Este mundo seria mesmo muito pequeno?

Os dois ficaram se entreolhando, analisando cada qual o outro.

— Minha irmã querida, por que demorou tanto a me encontrar? — Disse Afonso retendo-a em seus braços.

— A mesma pergunta faço! Onde você estava todo esse tempo?

— Vivendo a minha vida, ou melhor, tentando entender o significado dessa existência tão confusa e repleta de empecilhos. E você?

— O mesmo, meu irmão!

Ricardo se dirigiu à sua secretária e falou com ela por alguns instantes. Em seguida, ela saiu discretamente. Como ele seria o último paciente da noite, fechou a porta e ficou observando o que lá ocorria. Não podia negar que estava sensibilizado com tudo, como se já previsse que isso aconteceria. Era tudo tão confuso! Como poderia saber? Decidiu iniciar as perguntas necessárias:

— Vocês dois podem me explicar o que está acontecendo? Estou enganado ou ouvi você se referir a ela como sua irmã?

Os dois se entreolharam e sorriram. Seria muito difícil explicar o que estava acontecendo, pois os julgariam dois seres desprovidos de lucidez. Ricardo, talvez, decidisse pela internação de ambos, julgando-os seriamente desequilibrados. Ninguém compreenderia a ligação existente entre eles, que superava os laços consanguíneos. Aqui estavam em programação de extensa complexidade e o médico estava encarregado de os unir, efetivando o encontro entre eles. Porém, ele sequer suspeitava que tinha sua parcela a executar. O tempo se encarregaria de mostrar-lhe!

— Qualquer coisa que dissermos será alegação contra nossa sanidade, Ricardo. Quero apenas que saiba que tudo estava determinado e sua colaboração foi de extrema valia. Nossos pais nos avisaram que o reencontro iria ocorrer e assim se fazia necessário. Precisamos estar juntos nessa existência para darmos prosseguimento a tarefas adiadas no passado. Foram necessárias muitas vidas para que isso pudesse acontecer. Tudo precisava ser minuciosamente planejado para que apenas o êxito pudesse imperar. Não tenho muito mais a dizer, apenas sei que isso estava fadado a ocorrer. Reencontraria meu irmão de ideal e juntos daríamos seguimento a nossa programação. Poucas lembranças tenho, Ricardo. Sei apenas que tenho algo a realizar, mas não conseguiria fazê-lo sozinha. Sei que Afonso é meu irmão e assim tem sido por várias encarnações. Pode comprovar a afinidade existente entre nós, afinal, como o reconheceria se assim não fosse? Só de vê-lo, tudo se transformou em meu íntimo. Senti sua presença amorosa e sua energia protetora. Sempre foi assim! Essa é minha única certeza, porém sei que isso não será suficiente para que você não me julgue insana. Peço que avalie com seu coração e não com a razão que o conduz em sua profissão. Sei que representa um papel importante em nossa reunião, porém ainda não me sinto em condições de compreender tudo o que se passa à minha volta. Pelo menos, por hora. Esse dia chegará e lembrará também da sua tarefa. — Betina não parecia mais a jovem frágil que há poucos instantes conversara com ele, negando-se a contar seu segredo infame. Parecia outra pessoa e isso o perturbou em demasia.

Afonso observava a irmã falando com tanta propriedade, sentindo-se sereno como jamais estivera até o momento. Lembrou-se do sonho que tivera na noite anterior, onde ouvira que o reencontro iria ocorrer brevemente e que a reconheceria. Só agora compreendera o que aquilo significava. Tudo ficara tão claro agora! Com Betina, tudo seria diferente. Sabia que ela o auxiliaria a superar os problemas que o sufocavam. Ela e Ricardo! Quando o encontrara pela primeira vez, sentiu que o conhecia. Sua vontade era de abraçá-lo como a um irmão que o tempo afastou do caminho. Porém, ele não o reconheceu e somente o tempo seria capaz de reverter isso. Até lá, ele seria apenas seu médico. Não entendera o que o motivara a ir até lá naquela tarde. Uma força incontrolável o fez procurar Ricardo e, agora, entendia os motivos. Precisava encontrar Betina! Sua irmã amada! Sentiu que o tempo não fora suficiente para que esquecessem seus reais papéis. Tudo era confuso e, ao mesmo tempo, esclarecedor. Ela o ajudaria a desvendar suas alucinações, que estavam torturando-o e o impedindo de realizar suas tarefas.

O médico estava atônito, sem compreender o discurso que lá se efetivara. Realmente, ambos estavam necessitando de um psiquiatra com urgência. Falavam coisas sem sentido e sem lógica. Como esperavam que ele entendesse algo tão irreal? Reencontro, laços fraternos, programação de tarefas? Tudo era confuso e macabro. Olhava os dois com ceticismo e curiosidade. Precisava de explicações lógicas, objetivas. Tudo era tão abstrato que sequer encontrava fundamentos para entender o que se passava. Era preocupante demais!

— Bem, qual dos dois irá tentar explicar o que está acontecendo. Isso é um jogo? Estão ensaiando para alguma peça teatral? Pertencem a alguma seita mística? Peço que sejam claros, pois até o momento vejo apenas duas criaturas em completa desarmonia mental. Vocês se conhecem desde quando? – Perguntou encarando-os com seriedade.

— Já lhe disse, Ricardo. Os laços que nos unem remontam a muitas encarnações. Até reencontrá-lo, não tinha ideia de que isso pudesse acontecer. Não no que se refere ao reencontro, mas na possibilidade de reconhecê-lo de forma tão natural. Foi apenas vê-lo e as lembranças afloraram intensamente. Não consigo lembrar-me dos detalhes de nossas vidas passadas, mas tive a convicção de que ele é, e sempre será, meu irmão amado. Sei que o tempo propiciará que tudo seja esclarecido e, se for necessário, as lembranças serão acessadas, com a finalidade de nos auxiliar a compreender as razões de aqui estarmos juntos novamente. – Olhava com carinho para Afonso.

Capítulo 7

REVELAÇÕES CONTUNDENTES

— Como quer que eu acredite nessa insanidade, Betina? — Perguntou ele aflito.

— Confiando em nossas palavras. Você é uma pessoa especial e por isso aqui estamos. Ainda não sei qual seu papel nos auxiliando neste reencontro, mas acredito que tenha uma razão sólida para isso. Não conheço suas crenças ou filosofia de vida, mas creio que a Doutrina Espírita reserva as explicações mais lógicas acerca da finalidade da existência, da eternidade do espírito e das infinitas possibilidades de encarnação. Há muito tempo a curiosidade me levou a buscar compreender o real significado da existência. Quem somos? Por que aqui estamos? Para onde vamos? Questões essenciais para compreender nosso papel perante a vida. E quando me deparei com ela, tudo pareceu lógico e claro, esclarecendo tantos equívocos.

– Mesmo assim, foi capaz de fazer o que fez. O que sua doutrina lhe orienta acerca disso?

Os olhos dela ficaram marejados e esperou conter a emoção para prosseguir:

– Foi um gesto tresloucado, movido pelo desespero, pela vergonha, pela fraqueza. Sabe que me arrependi! A culpa me corrói, se quer saber. Poderia ter colocado tudo a perder! Todos os arranjos realizados, todos os espíritos envolvidos! Seria calamitoso se isso se consumasse. Mas, como nunca estamos sós, companheiros da luz interviram e não permitiram que meu gesto fosse finalizado. Meu pai contou-lhe os detalhes pavorosos daquela noite, pois ele assim me relatou. Você precisava estar ciente de tudo o que praticara. Quando me dei conta do que tinha feito, corri até seu quarto pedindo que me levasse ao hospital. Se pretendesse realmente morrer, teria ficado quieta, esperando os remédios fazerem efeito. Você sabe de tudo isso, Ricardo. Como eu lhe disse, me arrependi tardiamente, ou melhor, a tempo de retomar o controle da minha existência. E devo isso a você, meu bom amigo, que durante todos esses meses foi mais que um médico. E é a esse amigo que agora falo. Não tire conclusões precipitadas e não avalie friamente o que estamos lhe dizendo. Tudo ficará aqui, pelo sigilo profissional que o acompanha, certo? Não falará nada do que ouviu aqui a ninguém.

– Isso é um pedido? Quer que eu me cale e permita que isso se prolongue? O que esperam obter com isso? – As feições de Ricardo estavam tensas.

– Confidenciamos isso a você pela confiança que temos em seu julgamento. E por saber que tem participação nisso. Apenas não sei ainda explicar a razão. – Disse Afonso.

O médico olhou o jovem percebendo a transformação que se operara em seu semblante, antes torturado. Parecia outra pessoa, tinha de admitir. O encontro o transformara, só não entendia como isso acontecera. Observando os dois, não poderia dizer que se tratava dos dois jovens perturbados que semanalmente vinham ao seu consultório. Era uma verdadeira loucura e estaria participando disso se omitisse tudo o que presenciara ao pai de Betina.

— Se vocês são irmãos, e seus pais? — Perguntou ele. Betina deu um sorriso.

— Na atual encarnação, Macedo é meu pai e Ligia é minha mãe, pelos laços consanguíneos. Afonso é meu irmão pelos laços espirituais. Nossas afinidades nos unem há várias encarnações. É complicado, mas é assim que se processa. Nada impede que você, também, esteja aqui com a finalidade de nos unir e, quem sabe, participar de uma programação conjunta.

— Não complique ainda mais as coisas. — Ele estava atordoado com tudo que ouvira. Levantou-se e caminhou pela sala sem dizer palavra alguma. Nesse momento, a figura de Vitória surgiu em sua mente. Ela poderia ajudar a esclarecer, mas como envolvê-la nisso? O simples fato de ser conivente com essa loucura o colocava no mesmo patamar em que eles se encontravam. Era desanimador e aterrorizante, não podia negar.

— Bem, o que vocês me propõem? — A pergunta foi direta.

Os dois se entreolharam e sorriram de forma cúmplice.

— Deixe tudo como está! — Disse Afonso serenamente. — Precisamos entender as razões de aqui estarmos juntos novamente. Pensei que você poderia nos ajudar, mas...

— Como? Não consigo sequer aceitar tudo o que me disseram, como poderia lhes ser útil?

— Ajudando-nos a conhecer tudo o que hoje nos envolve. Papai disse que se utiliza de uma abordagem que pode nos ajudar a entender a situação atual. — Betina se calou.

— Pretendem que eu utilize a regressão com vocês? Impossível nas condições emocionais em que se encontram. Preciso pensar em tudo isso! — Novamente Vitória surgiu em sua tela mental, sinalizando que ela poderia auxiliá-lo a compreender aquela sandice. – O que pretendem fazer? Quero dizer, o que vai acontecer com vocês?

– O tempo dirá, Ricardo. E você, pode nos auxiliar a desvendar esse mistério. Pense nisso! Vamos nos manter conectados e nada, nem ninguém, irá nos afastar um do outro. A única certeza é a de que precisamos estar juntos, pois assim somos mais fortes. – Afonso estava sereno e calmo como ele jamais vira. Isso era o único fato alentador em toda essa confusa e intrigante história.

– Podemos nos encontrar amanhã, Ricardo? – Foi Betina quem perguntou.

– Não sei. Aviso vocês se algum fato novo ocorrer.

– Precisamos da sua ajuda, meu amigo. – Afonso, num ímpeto, abraçou o médico.

Nessa troca de energias, algo surpreendente aconteceu. Ricardo já vivera essa mesma cena e sentiu conforto nos braços do jovem. A emoção quase o dominou, mas manteve-se firme e no controle. Estaria ele enlouquecendo também? Ao se desvencilhar do abraço, o jovem olhou fixamente para ele e Ricardo sentiu seu corpo inteiro estremecer.

– Precisamos de você, mais uma vez. Tudo ficará bem, agora. – A sentença fora ditada, pensou o médico.

Betina também o abraçou carinhosamente e disse em seu ouvido:

– Jamais duvide de sua força. Confie em seu potencial, Ricardo.

Os dois saíram da sala deixando o médico perdido em seus devaneios. Ele colocou as mãos na cabeça em total desconforto, beirando ao desespero. Tudo era uma loucura! E Ricardo estava participando de tudo isso! Dessa vez não se conteve e ligou para Vitória.

– Preciso de você, minha amiga. Não tenho ninguém a quem recorrer. Pode vir até meu consultório? – Ele estava muito aflito, o que assustou Vitória.

– O que aconteceu? Por que está assim?

— Pode vir até aqui? Te conto tudo quando chegar. Preciso conversar com você.

— Acalme-se. Estou indo para aí! – E desligaram.

Meia hora depois, os dois estavam frente a frente. Vitória viu a tensão que o envolvia.

— Você não parece bem. Conte-me o que aconteceu.

— É uma história inverossímil, não sei se irá aceitar os fatos que aqui ocorreram, mas preciso compartilhar com alguém. A única pessoa em quem pensei foi você.

— Agradeço a confiança, mas estou aflita. Conte-me tudo.

— Acredita em reencontros? – Ele olhou fixamente para ela, esperando uma reação.

— Seja claro, Ricardo. – Pela primeira vez, ele viu algo diferente em seu olhar, como se já tivesse vivido essa mesma cena. – Reencontros, encontros, desencontros, todos eles fazem parte de nossa programação, coisa que você ainda reluta em aceitar.

— Porém você acredita que seja possível isso acontecer?

— Certamente! – Havia um brilho misterioso em seu olhar.

— Supondo que você já conhecesse uma pessoa em outra vida, seria possível reconhecê-la? Veja bem, são apenas suposições. – Ele estava hesitante.

— Talvez não de forma plena, mas sentiria como se já a conhecesse, pela percepção agradável, ou não, que experimentasse. Já pensou que algumas pessoas exercem um poder de atração sobre você e outras de repulsão? Simpatia e antipatia, melhor dizendo. Isso significa um prévio conhecimento, sim. Com algumas pessoas sentimos imensa alegria pela simples presença ao nosso lado. Outras, em contrapartida, despertam em nós emoções contraditórias e, às vezes, um desejo de jamais reencontrá-las. São os afetos e os desafetos que angariamos ao longo de nossas sucessivas encarnações e que se aproximam de nós com o intuito de restabelecer os laços de amor ou de fortalecê-los. Tudo tem sempre um propósito, ou melhor dizendo, tudo faz parte de uma programação pré-estabelecida, visando sempre nossa evolução.

— Você a reconheceria caso a encontrasse à sua frente? — Vitória ficou com o olhar distante. Sim, reconheceria, ela pensava, afinal isso já acontecera. Porém, a vida lhe pregara uma peça e esse reconhecimento pleno só ocorreu quando seus caminhos já estavam traçados pela mão do destino. Talvez tardiamente, causando um real desencontro de almas. Olhou fixamente para o amigo e disse:

— O tempo de Deus nem sempre é o nosso e, muitas vezes, não entendemos os sinais que Ele nos envia. Somos desatentos e custamos a despertar para o essencial que, muitas vezes, se encontra à nossa frente e, cegos que somos, não conseguimos visualizar com exatidão, perdendo a oportunidade de efetuar um reencontro.

— Você ainda não respondeu a minha pergunta.

— A resposta é sim. E se algo necessite se concretizar, como parte de uma programação, certamente que ocorrerão situações que irão favorecer esse encontro, com seus personagens conseguindo reconhecer seus papéis nesta encarnação. Não estou entendendo aonde pretende chegar com todos esses questionamentos. Por que não me relata o que realmente ocorreu? — Ela o encarava fixamente.

— Lembra-se do caso que relatei sobre os sonhos? Sobre aquele paciente que você até me sugeriu realizar sessões de regressão?

— Sim. O que aconteceu com ele? — Ela estava tensa, lembrando-se do caso complexo que Ricardo havia relatado naquele almoço.

— Com eles. — Disse ele timidamente. — Afonso e Betina se encontraram casualmente neste consultório e, simplesmente, se abraçaram. Fiquei perplexo e a coisa não parou aí. É fato comum rever pessoas que há muito não se encontram, mas rever aqueles que viveram outras encarnações é algo perturbador, que não consigo entender. — Ela lhe direcionou um olhar confuso. — Vou te contar como tudo aconteceu.

E, durante vários minutos, toda a história foi contada, inclusive com a suposta participação dele nesse contexto. Vitória ouviu atentamente o relato, surpresa com os detalhes narrados e, ao término, emitiu sua opinião:

— Um caso interessante, desses que precisam ser analisados com critério, para que não se promova nenhum equívoco. Devo dizer-lhe que isso é um fato raro de ocorrer. A lucidez deles denota que esse encontro estava fadado a acontecer, talvez com um propósito que ainda eles próprios desconheçam. Gostaria de conhecê-los. A proposta que eles fizeram, a regressão, foi a mesma que lhe sugeri. Creio que isso possa ser necessário nesse contexto. O simples fato de eles se reconhecerem significa que existe muito ainda a ser desvendado. Não acredito em acaso e eles não o procuraram por isso. Tudo me parece algo talhado pelas mãos sábias do destino. E você, Ricardo, também tem seu papel neste reencontro, sabe-se lá as razões. Se quiser, posso ajudá-lo a resolver esse mistério.

— Você ouviu o que acabou de me propor? Tem noção do que pretende?

— Tenho. Você me pediu ajuda, ou estou enganada?

— Eu te chamei aqui para que você me auxiliasse a retomar meu equilíbrio, dizendo que deveria tomar uma atitude drástica com esses dois pacientes. No entanto, está a me dizer que crê nessa loucura e ainda pretende ajudá-los? — Ele estava em total desconforto.

— Você me chamou aqui para que eu desse meu apoio às suas ideias insensatas, de negar tudo aquilo que você próprio presenciou? Acredita que tudo aquilo foi algo premeditado? Eles tramaram para te enganar? Como pode ser tão cético e insensível ao que está à sua frente? — Seus olhares se cruzaram novamente e, dessa vez, ele viu algo inusitado no olhar que ela irradiava. Não soube definir a energia presente, mas isso o perturbou em demasia, fazendo-o se recolher intimamente.

— Vitória, no que você realmente acredita? — A pergunta foi direta.

— Acredito que existe um propósito para cada um de nós nesta vida. Alguns aqui chegam com tarefas nobres, o que implica que são espíritos de categoria maior que a dos simples mortais como nós. Nosso mundo está falido, meu amigo, necessitando o concurso urgente de companheiros da luz para auxiliarem na manutenção da paz e da ordem. Irmãos aqui chegam a todo instante, para que esse mundo se transforme, permitindo que o amor incondicional conduza a todos que aqui se encontram. Tarefas meritórias que não prescindem do trabalho árduo de irmãos mais esclarecidos, situando-se em patamares mais elevados que a maioria. Isso ocorre a todo instante, pois só assim o progresso se efetivará. Por que é tão improvável que isso esteja acontecendo com esses dois espíritos? Por que eles se encontram perturbados emocionalmente? Você mesmo relatou a transformação que se operou quando eles se encontraram. Vai desprezar esse sinal? Talvez tudo o que cada um vivenciou fizesse parte dessa programação, não posso afirmar, mas é uma possibilidade. O reencontro ocorreu e cada um retomou as condições originais, ou seja, agora estão com a posse real de suas potencialidades. A paz retornou aos seus corações e isso foi obtido pelo simples reencontro. Você, nesse tempo em que esteve com eles, conseguiu isso com suas terapias? Veja bem, não estou inviabilizando seu trabalho, que é excepcional em todos os sentidos, pelo profissional valoroso que é. Estou apenas lhe dizendo que o que ocorreu aqui foi algo mais intenso e poderoso, posso até dizer que foi arrebatador, pois proporcionou a lucidez que ambos necessitavam para reavaliar os próprios caminhos traçados. E, naturalmente, você teve sua parcela de mérito na conquista desses dois companheiros. Talvez você seja parte integrante dessa programação conjunta, não sabemos. Eles te pediram ajuda e você, com todas as suas crenças e posturas técnicas, precisará avaliar se isso procede ou não. Sei que está confuso e, em seu lugar, não seria diferente. Sinto não estar cooperando como gostaria.

Ricardo pairava o olhar como se estivesse distante de lá. Realmente, tudo aquilo perturbara-o além do desejável. Olhou a amiga com carinho:

— Está me ajudando mais do que imagina. Seu senso prático me confunde, admito. Não posso contradizer seus argumentos, pois não tenho uma ideia formada sobre o assunto, por isso pedi teu auxílio. É tudo muito complexo e não sei qual direção tenho que seguir. É uma grande incógnita! No entanto, tudo estaria muito mais nebuloso se você não estivesse aqui. — Segurou as mãos da amiga e as reteve entre as suas.

— Posso conhecê-los? Pelo menos, vou poder avaliar se estão dentro dos padrões de sanidade. É possível? — Ela perguntou com um sorriso. — Ou iria infringir sua ética?

— Sabe o que está me pedindo? — Sua voz era solene.

— Sei. Gostaria de conhecê-los. Sinto que devo fazer isso. Sei que esse pedido pode parecer irracional, mas é o que meu coração está sinalizando. Creio que posso ser útil de algum jeito. Não entrarei em detalhes concernentes às questões íntimas de cada um, quanto a isso fique tranquilo. Além do que foram eles que sugeriram um encontro amanhã. — Ela ostentava tanta segurança e paz em suas palavras, que a resistência dele diminuiu.

— Será que é uma atitude correta?

— Não sei! Porém, se não o fizermos, jamais saberemos. Marque aqui amanhã. Irei ao centro espírita e depois passo por aqui. Quer vir comigo?

— Certamente. Estou tão confuso com tudo o que aconteceu. E agora, tem algum compromisso? — Perguntou Ricardo. O olhar dela se tornou sombrio e triste.

— Mais um fim de semana sozinha. Assim está sendo minha vida, meu amigo. Entretanto, não vou falar sobre isso, temos coisas mais urgentes a discutir. — Ela o olhava com carinho. — Está me convidando para jantar?

— Se não for invasivo demais, sim! — Ele sorriu pela primeira vez naquela noite.

— Eu escolho o restaurante e você paga, combinado? — Ela já estava descontraída.

— Vamos? — Os dois saíram de lá ainda tensos, carregando o fardo da dúvida sobre os ombros.

Tudo foi acompanhado pelos companheiros da luz, presentes desde o reencontro entre os dois irmãos. Leonora e Julian estavam radiantes com a possibilidade de que eles, a partir daquele momento, se unissem para que, juntos, dessem prosseguimento às tarefas programadas. Havia tanto a ser feito!

— *Creio que agora já conseguiram retirar o véu que os mantinha distante de seus ideais maiores. Juntos estarão fortalecidos!* — Ela irradiava intensa luz.

— *Todos os arranjos possíveis foram necessários para que essa situação se propiciasse. E nossos filhos queridos estavam receptivos às inspirações que lhes enviamos pelos canais telepáticos. Ainda estão suscetíveis a ela, que está atenta a cada passo dado por Betina. Ela ainda não encontrou Afonso e esperemos que isso somente suceda quando ele estiver confiante de suas potencialidades.* — Julian olhava com ternura para ambos. — *Porém, nosso esforço extra reside em Ricardo e Vitória, que poderão dar a sustentação necessária para que nada possa comprometer a jornada de todos eles.*

— *Ele ainda está relutante! Poderá manter-se neutro, é uma possibilidade a ser considerada. Temo que isso possa atrasar todo processo.*

— *Confie nos desígnios desse Amoroso Pai, que, em tempo algum, deixa de atender às súplicas daqueles que pretendem implantar definitivamente a paz neste planeta. Estela e Diego ainda estão refratários aos nossos apelos, mas dia chegará que eles se renderão ao mais puro amor.* — A luz envolvia a todos eles. Julian aproximou-se de Betina e a abraçou ternamente, fazendo o mesmo com Afonso, que se sentiram confiantes como nunca estiveram naquela encarnação. – *Tudo ficará bem, dessa vez. Vamos, Leonora, temos outras providências a executar. Eles estão em boas mãos.*

Ela assentiu e fez o mesmo gesto em cada um deles, saindo dali para outras paragens.

Nesse mesmo instante, quando o reencontro ocorreu, Estela sentiu como se um raio a atingisse. Ficou paralisada por instantes, percebendo que algo acabara de suceder. Tudo o que ela mais temia, já se consumara. Seu olhar se encheu de ódio e atirou o que encontrou pela frente ao chão.

– Maldita! Por que não consegui dar fim em você antes que isso pudesse ocorrer! Você não irá vencer! Como da outra vez! Teve que fugir e se ocultar de todos! Eu venci todos vocês! Me negaram o poder que me pertencia por direito, me tiraram meu precioso tesouro, mesmo assim, eu dei as cartas! O mal se sobreporá ao bem, mais uma vez! Desistam de seus propósitos e aceitem a derrota inevitável. Quanto a você, Afonso meu amor, jamais desistirei de tê-lo novamente em meus braços! Vou te procurar até te encontrar! Juntos, conquistaremos o mundo! Espero que não seja tolo a ponto de repetir os mesmos erros de outrora. – Seu olhar era de cupidez. – Você será meu e desta vez de forma definitiva! Eu sou tudo o que você necessita! – Nesse instante, Diego adentrou a sala com seus olhos frios e profundos.

– Algo aconteceu, minha irmã! Sinto que nossas forças se reduziram!

– Eles se reencontraram! Aconteceu o que mais temíamos.

– Nós os destruiremos novamente. – O olhar sombrio dele a perturbou.

– Afonso será poupado. É assim que tem que ser!

Capítulo 8

AÇÕES NECESSÁRIAS

Logo pela manhã, Ricardo telefonou para os dois jovens, marcando um encontro naquela tarde em seu consultório. E, na hora marcada, eles lá estavam.

Betina entrou primeiramente e se deparou com a presença de Vitória sorridente. Seus olhos se cruzaram e a jovem sentiu confiança e paz naquele olhar tão familiar. Vitória teve a mesma sensação, aproximou-se e fez as apresentações:

— Sou Vitória, amiga de Ricardo e médica também, porém não somos da mesma especialidade. Betina e Afonso, se minha presença for perturbá-los, saio agora.

Afonso encarou a médica com seu olhar profundo e sua percepção era a de que ela iria ajudá-los. Sorriu e disse-lhe:

— Sua presença me traz sentimentos pacíficos e calorosos. Não entendo as razões, mas fique, por favor.

– Creio que já nos conhecemos. – Betina a encarava tentando descobrir.

– Seu pai foi nosso professor, Betina. Ricardo jamais comenta sobre seus pacientes e somente ontem soube que era filha de Dr. Macedo, uma pessoa significativa em nossas vidas. Podemos ter nos encontrado em algum momento e se for boa fisionomista, guardou na lembrança. Peço que perdoem a invasão neste momento tão perturbador pelo qual estão passando. Foi Ricardo que me chamou e contou a história de vocês, a partir do encontro que aqui se deu. Nada sei acerca de suas intimidades, que Ricardo preservou de forma enfática. A discrição nessa modalidade é essencial. Nada será exposto de forma indevida, não temam.

– Sabemos disso. – A jovem olhou Afonso esperando sua confirmação.

– Certamente. – Disse ele timidamente.

– As apresentações foram feitas e quero explicar o que poderemos fazer. Antes, preciso saber de vocês como estão, após tudo o que aqui foi palco na noite de ontem.

Os dois se entreolharam e sorriram. Betina foi a primeira a falar:

– Quando daqui saímos, fomos conversar um pouco mais, tentando reativar nossa memória, mas percebemos que não é assim tão simples. Precisamos de alguém que possa efetuar essa tarefa de forma abrangente e eficiente. Apenas lembranças esparsas, mas a conexão foi tão intensa que não tenho dúvidas acerca da veracidade de meus sentimentos quanto a ele. Precisamos de seu apoio, Ricardo, agora mais do que nunca. Estamos convictos de que tudo tem um propósito e estarmos, ambos, sob seus cuidados denota que existe uma ligação profunda, que ainda desconhecemos em toda amplitude.

– Ficamos conversando por toda noite e jamais, nesta vida, me senti tão acolhido quanto hoje me encontro. Betina é uma irmã de alma e a paz, agora, está presente em meu coração. Poderia dizer que sou um novo homem, mas creio que seria precipitado, pelo menos por hora. Preciso de respostas urgentes para compreender os propósitos que nos movem, e somente você é capaz de realizar isso.

Ricardo olhava para Vitória que acompanhava o relato dos dois jovens com atenção. Se os encontrasse em outro local, jamais poderia supor que tivessem questões emocionais a resolver. Sua percepção apurada lhe orientava que eles tinham uma sensibilidade como jamais observara. Sentiu a energia que eles irradiavam, preenchendo a sala de uma luz intensa e amorosa. Eram criaturas especiais, essa era a sua conclusão acerca deles. Não os conhecera anteriormente, mas o que naquele momento podia constatar era que tinham tarefas a desenvolver, isso era claro. Porém, como explicar isso a Ricardo, sempre tão cético com as questões espirituais?

— Posso participar desta conversa? — Perguntou Vitória.

— Naturalmente. Minha intuição diz que será de grande valia com nosso doutor. — Betina estava espirituosa e olhava para Ricardo com carinho.

— Betina, coloque-se em meu lugar apenas um instante. Tente imaginar isso e compreenda que a situação não é tão simples como pode parecer a vocês. Sabe o propósito que me conduz e jamais permitirei colocar isso como uma questão de menor valor. É minha profissão que está em evidência e nada farei que possa comprometê-la. Conversei com Vitória sobre o que me solicitaram e sinto que, talvez, não seja uma medida a ser adotada. Posso enumerar vários motivos, todos eles carregados de lógica.

— Ricardo, queremos entender o significado de nosso reencontro. Como acessar nosso inconsciente sem sua ajuda? Não confio em ninguém mais senão você. É fundamental que busquemos as explicações. Você queria saber acerca de Estela e qual o papel que ela representa em minha torturada vida, e posso afirmar que ela representa o perigo em todos os sentidos. Tem buscado saber tudo o que mantenho oculto, sepultado em meu mundo íntimo e que, no entanto, tem representado poderoso papel na forma como conduzo minha vida. Se eu lhe contar meu segredo, promete refletir sobre essa questão?

– Não posso barganhar com você, Betina. Seu segredo a mantém prisioneira e era isso que tentava realizar: resgatá-la desse sombrio momento, para que possa seguir sua vida, realizando o que lhe compete. Não vou negociar quanto a isso, sinto muito. Não é essa a questão que está em evidência. Sabe as razões que me levam a usar dessa abordagem?

– Não sou médica! – Disse ela com convicção.

– Eu sou, e preciso utilizar os recursos em meu poder para auxiliar a resgatar parte da memória que se encontra oculta, representando um empecilho ao rumo natural dos acontecimentos. O que vocês pretendem é acessar algo que sequer acredito ser possível. Acessar lembranças de outras vidas? Não sei como fazer e talvez não creia nos resultados possíveis. Compreendem meu dilema? – As feições de Ricardo estavam ostentando a mais pura aflição.

– A técnica que irá utilizar consiste em acessar conteúdos registrados, independentemente se referem a essa vida ou vidas passadas. Não será diferente! Vitória, não conseguiu convencê-lo com seus argumentos fundamentados em sua filosofia de vida? – A médica não contara aos dois acerca de professar a doutrina espírita. Como ela sabia?

Ricardo olhou a amiga e, na defensiva, disse:

– Nada relatei sobre esse assunto. Além do que não discuto assuntos pertinentes a minha vida ou de pessoas ligadas a mim. Betina, como sabe que ela é espírita?

– Simplesmente, sei. Não me pergunte como tive acesso a essa informação. Não pretendo invadir sua privacidade, Vitória, apenas quero que saiba a importância do que estamos propondo a Ricardo. Sinto que muitos mistérios nos serão revelados, que muito será esclarecido. Conto com seu apoio, minha amiga. – Os olhares se cruzaram e ambas sentiram a conexão se realizar.

Vitória estava convicta de que algo necessitava ser feito com urgência e, como a jovem, não entendia as razões para assim pensar. Simplesmente sabia! No entanto, não poderia interferir nas decisões que Ricardo tomasse. Eram seus pacientes. Tentaria argumentar com ele, se ele assim permitisse:

— Meu amigo, sei das suas preocupações e temores. São totalmente justificáveis, em função do conhecimento que possui acerca desses dois jovens. Se não estivesse presente, conhecendo-os, talvez concordasse com você. Entretanto, minha intuição é que está no comando agora e creio que você pode ajudá-los. Não querendo invadir as mentes deles, percebo que essa decisão já foi tomada e se você não fizer isso, eles irão procurar quem possa realizar esse procedimento. Sei que tentariam todos os recursos e argumentos para convencê-lo, porém, no caso de sua negativa, a qual eles já haviam computado como possível, ambos já haviam decidido buscar outro profissional. — Ela olhava os dois jovens com energia amorosa, reconhecendo que estavam convictos de que isso seria a única alternativa para desvendar os segredos ocultos em seus inconscientes.

Ricardo se retraiu e fixou seu olhar na jovem, que desviou para não denunciar o que se passava em seu íntimo.

— Era isso que haviam decidido? — Questionou ele com firmeza.

— Sim. — Respondeu Afonso. — É nossa única opção. Procure nos compreender!

— Desculpem-me se fui invasiva demais. — Já arrependida de ter denunciado o plano dos dois jovens. — Minha intenção é ajudá-los, acreditem!

— Não importa, Vitória. A verdade deve ser proferida em qualquer situação. Se Ricardo não aceitasse nos ajudar, iríamos à procura de quem o fizesse. Nos perdoe!

— Sinto que qualquer argumento que eu expusesse, contrário a vocês, teriam uma réplica a oferecer. Eu os chamei aqui para discutirmos sobre a viabilidade do que me propuseram. Não sabia que a decisão de ambos já havia sido tomada. Minha opinião pouco importa aos planos de vocês? Mesmo que considere temerário abrir as comportas de suas mentes no atual momento em que estão vivendo?

— Tudo valerá a pena, Ricardo. Além do que estará ao nosso lado, cuidando para que os limites sejam preservados. Confiamos em você! Estamos dispostos a enfrentar os riscos que possam estar presentes! — Betina o encarava fixamente.

— Por favor, você precisa nos ajudar! — O olhar de Afonso era de súplica.

Vitória elevou seu pensamento a Deus, pedindo que conduzisse a questão da melhor forma possível. Viu a tensão reinante e a prece era o único recurso a utilizar naquele momento. Conforme orava, sentiu que a serenidade a envolvia e sua percepção ficou mais apurada. Era apenas uma estudante da doutrina dos espíritos, com um longo caminho a percorrer, porém já admitira a lógica de seus fundamentos e sabia que havia muito mais que se ocultava aos sentidos físicos. Subitamente, algo aconteceu naquela sala e tudo pareceu se modificar. O local se preencheu de luz e pôde observar a presença de dois seres espirituais que se aproximaram dos dois jovens. Pôde ver o abraço que eles ofereceram a ambos e como se sentissem tal presença, Afonso e Betina se entreolharam e assim permaneceram, como se estivessem em transe. Tudo durou poucos instantes, mas o suficiente para Ricardo perceber que um fato misterioso acabara de ocorrer. Ele buscou Vitória com o olhar, mas ela parecia também hipnotizada.

Leonora e Julian se aproximaram do médico e envolveram-no num abraço, dizendo algo em seu ouvido. Em seguida, com um sorriso para Vitória, que perceberam que ela lhes detectara a presença, saíram do local deixando presente a energia amorosa que eles irradiaram ao grupo.

— Vitória, o que está acontecendo? — Ele estava pálido, sentindo seu coração em total descompasso. — Fale comigo!

– Você percebeu o mesmo que eu? – Ela jamais vivera algo como naquele momento. A vidência nunca acontecera anteriormente, e essa havia sido a primeira vez que conseguiu adentrar à realidade espiritual podendo perceber o que lá ocorrera. Olhou o amigo que estava muito tenso, os dois jovens pareciam ainda mais confiantes quanto a seus propósitos. Ela se levantou e caminhou até o amigo, pegando sua mão ainda gelada.

O que ele também presenciara? Essa questão ela resolveria depois. – Tudo bem?

Ele custou a responder e, quando o fez, disse de forma pausada:

– Preciso de tempo para avaliar. Peço que aguardem minha resposta. Até lá não façam nenhuma besteira. Posso contar com vocês? – Ele parecia sereno.

– Sempre, Ricardo. Sei que efetuará a melhor escolha. – Afonso se virou para Betina e disse com um sorriso: – Esperamos por tanto tempo, o que serão alguns dias?

A jovem devolveu o sorriso e virou-se para o médico:

– Sei que algo aconteceu aqui e você percebeu também, assim como nós. Isso foi um sinal que não pode desprezar. – Foi até ele e o abraçou com carinho. – Confio em você!

Ricardo se manteve nesse abraço fraterno e, ao se desvencilhar, disse:

– Vamos resolver tudo isso! Peço, agora, que vocês dois me mantenham informado acerca de qualquer evento que ocorrer. Betina, quanto ao que me propôs, creio que seja conveniente tudo ser esclarecido, não acha? – Ele a olhava com carinho.

– Sim, não vou adiar mais. Acredito que esse seja o tempo certo! – Ela estava com o olhar límpido e sereno.

– Aguardamos você nos ligar! – Afonso abraçou o médico e, mais uma vez, Ricardo sentiu a familiaridade que isso lhe proporcionava. O que estava acontecendo? Essa pergunta ainda não tinha uma resposta.

Assim que os dois jovens deixaram o local, Vitória se aproximou do amigo e perguntou:

— O que você presenciou momentos atrás? Algo lhe foi dito, não tente me esconder.

Ricardo andava de um lado a outro pela sala tendo o silêncio como seu companheiro. Ela apenas aguardava que ele se pronunciasse e, quando isso aconteceu, ela pôde ver a tensão que ele acolhia para si:

— Creio que eu necessite de um psiquiatra, com urgência. Se eu lhe contar o que pude perceber naqueles poucos momentos, definitivamente, irá me considerar um lunático.

— Pare de se cobrar de forma tão excessiva! Você pode negar sua sensibilidade, mas ela é inerente a seu ser, Ricardo! Sei que de algo intenso aqui foi palco. Vi dois seres iluminados adentrarem a sala e abraçarem vocês. E, antes de partirem, disseram-lhe algo. — Ela estava com os olhos marejados, com a emoção predominando. Ele permaneceu silencioso, como se desejasse fugir de tudo aquilo que tanto o perturbara. Porém era inegável que sentira algo intenso naquela sala e ouvira as palavras pronunciadas em seu ouvido, como se uma voz interna e potente dominasse seu ser. Quando ele se acalmou, disse:

— Vitória, algo está acontecendo e não tenho mais como negar. Quem são eles? O que pretendem de mim? — Sua voz estava carregada de emoção.

— Não sei, meu amigo! Sinto apenas que temos que ajudá-los. É só o que sei!

— A voz dizia que eu fazia parte disso também e que a libertação deles seria a minha. "Não pode adiar mais", assim concluíram. Nesse momento, senti uma dor intensa em meu peito, como se ele estivesse oprimido e profundamente ferido. É assim que ainda me sinto, com um desejo imenso de gritar e chorar. Isso não para! — E as lágrimas escorreram de forma incontida. Vitória o abraçou com toda sua energia amorosa, esperando que ele se acalmasse, o que levou algum tempo.

— Não sei o que isso significa, nem porque isso está acontecendo comigo. Sou apenas um psiquiatra cético a questões espirituais, que jamais permiti adentrassem em meu consultório. Não me pergunte os motivos, pois não saberia lhe dizer.

— Você é um médico, Ricardo, e conduz sua vida profissional nos termos que acredita serem viáveis. Não é esse o ponto essencial. Esses dois jovens têm uma tarefa a realizar e você faz parte dessa trama, queira ou não. Isso independe de suas crenças e iria ocorrer se assim está fadado. A ligação é proveniente de outras encarnações, acredite ou não. Isso já foi programado tempos atrás, tenho essa convicção. E devo admitir-lhe que estou ligada a vocês, caso contrário, não estaria aqui hoje. Do que fazemos parte, ainda é uma incógnita. Somente você poderá desvendar o mistério e sinto que esse seja o único caminho a seguir.

— E se eu não quiser? — Perguntou ele.

— É uma possibilidade, a qual arcará com o ônus de suas escolhas. Porém saiba que para isso estar acontecendo hoje, você aceitou as regras e aqui se encontra determinado a resolver as pendências de seu passado. Aceite que isso foi programado por você.

— Tudo é muito confuso, Vitória. Coloque-se em meu lugar. O que faria?

— Seguiria minha intuição, meu amigo. Ela é a voz da minha consciência ditando o melhor caminho a seguir. Não seja tão inflexível e controlador! Permita que ela lhe fale ao coração! — As palavras tocaram o coração de Ricardo.

— Você é a melhor amiga que alguém pode ter! Agradeço sua colaboração, Vitória. Perdoe-me roubar seu dia de descanso.

— Você trouxe um pouco de emoção à minha vida tão vazia. — Seu olhar estava tristonho.

— Se Mauro a deixou sozinha novamente, sinto que terei que cuidar de você. Vamos jantar? Tem um lugar que gostaria que conhecesse.

— Só se permitir que desta vez eu pague. — Um sorriso iluminou seu rosto.

— Jamais! Não se esqueça de que sou um homem antiquado, preservo as regras da boa educação. Se eu ficar aqui mais um tempo, creio que irei enlouquecer. Não quero pensar em problemas. Hoje é sábado! Merecemos um momento de lazer! – Ele ofereceu o braço e saíram de lá.

O restaurante era um lugar aconchegante e o jantar foi um momento de descontração. Quando estavam saindo, um encontro inesperado e perturbador aconteceu. Estela e o irmão vieram em sua direção e pararam frente ao casal.

– O doutor não perde tempo! – Disse ela beijando o rosto do médico, aproximando-se ao máximo e fazendo seu corpo pressionar o dele. – Muito prazer, sou Estela e esse é meu irmão Diego. – Disse ela fazendo as apresentações. Vitória sentiu uma energia estranha, como se algo a envolvesse de forma hostil.

– Essa é minha amiga Vitória. Já estamos de saída. Tenham um bom jantar.

– Fique mais um pouco, Ricardo. Estava precisando lhe falar. – Seu olhar insinuante o envolvia e ele tentava se esquivar.

– Sinto muito, Estela, mas já estamos de saída.

– É uma pena! – Pegou a mão dele e a reteve entre as suas. Era inegável o poder de sedução que ela possuía e isso o perturbava em demasia. – Nos vemos qualquer dia então! – E o beijou novamente. Diego apenas observava em silêncio, imaginando o que a irmã estava planejando. Sabia quem ele era e o perigo que representava.

Quando os dois estavam distantes, perguntou à irmã:

– O que pretende com Ricardo? Ele é perigoso, não se esqueça.

– Ele ainda não sabe o que é capaz de fazer. Temos que o impedir a todo custo. Ele não pode descobrir nosso segredo! Temos que neutralizá-lo e sei como fazê-lo! – Ela sorriu de forma mordaz. – Farei um sacrifício!

– Você não presta, sabia? – Ele também sorria.

– Sim, meu irmão! Vou procurá-lo amanhã em sua casa. Preciso de auxílio para algumas questões e somente ele poderá me ajudar. Você está passando por um momento tortuoso e estou deveras preocupada. Não sei o que é capaz de fazer após o rompimento de um relacionamento intenso e dramático. Preciso de orientação!

– Cuidado com ele, Estela. Vejo em seus olhos muita determinação e algo mais que não consigo descrever. Ao contrário de você, não penso que ele seja influenciável a tal ponto.

– Parece que não conhece meus predicados, Diego. Vou usar os artifícios que possuo e sabe que são muitos! – Apesar da confiança que ela ostentava, o irmão estava reticente quanto a julgá-lo inofensivo. Havia algo que o perturbava excessivamente. Aquela mulher ao seu lado e a forma como o encarou, o alertava sobre o perigo que rondava sorrateiramente. Estela confiava demais em si! No jogo atual, a cautela deveria ser a arma empregada, porém ela a desprezava. Sua autoconfiança poderia ser seu maior equívoco. E, novamente, poderia colocar tudo a perder. O rapaz tentava permanecer controlado, porém isso estava distante de conseguir.

Ele e Estela tinham acesso a muitas lembranças, porém sabiam que havia muito mais a observar do que apenas tinham conhecimento. Havia muitas lacunas a serem preenchidas e contavam com suas potencialidades desenvolvidas e assumidas para obterem as informações necessárias. Entretanto, o jogo mal havia começado para que ela se sentisse vitoriosa. Tinham tanto a percorrer. Era isso que ele tinha em mente!

Capítulo 9

UM NOVO ACONTECIMENTO

Após o encontro com Estela, Ricardo ficou em completo desassossego. Deixou Vitória em casa e rumou para a sua, tentando entender o que acontecera. Estela estava ligada a Betina e sentia que havia algo sórdido envolvendo-as, só não sabia o que era. Custou a conciliar o sono, pois a imagem sensual da mulher dominava sua mente de forma intensa. Tentava desviar os pensamentos, mas era uma tarefa inglória. E quando adormeceu, teve sonhos complexos e torturantes, em que tentava fugir de algo e não conseguia. Acordou várias vezes, sempre subitamente e sentindo-se em pânico.

O dia amanheceu chuvoso e prometia assim se manter. Ricardo estava tenso e confuso. Novamente lembrou-se de Vitória e do passe do dia anterior, sentindo-se exaurido, como se tivesse perdido todas as energias recebidas. O fato se repetiu como na semana anterior. Sua vida estava complicada, essa era a questão e não antevia mudanças tão cedo. Pensou nos dois jovens e do quanto eles precisavam de ajuda, a qual não poderia negar. Após ter conversado com a amiga durante o jantar, se solidarizara com a situação que eles estavam enfrentando e talvez a abordagem pleiteada fosse a mais coerente na atual circunstância. Passou o dia tentando relaxar para poder tomar as decisões que lhe competiam. Teria que refletir qual a melhor maneira de lidar com ambos, preservando, acima de tudo, a integridade emocional e psíquica deles.

Entretido em seus pensamentos, seu interfone tocou anunciando uma visita. O atendente disse que Vitória desejava vê-lo e ele pediu que ela subisse.

Ao abrir a porta, teve a surpresa. Estela sequer esperou que ele a convidasse para entrar e assim o fez. Olhou o local com atenção e fixou seu olhar no dele:

— Desculpe a maneira inusitada, mas se tivesse dito quem era talvez não me recebesse.

— Não gosto de brincadeiras. — Ele estava ainda parado na porta, mantendo-a aberta.

— Por favor, não me repreenda. Você foi minha única alternativa. Me escute antes de me mandar embora. É só o que lhe peço. — Ela tentava envolvê-lo com seu olhar magnético, mas Ricardo se mantinha no controle enfrentando-a.

— Sinto muito, mas não tenho nada a falar com você. Estou trabalhando, por favor. — Enviando-lhe um olhar frio e cortante.

— Preciso da sua ajuda. Não sei a quem recorrer! — Ela tentava mostrar-lhe o quanto estava nervosa, mas ele mantinha-se sereno.

— Não sou seu amigo, portanto não posso ajudá-la. Se precisa de um profissional, posso agendar uma consulta para você. Agora, se me permite, tenho muito a fazer.

— Não sabia desse seu lado cruel e insensível. Preciso da sua ajuda! Vai recusar? — E seguiu em direção a ele, fechando a porta.

– Você é um profissional competente e o assunto não pode esperar. – Disse ela bem próxima dele.

– Pare com esse jogo, Estela. Esqueceu-se de que sou um médico competente, como acabou de falar. Sei detectar quando alguém está tentando me manipular e é o que está fazendo. Não quero parecer grosseiro, mas gostaria que saísse.

Estela se empertigou e sorriu maliciosamente.

– Você é duro na queda, Ricardo. Vim aqui por isso! – Aproximou-se e beijou-o com paixão.

O médico tentou se desvencilhar, mas ela o mantinha sob seu controle. Após o beijo, ele se soltou e disse com a raiva estampada em seu olhar.

– Não sei o que pretende, mas não gosto desse tipo de jogo. Agora, saia daqui. – Seus olhos demonstravam a perturbação que o acometia.

– Não vai dizer que não gostou do beijo. Sei que era isso que você queria desde que me viu, não tente negar. Uma atração irresistível e mútua, posso assim dizer. Você me deseja e eu também, qual é o problema? Somos adultos e livres!

– Não desejo você! Não pretendo estabelecer nenhuma ligação contigo, seja ela qual for.

– Suas palavras dizem isso, mas seus olhos dizem outra coisa. – Ela tentou beijá-lo novamente, mas, desta vez, ele a segurou com força.

– Pare com isso! Não quero nada com você! – Ele ia falar "nunca mais", porém conteve as palavras em sua boca. Sentiu seu corpo estremecer ante esse pensamento e a muito custo manteve seu controle. – Agora, por favor, saia daqui. Não estou à sua disposição, espero que tenha entendido. – Caminhou até a porta e a abriu. – Saia, eu lhe peço.

Os olhares de ambos se cruzaram e o que cada um pôde antever foi único. Estela, de súbito, empalideceu, como se tivesse acesso a alguma informação nova. Ricardo, por sua vez, sentiu-se estranhamente perturbado, desejando que ela saísse de lá o mais rápido que pudesse. Sem dizer uma palavra, Estela se encaminhou até a porta. Antes voltou seu olhar para o médico e disse fuzilando-o:

— Você não devia ter me tratado assim! — E bateu a porta.

Ricardo sentou-se, sentindo que tudo girava à sua volta. Pensou que estava prestes a perder os sentidos, tal a sensação perturbadora que o envolvia. Seu corpo tremia, suas mãos estavam frias e úmidas e seu coração batia em total descompasso. Não acreditava que pudesse ter vivido outras vidas, entretanto tinha plena convicção de que já vivera algo com Estela. O poder que ela exercia era algo incontestável, sentia-se como jungido a ela, sem condições de refletir de forma racional. Queria que ela saísse de lá para nunca mais sentir essa sensação novamente. Um misto de emoções controversas e não conseguiu entender nenhuma delas. Começou a pensar que aquilo tudo era um absurdo, mas o que essas sensações queriam dizer? Tentava respirar, mas sentia-se oprimido como nunca vivenciara. Era como se o ar lhe faltasse e um calor absurdo o envolvesse, dominando todo seu corpo, como se ele literalmente queimasse. Queria que aquilo tudo cessasse, mas não conseguia retomar o controle de seu próprio corpo. As lágrimas começaram a escorrer livremente, sem que pudesse contê-las. Estava em total descontrole! Que tipo de médico ele era que sequer conseguia manter seu próprio equilíbrio?

Conforme a emoção se expandia, sentia que sua respiração retomava gradativamente seu compasso natural, assim como seu coração, cujos batimentos pareciam se equilibrar num ritmo suave. Levantou-se e foi até a cozinha beber um copo de água e, só depois disso, percebeu que estava no controle de suas emoções.

Pensou em telefonar para Vitória, mas já a havia perturbado muito nos últimos dias. Precisava falar com alguém, senão iria enlouquecer. Porém, quem o compreenderia?

Lembrou-se do beijo que Estela lhe roubara e sentiu uma emoção estranha, como se a culpa o dominasse, trazendo consigo outras sensações confusas, como raiva, asco, revolta, dor. O que isso significava? A confusão estava instalada e precisava manter o foco de seus pensamentos. Pensou em Silvia, afinal, ela havia sido a última mulher a preencher seu coração. A última mulher que ele beijara! Sua vida afetiva se estagnara desde a partida dela. O beijo de Estela, apesar de carregado de conflitos, mostrava-lhe que estava vivo. Ela era uma mulher sedutora, capaz de enlouquecer qualquer homem, no entanto ele recusara qualquer forma de aproximação. Era sua única certeza: não deveria, em hipótese alguma, se envolver emocionalmente com ela, pelos riscos que poderiam advir. Esse era o recado que sua intuição lhe enviara: mantenha distância dela. E decidira acatar a sugestão de forma firme!

No entanto, apesar de estar convicto de que era a melhor alternativa, por que a serenidade lhe parecia tão distante? Quando fazemos o que desejamos, é natural que experimentemos a paz íntima! Por que se sentia tão angustiado?

Ficou a analisar quando os problemas tiveram início e constatou que isso aconteceu desde que Afonso apareceu em seu consultório. Porém, Estela conhecia Betina e não o jovem. Então... Não sabia mais o que pensar e decidiu que iria sair um pouco. Pensou em se exercitar e, talvez, correr, mas a chuva não havia dado trégua durante todo dia. Estava se preparando para sair, quando o telefone tocou. Era Vitória e não parecia bem.

— Desta vez, sou eu a pedir sua ajuda. Porém, se não puder, vou entender. — A voz dela estava séria e melancólica.

— Quer que eu passe aí? — Perguntou ele.

— Não, prefiro ir até seu apartamento. Posso? — Arriscou ela.

— Estou te esperando! — Ele percebeu que algo ocorrera. Saberia assim que ela chegasse.

Meia hora depois, Vitória adentrou pela porta e, assim que

se entreolharam, ele pode notar os olhos vermelhos, talvez pelo choro. Ricardo, também, não estava muito diferente e disse:

– Conte-me tudo! – Ela jogou-se em seus braços e chorou de forma incontida. Ele esperou pacientemente que ela se acalmasse e quando isso aconteceu, perguntou:

– O que Mauro fez desta vez?

– Eu o odeio! Não quero mais vê-lo, nunca mais!

– Pare de bobagem, ele é seu marido e sei o quanto ambos se amam.

– Até o momento de deixar de amar. – As lágrimas escorriam livremente. – É uma longa história, Ricardo. Está com tempo para me ouvir?

– Se me ajudar a preparar algo para comermos, sim. – Ele pegou sua mão gentilmente. – Sei que tem muita coisa para falar e estou aqui para te ouvir. Com uma condição!

– Que eu lave a louça depois? – Tentando brincar.

– Não, com a condição de me ouvir também. Se você não tivesse me procurado, talvez fosse até sua casa, pois é a única pessoa em quem confio. Pode me ouvir também?

– Sempre, querido! – Os dois se abraçaram.

Vitória contou tudo o que estava acontecendo com sua vida afetiva, sempre preservada de todos, inclusive dele. Falou sobre o desejo de ter filhos e a recusa do marido, que julgava ainda ser prematuro, visto que tinha outros planos a efetivar. Um desencontro de ideais, de interesses, de sonhos, que foi minando a relação entre ambos, fazendo com que a distância entre eles fosse aumentando a cada dia. Naquela manhã, quando chegou de viagem, comunicou-lhe que estava tendo um relacionamento extraconjugal, dizendo estar confuso quanto ao futuro.

– Disse assim desse jeito? – As feições de Ricardo endureceram, demonstrando toda sua indignação. – Jamais esperaria uma atitude tão vil!

– Imagine, então, como eu me senti ouvindo tudo de forma fria e com total descaso pelos meus sentimentos. Não pensei que isso fosse acontecer comigo algum dia! Ele está lá arrumando suas coisas. Pedi que saísse ainda hoje. – Seus olhos estavam marejados. – Estávamos distantes, porém pensei que fosse uma crise passageira. No entanto, ele estava me traindo. Dói demais!

– Sei exatamente como você se sente. – Seu olhar ficou distante.

– Não deveria ter vindo aqui, fazendo com que suas lembranças emergissem novamente. Me perdoe, meu amigo. Você foi a única pessoa de que pude me lembrar.

– Sabe que pode contar comigo, sempre! Quando Silvia decidiu me deixar, parecia que o mundo estava desabando sobre meus ombros. Foi um tremendo choque, pois, assim como você, jamais supus que poderia ser mais do que uma crise temporária. Talvez ela tivesse me enviado sinais e eu não quis observar.

– Talvez o mesmo tenha acontecido comigo. E agora? Como vai ser? – A emoção a dominava. – Vou sobreviver?

– Vai, minha amiga. E saiba que pode contar comigo em qualquer circunstância. Há quanto tempo nos conhecemos?

– Não faça perguntas difíceis! – Disse ela sorrindo por entre as lágrimas.

– Todos passamos por situações delicadas, momentos complexos, mas temos que seguir em frente, abandonando o passado. Vai superar isso, confie em mim.

– Bem, agora conte-me o que o atormentava. Percebi a tensão em seu olhar.

– Uma história inverossímil, mas aconteceu neste apartamento. – Ricardo contou sobre a visita e a investida de Estela sobre ele, com todos os detalhes picantes. Finalizou relatando sobre suas emoções contraditórias após ela sair.

– Ela é uma pessoa atraente e sabe usar o poder de sedução. No entanto, traz em seu âmago algo que me perturbou profundamente. Assim como o irmão dela. Não gostei dos olhares que ele me direcionou, como se me afrontasse. Me perdoe a franqueza, mas são pessoas que não conseguiria confiar. A arrogância e a pretensão os acompanham, parecendo que ambos vivem na mesma sintonia vibratória inferior. Confesso que me senti mal após o encontro. Pelo visto, ela pretende conquistá-lo e utilizará todos os recursos ao seu alcance para conseguir. Esteja atento e vigilante. – Ela não se sentiu confortável com o relato do amigo. Sua intuição lhe orientava que ele precisava ser cauteloso para não cair nas suas teias ardilosas. O perigo estava à espreita!

– Não quero e não vou me envolver com ela. Estela representa o tipo de mulher que eu abomino e não permitirei uma maior aproximação. Ela teve a ousadia de vir até aqui e mentir dizendo ao porteiro que era você, só por isso permiti que ela subisse. – Ele parecia mais sereno. – Sua simples presença me arrasta a um mundo torturante, do qual não consigo sair. É algo intenso e doloroso. Por mais sedutora que ela seja, não a quero em minha vida, essa decisão é irrevogável!

– Algo me diz que ela não desistirá de você. Ela tem um plano oculto que ainda não consegui decifrar. Independente disso, percebo que está fazendo muito sucesso entre as mulheres, Ricardo. Silvia não valorizou você. – Brincou ela.

– Até parece, Vitória. A vida é a arte dos desencontros, cada dia me convenço mais. – Havia uma dor contida que ele preferiu não ressaltar naquele momento.

– Não se deprecie, doutor. Sabe o que suas alunas falam a seu respeito?

– Prefiro não saber. Está dizendo isso apenas porque é minha amiga. Jamais fui um conquistador e você sabe disso. Sou um romântico à moda antiga, desses que custa a encontrar seu amor verdadeiro.

– Não sou tão diferente de você. Pensava envelhecer ao lado de Mauro, mas tudo isso agora ficou no passado.

– Não tem volta?

– Foi uma traição indigna, não sei se poderei aceitá-lo de volta. Creio que nosso tempo passou e não queria aceitar isso.

Contar tudo a você tirou um peso imenso de meus ombros. Como posso agradecer?

– Talvez lavando a louça! – Os dois riram despretensiosamente. Ela levantou-se e ia para a cozinha quando ele a reteve, segurando delicadamente seu braço: – Estava brincando, Vitória. Não imagina como me fez bem falar com você! Eu que agradeço.

– Amigos são para essas ocasiões. – Disse ela olhando-o nos olhos.

– Amigos especiais como você. – Enfatizou ele, sem desviar o olhar.

O que ambos viram nesse olhar profundo, decidiram não valorizar. O tempo se encarregaria de alocar cada coisa em seu lugar. Quando assim aprouvesse!

– Quanto aos jovens, qual a sua decisão? – Perguntou ela.

– Não posso abandoná-los neste crucial momento. Além do que Betina precisa continuar a resgatar sua verdadeira essência, hoje tão comprometida. O reencontro entre eles foi surpreendente em termos de benefícios recebidos, porém até quando isso irá perdurar? Ela necessita restabelecer a fé em seu potencial criador e transformador, permitindo que tudo que esteja comprometendo seu livre agir possa ser superado. Ela atentou contra a própria vida, e as sequelas que permanecem podem ditar as regras futuras de como interagir com o mundo à sua volta. É um caso complexo que merece toda atenção, necessitando usar de cautela. Quanto a Afonso, ele caminha por uma linha tênue demais, que pode se romper a qualquer instante. Você os conheceu em seu melhor momento, o qual não sei até quando irá prevalecer. Farei isso isoladamente. Até que possa compreender tudo que está ocorrendo, será conforme minhas regras. Afonso está mais receptivo, desejando conhecer o que está acontecendo com sua vida. Amanhã o encontrarei e conversaremos sobre o assunto em questão.

– Você irá gravar todo o processo? – Perguntou ela curiosa.

— Pretendo, pois terei que estudar detalhadamente cada uma das fases. Por que o interesse?

— Não sei, Ricardo, mas tenho bons pressentimentos sobre isso. Vai me deixar ciente de cada passo? Creio que tenho algo a acrescentar, só ainda não consegui entender o que possa ser. O tempo fornecerá as explicações.

— Farei isso como um favor especial a você. Assim ouviremos juntos e trocamos ideias sobre o assunto. Não faz parte de sua especialidade, doutora, mas tenho que admitir que sua sensibilidade apurada será de grande valia. Conto com seu auxílio. Vou mantê-la informada. — Estavam ambos descontraídos, quando o telefone dela tocou. No mesmo instante, as feições dela se tornaram graves. Falou poucas palavras e desligou. As lágrimas escorriam novamente.

— Tudo foi consumado! — Essa frase causou um impacto em Ricardo que estremeceu, sentindo novamente os mesmos sintomas de antes. Sentiu-se desfalecer, tudo girava à sua volta e a mesma sensação apavorante o acometeu: calor intenso, dificuldade de respirar, coração em descompasso. Seu olhar perdeu-se no vazio e a palidez de suas feições perturbou a amiga, que percebeu que o amigo não estava bem, parecendo em profundo transe. Pegou as mãos do amigo e sentiu-as frias. No mesmo instante, lembrou-se dos amigos em seu centro espírita, pedindo mentalmente que a ajudassem. Sentiu-o distante de lá e precisava trazê-lo de volta. Fechou os olhos e o envolveu em luz intensa, sentindo irradiar de todos os seus poros a mais pura energia. Isso foi tendo o efeito que ela esperava e, em instantes, Ricardo olhava confuso para ela.

— Não sei o que está acontecendo comigo, Vitória. Essa sensação angustiante me envolve e me sinto prisioneiro de meu próprio corpo. É algo profundamente aterrador. O que isso pode significar? — Ele já recobrara a cor em seu rosto, mas era nítido o quanto ainda estava perturbado e atemorizado. — Sinto que estou preso num labirinto de emoções e sensações, dele não conseguindo fugir.

Vitória ouviu atentamente as palavras do amigo, lembrando-se da frase que pronunciara: "tudo foi consumado". Esse havia sido o gatilho disparado, conduzindo-o a essa zona de emoções ainda inexploradas e carregadas de sensações torturantes. Por mais descrente que ele fosse, aquilo tinha a característica de revelações de outras vidas. Só não sabia como abordar esse tema com ele, que rechaçaria essa alternativa. Teria que ir com calma e cautela. Conversaria com alguém mais experiente que ela em seu centro espírita. Talvez esse mistério pudesse ser esclarecido. Sentiu-o exaurido em suas energias, mesmo após seu passe no dia anterior. Ele estava perdendo energias facilmente e isso poderia caracterizar a presença hostil de um companheiro do mundo espiritual, um possível obsessor. Precisava de ajuda e iria, no dia seguinte, conversar com Clarice, a dirigente do centro. Ela, talvez, pudesse lhe esclarecer sobre o que estava acontecendo com o amigo. Pensou se ele estaria em condições de iniciar uma abordagem de porte tão significativo como a regressão.

— Já está melhor? — Perguntou ela solícita.

— Sim. Estou me desconhecendo, minha amiga. Onde tudo isso irá acabar? — Ricardo lembrou-se do telefonema que ela recebera. — E?

— Ele ligou avisando que estava deixando nossa casa. Mas foi muito mais: deixou nosso casamento, a minha vida! — Seus olhos estavam marejados.

Capítulo 10

ABRINDO AS COMPORTAS

Ricardo a abraçou carinhosamente e disse:
— A vida nem sempre corresponde aos nossos anseios. Por isso sofremos! Tudo vai passar, acredite nisso. Essa dor será substituída por uma força que a conduzirá a novos caminhos. Assim tem sido comigo. Tento viver um dia após o outro. Alguns serão mais angustiantes, outros menos e, assim, vamos seguindo em frente.

-Obrigada, meu amigo. Sei que posso contar com você em qualquer situação. Agora tenho que ir. — Já na porta, ela falou:
— Sei que pode parecer estranho e talvez não seja uma postura habitual, porém gostaria de pedir-lhe algo: posso acompanhar pessoalmente a regressão que fará com Afonso?

Ele ficou pensativo, como se a analisar tal pedido. Em seguida, perguntou:
— Uma cardiologista está preocupada com o paciente ou comigo?

— Com ambos! – Ela foi direta. – Existe algo nebuloso e sombrio envolvendo essa questão e você parece já ter sido tocado por essas energias, que ainda não estão sendo dispersadas. Posso imaginar o que irá suceder quando isso se efetivar. – Havia tensão em seu olhar.

— Não é prática habitual e preciso saber se Afonso permitirá. De minha parte, sei que irá se comportar apenas como uma espectadora e não irá interferir. O que você sabe que eu ainda não sei? – Ele fixou seu olhar no dela.

— São apenas conjecturas. Espere que eu possa entender primeiramente. Confie em mim!

— Falarei com Afonso amanhã em nossa consulta. Quer que a acompanhe até sua casa?

— Obrigada, Ricardo. Tenho que me acostumar a essa nova condição. – Ela beijou seu rosto com carinho e saiu, deixando-o divagando em seus pensamentos.

Outra noite tensa, repleta de pesadelos e dormindo menos que o habitual. Acordou na manhã seguinte sem disposição para seus exercícios físicos. Tomou seu café e saiu para ministrar aulas na faculdade. Sua rotina se iniciava...

Não encontrou Vitória durante a manhã e pensou em ligar para saber notícias. Mas não o fez, sentindo que estaria invadindo sua privacidade. Lembrou-se de quando Silvia o deixou, o isolamento foi a atitude que vivenciou para se preservar.

No horário marcado, o jovem chegou acompanhado de Betina.

— Pelo que combinamos, este horário é de Afonso. Ou estou enganado? – Perguntou.

— Está certo, doutor. Vim apenas acompanhá-lo. Não se preocupe. – Ela sorria docemente.

— Aproveito que ambos estão juntos e vou conversar sobre o que decidi. Vou usar a regressão primeiramente com Afonso, depois com você, Betina. Temos assuntos ainda a conversar, lembra-se? – A jovem assentiu. – Vou pedir-lhes que tenham calma, pois essa abordagem nem sempre é célere, necessitando de várias sessões.

— Esperamos tanto para nos reencontrarmos, o que serão mais algumas semanas? — O jovem parecia mais confiante.

— Farei isso isoladamente, portanto. Depois analisaremos juntos o que encontrarmos. Não sei onde isso vai dar, mas vou ajudá-los. Porém, se perceber que algo está fugindo ao controle, interrompo as sessões. — Era o profissional que ditava as regras.

— Confiamos em você, Ricardo. Posso esperá-lo aqui? — Perguntou Betina.

— Fique à vontade. Vamos? — Disse Ricardo convidando-o para entrar em sua sala.

Assim que ele fechou a porta, Afonso perguntou-lhe:

— Depois do que aqui aconteceu, meu maior temor é descobrir qual o propósito disso. Acredita que fazemos uma programação antes de encarnarmos? — O médico ficou silencioso, refletindo em tudo que estava acontecendo em sua própria vida. Após alguns instantes, ele respondeu encarando-o com o olhar distante:

— Não sei exatamente como isso se processa, porém acredito que cada ser tem um propósito na vida, independentemente da crença que professe. Quando decidi ser médico, meu objetivo era o de salvar vidas e a isso me dedico, todos os dias de minha existência. Creio, também, que os eventos que se sucedem, por mais independentes que possam parecer, têm uma conexão entre eles, mesmo que não consigamos entender de imediato. Com relação ao que ambos acreditam, se já se conheceram em outras existências, não posso afirmar. Entretanto o encontro, aparentemente casual, deve ter um propósito. Não sei se acredito em outras possibilidades de encarnação e isso não vem ao caso, no que concerne ao que aqui iremos trabalhar. Não crie expectativas que talvez não venham a se cumprir, Afonso. Temos que resolver seus problemas emocionais desta vida e a isso me empenharei com todos os esforços. As conexões que, porventura, existirem, teremos que entendê-las à luz da razão. – Ricardo procurava ser objetivo em seu posicionamento.

– Desde que encontrei Betina, algo estranho ocorreu comigo. Quando a vi aqui em seu consultório, tive a certeza de que tudo iria mudar em minha vida. Ela representa um ponto de sustentação que jamais tive desde que aqui estou. Algo intenso e misterioso, tenho que admitir. No entanto, conjuntamente, minhas percepções se expandiram de tal modo que chego a temer o que isso possa significar. – Ele se calou.

– Explique melhor o que realmente está acontecendo com você.

– A vida parece ter adquirido uma tonalidade diferente para mim. É como se eu estivesse inserido dentro dessa realidade material e tudo que, ao meu lado, ocorresse fizesse parte de mim. Sinto tudo ao meu redor com tal intensidade que consigo perceber as pessoas e os sentimentos que trazem em seu âmago. E isso está me perturbando, pois não entendo as razões. Foram somente dois dias vivendo essa experiência, mas o suficiente para constatar que não sei o que fazer.

– Você é um ser dotado de grande sensibilidade, talvez só tenha se dado conta agora. Não está valorizando excessivamente esse encontro com Betina? Isso já era inerente ao seu ser, você mesmo salientou essa condição em nossa primeira consulta. Disse coisas que sua avó lhe confidenciava quando ainda era um garoto. Essa sensibilidade aguçada corresponde a um emocional atuante, em que predomina essa interação contínua com as pessoas que convivem com você. O que está diferente agora? – Perguntou o médico.

– Ainda não consigo definir com clareza, apenas me sinto vulnerável. Preciso encontrar respostas, Ricardo.

– E se isso não ocorrer?

– Não sei! Tenho medo do que possa advir de tudo isso. Me ajude!

— Farei o que estiver ao meu alcance, Afonso. Porém nem tudo ocorrerá no seu tempo, mas quando estiver pronto. Você não usou mais aquilo, certo? — Ele foi firme.

— Não porque não tivesse oportunidade, mas porque creio que isso não me será favorável.

— Não era a resposta que esperava. Você sabe o que a droga pode causar em você? Quero que saiba que isso será impedimento para o que estamos nos propondo realizar. Preciso de sua lucidez, caso contrário não iniciarei as sessões de regressão, fui claro? — O olhar do médico estava carregado de tensão.

— Uma força mais poderosa que a minha me conduz a buscar esse recurso. Está além da minha vontade e estou lutando contra isso. Acredite em mim! Não sei o que está acontecendo comigo! Jamais me imaginei tão fragilizado como estou agora!

— Precisamos entender por que isso está ocorrendo. Teu equilíbrio é essencial para o que planejamos empreender. Como se sente agora?

— Devo confessar que estou ansioso para iniciar. Vamos ter nossa primeira sessão hoje?

— Talvez. Antes preciso que você esteja bem relaxado e não sei se assim se sente.

— Ficarei, Ricardo. Confie em mim! — Deitou-se num sofá à sua frente. — Pode começar!

Ricardo sorriu, rendendo-se ao jovem. Neste momento, lembrou-se de Vitória e sua solicitação para que gravasse a sessão. E assim fez, de forma discreta.

— Vamos, inicialmente, procurar relaxar seu corpo físico. Fique atento à sua respiração, que deve estar pausada e ritmada. Inspire profundamente, retenha o ar alguns instantes e expire, até sentir seus batimentos cardíacos mais lentos. Faça isso quantas vezes for necessário, para que seu corpo esteja em total relaxamento. Enquanto isso, vai limpando sua mente de toda e qualquer imagem acerca da realidade que o rodeia. O importante é que ela esteja límpida, como um quadro em branco. Um sentimento de paz começa a invadi-lo e você vai se acalmando, retirando de seu íntimo toda e qualquer emoção dissonante.

O relaxamento durou alguns minutos, com a condução precisa e amorosa do médico. O rapaz parecia adormecido, com sua respiração ritmada e serena. Após alguns instantes, Ricardo iniciou as perguntas habituais desse procedimento, tentando levá-lo a relembrar fatos que pudessem comprometer seu atual momento, como a morte da namorada. A emoção imperou e as lágrimas escorreram por seu rosto. Tudo de forma contida, sem gestos exagerados, apenas a dor prevalecendo. A cada lembrança dolorosa, a emoção se expandia. Retornou anos atrás, a presença da avó, sempre a companheira afetiva que lhe supria de carinho e atenção constante. Um sorriso se delineou em seu rosto e mais lágrimas foram derramadas e uma frase foi proferida:

— Sinto tanto a sua falta! — E novamente, o silêncio prevaleceu. Ricardo aguardou um pouco e deu sequência nas perguntas sobre a família, o pai e a mãe, sempre tão ausentes. Dessa vez, nenhuma emoção se fez presente. E novas perguntas foram realizadas, a fase adolescente, infantil e até durante sua gestação. Foi quando algo estranho ocorreu. Sem mesmo que ele fizesse qualquer pergunta, Afonso começou a falar:

— Tenho medo de falhar! Tudo é tão incerto! E se não os encontrar, como farei? Não posso aqui permanecer! Fiquem comigo! Eu lhes peço! — E, de súbito, sem que o comando fosse dado, ele retornou, abrindo os olhos e encarando fixamente Ricardo.

— Por que não quis continuar? — Perguntou o médico.

— Não sei. — Foi a simples resposta. Seu olhar ficou distante e apreensivo.

— Do que tem medo, Afonso?

Ele ficou pensativo, tentando entender a emoção atuante que o arrastava a um patamar sombrio e solitário. Era assim que ele sempre se sentiu. A solidão esteve presente grande parte da sua vida e, com a ausência da avó, isso apenas se consolidou de forma plena. Ele parecia fugir de algo, assim percebeu Ricardo, preferindo manter-se distante de toda e qualquer situação que o expusesse ao mundo. Retraindo-se, mantinha sua integridade emocional, não permitindo que as pessoas adentrassem sua intimidade. Um fato novo que poderia ser trabalhado durante as sessões. O médico aguardava a resposta e permaneceu em silêncio.

— Tenho medo de falhar! — A resposta foi lacônica.

— Todos falhamos em algo em nossa vida. Isso faz parte do aprendizado. Errar, refletir sobre os equívocos, corrigi-los, aprendendo as lições. Por que se cobra tanto?

— Sinto-me investido de uma grande responsabilidade, a qual não sei se conseguirei corresponder. — Ele parecia confuso.

— E qual seria essa tarefa? — Ele insistiu, aproveitando o momento de expansão de sua consciência, captando as informações necessárias à continuidade do seu trabalho.

— Algo de vulto, essa é a percepção. Não sei explicar. Sinto que preciso realizar uma tarefa e, desta vez, não posso cometer nenhum equívoco, pois assim esperam de mim.

— Quem espera de você tal comprometimento? Seus pais? É a eles que você precisa corresponder?

— Sim, porém não a esses pais. Entende a confusão em que me encontro? — A aflição era nítida. — Essas percepções me acompanham desde muito jovem, talvez por isso o distanciamento afetivo que criei com meus pais. Não os sinto próximos emocionalmente, aliás, jamais os senti. Cheguei a questionar minha avó se eles eram realmente meus pais nesta existência. Talvez pudesse ter sido adotado e os laços afetivos não conseguiram ser estreitados. Eu iria compreender, se assim fosse. Porém ela afirmava categoricamente que eles eram meus pais consanguíneos.

— Você acredita que eles não o amam como a um filho?

— Acredito que me amem, mas não da forma que eu precisava para me sentir protegido. Eles me criaram para que fosse independente e deles não dependesse. Entretanto, sentia a falta deles, nas constantes viagens, nos compromissos sociais, enfim, estive sempre muito sozinho e pouco acolhido. Quando minha avó partiu, a solidão imperou e eles nada fizeram nesse sentido.

— Talvez eles o encarassem como alguém forte que não necessitava de proteção constante.

— Pode ser... — Ele se calou e assim permaneceu.

— Tem ressentimento deles? — A pergunta o tirou de seus devaneios.

— Não, eu os amo e sei que eles sempre serão assim. Quando citei meus pais é a outros que eu me refiro. Sinto a presença deles ao meu lado em alguns momentos, porém sempre de forma sutil, sem interferir em minhas ações. É a eles que não quero decepcionar. Por isso preciso tanto entender o que esse meu temor significa. Por que tenho medo de falhar? Em quê? Por que aqui estou nesta encarnação com tarefas que desconheço, mas que necessito realizá-las? Eu acredito na eternidade do espírito e sei que já vivi outras oportunidades na matéria. Percebo, também, que não compartilha comigo essas ideias, talvez por isso sua resistência em aceitar tudo o que falo. Não queira se ater a minha vida atual, meu relacionamento com meus pais ou qualquer outro fato concernente ao momento que vivo. Não é aqui que encontrarei as respostas, mas no recôndito da minha alma, onde as lembranças lá se encontram arquivadas. Sinto-me preso a essas recordações, que me impedem de visualizar minhas tarefas atuais. Todo esse meu descompasso guarda uma explicação coerente, que preciso acessar. Só assim terei paz! Não consigo mais viver assim! — Seus olhos ficaram marejados.

Ricardo estava confuso para dizer qualquer coisa ao rapaz. Queria apenas que ele manifestasse suas emoções, para tentar estudá-las com mais critério e, de preferência, com Vitória que entenderia melhor as ideias que Afonso preconizava.

— Eu compreendo seus temores, mas tem de convir comigo que suas ideias destoam dos parâmetros que professo. Não vou julgar se são fantasiosas ou desprovidas de lucidez. Não cabe a mim esse papel. Estou aqui para ajudá-lo e é isso a que me propus. Fizemos um excelente progresso, que talvez sequer tenha noção. Pela primeira vez, você falou sobre seus reais sentimentos, numa análise ponderada e desprovida de emoções aflitivas. Suas ideias acerca de seu momento atual estão desordenadas, porém constatei certa serenidade no que concerne aos seus sentimentos, especialmente no que se refere a seus pais. Sua compreensão acerca de seus papéis mostra que não existe mágoas ou ressentimentos a resolver. Se você justifica suas atitudes, é porque os aceita como são. Algumas emoções precisam ser analisadas, procurando sua causa real. Daremos continuidade na próxima semana, se assim ainda desejar.

— Certamente que sim! — Havia certa ansiedade em suas palavras.

— Preciso apenas que esteja convicto de tudo que falamos no início. Com relação aos medicamentos que lhe forneci, utilizou-os de forma conveniente?

— Como você orientou, mas confesso que pouco efeito resultou. — Afonso respirou fundo e disse: — Preciso dormir, Ricardo. Não quero me sentir um zumbi todas as manhãs. Preciso que façam efeito, senão... — Abaixou a cabeça.

— Já conversamos sobre isso e espero ter sido claro. Qualquer recurso que o induza a dormir são paliativos. É sua mente que não consegue repousar, por isso preciso que mude algumas posturas em sua vida diária. Alimentação, exercícios e até lazer, tudo isso são fatores que colaboram para que tenha uma noite adequada. Precisa liberar essa tensão, Afonso. Tudo ficará bem, porém no tempo certo. Estamos iniciando um processo que não sabemos quando irá finalizar e preciso de sua ajuda. Sua atuação será determinante no sucesso de nossa empreitada. Ajude-se para que eu possa ajudá-lo.

Ricardo se levantou e foi novamente a seu armário e de lá retirou um vidro de remédios. Abriu-o e retirou algumas pílulas. Contou-as, colocou em outro recipiente e entregou ao rapaz, dizendo:

— Exatamente a mesma recomendação da semana anterior. Quero confiar em você!

— Eu também! — Um sorriso triste se delineou em seu rosto. — Sei que se importa comigo e não irei decepcioná-lo. Você é uma pessoa especial em minha vida. — Seus olhares se cruzaram e, por um momento, Ricardo sentiu já ter vivido essa mesma cena.

— Aguardo você na próxima semana. Porém, caso sinta necessidade, pode me ligar. — Com um sorriso, ele o acompanhou até a porta. Betina o recebeu com um abraço.

— E aí? — Perguntou ela ansiosa.

Foi Ricardo quem respondeu:

— Não apresse o rio, ele corre sozinho... — Brincou, referindo-se a um livro que ele a presenteara. — Tudo tem seu tempo, Betina. E se quer colaborar de forma eficiente, peço que ajude esse rapaz a se distrair. Você é uma jovem espirituosa e sabe como fazer isso!

— Fique tranquilo, doutor. Tenho planos para essa noite com ele. — Disse ela de forma jovial. — Sabia que ele não tem saído há várias semanas?

Afonso ofereceu um sorriso tímido dizendo:

— Não havia motivos para comemorações em minha vida. Queria ficar sozinho! Desde que Olivia se foi, tudo perdeu o encanto. Sei que preciso seguir em frente e assim tenho me predisposto. Porém não é tarefa fácil.

— Mas é tarefa possível, meu jovem! — Disse o médico com ênfase. — Bom divertimento a vocês dois! Te espero na sexta, Betina!

— Não faltarei! — Disse ela abraçando-o com carinho e dizendo em seu ouvido: — Obrigada, Ricardo, por tudo que está fazendo por nós. Não vai se arrepender!

– Espero que não!

Assim que os dois jovens saíram, ele ligou para Vitória.

– Como você está? Pensei em te ligar antes, mas... – Calou-se.

– Tenho que seguir em frente, conselho de um grande amigo. – Disse ela.

– Podemos nos ver? – Arriscou ele.

– Se preparar um jantar para nós, quem sabe! – Ela parecia serena.

– Meu repertório não é muito extenso e sinto que irei decepcioná-la, pois repetirei o menu. Porém, se não se importar...

– Daqui a meia hora, então!

No horário combinado, ela lá estava. Ricardo a abraçou e ela assim permaneceu.

– Precisava desse abraço, meu amigo. – Seus olhos estavam marejados. – E então? Conte-me tudo o que lá ocorreu.

– Foi a primeira de muitas, quero crer. Alguns pontos interessantes que gostaria de discutir com você. Enquanto preparo o jantar, quero que ouça. – Deixou Vitória entretida com a gravação e voltou minutos depois. Ela ouvia atentamente o depoimento de Afonso. Ao término, Vitória estava com a expressão séria. Foi Ricardo quem iniciou o diálogo:

– Você ouviu com atenção? Percebe as coisas que ele fala?

– Sim e tem fundamento. Pelo que pude entender, Afonso mantém uma forte conexão com seu passado, ou melhor dizendo, com sua vida anterior. – Ela observou a expressão que Ricardo ostentava e sorriu dizendo: – Você pode fazer esse muxoxo, mas a verdade é que isso é possível, tem de admitir. Ele se refere aos pais de uma outra existência material, que deve tê-lo marcado profundamente. Não acredita nessa possibilidade?

Capítulo 11

NOTÍCIA PERTURBADORA

— Sabe o que penso acerca disso. Ainda não tenho uma opinião formada. Mas supondo que isso possa acontecer, por que ele mantém essa conexão com o passado?

— Não tenho como saber, Ricardo. O fato é que essa ligação o impede de realizar as tarefas da atual existência. Isso é perturbador! Deve existir uma razão para que isso esteja ocorrendo e sinto que muitas ramificações irão aparecer, conforme você prosseguir com seu trabalho. Não creio que ele esteja desorientado ou mesmo tenha perdido a lucidez. Apesar do que possa parecer, ele está no controle de sua vida, a ponto de perceber que necessita fazer algo que ainda desconhece. É impressionante que ele tenha essa percepção, deve ser dotado de uma sensibilidade muito apurada. Isso raramente ocorre quando retornamos para uma nova encarnação. O véu do esquecimento nos impede de acessar nossas lembranças, o que poderia ser prejudicial à vida atual. Ele, no entanto, deve estar imbuído de tarefas de grande responsabilidade e isso reflete em seu receio de não falhar. Quero muito acompanhar o desenlace dessa história.

— Vou precisar de seu conhecimento acerca da doutrina que professa, se isso não for lhe pedir demais. Não sei onde isso vai dar, mas estaremos juntos até o fim. — Havia um brilho intenso em seu olhar que a fez sorrir.

— Posso estar enganada, mas a impressão que tenho é que você está mais interessado do que eu para entender esse mistério.

— Precisava de um pouco de emoção em minha vida, mas creio que está sendo além das expectativas. E você precisa se distrair, portanto nada melhor do que nos mantermos ocupados, concorda? — Ele parecia mais sereno.

— Certamente, meu amigo. E o nosso jantar? Estou faminta!

— Da próxima vez, você cozinha! — O clima era de harmonia.

A cena estava sendo observada por Leonora e Julian.

— *Tudo está encaminhado. Temos apenas que aguardar que se consolide.* — Disse Julian com um sorriso iluminado.

— *Estela não irá desistir de seus planos e temos que mantê-los sob o máximo de proteção. Sua prepotência persiste, infelizmente.* — Leonora demonstrava cautela.

— *A vigilância será imprescindível para todos os envolvidos. E Laurita? Temos notícias alentadoras sobre a tarefa a ela designada?*

— *Sua tarefa ainda não foi concluída e temos que esperar um pouco mais. Porém ela pediu que cuidássemos de Afonso. Ela teme que ele possa se perturbar quando encontrar Estela e sabemos que isso irá ocorrer muito em breve.* — Leonora elevou suas mãos ao Alto e finalizou: — *Ele já realizou o aprendizado necessário, temos que confiar que saberá resolver essa delicada questão. Deus está no comando!*

— *Sempre!* — E os dois deixaram os amigos. Dessa vez, decidiram não permitir que Vitória os percebesse no local. Esse tempo chegaria!

Vitória e Ricardo conversaram até altas horas sobre os mais variados assuntos.

— Vou levá-la até sua casa. Já é tarde!

— É muita gentileza de sua parte, mas não será necessário. Preciso me acostumar a essa nova fase da minha vida. Agradeço sua preocupação!

— Já lhe disse que sou uma pessoa antiquada? Não vou permitir que vá sozinha. Não me perdoarei se algo acontecer com você!

— Você é um amor, sabia? — Brincou ela.

— Se está dizendo, eu acredito. — Os dois saíram serenos e em paz. Uma linda amizade, cultivada com as sementes nobres do amor, respeito, e que o tempo não foi capaz de apagar da memória de ambos. E isso seria determinante para a solução desse grande mistério, em que cada um iria descobrir sua própria parcela de comprometimento.

Os dias passaram céleres e a sexta-feira chegou, trazendo consigo Betina ao consultório.

Ricardo percebeu que ela não ostentava a mesma leveza do outro dia, pressentindo que algum novo evento sucedera.

— Como vai, Betina? Não estou gostando desse olhar. O que pretende dizer com ele?

— Nem todos os dias são iluminados. — Seu semblante estava tenso.

— E Afonso? Você o tem visto?

— Sim, e é isso que tem me dado forças para prosseguir. Ele é um bom garoto, está apenas muito confuso. Não muito diferente de mim. Juntos, somos fortes, não consigo explicar. Ele está bem, seguindo a orientação do nosso doutor. — Disse ela sorrindo pela primeira vez. — Sabe que ele não ia a um cinema há mais de um ano? — Ela tentava desconversar.

— Talvez ele não aprecie esse tipo de programa. Bem, falemos de você.

— O quer saber?

— Pare de bancar a espertinha e comece a falar sobre aquele assunto. Ou prefere me contar a razão dessa ruga em sua testa? Ela se refere ao mesmo tema? — Ele a provocou.

— Sim! Infelizmente, algumas criaturas sequer deveriam ter nascido, não acha?

— Não posso me manifestar acerca de algo que desconheço. Quer falar sobre Estela? Ou o irmão?

— Não gostaria de falar de nenhum deles, pois eles me causam asco. — Seu olhar de repulsa perturbou Ricardo.

— Tente me explicar os motivos desse seu julgamento tão severo sobre eles.

Ela sentou-se e ficou encolhida na poltrona, posição habitual de quem se sente ameaçada. Permaneceu calada por alguns instantes até que disse:

— Tenho meus motivos, doutor.

— Conte-me quais seriam. — O médico ficou silencioso aguardando que Betina se manifestasse. Ele percebeu que ela ostentava aflição, dor, raiva, culpa, tudo ao mesmo tempo. Algo de muita seriedade ocorrera, isso era nítido.

— Quer que eu me violente e fale tudo aquilo que desejo ocultar até de mim mesma? — Os olhos da jovem estavam marejados.

— Como posso ajudá-la se não confia em mim?

— Você já me ajudou tanto. Isso é necessário? — Perguntou ela.

— Betina, sabe que você se libertará desse imenso peso quando contar seu segredo. Não creio que seja algo tão abominável assim.

— Mas é! Me fez sentir suja, culpada, humilhada e outros sentimentos que não cabem aqui descrever. Isso me enoja! Eu quero esquecer tudo aquilo, não me lembrar! — As lágrimas escorriam livremente por seu rosto.

Ricardo pensou alguns instantes e, em seguida, perguntou-lhe:

— Faremos diferente. E se me contar como uma espectadora apenas?

— Não entendi! — Disse ela entre as lágrimas.

— Vamos tentar voltar àquela cena chocante e abominável, em que você irá me narrar os fatos lá ocorridos, como se estivesse presente observando tudo o que ocorreu.

— Como faremos isso?

— Primeiramente, quero saber se está disposta a isso. Jamais usei dessa abordagem com você, porém creio que hoje será necessário. E então?

– Vai me hipnotizar? – Perguntou ela timidamente.
– Vamos fazer uma regressão. Podemos iniciar?

Ela estava relutante, porém sua intuição lhe orientava que isso precisava ser resolvido o quanto antes, para que ela se libertasse desse trauma.

– Sim. O que preciso fazer?

– Deite-se e vamos iniciar. Ouça os comandos de minha voz e siga-os, combinado? – A jovem assentiu e ele deu início. O mesmo processo de relaxamento físico, mental e emocional, a respiração fazendo seu papel, tudo isso visando com que ela estivesse em profundo transe. Betina custou um pouco mais a se desligar da realidade material que a envolvia, adentrando seu inconsciente, onde as lembranças estavam arquivadas.

Ricardo iniciou as perguntas impessoais, em seguida, algumas questões atuais e sobre o novo amigo, que acabara de adentrar em sua vida. As respostas eram objetivas e curtas. Ele evitou falar sobre a tentativa de suicídio que ela praticara, voltando um pouco mais no tempo. Ao perguntar sobre Estela, ele pode ver as alterações em seu semblante.

– Quando a viu pela primeira vez?

– Quando comecei a trabalhar em seu laboratório. O relacionamento era distante e superficial até que ela soube de meu pai. Desde então, passou a me tratar com mais atenção, convidando-me para eventos que sua empresa patrocinava. E eu, ingenuamente, fui sendo envolvida pelas suas malignas teias. Diego, seu irmão, passou a me cortejar e eu cedi a sua investida. Conforme nosso relacionamento se estreitava, os convites foram ampliados, passando a frequentar seu núcleo de amigos, que, inicialmente, acreditava serem esnobes em excesso. As festas eram regadas a bebidas. – Ela se calou.

– Somente bebidas ou algo mais? – O médico perguntou.

– Algo mais, que, no início, não dei atenção. Diego estava sempre ao meu lado e jamais ofereceu-me qualquer tipo de droga. Até naquela noite! – Seu olhar endureceu.

– Betina, você é apenas uma observadora e vai me relatar o que lá ocorreu. Apenas isso!

Ela esperou alguns instantes e retomou a narrativa:

– A festa não era na casa dos dois irmãos e Diego me disse que seria diferente. Não entendi o que ele pretendeu dizer, até que cheguei lá. Todos usavam roupas estranhas, como se fossem túnicas longas. Jovens serviam bebidas coloridas, que eu recusei, mas Diego insistiu que bebesse. E assim fiz! Instantes depois, tudo pareceu diferente. As pessoas, as cores do local, tudo se modificara. Comecei a ficar enjoada e zonza, pedindo que Diego me levasse de lá, porque não estava me sentindo bem. Mas ele apenas sorria de um jeito estranho. Dizia que a partir daquela noite eu seria uma outra pessoa. Não estava entendendo nada do que ele me dizia. Em dado momento, senti minhas pernas fraquejarem e comecei a cair, quando ele me pegou no colo e colocou-me sobre uma mesa. As pessoas ficavam me tocando e seus olhares eram semelhantes ao de Diego. Ele dizia que tudo seria diferente após aquela noite de iniciação. Até que Estela surgiu à minha frente e dizia coisas sem sentido, num idioma que desconhecia. Todos acompanhavam o que ela falava como se estivessem hipnotizados por ela. De repente, alguém me tocou de forma imprópria e eu gritei pedindo que parasse. Diego surgiu e me deu mais bebida, que recusei, mas ele me forçou a tomar. Os demais se afastaram e apenas os dois irmãos ficaram ao meu lado. Suas feições eram diabólicas! Eu queria fugir dali, mas não conseguia me mover. Foi quando Diego se aproximou e disse: "Você vai ser minha agora". Eu gritava, mas não conseguia ouvir minha voz. Foi algo aterrorizante e não sei quanto tempo aquela tortura durou. Quando acordei, estava na cama dele, nua, sentindo-me enojada, sem saber o que realmente tinha acontecido naquela sala, em meio a todos que lá se encontravam. Procurei minhas roupas e as encontrei no chão do quarto. O que teria acontecido lá? Não conseguia me lembrar de nada! Diego entrou no quarto com um sorriso pérfido e quando perguntei o que tinha acontecido, ele começou a gargalhar, dizendo coisas abomináveis sobre mim e sobre meu despudor. Ele falou que pensava que eu fosse uma jovem decente, mas que era uma amoral em todos os sentidos. Ele falou tanta impropriedade sobre mim! Eu não me lembrava de nada do que ocorrera, apenas fragmentos esparsos de um evento desprezível e surreal. Acreditei em todas as palavras que ele falou sobre minhas atitudes, julgando-me imunda e depravada. As lembranças não eram coerentes e, por esse motivo, julguei que havia cometido todos os delitos que ele narrara. A vergonha, a humilhação, a culpa, me corroeram até o ponto de fazer aquilo que fiz. Estela, nesse ínterim, cada vez que me encontrava nos dias que se seguiram, me olhava com nojo e dizia que eu era uma indecente. Se eu não contasse a meu pai, ela assim o faria, para que ele cuidasse de mim, desde que eu não tivesse essa competência. O resto da história você já conhece. – Ao finalizar seu relato, a emoção predominou e ela chorou de forma incontida.

Ricardo ouviu atentamente, percebendo o quanto ela fora envolvida na trama que eles arquitetaram, só não sabia as razões de assim procederem. Qual o intuito de desacreditar Betina? Que perigo ela representava? E a jovem acreditara na versão que eles criaram. A verdade é que ela havia sido dopada com alguma droga potente, impedindo-a de ter uma lembrança coerente ou mesmo verdadeira. Ela havia sido enganada e quase tirara a própria vida! Isso era um ato sórdido e desprezível, praticado por pessoas amorais, cuja finalidade ele desconhecia! A indignação o dominou, mas, como médico, precisava usar de todo controle.

– Betina, tudo que você observou como uma espectadora foi uma criação de uma mente habilidosa e sórdida, com o fim de desacreditá-la perante sua própria consciência. Analise agora a possibilidade de nada ter sido real, apenas arquitetado para que assim acreditasse. A droga impediu que acessasse as lembranças reais, pois elas ficaram sufocadas em seu íntimo, impossibilitadas de emergirem. Foi uma armação, cujo propósito iremos investigar. Agora, abra seus olhos e vamos conversar. – A jovem ainda chorava copiosamente, porém eram lágrimas de libertação. – Agora que tudo ficou claro, o que pretende fazer?

– Nada! Eu lhe peço para que isso jamais saia dessa sala! – A firmeza com que ela dizia aquilo mostrava o quanto ainda se sentia refém daquele evento traumático.

— Você foi enganada, Betina! Por que se sente ameaçada por eles? — A pergunta direta a fez refletir por instantes.

— Porque você não os conhece! — O temor dominou seu olhar. — Não sei do que serão capazes, além do que podem me desacreditar ainda mais perante minha família. Não quero que eles tenham conhecimento de nada do que lá ocorreu, preciso preservá-los!

— Sua vida é seu patrimônio, Betina! Porém precisa entender qual o propósito deles e as razões para que eles tenham tido essas atitudes com você. E hoje?

— Eu implorei a Estela que mantivesse todo o ocorrido em segredo e não relatasse nada a meu pai. Ela disse que eu já não tinha mais importância aos seus planos, afinal, ninguém iria dar crédito a uma pessoa fraca e covarde como eu. — As lágrimas escorreram novamente.

— É assim que você se sente? É essa a imagem que faz de si mesma? — Ele a encarava fixamente. — Mesmo após ficar ciente de tudo o que lá ocorreu? As lembranças surgiram e você sabe que foi manipulada por eles, ainda assim acredita na versão deles?

Betina baixou o olhar e continuou a chorar, dizendo entre lágrimas:

— Quem irá acreditar em mim?

— Eu confio em você! Porém o essencial é se você acredita nas lembranças que hoje aqui assomaram. Consegue perceber que existe a possibilidade de nada ter acontecido de tão nefasto naquela noite? Você estava drogada, Betina. Isso é fato incontestável! O que ocorreu em decorrência, pode ter sido um grande plano arquitetado sabe-se lá os motivos.

— Ricardo, eu atentei contra minha própria vida, estou em total descrédito!

— Agiu movida pelo desespero, em função do que achava ter sido capaz de realizar, pela versão que eles desejavam que acreditasse! Tudo isso é uma grande sordidez! — Ele sabia que não deveria assim agir, porém a indignação o tomava por completo. Respirou fundo e prosseguiu: — Não vou induzi-la a nada, tudo o que disse, aqui permanecerá. Me perdoe a insistência. Não tenho direito de ditar regras ou condutas. Meu papel é o de ajudá-la, apenas. Como se sente agora?

— Ainda estou confusa, mas percebi que o imenso peso se foi. Você tinha razão em insistir que eu lhe contasse. Promete que isso ficará entre nós apenas?

— Betina, eu sou seu médico. — Seu olhar estava sério.

— Me perdoe, sei que você jamais iria fazer algo contra sua própria ética. Eu quis me referir a Afonso. Não lhe conte nada!

— E por que o faria? — Perguntou Ricardo.

A jovem sorriu timidamente e disse:

— Não sei o que ele seria capaz de fazer!

— A relação que se estabeleceu entre vocês diz respeito apenas a ambos. Ele é meu paciente, assim como você. A discrição sempre será minha maior prioridade.

— Vai contar a Vitória o que acabou de ouvir? — A pergunta direta o perturbou.

— Por que acha que contarei a ela?

— Sei que ela o está auxiliando e foi a responsável por convencê-lo sobre várias questões, em especial acerca da Doutrina Espírita. — Havia um sorriso maroto em seu rosto. — Não é isso que está acontecendo? Sei que confia nela e eu também. Não sei as razões, mas a sinto tão próxima de mim! Se você acreditar que ela consegue te ajudar, pode contar-lhe meu segredo.

— Betina, o que seu segredo tem a ver com todo esse mistério?

— Sinto que existe algo mais que ainda não consigo entender. Estela e Diego adentraram minha vida por uma razão. Existe algo oculto que irei desvendar.

— O que pretende fazer? — Ele a olhava com curiosidade.

— No momento certo, eu lhe contarei. — Ela estava compenetrada. — Até lá, quero que eles pensem que sou uma jovem desorientada e frágil, inútil a seus planos. — Ficou pensativa por instantes e perguntou ao médico: — Você acha mesmo que nada daquilo aconteceu? Posso ter acreditado em mentiras arquitetadas por eles?

— Betina, é óbvio que existe algo estranho nisso tudo. Que você foi drogada, é inquestionável. Nessas condições, tudo poderia ter acontecido. Ou não! No entanto, isso é insignificante agora, pois você está livre do peso que a atormentava. Nosso propósito era esse, concorda?

— Não é assim tão simples, porém entendo seu posicionamento.

— Minha jovem, não há como mudar o que já aconteceu e tem consciência disso. O que podemos é aprender a lidar com os fatos decorridos. E, mais do que tudo, o essencial é você se libertar da culpa que a oprimia, conduzindo-a a descaminhos. Isso já foi resolvido! Tem alguma dúvida? — A pergunta foi direta.

— Como sentir culpa por algo que nem sequer sei se realmente aconteceu? Essa hipótese me deixa mais serena.

— A culpa paralisa, lembra-se de nossa primeira conversa?

— Sim, doutor. — Ela ostentou um radiante sorriso.

— Você me disse que estava analisando a possibilidade de voltar a trabalhar.

— Sim. Devo iniciar daqui a algumas semanas. Preciso fazer algo produtivo.

— Eles sabem sobre tudo o que lhe aconteceu? — O semblante dela se fechou.

— Contei que tive alguns problemas de saúde, apenas. Minha intimidade precisa ser preservada.

— Não teme o que Estela possa aventar sobre você? — Perguntou ele.

— Disse-lhe que se algo fosse ventilado, eu a denunciaria. Ela falou que minha palavra não teria tanta validade assim. Eu sorri e acrescentei: então tente!

— Gostei da atitude! Apenas não apreciei seu método, afinal, usou os mesmos artifícios que ela. Você a chantageou.

— E eu quase desperdicei minha vida por ela. Então acredito que estamos quites, não acha?

— Betina, como já lhe disse, a vida é seu patrimônio! Faça o que lhe aprouver.

Capítulo 12

LEMBRANÇAS DOLOROSAS

Assim que a jovem saiu, Ricardo ficou refletindo sobre tudo o que ela acabara de relatar. A cada recordação, a indignação assomava, percebendo que aquelas pessoas eram seres desprezíveis, capazes de tudo. Apenas não compreendia as razões de assim agirem. Qual seria o propósito deles? Entretido em seus pensamentos, não percebeu a porta se abrir. Estela entrou e, com um sorriso em seu rosto, perguntou:

— Está livre para uma consulta? — Sem esperar a resposta dele, que a olhava com incredulidade, sentou-se e disse: — Temos muito a conversar, não acha?

Ricardo retomou o controle e respondeu:

— Sinto muito, mas tenho um compromisso. Podemos marcar outro dia? — Ele tentava mostrar-se calmo.

— Não, precisa ser agora. — Seus olhares se cruzaram e, por um momento, ele sentiu-se dominado por Estela, como se uma atração irresistível os conectasse. Tentou desviar o olhar, mas não conseguia. Pôde apenas balbuciar:

— Sinto muito, mas não posso falar com você agora. Saia, por favor! — Era visível o desconforto que ele experimentava e ela, ciente disso, o provocava ainda mais, emitindo ideias que Ricardo tentava não assimilar. Estela sorria e ele procurava fugir ao seu contato visual, porém seus olhos pareciam atraí-lo sem que pudesse evitar.

— Acho que ainda desconhece quem eu seja, Ricardo. Muito tempo se passou desde que o vi pela primeira vez. E, desde então, sei o quanto você se perturba com minha presença. Por que tem tanto medo de mim? — Seu olhar era intenso, carregado de magnetismo.

— Não tenho medo de você, apenas não a quero por perto. Eu escolho quem vai estar perto de mim. Quanto a te conhecer antes daquela noite, não me lembro de ter tido tamanho desprazer.

— Como pode ter tanta certeza assim? — Ela se levantou e caminhou em sua direção. — Procure nos recônditos da sua memória. Olhe bem nos meus olhos! — Subitamente algo aconteceu e ele ficou estático, com o olhar perdido no vazio. Uma cena se fez presente e ele a viu ao seu lado, em outro lugar, em outra época. Em seguida, tudo ficou nebuloso e ele começou a se sentir envolvido numa energia intensa e maléfica. — Nós nos conhecemos, querido. Sei o quanto me deseja e posso ser sua quando você quiser. — Ela pegou seu rosto e com suavidade o beijou.

Ricardo parecia hipnotizado por ela, sem conseguir reagir. Foi quando seu telefone tocou, tirando-o desse transe perturbador. Ele a empurrou para longe e tentava respirar pausadamente, mas era tarefa impossível. Procurou sobre a mesa seu celular e viu quem o viera salvar de Estela. Era Vitória! O médico custou a retomar seu equilíbrio e apenas disse a ela:

— Venha para cá, por favor! — Tudo sob o olhar irado de Estela que acompanhava a cena.

— Maldita! Mais uma vez ela interferindo em meus planos! Ainda não compreendeu que sou mais forte que vocês? Não pretenda me confrontar, pois sairá perdendo. Assim como da outra vez! Nada mudou, desde então. Apenas me fortaleci ainda mais! Todos vocês se renderão e mostrarei quem é mais poderoso! A luz ou as trevas? Ainda tem dúvida?

O médico parecia profundamente perturbado com as palavras que ela proferia. Nada fazia sentido, porém como explicar as emoções que acabara de vivenciar? Eram tão reais que o assustavam! O que ela pretendia dizer sobre o poder que possuía? A luz ou as trevas? Esse duelo existia desde os primórdios da humanidade e sabia quem era o vencedor! Essa constatação o fez estremecer. A cada dia, uma nova revelação, um novo mistério a desvendar. O que isso significava? E qual a razão para o temor que o acometia?

Estela percebia tudo o que estava acontecendo com ele e sorriu de forma maquiavélica.

— Você cairá tão rapidamente como da outra vez! Não tente vencer-me e, se quiser viver em paz, faça um grande favor a si mesmo: não tente nada contra mim! — Estava saindo quando se virou e disse-lhe: — Eu sei tudo o que aconteceu, apenas não consigo compreender por que eles ainda confiam em você! Se quiser mudar de lado, estou te aguardando, meu querido!

— Eu te desprezo! Jamais conseguirá algo de mim novamente! — Seus olhos se cruzaram e ele pôde ver uma cena que o aterrorizou.

— Conseguirei, sim! Não duvide de meu poder! — Virou-se e saiu confiante a passos lentos da sala, deixando Ricardo em completa perturbação. De olhos vidrados examinava a cena em sua tela mental. O fogo o consumia, a dor era dilacerante, o calor, insuportável, a raiva o consumia. Tudo parecia tão real que começou a sentir desconforto. Tentou se levantar e pegar um pouco de água, mas seus pés pareciam fincados no chão. Num esforço inaudito, caminhou por sua sala e, de súbito, a escuridão. Seu corpo caiu pesadamente no chão e lá permaneceu inerte.

Não soube quanto tempo assim ficou despertando ao som de Vitória chamando-o. Ela segurava suas mãos e examinava-o detidamente.

— Ricardo, o que está sentindo? Fale comigo! — A aflição estava em suas palavras.

Ele abriu os olhos, sentindo sua cabeça doer terrivelmente, seu corpo não correspondia ao seu comando. Tudo parecia confuso! Estava molhado de suor, seu coração ainda em descompasso. Estaria tendo um ataque cardíaco? Não, pois era sua cabeça que doía intensamente, não seu peito. Com esforço, ela o ajudou a se levantar e fez com que ele se sentasse.

— Respire fundo, procure se acalmar. Não sei o que aconteceu, mas seria conveniente que fôssemos para um hospital. Sua palidez é impressionante. Precisa fazer alguns exames. Como se sente? — Ela pegou um copo com água e entregou-lhe.

— Estou bem! Não quero ir até um hospital. Foi apenas uma vertigem, já vou melhorar.

— Os médicos são sempre os piores pacientes. Olhe seu estado! Como posso ficar tranquila vendo-o nessas condições deploráveis? O que aconteceu?

Ricardo tentava ordenar suas ideias desde a chegada de Estela. Tudo era confuso e aterrorizante. As experiências vivenciadas o assustavam.

— Estela esteve aqui! — Foi o que conseguiu dizer.

— Ela causou tudo isso? Conte-me, por favor.

Nos instantes seguintes, Ricardo narrou os eventos que lá ocorreram com as sensações por ele vivenciadas. Conforme falava, suas feições se contraíam e Vitória podia ver todo sofrimento que ele experimentava. Em dado momento, colocou as mãos em seu rosto, dizendo:

— Vitória, senti o fogo me queimando e todas as sensações decorrentes disso. Foi aterrador! — As lágrimas escorriam. — Tudo parecia tão real, que cheguei a sentir o cheiro da carne queimando. Meu corpo em chamas! – Começou a sentir dificuldade para respirar e fazia um esforço supremo para manter o controle de seu corpo.

– Acalme-se, Ricardo! São apenas lembranças! Olhe para mim, você está aqui comigo! Tudo o que acabou de recordar foram fatos de outras vidas! Respire fundo e procure focar em meus olhos! – O desespero o dominou completamente.

– Não consigo respirar! Me ajude! Tire essas imagens da minha mente! – O choro convulsivo acompanhava suas palavras.

Vitória estava em pânico, vendo-o nessa condição aflitiva. Continuou a falar com ele, tentando acalmá-lo:

– Você não está colaborando, Ricardo. Saia dessa vibração dolorosa! – Percebendo que nada surtia efeito, entrou em profunda prece, pedindo auxílio aos companheiros da luz. Neste momento, uma luz intensa adentrou a sala e energias amorosas envolveram o médico, que, aos poucos, foi serenando. Vitória sentiu que algo acontecia, pois ouviu uma voz lhe dizer:

– *Vitória querida, precisamos de ti! Tu foste nossa salvadora noutros tempos e pedimos novamente tua intervenção. Ricardo necessita de teu auxílio! Imponha sua mão sobre ele e peça a Deus que, em sua infinita misericórdia, envolva esse irmão em seu mais puro amor. Pai de bondade infinita, cuide para que ele possa reencontrar o caminho da paz, após tantos equívocos por ele cometidos! O arrependimento conduz o filho pródigo aos braços amorosos do Pai Celestial, que o acolhe com amor! Ajude-o a sair do mundo sombrio em que ele se colocou por sua própria incúria! Hoje, ele pediu mais uma oportunidade e essa lhe foi concedida, porém seus delitos ainda não resolvidos o impedem de acessar a luz, que há tanto tempo ele anseia! O sofrimento acompanha o culpado, a redenção acompanha aquele que se arrependeu, ajude-o a encontrar a paz! Somente assim ele estará apto a colaborar na obra da implantação do mais puro amor, aquele que cobre a multidão de pecados! O amor que edifica e eleva a criatura que traz em seu íntimo essa virtude excelsa! Essa nova oportunidade precisa ser valorizada por ele, mas ainda o sentimos preso aos próprios erros, o que o impede de seguir em frente! Amiga querida, o tempo uniu a todos nós pelos nossos propósitos de disseminar a luz, quando as trevas imperavam! Muitos foram os percalços, inúmeras foram as tentativas de invalidar as tarefas a nós designadas, entretanto a esperança jamais nos faltou! A coragem acompanhou nossos passos e sabemos que outras batalhas nos esperam! Precisamos estar unidos, pois assim seremos fortes! Que Deus conforte nossa alma guerreira e que a mansuetude seja nosso instrumento de transformação das misérias humanas, que, infelizmente, ainda imperam nestes tempos sombrios! Que a luz conduza seus passos, amiga querida! Que nosso companheiro de outros tempos possa reaver a confiança em seu potencial, pois só assim poderá romper com as trevas que o conduziram a experiências tão dolorosas! Contamos com você!*

A médica ouviu as palavras, porém não soube dizer quem as pronunciava, sentindo a mais pura emoção dominando-a. Seu coração se preencheu de paz e confiança, aproximando-se de Ricardo e fazendo o que lhe solicitaram. Ele estava com os olhos fechados, ainda experimentando as sensações dolorosas que sua memória lhe infligia. Aos poucos, ele foi serenando e, ao abrir os olhos, deparou-se com a figura amorosa de Vitória. Ela o abraçou e, nessa troca de energias, ele reencontrou a paz.

— Não sei o que está acontecendo comigo! Me ajude! – Disse ele ainda nos braços da amiga.

— Tudo vai ficar bem! Eu estou aqui, meu querido! – Assim permaneceram por longos minutos, que a ele pareceu uma eternidade. Ao se desvencilhar do abraço, disse-lhe:

— Preciso que me explique as razões de tudo o que aqui ocorreu. Sei que é capaz disso. Quem é essa abominável mulher? Que ligação posso ter tido com ela? Jamais vivi uma experiência tão aterrorizante quanto essa! Supondo que tenha vivido outras vidas, posso ter morrido dessa forma? Aquilo era tão real, Vitória. Não sei mais o que pensar! – Estava nítida a confusão de que ele era portador.

– Acalme-se, primeiramente. Tudo tem uma explicação, porém não sou detentora de toda verdade. O que posso ter são meras suposições, baseadas no que me relatou. Estela e você, assim como os dois jovens seus pacientes, têm uma ligação que remonta ao passado, a uma outra vida.

Vitória decidiu não contar sobre a mensagem recebida, colocando-a, também, nessa mesma trama ocorrida há tempos. No momento certo, ela revelaria esse fato. Enquanto isso, precisava estar de fora, tentando compreender e ligar cada evento, que fazia parte de uma programação conjunta. Isso, não tinha mais dúvida. Essas vidas estavam entrelaçadas e iria descobrir qual a finalidade desse reencontro. Contaria com seus amigos no centro espírita, que poderiam ajudá-la a desvendar o papel de cada um deles. E o dela próprio, em tudo o que estava ocorrendo! Naquele momento, precisava cuidar de Ricardo, que estava em total desconforto perante o que acabara de vivenciar. Ele morrera queimado, isso era fato. Porém por que Estela desejava tanto que ele se lembrasse disso? Para sofrer novamente? Olhava as feições do amigo, denotando todo incômodo e disse:

– Sei que essas suposições contradizem tudo o que acredita, mas procure aceitar essa possibilidade. Afonso e Betina se reencontraram, lembrando-se de que a relação fraterna e espiritual ainda prepondera. Algo complexo, tenho que admitir, pois esse fato não é uma ocorrência normal. Isso já me surpreendera, mas julgava possível ocorrer. Daí, entra Estela e você, com essa ligação estranha, que pressupõe algo conflituoso e até carnal, que o faz sentir-se vulnerável, o que me leva a pensar que a tensão que existe, desde que eram desconhecidos até então, deve remontar a uma encarnação passada. Está acompanhando meu raciocínio? – Ele estava atento às palavras esclarecedoras da amiga. Sentiu-se reconfortado.

— Fantasioso demais, porém...

— Sim, porém que outra explicação você me ofereceria? — A pergunta o desnorteou e ele ficou calado. — Sei que tudo isso parece inverossímil, mas é a única possibilidade que eu consigo observar. Vocês todos se conheceram há tempos e, hoje, o reencontro é a possibilidade de realizar aquilo que não foi possível. Cada um de vocês tem um papel nesse contexto confuso e intenso, que ainda não conseguimos compreender. Existe uma explicação e é essa que iremos buscar.

— Não quero você envolvida nisso! — Disse ele de forma enfática. — Não quero que corra nenhum perigo, pois sinto que é isso que poderá acontecer.

— Por que diz isso? O que você percebeu que eu não vi? — Ela estava atenta e curiosa.

— Quando atendi sua ligação, Estela disse com essas palavras: "Mais uma vez ela está interferindo em meus planos", e pude sentir o ódio que ela irradiava. Você faz parte disso também, queira ou não. — Vitória sentiu um arrepio percorrer seu corpo. Ele tinha razão, ela estava envolvida neste reencontro. E teria participação significativa, pelo que pudera constatar com a mensagem recebida.

— Talvez. — Disse apenas. — O que não me impede de lhe ajudar a compreender as possíveis ligações existentes. Sente-se melhor? — Ela percebeu que ele retomara seu controle e seu senso crítico voltara a comandar.

— Sim, mas devo dizer que foi uma experiência que não quero mais repetir. Sinto ainda a dificuldade em respirar, como se estivesse numa sala sem ar. Muito aterrador! Se eu morri dessa forma, não gostaria de reviver esse momento.

— Se isso aconteceu, também existe um significado, Ricardo. Nada ocorre sem um propósito. Essas lembranças foram acionadas para irradiar algum sentimento contido e mal resolvido. E, se isso ocorrer novamente, não irá perturbá-lo mais. Veja o lado positivo disso. — Ela tentava descontraí-lo.

— Não existe lado positivo nessa horrenda experiência. Apenas desespero e impotência. Deve ter sido uma morte perturbadora e cruel.

— Afonso disse-lhe acerca das visões que ele tem. Não são semelhantes às que você vivenciou?

O médico ficou pensativo, recordando-se do jovem e suas possíveis alucinações. Sem dúvida, elas se assemelhavam. Um ponto em comum entre eles? Teriam ambos morrido da mesma forma? Uma dor profunda em seu peito o fez contrair suas feições, o que não passou desapercebido a Vitória. E os seus próprios sonhos?

— O que você se lembrou? — Foi a pergunta.

— Apenas um aperto no peito quando você cogitou que Afonso e eu poderíamos ter morrido em condições semelhantes. Senti uma dor intensa, mas não física. Algo como remorso, culpa, raiva, tudo ao mesmo tempo. Um sentimento estranho e doloroso. Sinto que preciso ajudá-lo para reparar algo que eu próprio provoquei. Entende o conflito que estou vivendo? Sinto-me responsável por ele e não entendo as razões. Estão ocultas em meu inconsciente e, por mais que pretenda acessá-las, sinto-me impotente! — Ele se levantou e caminhou pela sala tentando apaziguar seu mundo íntimo. Vitória se compadeceu do estado emocional do amigo e tudo faria para auxiliá-lo a superar isso. Foi até ele e pegou suas mãos suavemente, dizendo:

— Estou ao seu lado, Ricardo. Não o deixarei passar por isso sozinho. Juntos, conseguiremos resolver esse intrincado problema. Confie em mim!

Ele a puxou para perto de si e a abraçou com energia.

— Preciso muito de você, Vitória. Fique comigo! — Quando se desvencilharam, ambos se olharam fixamente e uma energia intensa os conectou. E, de súbito, ele a beijou. Ela não resistiu, entregando-se docilmente àquele momento terno. Porém, após o beijo, ambos ficaram desconcertados, sem dizer uma palavra. O momento foi breve, pois Ricardo retomou o controle da situação, proferindo:

— Me perdoe, Vitória. Não sei por que agi assim. Estou muito confuso com tudo isso.

— Fique tranquilo, Ricardo. A situação propiciou tudo isso. Bem, voltemos ao assunto em questão. — Disse ela tentando evitar falar sobre o que acabara de ocorrer. Jamais cogitara que isso fosse acontecer algum dia, por mais que estivesse em seus sonhos de estudante, muitos anos atrás. Ricardo sempre fora sua paixão platônica, porém quis o destino que se tornassem os melhores amigos na faculdade, impedindo qualquer outra forma de manifestação desse sentimento. A vida se encarregara de separá-los definitivamente, quando ele se casara com Silvia e ela com Mauro. A amizade prevaleceu e jamais deixaram de se falar. E, agora, o beijo finalmente aconteceu e ela sentiu que havia sido exatamente como sempre imaginara. Mas isso jamais iria se repetir. Não perturbaria a linda amizade que se consolidara através dos anos. Queria-o por perto e nada faria para comprometer isso. Tentou parecer tranquila, mas seu coração estava em total descompasso, como se fosse uma adolescente em seu primeiro encontro. Sorriu intimamente com o que se passara e relaxou. — Você disse que Estela o perturba tanto. O que mais sabe acerca dela?

Ricardo lembrou-se de Betina e da horrenda história que ela lhe contara, os reais motivos de todos os eventos que decorrentes da entrada de Estela em sua vida.

— Essa mulher é repulsiva! É capaz de atos odiosos! Betina foi sua vítima e me contou tudo o que ela foi capaz de fazer com ela, juntamente com seu irmão. — Contou-lhe todas as informações que obtivera após a regressão de Betina. Conforme ele narrava, a indignação assomava em Vitoria. Que seres desprezíveis eles eram? E quais as razões de eles adentrarem a vida da jovem provocando tamanho descompasso? O que ambos pretendiam com essas ações sórdidas? Tudo era vago demais, não havia um motivo sólido ou, pelo menos, ainda não o conheciam.

O relato durou vários minutos que Vitória ouviu atentamente, sentindo-se enojada com tudo que Betina vivenciara. A jovem vivera momentos de muita tensão e sofrimento.

— Como podem ser cruéis a esse ponto? O que os motiva? Não consigo entender!

— Ela pediu que isso jamais fosse ventilado a quem quer que seja. Disse que poderia contar apenas a você, pois sabia que a auxiliaria de alguma forma. Assim como eu penso. Sua ajuda será essencial, minha amiga. — Seus olhares se cruzaram e, novamente, a conexão se estabeleceu. Dessa vez, ambos desviaram o olhar.

— Gosto muito dessa jovem e, pelo que acabou de dizer, a recíproca é verdadeira. Farei o que estiver ao meu alcance para ajudá-la. Sabe que pode contar comigo. O que pensa fazer com essas informações? — Questionou ela.

— Não posso sair por aí acusando Estela de atos impróprios, pois minha profissão não me permite. Tratar em terapia os danos causados é o que posso fazer por Betina. Nada mais, Vitória. O interessante é o que Estela disse quando chegou, como se tivesse conhecimento de tudo o que aqui se passou.

Capítulo 13

LIÇÃO ESCLARECEDORA

E Ricardo prosseguiu:
— Estela disse que tínhamos muito a conversar. Entretanto senti que ela desejava que eu fosse enredado em sua teia. Ela sempre usa seu poder de sedução, tentando me controlar, assim me sinto. É algo perturbador, tenho de admitir. Naquele instante, lembrei-me de tudo que Betina havia me contado e queria que Estela saísse da minha frente. Foi quando ela disse que nos conhecíamos e as primeiras imagens em minha tela mental surgiram. Algo aterrador! Como ela foi capaz de provocar isso? De que poder está imbuída? Isso é algo que me perturba.
— Suas feições se contraíram perante as lembranças que assomaram. Vitória percebeu e disse:
— Você é o psiquiatra aqui, Ricardo. O que diz a seus pacientes? "Recorde-se de tudo, porém lembre-se de que é um mero

espectador. A emoção não pode prevalecer!" – A firmeza das suas palavras o fez retomar seu controle.

– Tem razão, Vitória. A cada lembrança da presença de Estela, sinto-me estranhamente vulnerável. Porém suas palavras têm total fundamento, tenho que me controlar.

Vitória sorriu e disse:

– Estela já percebeu que você assim se sente, querido. Procure manter-se refratário a ela, caso contrário, todas as vezes que a encontrar, ela estará no comando.

– Conselho acatado! Agora, chega de falar em trabalho. Preciso sair! Vamos jantar?

– Em algum restaurante bem aconchegante. Estou precisando!

– Vamos! – Os dois saíram de lá, sem perceberem a presença invisível que os acompanhava a uma distância segura. As duas entidades espirituais estavam em tarefa, observando cada passo que os dois médicos dariam dali em diante. Estela assim solicitara e uma ordem dela jamais seria desprezada.

Não muito distante dali, Estela estava enfurecida com o rumo dos acontecimentos. Assim que deixou Ricardo, saiu em desabalada carreira até sua casa. Diego estava esperando sua chegada ansioso:

– E então? Como foi o encontro?

– Não como desejava. Tudo caminhava conforme meus planos, quando o telefone tocou e aquela mulher novamente atrapalhou tudo! – Estela estava furiosa.

– Aquela médica? – Perguntou ele. – Os dois estão juntos ou coisa assim?

– Ela telefonou no exato instante em que nós nos beijávamos. – O olhar pérfido dela fez o irmão sorrir.

– Você acredita que poderá manipulá-lo como antes? Sabia que não seria tarefa fácil. Ele já havia alertado quanto a isso. Temos que ser cautelosos daqui em diante! Ricardo não é o mesmo homem de outrora! – Disse Diego, direcionando-lhe um olhar de repreensão.

— Será mesmo? Quando lhe mostrei aquelas cenas, pude ver em seu rosto toda perturbação que o acometeu. Ficou aterrorizado! Sei como manipulá-lo, meu querido. É uma questão de tempo ludibriá-lo e conseguir que ele esteja completamente vencido! — Um sorriso satânico iluminou seu rosto.

— Quando irá aprender que nada é absoluto como pensa? Não pode ser tão pretensiosa, minha irmã. Sabe que isso pode levar-nos à bancarrota, ou acredita ser invencível?

— Ora, pare de choramingar. Jamais conquistará o poder que lhe é de direito se continuar a agir de forma tão covarde! Por isso sou eu quem dá as ordens, compreendeu? — Ele direcionou um olhar colérico, o que a fez gargalhar. — Estou brincando, querido! Você é sagaz e possui qualidades que ainda não possuo, tenho de admitir. No entanto, ainda permite que a dúvida se instale em seus pensamentos. Isso faz toda diferença. Não o torna uma pessoa confiável perante os demais! Somos a parceria perfeita, cada um suprindo as deficiências do outro. Somos imbatíveis juntos, acredite!

— E quanto a Betina? O que pretende fazer? — Perguntou ele.

— Por enquanto, nada. Eu a deixarei em paz por algum tempo. Ela está fragilizada e tentaremos nova ofensiva em breve. E quanto ao rapaz que tem estado com ela, o que descobriu? É quem estamos esperando?

— Talvez, mas ainda precisamos averiguar com mais critério. Ele também é paciente de seu doutorzinho. Ele e Betina têm sido vistos juntos nesta última semana.

— Descubra tudo o que puder sobre ele!

— E todo seu poder? Por que não o utiliza? — Desdenhou ele.

— Sabe que não é tão simples assim. Meu amor é dotado de potencialidades superiores às minhas e pode se manter oculto enquanto acreditar que isso seja conveniente. É algo que suplanta meu poder! Sinto-o tão próximo de mim e, ao mesmo tempo, tão distante.

– Quando irá desistir dele? Ele não foi útil daquela vez, com tudo que era portador. Deixou-se ser pego de forma tão estúpida, que tenho minhas dúvidas sobre esse poder que diz que ele possui. Quem pode atestar isso?

– Você sabe quem! Não duvide dele ou irá experimentar sua ira. – Viu o rosto do irmão se contrair e sabia o que ele pensava acerca dele.

– Sabe que o respeito, porém ele não é meu dono, minha irmã! Não irei me submeter aos seus caprichos, mesmo sabendo de todo poder que ele possui! Poder esse que está sendo colocado à prova. Esse duelo acontecerá no tempo e no espaço, nessas duas realidades, material e espiritual, e só um irá vencer! Quando isso acontecer, de que lado ficará?

A irmã permaneceu calada em profunda reflexão.

– Não vamos antecipar o que ainda não está pronto. Não irei fazer escolha alguma, pois antes preciso saber se ele estará comigo.

– Irá enfrentar nosso chefe? Como ousaria cometer tal desfaçatez? Sabe do que ele é capaz se sentir-se traído? – O irmão insistiu.

– Não disse que assim agirei! Tenho que saber notícias de Afonso, ou qualquer que seja o nome que ele utiliza nesta encarnação.

– O que você realmente pretende? – Olhava-a com atenção.

– Já disse que serei poderosa! Preciso de Afonso para isso! Não sei como fazer ainda. Agora me deixe sozinha! Tenho muito a refletir sobre essa história!

– Esqueceu-se do evento desta noite?

– Vá sozinho! Não estou com disposição para festas hipócritas! Represente-me! – Disse isso e subiu as escadas de sua mansão. Foi até seu quarto. Lá, abriu uma outra porta que adentrava um cômodo bem amplo. Parecia um santuário, repleto de quadros estranhos, com imagens satânicas e sombrias, prateleiras com diversas garrafas e jarros, cada qual com conteúdo misterioso. No centro da sala, um tapete escuro cobria um pequeno diâmetro. Ela sentou-se nele e acendeu algumas velas que estavam em volta dele. E iniciou seu ritual, declamando frases ininteligíveis, com as mãos elevadas ao alto. Parecia evocar alguém, um ser místico e invisível. Subitamente, todas as velas se apagaram e ela deu um sorriso.

— Aqui estou, mestre. O que devo fazer? — E falou por alguns minutos, aparentemente sozinha. Em dado momento, ela disse: — Preciso que os mantenha sob vigilância constante. Convoque nossos auxiliares e cuidem de tudo! Aguardarei suas orientações!

Elevou novamente as mãos ao alto e proferiu um discurso numa língua desconhecida. Em seguida, levantou-se e pegou um vidro de uma prateleira, abriu-o e colocou o conteúdo num copo, sorvendo-o integralmente. Sentiu-se renovada após a ingestão daquele líquido escuro. Em seguida, mentalmente, pediu ajuda de companheiros espirituais para que vigiassem Ricardo e Vitória dali em diante, acompanhando cada passo deles. Era imperioso que ela soubesse acerca de tudo! Depois, saiu de lá, indo tomar um banho, como se nada tivesse acontecido momentos antes.

Leonora e Julian observaram todo ritual que Estela realizara momentos antes, sabendo quem ela estava evocando: um antigo conhecido de ambos, que a distância e o tempo jamais permitiriam que fosse esquecido.

— *Edan permanece recluso em sua fortaleza?* — Perguntou Leonora.

— *Ainda se mantém naquele local, juntamente com seus asseclas. Infelizmente, ele ainda crê que a desforra irá ocorrer. Tem movimentado seu exército, tanto do mundo material, como do espiritual, esperando obter a vitória. Utiliza-se de métodos torpes para manter seu domínio. O poder ainda é capaz de despertar sentimentos inferiores, mas tantos o procuram como se fosse um precioso tesouro.* — Julian falava com a entonação triste.

— *Sabemos que o poder corrompe mentes, destrói ideais nobres, conduzindo espíritos a despenhadeiros de dor. Dia chegará, entretanto, que todos se voltarão para o Pai, implorando sua misericórdia e uma nova oportunidade de colocar em ação o bem incorruptível e o amor incondicional. Nosso amigo Edan irá despertar também! Laurita, durante o desdobramento pelo sono, tentou encontrá-lo, porém ele não permitiu sua entrada em seus domínios. Nossos amigos estão providenciando um novo contato. Tenhamos fé!* – Uma luz intensa envolvia Leonora. – *Estela assim como Edan acredita que o poder os tornará imbatíveis. No entanto, apenas o amor é capaz de assim torná-los.*

— *Enquanto se encontram distantes dessa chama poderosa, maltratam e dilaceram seus espíritos, distanciando cada dia mais da paz para suas consciências. Estela ainda acredita no poder que o livro sagrado lhe proporcionará. Desperdiça um tempo precioso com essa busca infrutífera, quando poderiam cuidar de seus espíritos eternos, ainda tão desprovidos de luz!* – Julian observava com pesar para Estela, que sequer percebeu a presença amorosa dos iluminados companheiros.

— *Ela irá despertar apenas em seu próprio tempo!* – Em seguida, ambos deixaram o local não sem antes envolvê-la em uma luz poderosa. Era o que poderiam fazer, por hora.

Na manhã seguinte, Ricardo decidiu que iria ao centro espírita para conversar com alguém que pudesse ajudá-lo a compreender esses eventos misteriosos. Combinara com Vitória a visita, quando ela se propusera a lhe apresentar alguém muito especial.

Assim que lá chegaram, a médica foi ao encontro de Clarice, uma das dirigentes do local.

Conversaram por alguns instantes e, em seguida, ela pediu para conhecer Ricardo.

— Bom dia, Ricardo. Vitória disse que você precisa de ajuda. Os dois poderiam me acompanhar até um lugar reservado? – E os três se encaminharam para uma pequena sala. Clarice era uma senhora simpática e acolhedora, com profundos olhos azuis, onde a paz lá reinava. – Vamos, conte-me o que tem provocado tantos dissabores?

– Jamais me senti tão vulnerável e confuso como agora. – Ele a encarava fixamente.

– Todos nos sentimos assim, em algum momento de nossas vidas. O importante é jamais perder a confiança que tudo é provisório, pois a vida é dinâmica e está em constante movimento. Sei que é um médico e, portanto, a razão predomina suas ações. Talvez, esse seja o motivo de seu descompasso. O que o tem perturbado tanto?

E Ricardo contou sobre Afonso, Betina, Estela, e as prováveis ligações entre eles, por mais improváveis que pudessem ser. Falou sobre as sensações apavorantes que experimentara ao contato com Estela e as imagens dolorosas que pôde antever em sua tela mental. A senhora ouviu atentamente o relato do médico, sem interrompê-lo um instante sequer, avaliando tudo o que ele lhe dizia. Quando ele finalizou, ela sentiu a angústia que ele portava. Ofertou um sorriso leve dizendo:

– Nossas crenças são sempre colocadas à prova em algum momento. Independentemente do que acredita, nossas vidas foram traçadas muito antes de aqui chegarmos, com as tarefas correspondentes às nossas necessidades de evolução. O fato de não lembrarmos o que programamos não invalida essa condição, meu amigo. Pode parecer confuso e até improvável que esses dois jovens tenham essas recordações com tanta lucidez. Na maioria das vezes, o véu do esquecimento prevalece. Porém isso pode acontecer e surpreender os que acompanham a trajetória desses irmãos. Como é o seu caso, Ricardo. O que posso dizer é que sua vida está atrelada à deles e por motivos que ainda desconhecemos. O reencontro ocorreu para que juntos dessem prosseguimento às programações efetuadas. As recordações dolorosas que têm vivenciado é prova disso. Algo complexo envolve todos vocês e terão que encontrar as respostas.

– Não sei por onde começar. – Disse o médico.

– Você já iniciou, apenas ainda não se deu conta. – Falou Clarice com um sorriso.

– A senhora faz parecer tudo tão fácil, no entanto é complexo demais, tem de convir.

– Não disse que era fácil, apenas que tudo é como deve ser. Podemos te ajudar a esclarecer esses eventos. – Ela sentiu a energia poderosa e maléfica que estava presente, de companheiros interessados em influenciá-lo, minando suas energias. Pressentia que a situação poderia se agravar, se nenhuma providência fosse tomada.

– De que forma? – Perguntou ele ansioso.

– Precisamos fortalecê-lo e o passe será essencial. Um passe diferenciado daquele que lhe foi recomendado. Podemos iniciar agora mesmo. – Ela se levantou e os conduziu até uma sala, chamando um senhor e conversando por alguns instantes. – Tome seu passe e nos falamos depois, Ricardo. Vitória, peço que também faça o mesmo. – A médica pensou em perguntar os motivos, mas o olhar que Clarice lhe direcionou a impediu.

A senhora retornou para sua sala e entrou em profunda prece, pedindo orientação acerca desse misterioso caso. Mentalmente, comunicou-se com os dirigentes espirituais, pedindo que a auxiliassem. Conforme ouvia os companheiros da luz, seu semblante se contraía. O caso era delicado e carecia de um olhar mais atento. Ao término, já conseguira compreender a complexidade do que lhe havia sido apresentado. A cautela e a vigilância deveriam imperar. Conversaria com Vitória e Ricardo solicitando algumas providências urgentes. Esperava que acatassem. Finalizou com um agradecimento aos amigos da luz, que jamais desamparam aqueles que se dedicam ao bem e ao amor.

Na outra sala, os dois médicos receberam o passe, ministrado num grupo composto por vários trabalhadores. Em seguida, saíram e aguardaram que Clarice os chamasse. E assim aconteceu. Porém, antes disso, ela adentrou a sala onde a desobsessão[1] acontecia, lá permanecendo por vários minutos. Ao sair, seu semblante estava sério.

— Temos que conversar, meus queridos. — Ela os conduziu de volta à sala anterior. Ricardo e Vitória estavam tensos, pressentindo algo grave. — A situação é complexa e vocês já devem ter ciência disso. Porém antes preciso esclarecê-los sobre algo. Desde os tempos mais remotos, uma luta incessante tem ocorrido entre os homens: a eterna batalha entre as forças do bem e do mal. Os estudiosos da história das civilizações podem atestar o que estou falando, que não é nenhum segredo. Essas duas forças antagônicas se enfrentam a todo instante e, infelizmente, muitas atrocidades foram e ainda serão cometidas em nome de um vencedor, aquele que reinará soberano. O poder é transitório, no entanto muitos se voltam a essa conquista, esperando que ela proporcionará o que tanto se empenham em buscar: a paz. Essa que o mundo ainda desconhece, pois coloca em ombros frágeis e corruptíveis essa conquista. Jesus veio nos ensinar que só existe um caminho a ser seguido, porém nem Ele, com toda superioridade moral, foi capaz de convencer os homens de que o amor é o único poder a ser conquistado, aquele que proporcionará a libertação de nossas imperfeições, a nossa ascensão a patamares mais elevados da evolução. Os homens desejam se sobrepor aos demais e se utilizam de artifícios indignos e sórdidos, arrebatando o que julga seu por direito. Em nome desse poder perecível, muitos a ele se voltam, desejando, a todo custo, a supremacia de que se julgam investidos. Nessa batalha, muitas vezes desigual, companheiros com potencialidades apuradas aqui renascem para tentar demovê-los da ideia dessa busca desleal. Sabem que será uma luta inglória, que poderão sucumbir ao peso da crueldade daqueles que tudo farão para

---

[1] Desobsessão: Em sentido amplo, é o processo de regeneração da Humanidade. É o ser humano desvinculando-se do passado sombrio e vencendo a si mesmo. Representa o processo de libertação, tanto para o algoz (obsessor) quanto para sua vítima (obsidiado). Fonte: CURSO DE ESTUDO E EDUCAÇÃO DA MEDIUNIDADE – APOSTILA – FEB

impedi-los, no entanto trazem a coragem e a determinação em resistir em suas tarefas, oferecendo o exemplo de sua superioridade moral. Assim tem sido, meus amigos, desde os mais remotos tempos. Os mártires da história são exemplos disso, de companheiros que aqui chegam em missão redentora, sensibilizando os que se encontram duros de coração, fazendo-os reverem suas posturas frente à própria existência. Essa batalha, entretanto, não dá trégua. Silenciosos e ocultos, muitos companheiros invigilantes ainda hoje creem que o poder sobre os homens é o que realmente importa, ditando regras, impondo condições. São detentores de conhecimentos e habilidades que, aparentemente, os tornam seres especiais e superiores à maioria, esquecendo-se de que somente a virtude excelsa do amor os conferiria tal supremacia. Enfim, se eles aqui se encontram, nossos companheiros da luz também aqui estarão, tentando impedi-los de cometer atrocidades contra aqueles que julgam mais fracos. Como iniciei nossa conversa: a eterna batalha entre essas forças antagônicas continua aqui sendo palco. Quem serão os participantes? Os mesmos de outrora, meus amigos. Nesse ir e vir, vão se aprimorando em virtudes ou se aprimorando em suas maldades, dependendo da sintonia que estabelecem. Nos ligamos àqueles que vibram na mesma faixa vibratória que nós, por isso os companheiros buscam, no tempo e no espaço, os semelhantes, unindo forças para que possam estar fortalecidos para o que vieram enfrentar.

Os dois escutavam com atenção a narrativa de Clarice. Afonso e Betina foram atraídos para que, juntos, se fortalecessem? Teriam algo a enfrentar? Ricardo ficou imaginando qual seria o seu papel nesse contexto. E como se Clarice lesse seu pensamento, ela prosseguiu:

— Você, Ricardo, foi o elo entre eles e assim estava fadado a acontecer. Como eu disse, tudo está dentro de uma programação. Essa mulher, Estela, talvez represente um papel diferente.

Não posso atestar qualquer julgamento sobre ela, pois não a conheço. Sinto, porém, que ela é detentora de grande magnetismo, o que a coloca numa posição privilegiada. Se ela foi capaz de perturbá-lo tanto, invadir seu mundo íntimo e provocar essas lembranças em você, deve ter tido um propósito que desconheço. Não temos acesso a todas as informações, apenas àquelas que são permitidas. Falei que é um caso delicado, pois envolve muitas energias destoantes, assim pude perceber. O que podemos fazer é mantê-lo em assistência constante para fortalecê-lo e, assim, não ficar tão vulnerável ao assédio que ela continuará realizando. Essa é a única certeza: essa mulher não irá cessar até conseguir o que deseja, o que ainda desconhecemos. Porém ela sabe que você é peça chave nisso e tentará neutralizá-lo, pois assim os dois jovens, Afonso e Betina, ficarão desprotegidos.

— Como posso ajudá-los se desconheço o que Estela pretende? — A aflição o consumia.

— Você acredita no acaso, Ricardo? Dois jovens aleatórios o procuram, cada um por suas razões, em busca da sua ajuda profissional, quando se encontram, em seu consultório, sentem a conexão se restabelecer e você ainda acredita que tenha sido coincidência?

Ele estava com a cabeça baixa refletindo nas palavras de Clarice. Realmente, seria uma grande coincidência, se acreditasse nessa possibilidade. Algo em seu íntimo lhe dizia que ela estava certa em seu prognóstico: tudo tinha uma razão, mesmo que fosse ainda desconhecida. Tudo era confuso demais!

— O que mais eu posso fazer? — A pergunta foi direta.

— Gostaria de conhecê-los, acredita que isso possa ser possível? — Havia uma luz intensa sobre ela que Vitória pôde ver com os olhos marejados. A emoção a envolveu, mas permaneceu silenciosa, apenas ouvindo a conversa.

Capítulo 14

IMAGEM TORTURANTE

— Quer que eu os traga aqui? Não sei como fazer isso. — Ele estava relutante.

— Gostaria apenas de conhecê-los. Vitória, eles sabem que você frequenta uma casa espírita?

— Sim, posso convidá-los. Não vejo nada que os impeça de conhecer esse local, que apenas irá proporcionar-lhes bem-estar. Ricardo, posso falar com eles? Você se opõe? — As feições do amigo estavam sérias.

— Sei que vim solicitar ajuda, mas temo que essa não seja a opção mais adequada. — Clarice o encarava atentamente, como se a analisá-lo com sua percepção apurada. Ele temia algo, era visível. Queria desvendar o mistério, porém receava com o que iria se deparar. Ela segurou a mão de Ricardo e disse:

— Não tenha medo, meu amigo. Em breve, tudo ficará esclarecido e você estará em paz com sua consciência. Precisa retificar algo e sabe disso, apenas ainda não sabe como fazê-lo. Quero apenas que compreenda que não está só nessa empreitada e amigos leais a ti e, principalmente, que confiam em você acima de tudo, esperam sua ação. Não comprometa esta nova oportunidade que lhe foi concedida. – Ela repassava a mensagem que Leonora desejava que chegasse a ele.

    O médico ficou ainda mais confuso com o novo enigma. O que isso significava? Clarice ainda segurava sua mão e, subitamente, algo aconteceu. Parecia que ela falava com ele mentalmente e pedia-lhe que fechasse seus olhos por alguns instantes, e ele assim fez. Algumas cenas surgiram em sua tela mental, entre elas, um castelo medieval. As imagens iam se alternando e ele se deparou com aqueles seres que povoavam seus sonhos, ou pesadelos. Tudo foi numa fração de segundos, que lhe pareceu uma eternidade. A mulher se aproximou dele e disse com um sorriso radiante:

    – Precisamos de seu apoio, meu querido amigo. Tudo será esclarecido, no tempo certo. Agora, cuide de meus filhos: Afonso e Betina. Eles precisam de sua ajuda! Deus o envolverá em seu amor! Confie! – Em seguida, as imagens se dispersaram, Ricardo abriu os olhos e viu Clarice sorrindo ao lado de Vitória, que parecia confusa.

    – O que fez comigo? Me hipnotizou? Quem são eles? – Foi o que conseguiu perguntar.

    – Companheiros da luz, eu presumo. Conhecem você e precisavam passar-lhe o recado. Agora acredita? Ou ainda pensa que isso que aconteceu foi fruto de uma ilusão?

    – Não sei o que dizer. Sinto-me chocado com tudo o que está acontecendo e percebo que estou a um passo do meu total descontrole. Tenho medo de que isso possa ocorrer! – A dor que ele ostentava era tão real que, num gesto de carinho, Clarice o abraçou.

    – Não duvide do que lhe foi mostrado, meu jovem. E não permita que o temor o invada e danifique suas estruturas emocionais, conquistadas a um alto preço. Quantas encarnações não foram necessárias para que pudesse reencontrar seu equilíbrio perdido? Nossas vidas estão se cruzando agora, mas sei que você é um guerreiro da luz e aqui está com finalidades nobres. Às vezes, a melhor escolha é seguir a sua intuição. Ela jamais falha, acredite. Tudo ficará bem! O importante é não entrar em conflitos desnecessários, o que tem acontecido e minado suas energias. O muito pensar e o pouco agir! Isso é bem típico de pessoas racionais assim como você. Tudo quer saber, porém não aceita aquilo que a vida está lhe mostrando! – Ela sorriu de forma afetuosa, envolvendo-o com seu olhar acolhedor que o tranquilizou.

– Você até parece me conhecer! – Disse ele tentando esboçar um sorriso.

– Não procure respostas que ainda não existem. Sei que pode parecer simplista demais, mas não temos a solução de todos os enigmas, pois eles ainda estão na fase de maturação. Algo está sendo arquitetado e vocês são participantes desse jogo, se assim posso chamar. Lembre-se da "batalha entre forças antagônicas". É o que acontece neste exato momento e nossos amigos espirituais esperam, apenas, que estejamos atentos, reconhecendo a hora certa de agir. Como lhe disse, tudo faz parte de uma programação que deve ser executada com a colaboração daqueles que assim se propuseram. Quanto a essa mulher, Estela, presumo que tudo fará para impedir que essa união ocorra. Esteja vigilante quanto a isso. Fortaleça-se na prece que eleva e conforta, e lembre-se de que todas as nossas solicitações serão ouvidas, se nossos propósitos forem nobres. Sei que está sendo apresentado apenas recentemente aos fundamentos dessa doutrina, saiba, no entanto, que encontrará as explicações para todos os eventos misteriosos. Vitória é nossa aluna e pode esclarecer suas dúvidas, que imagino serem muitas. – Novo sorriso iluminou seu rosto. – Se se sentir fragilizado, venha nos visitar. Mas não deixe de confiar em que tudo tem uma resposta.

— Você faz parecer tudo tão simples. Gostaria de assim acreditar! Agradeço sua ajuda, Clarice, e saiba que voltarei. Quanto ao que vi, como fez isso?

— Você tem facilidade de adentrar em suas lembranças de vidas passadas. Apenas acionei as comportas certas e elas se abriram.

— Você se utilizou da regressão? — Questionou ele.

— Pode se dizer que sim, apesar de não conhecer esse método científico que tem total validade em determinados casos. Com você foi algo natural e espontâneo, apenas recebi telepaticamente a ideia e a coloquei em prática. Ao segurar sua mão, uma troca energética ocorreu, o que facilitou que aquilo ocorresse. Você possui grande sensibilidade, Ricardo, e a desconhece. Talvez, por isso, tudo seja tão intenso, causando perturbação em demasia. Com os estudos sérios, você saberá como controlar sua percepção e esses eventos tendem a rarear.

— Você disse estudar? — Ele estava confuso.

— Sim, Ricardo. Conhecer a codificação espírita com profundidade irá ajudá-lo a encontrar a chave para elucidar os mistérios que o envolvem. Naturalmente, que a escolha lhe pertence, meu amigo. Cabe a você buscar seu equilíbrio. O que posso oferecer são apenas paliativos. Os passes lhe proporcionarão revitalização de energias, as mesmas que você despende espontaneamente e, outras vezes, propositalmente. Porém isso é apenas o primeiro passo. Aprender a reter as energias é o segundo. E isso somente com os estudos sérios, você irá aprender. A escolha é sua!

O médico olhou para Vitória, que ouvia atentamente sua dirigente, entendendo onde ela pretendia chegar. Como Clarice dissera, a escolha pertencia a ele.

— Meu bom amigo, espero que nossa conversa tenha sido proveitosa. Sei que pode parecer que nada foi esclarecido, porém, com o decorrer dos dias, perceberá que algo definitivamente aconteceu, modificando tudo o que antes acreditava. Vitória poderá esclarecer outras dúvidas. – E sorriu para ela, que devolveu o mesmo sorriso jovial. – Há algo mais que deseja saber? – Perguntou a simpática senhora.

– Muitas coisas, porém ainda não é o momento. Vou seguir suas orientações e deixar a intuição comandar naquilo que for permitido. Sinto-me confuso, mas meu coração parece leve. Agradeço sua ajuda! – Foi até a senhora e a abraçou com carinho. Gostara dela, como se fosse uma amiga muito próxima. Quem sabe?

Vitória agradeceu a amiga e ambos saíram da sala, deixando Clarice em contato com os mentores espirituais da casa. A situação era delicada e toda cautela seria necessária. Não estava com bons pressentimentos, sentindo que todos eles corriam perigo. Sua prece foi no sentido de pedir proteção espiritual aos envolvidos nesta nova batalha, que em breve teria início. Elevou seu pensamento a Deus e entrou em profunda prece. Após alguns instantes, seu coração já se apaziguara e agradeceu, retornando às tarefas que lhe cabiam.

Ricardo permaneceu calado durante o percurso de volta à sua casa. Quando chegaram, ele pegou a mão da amiga e pediu:

– Fique comigo! Preciso conversar sobre tudo o que aconteceu.

– Pensei em chamar os dois jovens para virem até sua casa. O que pensa da ideia? – Sugeriu ela com um brilho no olhar.

– Acha conveniente? O que iremos lhes falar?

– O que Clarice nos orientou. Sinto que precisamos conversar com eles. Vou seguir minha intuição, certo? – Disse ela sorrindo.

– Não compreendo onde isso vai dar, Vitória. Não sei se desejo seguir com eles nessa tortuosa estrada. Sei apenas que não pretendo vivenciar aquilo novamente. – Ela viu a sombra pairando em seu olhar e se compadeceu dele.

– Ricardo, você ouviu o que Clarice disse acerca da sua facilidade em acessar vidas passadas. É algo com que terá que conviver. E pode lhe ser favorável, já pensou nisso?

— Não entendo como pode ser algo positivo. — Retrucou ele.

— Não seja pessimista. Da mesma forma que consegue acessar seu inconsciente de forma espontânea, isso só facilitará a compreender todos os eventos ligados a você e aos dois jovens. Conhecendo seu passado, conseguirá fazer as ligações necessárias entre os envolvidos. E coloquemos Estela nesse contexto. — Ela olhou fixamente para seus olhos e concluiu. — E a mim também.

— O que quer dizer com isso? — Perguntou curioso.

— Vamos subir e te conto tudo. Lá você liga para nossos jovens amigos.

— Tem certeza de que devo ligar para eles?

— Vamos, não pense muito e siga sua intuição. — Disse ela.

— Você quer dizer a sua intuição! Não tenho ideia formada acerca disso, apenas você. — Brincou ele.

— Pare de ser rabugento e faça a ligação.

Telefonou inicialmente para Betina, que se incumbiu de falar com Afonso. Marcaram no apartamento dele no meio da tarde.

Enquanto isso, os dois conversaram acerca da visita a Clarice e das expectativas sobre os futuros eventos. Vitória lhe contou sobre a mensagem recebida na noite em que lá estivera, pedindo que ela ajudasse novamente os dois jovens.

— Novamente? — Perguntou ele curioso.

— Isso significa que também faço parte desse contexto, só não sei qual a minha participação nisso tudo. — Seu olhar estava compenetrado.

— Gostaria de saber o que nos espera! — Disse ele com seriedade.

— Precisamos investigar Estela e o irmão. Sinto que essa empresa, seu laboratório, esconde mais segredos do que podemos imaginar. Existe algo sujo nisso tudo. Talvez Betina tenha mais informações sobre ela. — Ela percebeu que Ricardo estava distante. — O que o preocupa? — Perguntou ela.

— Clarice disse algo sobre despender energias de forma espontânea ou proposital. O que ela quis dizer com isso?

— No dia a dia, em nossa luta constante com nossos ideais, trabalho, conflitos íntimos, se nossos pensamentos e sentimentos estiverem num padrão inferior, o que significa mantermos a dúvida, temor, aflição, ansiedade, podemos perder energias de forma natural. No entanto essa perda pode ser potencializada se tivermos ao nosso lado, companheiros espirituais que, por questões diversas, como antipatia por nós ou por não concordarem com nossas ideias, nos influenciam espiritualmente, sugando-nos a energia para nos deixarem mais frágeis e receptivos ao seu assédio. A esses invigilantes companheiros nós denominamos de obsessores, que significa aquele que importuna. É basicamente isso. Com tudo que está acontecendo, com todos esses conflitos que você tem vivenciado e supondo que está protegendo esses jovens, isso pode ter despertado a ira de espíritos que não desejam sua intromissão. Podem estar próximos a você retirando-lhe energias vitais, o que o fragiliza ou, pelo menos, assim se sente. O passe, como já percebeu, lhe proporciona uma revitalização de forças. Não sei se fui clara, mas o assunto é complexo para ser explicado com apenas algumas frases.

— Você está contando algo interessante, que já constatei em alguns momentos, como a presença ostensiva de alguém ao meu lado, mesmo estando sozinho. Sinto-me observado e isso me perturba. Bem, tudo só faz sentido se eu acreditar na existência de espíritos, desses seres que povoam essa realidade paralela.

— E você acredita? — A pergunta foi direta. O amigo ficou pensativo e respondeu:

— Talvez! É tudo muito confuso, devo admitir. — Respondeu de forma lacônica.

— Clarice disse algo sobre você que ainda não se deu conta. Sobre ter uma sensibilidade apurada, o que facilita essas percepções que vem sentindo. Se não fosse tão sensível, talvez nem reparasse nisso. Você é um médium, um intermediário entre essas duas realidades, física e espiritual. Nesse sentido, torna-se mais acessível à influência desses companheiros espirituais do que pode imaginar. – Ela viu a confusão que ele ostentava e decidiu finalizar o assunto. – Ricardo, como Clarice falou, a escolha é sua. Se pretende ter uma vida equilibrada, controlando essa ferramenta que possui, sabe o que precisa fazer. Coisa que orienta a seus pacientes a todo instante: conheça-se.

– Você faz parecer que tudo é simples e passível de se realizar.

– E é, depende apenas de você. Bem, creio que já consegui confundi-lo um pouco mais e não era o que desejava. Vamos pedir algo para comer?

– Já cansou de minha comida? – Brincou ele.

– Os jovens chegarão em breve, querido. – Disse ela olhando fixamente para Ricardo. A conexão novamente se fez e ela, dessa vez, manteve seu olhar no dele. – Deixe comigo!

Vitória pegou seu telefone e, meia hora depois, os dois estavam almoçando, com conversas amenas, tentando encontrar a serenidade. Ricardo, em alguns momentos, olhava para ela com evidente carinho, mas nada dizia. Muitas ideias povoavam seu mundo íntimo e ele sabia que teria que fazer algumas escolhas no decorrer dos dias. Porém, naquele instante, não estava disposto a novos problemas em sua vida.

No horário combinado, os dois jovens chegaram. Era visível a ansiedade que eles portavam e Ricardo os tranquilizou.

– Vejo que ambos estão curiosos por serem chamados aqui. Há alguns assuntos que gostaríamos de tratar com vocês. Antes, falem como estão.

Betina parecia mais serena, talvez por ter se libertado do peso das lembranças aflitivas. Afonso permanecia introspectivo, demonstrando tensão no olhar. Ricardo sentiu que ele estava bem fragilizado com todos os acontecimentos.

– Continuo dormindo pessimamente, com pesadelos, perseguições sem conta, pessoas com máscaras, lugares sombrios. – Ia comentar algo mais e se calou. Betina disse com firmeza:

— Vamos, conte-lhe o que fez. Ele é seu médico e precisa confiar nele. – Afonso lançou um olhar de crítica a ela. Ricardo o encarava com preocupação, pois já supunha o que ele fizera, porém esperava que contasse.

— Na quarta-feira, tomei todas as pílulas de uma só vez. Precisava dormir, procure entender meu desespero! Sinto muito não corresponder à confiança que depositou em mim. Vou usar de toda franqueza com você: não pertenço a esse mundo e não sei se quero continuar por aqui. – Havia seriedade e verdade em sua voz. – Me perdoe, Ricardo, mas não sei se terei forças para prosseguir. Mesmo com Betina ao meu lado, tudo tem estado tão sombrio, como se forças superiores às minhas me induzissem a fazer coisas que não pretendo. Sinto-me esgotado. Não consigo mais me concentrar no meu trabalho. Tudo é tão perturbador! – Seus olhos estavam marejados.

Ricardo, então, lembrou-se da conversa com Vitória momentos antes, acerca de espíritos que influenciam e retiram as energias de encarnados. Talvez o convite de Clarice para que ambos conhecessem a casa espírita tivesse sido providencial. Será que ela sabia do estado dele? Talvez! Ficou penalizado com as palavras sinceras de Afonso e disse:

— Meu jovem, está passando por um momento tortuoso, complexo, necessitando de toda ajuda que pudermos oferecer. Eu os chamei aqui para fazer um convite, que nada tem a ver com o trabalho que desenvolvo com vocês. É algo complementar, se assim posso dizer. Gostaria que soubesse, Afonso, que tenho experimentado sensações estranhas e aterrorizantes, depois que iniciamos seu tratamento. Desconheço a ligação que existe, apenas sei que fatos misteriosos têm ocorrido comigo. Após Betina sair da sua última sessão, uma visita surgiu em meu consultório e, depois disso, vivenciei situações apavorantes, tenho de admitir. Imagino o que está sentindo e com você me solidarizo. No entanto, estar frágil momentaneamente não nos torna criaturas desequilibradas, entenda isso. Sei que a pressão está forte, mas precisa aprender a controlar isso. Bem, as imagens tenebrosas que você acredita serem alucinações são as mesmas que me perseguem, sendo eu o personagem dessa história. Acessei lembranças, não me pergunte como, de vidas que desconheço ter vivenciado, porém são muito reais a ponto de me perturbarem intensamente. Chamei Vitória e, por sorte, ela acompanhou-me nessa viagem insana. Hoje cedo, fui visitar o centro espírita que ela frequenta. Tive um encontro com uma senhora maravilhosa, que me esclareceu acerca de muitos pontos, recomendando-me que aprofundasse os estudos acerca da Doutrina Espírita, e prometi pensar. Contei tudo o que tem acontecido desde que você chegou aqui, Afonso, até o encontro com Betina, em que afirmaram se conhecer de outras vidas. O que inicialmente não era plausível, ela me acenou com hipóteses muito convincentes e creio que modificou o panorama dos fatos. Essa senhora me fez um pedido: gostaria de conhecer vocês. Não sei como esse encontro nos ajudará na elucidação desse mistério, mas ela crê que possa ser útil. Como disse anteriormente, isso nada tem a ver com o trabalho profissional que faço com vocês. Quero que reflitam sobre esse convite.

Afonso estava entretido no relato do médico e fez a pergunta:

– Que tipo de lembranças você acessou? – Como se ele já soubesse a resposta.

Ricardo o encarou fixamente e, nesse instante, pode antever novas imagens dolorosas. Os dois ficaram conectados à mesma energia, como se estivessem em profundo transe. Nas cenas que lhes foram mostradas, ambos estavam juntos numa cela úmida e fria. Seus corpos possuíam marcas de tortura e a dor era o que imperava. Num esforço supremo, Afonso diz a ele:

– Tudo isso vai finalizar, meu amigo. E será breve. Olhe nos meus olhos até o momento derradeiro. Tudo será consumado e estaremos livres! Podem prender nosso corpo, mas nossa alma jamais será cativa. Não tenha medo! Juntos passaremos por mais essa prova e venceremos. Nossos ideais jamais serão sepultados! – Ricardo apenas chorava de forma incontida.

– Tudo foi minha culpa! – O pranto sofrido e doloroso, carregado de remorso tornava a cena ainda mais pungente. – Somente eu mereço a morte! Traí sua confiança!

– Traiu a sua consciência, meu amigo! – O momento chegara e foram levados para fora. A imensa fogueira seria acesa em instantes. O povo lá se encontrava para acompanhar o desfecho cruel que a sanha de poucos impunha aos que discordassem deles. Os dois jovens foram atados a um tronco e, em questão de minutos, o fogo ardia intensamente penetrando seus corpos, dilacerando-os. Afonso manteve firme a proposta e olhou para Ricardo até o momento derradeiro. Em dado momento, foi como se não mais lá estivessem. E assim finalizaram aquela encarnação, que marcou profundamente a vida de ambos, conectando-os por toda eternidade.

Capítulo 15

NOVAS AÇÕES

Vitória e Betina se entreolharam, mas nenhuma efetuou qualquer gesto, ficando a observar o que se desenrolava à sua frente. Parecia que ambos estavam sob uma redoma fluídica, completamente conectados a uma outra realidade.

Ricardo foi o primeiro a sair do transe em que se encontrava e, colocando a mão na garganta, dizia em desespero:

— Não consigo respirar.

Afonso o encarou fixamente e disse:

— Tudo isso vai passar. Olhe em meus olhos! — Ricardo assim fez e ambos se viram transportados para uma outra realidade, encerrando aquele ciclo de tortura e dor. O local estava amplamente iluminado e seres espirituais se aproximaram, envolvendo-os em genuíno abraço. Afonso e Ricardo foram acolhidos e resgatados, sendo conduzidos a colônias de tratamento, lá permanecendo.

Tudo foi passado como um filme, em que eles eram os protagonistas da história. A cena se desfez e Afonso olhou para Ricardo, agora em profundo pranto.

— Foi tudo tão real! — Os olhos do jovem estavam marejados. Ricardo apenas chorava. Vitória foi até ele e o abraçou com a força do seu carinho.

— Estou aqui, meu querido. E, dessa vez, nada irá nos separar. — As palavras foram pronunciadas sem que ela compreendesse seu significado.

Betina foi até Afonso e fez o mesmo. Ele se entregou confiante a esse abraço, sentindo que tudo seria diferente a partir daquele momento.

O médico ainda arfava e seu corpo tremia. Precisava retomar o controle e isso parecia tarefa impossível. As cenas reais o deixaram em profundo abatimento. Sentiu-se morrer novamente e isso era algo aterrador. Pedira tanto para que aquilo não se repetisse, no entanto lá estava ele com toda aquela dor, não apenas física, mas moral. Dessa vez, sentira algo perturbador, como a culpa corroendo suas entranhas. O que ele fizera a Afonso? Ele lhe dissera que traíra sua própria consciência e isso era algo aviltante. Havia feito algo àquele jovem, agora assim constatara. E se existia uma justiça divina que comanda nossas existências, teria que ressarcir seus débitos com Afonso. Uma dor profunda o envolvia e desejava que ela cessasse, tamanho o desconforto que experimentava. As lágrimas ainda escorriam de forma incontida e encontrou conforto nos braços de Vitória. Lá permaneceu até conseguir retomar seu equilíbrio. Não sabia como proceder perante tudo o que acabara de presenciar. Ambos naquela cela inicialmente, em seguida, atados naquele tronco, depois as chamas consumindo seus corpos e, finalmente, o socorro espiritual que receberam após esse trágico desfecho. No entanto, achava que não era merecedor do auxílio e o remorso o consumia. O que fizera de tão degradante? Sentia que a traição, essa vil e pérfida presença, motivara suas ações. Os motivos, ainda desconhecia, porém, sabia que ela estivera presente. A única coisa que desejava naquele momento era que Afonso o perdoasse. Mas por quê? Isso o torturava.

– Não era o que pretendia, chamando-os aqui. A cada momento, algo novo ressurge, tentando nos mostrar o fio da meada perdido há tanto tempo. Foram essas as cenas que habitavam minha mente, convocando-me a encontrar as explicações necessárias. Imaginava que isso era totalmente improvável, porém a nitidez das cenas mostradas apenas denota que isso pertence ao passado, local que foi cena de uma outra história, um conflito ainda não solucionado, visto que nos atormenta na atual existência. Não sei qual o propósito disso, mas juntos iremos decifrar esse enigma. Tudo tem uma explicação, Afonso. Quero apenas que saiba que não deixarei você passar por essa experiência sozinho. – Os olhos de Afonso estavam serenos como ele jamais vira. Algo tinha tocado sua alma. Queria que falasse tudo o que estava sentindo, porém ele se mantinha impassível. Como médico, queria respostas objetivas, mesmo sabendo que, naquele momento, tudo era nebuloso. Foi quando Afonso iniciou:

– Essas cenas foram tão reais e sei que as vivi. O que pareciam alucinações eram apenas resquícios de lembranças que precisavam ser acionadas por algum motivo. Estávamos juntos, o que comprova que já nos conhecemos, Ricardo. Essa percepção tive ao primeiro contato com você. Quando o vi, tive a certeza de que iria me ajudar. Depois, foi Betina a aparecer, me reconectando a esse passado de forma ainda mais plena. Você não estava lá, minha irmã, se me permite assim chamá-la, o que mostra que sua vida foi poupada naquela ocasião. – Disse isso encarando Betina com carinho. – Vitória, numa fração de segundos eu a vi no meio da multidão. Parecia se ocultar, porém nossos olhares se cruzaram e pude ver a dor nele estampada. O que fazia lá? Que crime ambos cometemos para ter um final tão trágico? Por que estava tão resignado perante aquele destino tão cruel? Não sei se encontraremos as respostas, porém sei apenas isso: não estou enlouquecendo como supunha. Posso assim crer, Ricardo? – Direcionou o olhar para ele.

– Jamais cogitei tal fato, Afonso. Desde o início, salientei que o momento conflituoso pelo qual passava era o causador desse descompasso. Devo, entretanto, confessar que isso tudo que aqui vivemos não se configura em livro algum de psiquiatria. Outras abordagens deverão ser utilizadas e ainda estou confuso para dar um parecer preciso.

Ele se calou por instantes e prosseguiu:

– Eu os chamei aqui para fazer o convite de Clarice. Gostariam de conhecer um centro espírita? Devo dizer-lhes que pouco conheço acerca dessa doutrina, porém Vitória pode nos esclarecer acerca dos pontos fundamentais. – A médica sorriu-lhes.

Betina disse com um sorriso nos lábios:

– Doutor, eu já conheço essa doutrina há tempos e sei que ela detém muitas respostas aos questionamentos que possuo. Gostaria de conhecer esse local. – Falou ela de forma enfática, olhando Afonso que assentiu. – Pronto, tudo resolvido. Quando iremos?

– Na próxima semana. Falarei com Clarice qual o dia mais indicado. – Respondeu Vitória.

Betina se aproximou de Ricardo e perguntou-lhe:

– As respostas serão encontradas quando conhecermos nosso passado, doutor. Podemos continuar com a terapia de regressão? – Havia ansiedade em seu olhar.

– Concordo com você sobre a possibilidade de entender o presente. Sinto, no entanto, que isso deva ser realizado de forma criteriosa e com sustentação adequada. – Virou-se para Vitória e perguntou: – Aceita participar disso? Não sei se conseguirei fazer isso sozinho.

– Sabe que não é minha especialidade, Ricardo. Mas pode contar comigo! Preciso apenas reestruturar minha vida.

— Isso significa que daremos continuidade? Se estamos todos interligados nesse passado, interessante que estejamos juntos nesse processo.

— Antes, gostaria de trocar uma ideia com Clarice e o farei quando a encontrar. — Ele estava convicto de que seria uma tarefa temerária, precisando contar com todo apoio possível. Lembrou-se das palavras dela acerca da "batalha entre duas forças antagônicas". Se o mal estava presente, como evitar que ele imperasse? Precisava entender melhor o significado dessas palavras. Respirou fundo, sentindo-se exaurido. Jamais, em seus trinta e cinco anos de existência, se sentira assim, tão confuso. Não tinha a menor ideia de como isso se resolveria. Sabia, apenas, que não passaria por isso sozinho. Os quatro seguiriam juntos em busca de respostas. Isso era um alento!

Afonso estava introspectivo, porém sua aparência parecia mais serena, como se um peso imenso lhe fosse tirado dos ombros. Betina permaneceu ao seu lado, como se quisesse protegê-lo de todo mal que pudesse advir.

— Preciso de um café bem forte. Alguém me acompanha? — Sugeriu Ricardo. Todos assentiram e ele saiu para cozinha.

Vitória encarou fixamente Afonso e lhe perguntou:

— Tem ideia de quando aquilo ocorreu? E onde?

— Sei apenas que aquilo foi real. As imagens eram fortes e nítidas, apenas não consigo conhecer as razões disso acontecer. Sei, no entanto, que Ricardo e eu estávamos juntos e assim desencarnamos, que Betina era minha irmã e não se encontrava lá. Quem era você nessa história? Sinto que era nossa aliada, mas o que estávamos enfrentando? Será que um dia saberemos?

— Se for importante que recordemos, assim será, Afonso. Se for apenas por mera curiosidade, talvez jamais saibamos. Tudo tem um propósito e nada pode perturbar a dinâmica da vida, que comanda tudo. Aquela existência foi interrompida pelas razões que ainda desconhecemos, porém, a intensidade desses eventos mostra que ela foi marcante para cada personagem que lá viveu. Se olharmos a história, podemos ter um panorama dos motivos que as criaturas eram sentenciadas à morte na fogueira, que poderia ser heresia, bruxaria, traição. A Inquisição perseguia, julgava e punia aqueles que discordassem das normas e condutas impostas pela Igreja Católica. Era uma punição cruel e muitos foram submetidos a ela. Talvez seja um ponto a investigar.

– Bruxaria? – Perguntou Betina.

– O que eles assim julgassem. Qualquer ação discordante do que a Igreja impunha era investigado. Joana D'Arc morreu queimada por ser considerada uma bruxa. Tudo porque falava sobre as visões que tinha. Temos muitos casos descritos na história. Infelizmente, os tempos sombrios, a inflexibilidade de ideias, enfim, tudo era razão para que uma morte ocorresse injustamente.

– O que eles pensavam ser bruxaria, a Codificação Espírita explica de forma objetiva e sensata. Se essas duas realidades interagem, nada mais normal que alguém com sensibilidade apurada possa ser intermediário entre elas. – Disse Betina.

– Sim, minha querida. Porém, isso ocorre hoje, quando as pessoas estão com suas mentes abertas a essas questões. Imagine naqueles tempos sombrios!

Afonso continuava pensativo, analisando o que Vitória proferia. Sim, talvez ele fosse alguém assim como ela descrevera, um ser dotado de potencialidades diferenciadas e que poderia ser um problema para a Igreja. Essa ideia parecia verossímil. Imerso em suas reflexões, ele sentiu um toque suave em seus ombros. Pensou ser Betina, que estava ao seu lado. Porém, pode ver Leonora e Julian que os observava com carinho. Sabia que eram habitantes do mundo espiritual, no entanto não teve receio algum. Reconheceu-os, mas nada disse, pois a mãe assim solicitara:

– *Filho querido, o passado pouco importa. Detenha-se naquilo que hoje lhe foi ofertado. Nova oportunidade de aqui estar e realizar a tarefa que lhe foi confiada. Não se perca em questionamentos infrutíferos, em que a dúvida e a incerteza tendem a imperar. Ações nobres estão sendo esperadas e cabe a ti esse papel. Estaremos sempre ao teu lado! Visualize a paz e ela o acompanhará. Trazes tudo o que necessita para vencer mais essa prova. Seus amigos estarão ao teu lado! Confie e siga!* – Ela o abraçou ternamente.

– *És um filho da luz, Afonso! Que ela possa conduzir seus passos!* – Julian repetiu o gesto e, em seguida, deixaram o ambiente lentamente. O jovem estava com o olhar fixo naqueles seres iluminados, sentindo a forte ligação que imperava entre eles. Eram seus pais, tinha total certeza! Aqueles com quem sonhara, cuja presença amorosa sempre esteve presente protegendo-o, amparando-o, amando-o! Sentiu a emoção transbordar de seu coração, permitindo que as lágrimas escorressem livremente. Era, realmente, um ser abençoado! Tudo foi rápido e imperceptível aos olhos das duas mulheres, que conversavam animadamente sobre fatos da história. Ricardo adentrou no exato momento e vendo-o naquelas condições, perguntou:

– Está tudo bem com você? – Sentiu a emoção contagiando-o também, porém não sabia de onde provinha. O jovem sorriu para ele, dizendo:

– Tudo vai se resolver, agora estou convicto. Não precisa mais temer minhas ações insensatas, pois elas não mais ocorrerão. Confie em mim!

– Assim farei! – Disse Ricardo oferecendo uma xícara de café a ele e às duas mulheres.

Foi Vitória quem iniciou a conversa sobre Estela:

– Betina, quais as informações que você tem sobre Estela e seu irmão? São herdeiros desse laboratório? O que sabe sobre eles?

A simples menção àquela mulher fez o semblante da jovem endurecer. Era assunto que não desejava trazer naquele momento, porém percebeu que o interesse dela deveria ter um propósito. Contou o que sabia dos dois e sua família. Conforme ela falava, Ricardo e Vitória se entreolhavam. Havia algo muito suspeito com ambos, era fato.

— Sei que ela é uma mulher influente em seu meio e que todos se rendem a ela, visto a quantidade de pequenos laboratórios que ela adquiriu nestes dois anos que a conheço. Sei que tem vínculos com outros países, mas sua preferência é o mercado brasileiro, um dos locais mais adequados para se enriquecer ainda mais. — Havia certa raiva contida, o que não passou despercebido aos dois médicos.

— O que pretende insinuar? — Perguntou Ricardo.

— Não estou insinuando, apenas falando o que penso acerca de tudo isso. Meu pai e um grupo de médicos a acolhem de forma reverenciada, como se eles a temessem, de um jeito que não entendo. Talvez ganhem algo com essas condutas. Sabe que os interesses materiais ainda imperam neste plano de vida, valores esses puramente transitórios. Sei de muitos amigos de papai, médicos como ele, que se associaram a ela e outros que a rejeitam. Ela não é uma unanimidade, Ricardo. Eu era apenas uma pesquisadora e pouco contato tinha com ela, apesar de suas insistentes tentativas de aproximação. — Neste momento, ela se calou. Afonso olhou o desconforto de Betina e, no mesmo instante, conseguiu acessar seus pensamentos, vendo em sua tela mental tudo o que ela lhe ocultava. Seus olhos ficaram frios e ele disse:

— Todos os seus infames atos estão colocados no livro da vida e ela terá que prestar contas de todos eles. Afaste-se dela, Betina. Não a quero por perto quando nos encontrarmos. — Ele disse isso em tom firme, surpreendendo-os pela força contida em suas palavras.

— Você não irá encontrá-la, entendeu bem? Ela é maléfica! — A emoção a dominou.

— Esse encontro está fadado a acontecer e não poderei fugir desse confronto. — Ninguém entendeu o que ele dizia, porém sabiam que ele estava certo. Como sabiam?

— Estela é a pessoa que procuro. — Afonso fechou seus olhos e a viu em sua casa, naquele estranho e sinistro quarto. Não entendia como conseguiu fazer isso, apenas aconteceu de forma espontânea. — E ela também me procura. — Abriu os olhos e disse: — Assim está escrito e assim será. — Havia um brilho em seus olhos que jamais estivera presente. Ricardo olhou para Vitória e ambos perceberam as mudanças ocorridas no jovem.

— Não o quero por perto, meu querido. Sei que ela lhe fará mal, assim como fez a mim. Não posso perdê-lo, entendeu? — As lágrimas escorriam por seu rosto. Afonso se aproximou dela e a abraçou ternamente.

— Não se preocupe mais comigo. Agora sei quem sou e o que preciso fazer. Ela pensa que está em vantagem, no entanto a luz nos acompanha e podemos decifrar as mensagens que o Pai está nos enviando. Ela continua conectada às trevas e isso faz toda diferença.

Definitivamente, era outro rapaz à frente deles. Ricardo observava o jovem e sentiu que ele ostentava uma segurança, uma coragem, visíveis através dos seus olhos. As lembranças dolorosas que acabaram de vivenciar foram responsáveis pela mudança de comportamento. Foi como se uma casca se quebrasse, dando acesso ao seu interior, um fruto raro, saboroso e maduro. Era esse novo ser que estava à sua frente.

Afonso virou-se para Ricardo e proferiu:

— Essas lembranças foram significativas para ambos e outras virão, traçando os caminhos que deveremos seguir. Algo ocorreu aqui e não tenho ainda as explicações para tudo o que agora sinto em meu coração. Sei que fazemos parte de algo complexo e não podemos descuidar um só instante de nossos pensamentos e sentimentos. Ela sabe de nós e o perigo que representamos a seus planos. Não sei por que ela age dessa maneira e não entendo o que ela tanto procura, utilizando métodos escusos, ultrapassando todos os limites, julgando-se soberana. Sabemos apenas que ela pretende nos enfraquecer e utilizará todos os meios possíveis para isso. Betina já foi sua vítima e Ricardo está em seus planos. Ela tem alguma informação sobre você que ainda não sabemos, e a utilizará para desacreditá-lo perante sua vida profissional. – No mesmo instante, o médico sentiu seu corpo estremecer, compreendendo o perigo que o rondava. Lembrou-se da noite que ela esteve em seu apartamento e das impressões penosas que experimentou. Afonso tinha razão, ele seria sua próxima investida e precisava se precaver. Mas por quê? O jovem continuou: – É essencial que estejamos um passo à frente dela, daí a urgência em conhecer esse passado e suas implicações com o presente. Nada vai mudar o que já foi, mas nos auxiliará a compreender as razões de tudo isso acontecer. Precisamos continuar na busca de informações que possam nos esclarecer quanto a isso, Ricardo.

— Sinto o mesmo, Afonso. Porém tudo tem seu tempo. Precisamos ver Clarice, sinto que ela nos será de grande valia. Confio nela!

— Confie em você, primeiramente. Estela sabe como enfraquecê-lo e não pode se submeter a ela. O que tanto o perturba desde a cena que visualizou? – Ele olhou fixamente para o médico que não conseguiu desviar seu olhar, como se uma força superior os mantivesse conectados. No mesmo instante, Afonso sentiu a emoção dominar-lhe, o mesmo acontecendo com Ricardo. Ambos continuavam com o olhar fixo, sem dizer palavra alguma, mas cada um conhecendo os sentimentos alheios. Afonso pegou a mão do médico e a reteve entre as suas, numa troca fluídica que beneficiou a ambos. Em seguida, disse a Ricardo: – Não há nada que precise te perdoar, meu amigo. Você é que necessita se perdoar. Enquanto a culpa permanecer em seu íntimo, conduzindo suas ações, você estará fragilizado e esse é ponto de atração entre você e Estela. Ela sabe como atingi-lo, usando seus próprios sentimentos contra você mesmo. Já lhe disse, o que passou não poderá ser alterado. Tudo que adveio daquelas condutas indébitas já causaram danos mais do que suficientes. A culpa paralisa e impede nosso despertar. Cuide para que ela seja extirpada definitivamente de seu mundo íntimo. Conheço um excelente psiquiatra que poderá ajudá-lo. – Disse o jovem ofertando um sorriso radiante.

– Até você! – Disse Ricardo sentindo-se exatamente daquela forma, culpado. Era uma dor que não cessava! Todos sorriram, descontraindo o momento. Era crucial que o equilíbrio fosse mantido. A qualquer custo! No momento certo, todos conheceriam as razões.

– Vitória, sua presença ao lado dele será fundamental. Não sei o motivo, mas assim tem que ser. Betina, não a quero por perto de Estela e do irmão. Eu farei as investigações necessárias e ela virá até mim, quando for a hora. Isso irá acontecer, não poderemos evitar. Porém, até lá, novas informações serão acessadas por nós, o que nos colocará um passo à frente dela. Ela deseja o poder supremo, essa tem sido sua busca constante nesses últimos séculos. Está aliada a companheiros das trevas, portanto as sombras a envolvem, o que torna tudo nebuloso. Daí a extrema cautela com nossos atos. Ela não se importa com ninguém, apenas com os ganhos que possa auferir. Sua arrogância, entretanto, será sua pedra de tropeço. – Havia tanta lucidez em suas palavras, que surpreendeu aos presentes. Era ele quem ditava as regras, isso agora estava comprovado e era indiscutível!

Capítulo 16

VOLTANDO AO PASSADO

A jovem adentrou o castelo e correu pelos corredores até chegar ao amplo salão. Todos estavam lá reunidos em profunda consternação. Ela abraçou a mulher que lá estava e, em prantos, deu a fatídica, porém esperada notícia:

— A sentença foi cumprida e ambos estão mortos. Temos que fugir, Estela estará aqui em momentos, eu sei! — A mulher se desvencilhou da jovem e disse serenamente.

— Nosso destino será cumprido, assim como o de Afonso e Ricardo já foi. Nada há que possamos fazer para alterar. — Leonora foi até o marido e o abraçou, deixando a emoção prevalecer naquele derradeiro momento. Ao lado, duas jovens choravam abraçadas.

— Precisamos fugir! Ainda há tempo! Não podemos nos entregar de forma pacífica. Há tanto em jogo! Julian, apelo ao seu bom senso! Os dois já estão mortos e não podemos fazer mais nada por eles. E tudo pelo poder que ela acredita ser merecedora! Não aceito que tenha que ser assim! – A indignação a corroía.

– Vitória querida, não temos mais tempo. – Disse Julian resignado. – Entretanto, quero que faça algo por nós e por tudo em que acredita. – Olhou a esposa que lhe sorria tristemente. – Nossas vidas aqui se encerrarão, mas não a de vocês. Quero que leve Betina e Laurita para Itália, terra natal de Leonora, lugar que serão acolhidas e respeitadas. Procure Fabrício Capello, ele cuidará de vocês. Fale em meu nome e de Leonora, apenas isso. Faça isso, minha amiga! Ser-lhe-ei grato por toda eternidade. – Fechou os olhos por instantes e prosseguiu. – Precisam ser rápidas!

– Eu ficarei aqui! – Disse Betina de forma resoluta. – Não deixarei vocês! – As lágrimas escorriam num pranto incontido. Ela abraçava o pai com toda força! Leonora se aproximou e assim permaneceram por poucos momentos, selando, mais uma vez, o pacto de amor tecido há tanto tempo e jamais desfeito. Laços de amor os uniam! – Não irei embora daqui! Por favor, me deixem ficar!

A mãe pegou o rosto da filha em suas mãos e disse:

– Minha amada filha, tens muito a viver. Ainda não é seu tempo de partir! Jamais mentimos para você e não será agora. Eu e seu pai já traçamos nosso destino, porém o seu ainda precisa ser encarado com coragem e perseverança. – Ela foi até um armário e pegou um livro de capa de couro, entregando à filha. – É por ele que precisa fugir! Ele não pode cair em mãos imprevidentes, sabe a quem me refiro! – Olhou para a outra jovem que apenas chorava toda sua dor e disse: – Laurita, entrego nas mãos de vocês três nosso maior tesouro. Que esse livro jamais desperte em vocês a vaidade e o orgulho desenfreados. Saiba utilizá-los com a força do vosso amor! Vitória as conduzirá em segurança. – Abraçou novamente a filha e as duas outras jovens, despedindo-se: – Betina, seja feliz! Sabe como fazer! Traz em seu íntimo todas as verdades contidas neste livro! Tens a pureza de coração e esse será seu maior tesouro, minha filha! Faça sua vida valer a pena! Onde estivermos, cuidaremos de ti! Eu a amo mais do que tudo! – Abraçou-a novamente e disse: – Agora, precisam ir! Julian, diga-lhes como fazer!

Julian pediu que as jovens o seguissem pelos corredores sombrios do castelo, até chegar a uma sala, onde havia um grande armário, que se moveu a um toque dele.

– Ninguém, além de nós, conhece essa passagem, nem mesmo Estela. Ficarão em segurança aqui. Não saiam por nada, eu lhes suplico. Quando tudo estiver terminado, saberão o que fazer. Confie em mim, Betina. Eu a amo, minha princesa. – Abraçou-a com toda energia e com todo seu amor! Beijou seu rosto e pediu: – Viva essa vida de forma sensata e digna, encontrará o amor e será muito feliz! – As lágrimas escorriam por seu rosto. Abraçou-a mais uma vez e pediu: – Quando tudo se encerrar, caminhem por essa passagem até o final dela. Reconhecerá o local! Somente você e Afonso conheciam esse lugar. – Ao lembrar-se do filho morto, sentiu que suas forças estavam por um fio. Respirou fundo e disse às jovens: – Levem esse livro em segurança. Laurita e Vitória, foi um privilégio conhecê-las. Que Deus as envolva em luz e paz! – Abraçou a cada uma, fazendo-as adentrarem na estreita passagem. A filha foi a última a entrar, indecisa quanto ao seu destino, abraçava fortemente o pai.

– Eu o amo, meu pai. Jamais o esquecerei! Assim como a mamãe e o Afonso. Eu os encontrarei onde estiverem! – Seus olhos tinham a determinação e a força. – Do outro lado da vida! Adeus! – E Julian empurrou a filha, pressentindo que seu tempo estava esgotado. Fechou a entrada novamente, correndo de volta para o imenso e iluminado salão. Leonora o aguardava com a emoção consumindo-a.

– Ela conseguirá. Eu sei! Eles me alertaram que isso iria acontecer. – Elevou as mãos ao alto e agradeceu por conseguir colocar a filha em segurança. Ela não seria mais uma vítima de

Estela e suas maldades. Pegou a mão da esposa e juntos oraram pelo filho morto. Assim permaneceram até que o barulho de passos ecoando pelos corredores os trouxe de volta à realidade.

Os dois estavam de mãos dadas quando Estela os encontrou. Alguns guardas a acompanhavam e esperavam suas ordens. Ela parecia dominá-los. Um sorriso satânico se delineou em seu rosto. Caminhou até o armário e o abriu, encontrando-o vazio. Suas feições se contraíram e ela começou a gritar:

— Onde está meu livro! — Dizia em total descontrole.

— Ele não lhe pertence, portanto jamais o terá, nem tampouco o verá novamente.

Ela se aproximou de Julian e o esbofeteou. Ele se manteve impassível, sem esboçar nenhum gesto. Apertou a mão de Leonora com força, como a dizer-lhe que ele estaria ao seu lado em qualquer circunstância.

— Seu tolo! Onde você o colocou? Ele é meu por direito! — Seu olhar era sinistro.

— Como pode trair a todos nós dessa forma tão abjeta? Eu lhe ensinei tudo o que sabe, Estela. Queria superar seu próprio mestre? Acreditava que seria possível?

— Eu suplantei o mestre! Sou mais poderosa que vocês todos juntos! Não queira medir forças comigo, pois não conseguirá me vencer! Onde colocou o livro? — Ela pediu para alguns guardas procurarem por todos os cantos do castelo. Virou-se para Julian e perguntou: — Onde estão sua filha e aquelas odiosas jovens? — Olhou fixamente para o homem e tentava ler sua mente. Julian sorria para ela.

— Não vai conseguir o que pretende, Estela. Sou mais forte que você e sabe disso. Peço-lhe que poupe suas energias mentais. As meninas não estão mais aqui, se isso lhe interessa. E o livro está com elas. — Estela ficou ainda mais irritada e esbofeteou-o novamente. A ira se apossara dela e gritava em total desespero.

— O livro me pertence! Preciso dele para salvaguardar minha vida!

— Infelizmente, ele não estará mais ao seu alcance. Seu reinado findou-se sem antes mesmo começar. Quando mandou prender meu filho e Ricardo, eu as enviei para bem longe de você. Matou meu filho e nos matará, mas Betina ficará longe de suas garras.

— Já sabe seu destino? — Perguntou ela ironicamente. — Por que os seres da luz não o auxiliam agora? Onde eles estão quando mais precisa? — E gargalhou.

Leonora fechou seus olhos e mentalmente interferia nos pensamentos de Estela, que começou a ficar confusa e sem conseguir se controlar.

— Você matou meu filho! Sabe que irá pagar caro pelo que fez! A justiça divina impera e a ela irá se render! — No mesmo instante, todas as velas acesas se apagaram, ficando todos na penumbra. Julian sabia que isso não era conveniente, mediante a fúria de que ela era portadora. Enviou seus pensamentos à esposa, que acatou, cessando suas ações. Porém, tarde demais. Num gesto de fúria, Estela pegou uma adaga sobre a mesa e fincou no peito de Leonora, que caiu ao chão.

Julian correu a socorrê-la e, com a mulher nos braços, despediu-se dela naquela existência.

Leonora disse com a voz entrecortada:

— Tudo ficará bem, meu amor! Em breve nos reencontraremos! — Foram suas últimas palavras.

Estela percebeu que fora longe demais e, em total descontrole, gritava:

— Para onde elas foram? Preciso recuperar esse livro! Diga-me agora! Não tente me enganar ou terá o mesmo destino!

— Eu conheço meu destino! — Depositou a cabeça da esposa delicadamente no chão, beijou-a com todo seu amor e disse a ela: — Em breve, estaremos juntos novamente, meu amor!

O que aconteceu em seguida nenhum dos guardas esperava. Julian se levantou e investiu contra eles com toda energia. Porém eram muitos e, em poucos instantes, ele teve o mesmo fim que a esposa. Estela não esperava tal desfecho e estava atônita. Lá chegara imbuída de uma tarefa e sairia de lá sem obter o que tanto desejava.

O castelo foi revistado minuciosamente e nada foi encontrado. Perante seus planos frustrados, nada mais restava senão abandonar o lugar. No ápice de sua crueldade, pediu aos guardas que colocassem fogo em tudo!

Porém, antes que isso acontecesse, as três jovens já haviam conseguido escapar de lá, percorrendo os caminhos tortuosos que as conduziu para fora, numa clareira em meio à densa floresta que rodeava o castelo. Assim que saíram, ficaram a observar as chamas que consumiam o local, palco de tantas alegrias, descobertas, aprendizado e, essencialmente, de muito amor. Nada mais a retinha lá, pensou Betina. Laurita e Vitória estavam abraçadas, chorando cada uma a perda do amor que não pôde ser vivido em toda plenitude! Vitória guardou para si o segredo que julgava estar oculto de todos. Esqueceu-se, entretanto, que a telepatia era a prática usual entre os dois irmãos, Afonso e Betina. Ela já sabia que tudo tinha sido uma armação de Estela e Ricardo, porém ele havia sido traído também. Uma história triste e trágica! Seus pais e ela tinham conhecimento de tudo o que ocorrera durante a prisão dos dois jovens. Sabiam que Ricardo tinha uma paixão platônica por Estela e ela se utilizou disso para obter seus intentos. Caberia ao traidor encarar sua própria consciência! Não o julgariam por seus atos infames, pois ele mesmo bebeu de seu próprio veneno. Uma grande decepção para a família que acolhera Ricardo como um filho muito amado. Porém, sua fraqueza imperou e foi capaz de entregar o próprio amigo aos seus algozes. A imperfeição comandou suas ações indébitas e somente ele responderia ao tribunal de sua consciência. Apontar os erros, julgar suas atitudes, caberia apenas ao Pai Maior, assim disse Julian entre lágrimas quando conheceu toda a verdade. E assim como o pai, Betina não efetuaria nenhum julgamento, pois não estava isenta de cometer erros, imperfeita que era. Olhou com carinho para as duas amigas, sua família a partir daquele instante e as abraçou, selando a amizade que conduziu suas existências até o final de seus dias. Apesar de toda perseguição de que foram vítimas, as três conseguiram chegar até a Itália, conforme os planos de Julian e Leonora. Foram acolhidas pelo amigo fiel e viveram suas vidas em toda plenitude, espargindo toda a luz que traziam em seus corações.

Já no mundo espiritual, Afonso ainda se recuperava em local apropriado, quando recebeu a visita dos pais. A emoção contagiou o pequeno grupo e, abraçados, o jovem perguntou sobre a irmã e as amigas. Estariam elas em segurança?

— *Sim, meu filho. Partiram para Itália e levaram nosso livro. Ficarão bem e distantes da fúria de Estela.* — Um sorriso se delineou em seu rosto com traços juvenis. — *Sabemos que ainda se recupera e estamos radiantes com o progresso que tem realizado, Afonso. Tentamos vir antes, mas esperamos o tempo certo.* — Julian sorriu e abraçou o filho mais uma vez. Afonso, com sua sensibilidade apurada, sentiu que ambos pretendiam lhe dizer algo. O pai percebendo o olhar confuso do filho disse: — *O que nos trouxe aqui foi Ricardo.* — *O que aconteceu com ele? Desde que aqui cheguei ainda não o encontrei. Conte-me tudo, meu pai. O que posso fazer para ajudá-lo?*

— *No momento, não há nada que possamos fazer por ele, Afonso.* — A mãe falara com as feições sérias. — *Ele se mostrou refratário ao auxílio que lhe foi oferecido. Sua consciência não lhe dá trégua e a culpa o transformou. E o transtornou! A rebeldia, a inconformação perante as ações decorrentes de seu gesto desleal, o perturbaram profundamente.* — Ela se calou pensando em poupar o filho de mais dissabores.

— *Minha mãe, não me oculte nada, eu lhe suplico. Estou bem e não farei nada que possa prejudicar minha plena recuperação.* — Seus olhos estavam marejados.

— *Em total desespero e descontrole, não aceitou a ajuda que lhe foi concedida e fugiu, embrenhando-se na densa e torturante floresta das próprias iniquidades. Não aceita seu destino e acredita que Deus o está punindo. Rebelou-se contra todos os que pretendiam estender-lhes as mãos acolhedoras. Está totalmente perdido em sua dor que jamais cessa, revivendo a todo instante seu doloroso e trágico desencarne. A única ajuda que aceitou...* — E se calou, temendo a reação do filho. Porém, ele insistiu:

— *De quem ele aceitou a ajuda?*

— *De Edan. Não sabemos como ele chegou até seus domínios, talvez instigado por ele próprio, que a todo instante acredita em poder nos vencer, assediando os nossos. Vulnerável que Ricardo se encontra, foi presa fácil.* — Leonora parecia profundamente triste com a situação reinante.

— *Não há nada que possamos fazer, meu pai?* — Dirigindo-se a Julian.

— *Ainda não é o momento. Porém tínhamos que alertá-lo quanto a esse fato. Sabe que Edan irá encontrar um meio de neutralizá-lo, meu filho. Assim, Ricardo continuará em seus domínios, sem imaginar que já é um prisioneiro de nosso velho amigo. Ele tudo fará para conseguir todas as informações acerca de nosso leal grupo. Infelizmente, isso já está acontecendo. Precisa se fortalecer e unir-se a nós. Sua ajuda será valiosa.*

— *Não posso permitir que meu amigo se una a Edan. Preciso fazer algo!* — Levantou-se da cama, porém sentiu as pernas fraquejarem. Apoiou-se no pai, que o alertou:

— *Agora percebe as razões de sua recuperação ser tão lenta? Estás ligado, pelo fio mental, a Ricardo, que se tortura pelo que fez a você, um irmão que a vida se encarregou de unir. Seus pensamentos não se desconectam de ti, que acabam por causar uma perda de energias significativas, o que explica a morosidade com que está a recuperar seu próprio equilíbrio. Conhece profundamente o que isso significa, Afonso. Cuida de seu padrão mental e aparte-se das emoções que irão se apresentar. Cautela é essencial, precisamos que esteja bem!* – O pai estava sendo enfático em suas colocações.

– *Ficarei bem, eu prometo!* – Fechou os olhos por instantes e viu o que ele tanto temia.

– *Não está pronto para isso!* – Repreendeu o pai.

– *Ele corre perigo!* – Disse Afonso aflito.

– *Ele escolheu seu próprio caminho e terá que dele se apartar. Porém o fará sozinho! Ele também saberá como agir, bastando apenas que ele recupere a lucidez mental e extirpe a culpa que tenta dominá-lo para fazer a coisa certa. Esse tempo chegará! Até lá, temos trabalho a realizar. Voltaremos a visitá-lo e esperamos que, da próxima vez, você venha conosco.* – Disse Julian com um sorriso acolhedor.

– *Assim espero, meu pai.* – Os dois se abraçaram. A mãe fez o mesmo gesto e, em seguida, deixaram-no com seus pensamentos, ainda desordenados, porém conscientes de que a situação era extremamente complexa, requerendo novas e benéficas ações.

Os dias se passaram e Afonso, já recuperado plenamente, solicitou uma reunião com os companheiros espirituais que cuidavam do caso. Sua ideia era resgatar Ricardo do controle de Edan. Após ouvirem sua petição, uma entidade feminina se aproximou do jovem e disse com a voz suave, porém firme:

– *Afonso, reconhecemos seus esforços e seu ímpeto nesse caso, porém não é tão simples quanto parece. O que o leva a crer que Ricardo pretende se apartar de Edan? O que pretende fazer? Retirá-lo à força, violando seu livre-arbítrio*[1]*? E se ele já fez suas escolhas, meu querido?* – Havia uma luz intensa envolvendo-a.

– *Ele está perdido em sua culpa, como poderá usar seu poder de escolha nas condições em que se encontra? Sei que ele é*

---

1 Livre-Arbítrio: Kardec, Allan – Livro dos Espíritos – questão 843 – O homem tem sempre o Livre-Arbítrio? Uma vez que tem a liberdade de pensar, tem a de agir. Sem o Livre-Arbítrio o homem seria como uma máquina.

um guerreiro da luz, assim como nós. Ele está tolhido em suas ações, porém apenas momentaneamente. Ele irá recuperar seu senso crítico e entenderá que está caminhando de forma equivocada. Precisamos ajudá-lo a recuperar a confiança nos desígnios divinos. – Sua voz estava carregada de emoção.

– *Essa decisão é sempre individual, Afonso. Ninguém pode efetivar por nós. Se tudo o que diz é verdadeiro, seu tempo de despertar está próximo. Caberá a ele próprio rever suas condutas e perceber os erros que está praticando, perturbando sua evolução. Você não pode induzi-lo a isso, por mais que o ame e acredite nele. Deixe que o tempo faça com que as sementes plantadas possam germinar. Se ele traz em seu íntimo os valores nobres que já conquistastes, esse período de torpor será provisório. Aguardemos!*

– *Não há como possa intervir?* – Sua voz era um lamento.

– *Podemos ajudá-lo, como o faríamos a todo irmão de jornada que se encontrasse em dificuldades, que ele próprio causou. Orar para que ele desperte para os valores essenciais da existência. Conheces o poder de uma rogativa sincera. Utilize esse recurso e encontrará a paz para seu coração aflito.* – Despediu-se do grupo e deixou o ambiente, acompanhada de outros espíritos de mesma hierarquia.

Afonso estava decepcionado e nada podia fazer para ajudar o amigo. Seguiu as instruções da dirigente espiritual e foi para um local reservado, entrando em profunda prece ao amigo falido. Os meses se passaram e, finalmente, ele recebeu permissão para recolher Ricardo, que jazia inerte em terreno inóspito e sufocante. Mal reconheceu o amigo, que parecia um alienado mental. Inútil aos planos de Edan, foi descartado e jogado num canto qualquer em condições deploráveis.

– *Ricardo, sou eu, Afonso! Reconhece-me?* – Ele olhou fixamente para os olhos do amigo e sorriu-lhe. – *Viemos te buscar! Não estará mais sozinho! Ficarei ao teu lado o tempo que for necessário. Dê-me sua mão, meu amigo querido! Tudo ficará bem!* – Afonso pôde ver no semblante daquele ser tão sofrido uma pequena luz, como se ele tivesse acessado as profundezas de seu inconsciente, recordando-se daquele rosto tão familiar. Algumas lágrimas surgiram em seus olhos, porém nenhuma palavra foi dita. Ricardo fechou os olhos e adormeceu, dessa vez com a certeza de que tudo ficaria bem.

Afonso colocou o amigo em seus braços e, com o auxílio de amigos espirituais, seguiram para uma colônia, onde ele receberia os primeiros atendimentos.

Muito tempo se passou até que ele recobrasse sua sanidade, permanecendo em hospital adequado a esse tipo de tratamento. Poucos momentos de lucidez e outros de profunda perturbação, intercalando com muito sofrimento e outros de paz. Foi necessário um longo período até que ele retomasse o controle de sua vida. Afonso o visitava regularmente, procurando oferecer a sustentação que ele tanto necessitava para superar os obstáculos surgidos em decorrência de suas ações funestas. Ricardo falhara com aquele que mais lhe oferecera a esperança de conquistar a felicidade. A retomada de seu equilíbrio foi longa e penosa. Muitas encarnações foram necessárias para que ele pudesse recuperar o caminho da sua evolução, interrompido por suas mazelas morais. A culpa impregnou seu ser que foi tolhido em suas ações transformadoras, comprometendo-se novamente com a lei divina, através de suas condutas involuntárias e reprováveis, nas sucessivas oportunidades que lhe foram concedidas. Afonso tentou estar próximo de Ricardo, porém suas tarefas eram prioridade e o tempo se encarregou de afastá-los. Até que, nesta atual, mais uma chance lhe foi concedida...

Capítulo 17

CAMINHOS QUE SE CRUZAM

Ricardo olhava o jovem à sua frente desconhecendo-o. Foi como se um botão tivesse sido acionado, despertando nele todas as potencialidades adormecidas. Tudo tinha uma razão de ser...

A força que ele demonstrava sinalizava que era outro ser, esse mais focado, convicto de suas tarefas, controlando suas ações como jamais fizera. O médico estava surpreso com as mudanças que o jovem operara. Não era mais aquele ser sensível, fragilizado, que a qualquer momento poderia atentar contra sua própria integridade física. O que Clarice diria? Quanto a si mesmo, precisava de um tempo para recompor-se emocionalmente, tentando ajustar as peças desse complexo quebra-cabeças à sua frente. Eram muitos eventos misteriosos, que ainda não conseguira obter uma resposta racional, mediante todos os seus conhecimentos intelectuais. Nada se encaixava às suas teorias psicanalíticas. Estava andando em terreno movediço, era a sua sensação. Precisava ordenar seus pensamentos antes que se sentisse ainda mais confuso.

Como se Afonso lesse seus pensamentos, disse ao médico com um sorriso afetuoso:

— Sabia que me ajudaria a esclarecer os pontos obscuros dessa minha encarnação. Pela primeira vez, desde que aqui cheguei, tudo ficou claro. Tenho ainda muito a desvendar, mas agora sei que estou no caminho certo. Talvez, essas lembranças ocultas, imersas em meu inconsciente, tivessem que emergir apenas quando todos nós estivéssemos novamente unidos. E esse momento chegou! E somente foi possível através de você, meu amigo, o único que detinha a chave para esse processo. Não sei os motivos, mas juntos iremos entender. Sabia que esse dia chegaria! – Seu olhar se prendeu ao do médico e uma emoção envolveu a ambos. – Dessa vez, foi você a me auxiliar! Percebe agora do que é capaz? Como você mesmo disse, o passado não irá retornar, mas constitui nossa bagagem de erros e acertos, os quais precisam ser revistos e reformulados, quando a hora chegar. Não recuse a tarefa que está à sua frente, Ricardo. Cada um de nós aqui chegou imbuído de uma função específica e fomos preparados para isso, muito antes de aqui retornar. Sei que pode parecer confuso, mas esse véu tende a ser retirado nos próximos eventos. – Um sorriso iluminado emoldurava seu rosto.

Vitória percebia a realidade espiritual com maior nitidez e pôde ver a presença de vários seres ao lado do jovem, dando-lhe uma visão surpreendente da cena. Seus olhos estavam fixos no que via e Afonso foi até ela e, gentilmente, segurou suas mãos, dizendo:

— Cada um de nós traz um talento oculto que será percebido por nós. Uma sensibilidade apurada que terá seu papel a desempenhar. Esse é o seu, Vitória. Consegue adentrar a realidade espiritual com destreza, fruto de muito trabalho anterior e dedicação aos propósitos que abraçou. Confie! Outras mais virão, minha amiga. – E sorriu-lhe.

— Agora, vamos sair, pois nosso amigo precisa reordenar suas ideias embaralhadas. Encontraremos ambos na segunda? É o dia que iremos conhecer Clarice.

Vitória assentiu, sem entender como ele sabia sobre isso. Realmente, esse era o dia que iriam encontrar a dirigente no centro espírita. Ela sorriu e disse:

— Exatamente. Espero vocês aqui às dezenove horas e iremos juntos. Certo, Ricardo?

— Deixaremos sua consulta para outro dia, então. — Ainda confuso com todos os eventos.

— Eu e Betina aqui estaremos. — Olhou a jovem com carinho e pegou sua mão: — Sua presença me reconforta, minha irmã. Quanto ao que lhe aconteceu, precisamos conversar. Sabe que nada ocultamos um do outro, e não será agora. — Ela baixou o olhar e ele finalizou: — Sabe melhor do que eu o poder da sugestão mental e existem muitos pontos que precisam ser mais bem compreendidos. Diego não é o que parece ser e isso nos será mostrado em breve. Quanto a Estela, temos que ser cautelosos. Ainda não é momento de nos encontrarmos. Vamos sair para conversar? — Definitivamente, ele era outra pessoa que parecia confundir Ricardo, que olhou para Betina e disse:

— Jamais contei a ele o que lhe aconteceu. Eu lhe prometi. — Tentando se justificar à jovem.

— Pare com as explicações, Ricardo. Betina sabe que a telepatia sempre foi nossa linguagem. Ela própria me contou, quando deixou em sua tela mental as imagens dolorosas que acredita ter vivenciado. — Betina o abraçou e assim permaneceram.

— Por que diz "acredita"? — Como médico, a argumentação estava sempre presente.

— No tempo certo compreenderá. Posso apenas dizer que muitas ideias que povoam nossa mente nem sempre foram criadas por nós mesmos. Uma invasão pode ter ocorrido, provocando esse tipo de imagem, que fica arquivada como se fosse de nossa própria autoria. – Ricardo ouvia o jovem falando com tamanha propriedade que estava cada vez mais confuso em seus pensamentos, realmente desorganizados.

Afonso sorriu e disse:

– Tudo será esclarecido no tempo certo, contenha seu ímpeto. – Quando já estava na porta, virou-se dizendo: – Estejamos vigilantes! Cuidemos de nosso padrão mental, será ele que nos manterá em segurança! – Saiu em seguida com Betina.

Vitória observou o amigo com carinho, sentindo-o tenso. Aproximou-se dele e o abraçou. Ele permaneceu em seus braços, sentindo que a paz, aos poucos, lhe retornava.

– O que irá nos acontecer? Tenho uma sensação estranha quanto a isso. Preciso retomar minha vida, mas parece que a cada dia mais me distancio desse propósito. Por que isso tudo está acontecendo?

– Não sei, Ricardo. Creio que precisamos confiar no tempo, capaz de alocar cada coisa em seu lugar. – Ela percebia seu estado de completa desarmonia mental, talvez pelas lembranças dolorosas, acionadas por Afonso. Não estava sendo fácil para ele que guardava em seu inconsciente questões aflitivas a resolver, era o que sua intuição lhe dizia. Jamais o sentira tão vulnerável como naquele momento e tudo o que mais desejava era que isso cessasse, poupando-o de tal sofrimento. Queria dizer-lhe que esse desconforto iria passar, porém pressentia que muitas turbulências ainda ocorreriam.

– Fica aqui comigo essa noite? – A pergunta direta a surpreendeu.

– Não sei se é uma boa ideia, Ricardo. – Desviou seu olhar do dele, para que não ficasse tão visível o sentimento que ela retinha em seu íntimo. Tinha tanto medo de extravasar seu amor e não ser compreendida. E se ele a rejeitasse? Não iria suportar!

– Eu lhe peço! – Segurou seu rosto com carinho e encarando-a fixamente disse:

– Não sei mais quem eu sou, mas sei o que quero! – E beijou seus lábios com delicadeza. – Não quero que me julgue um ser leviano, que brinca com sentimentos alheios. Você me conhece, Vitória, sabe que jamais agi de forma insensata. Pode parecer loucura, mas, depois daquela noite, não consigo pensar em outra coisa que não naquele beijo. Não sei o que isso significa! Na loucura dos últimos eventos, você é minha única certeza! Perdoe-me se estou sendo inconveniente, sei que acabou de passar por momentos tensos e dolorosos. Uma separação é sempre traumática. Só sei que preciso de você ao meu lado. Não quero apenas a amiga, se é que me entende. – Ela o ouvia sem proferir palavra alguma, mensurando tudo o que ele estava dizendo. O silêncio dela o perturbou. – Creio que já sei a resposta.

– Creio que não sabe! – Ela se aproximou e, dessa vez, foi ela que o beijou, permitindo que toda paixão contida se expandisse. – Não sei se estou fazendo a coisa certa, mas é o que meu coração deseja. Quero ficar ao seu lado!

– Não acontecerá nada que não tenhamos planejado. Quem diria isso? – Brincou ele.

– Essa frase é minha, não sua. – Ela se aconchegou em seus braços, sentindo-o tão perto de si, como sempre sonhara.

– Fica aqui esta noite? Preciso tanto de você! – Apertou-a em seus braços.

– Esta noite e todas as outras que me pedir! – Um sorriso emoldurou seu rosto.

– Estou tão confuso, Vitória. Não sei o que me espera! É um grande enigma que sozinho não vou resolver. Tenho receio dos próximos eventos, pois sinto que tempos sombrios me aguardam. Precisamos estar fortalecidos. Espero que Clarice possa nos ajudar a desvendar esse mistério.

– Ela saberá dizer a palavra certa. Confie! Tudo será esclarecido, querido! – No mesmo instante, a figura tenebrosa de Estela veio a sua mente, como a dizer que deveriam se precaver, pois a história mal começara. Sentiu seu corpo estremecer e sua visão ficou turva por instantes. Respirou fundo e a imagem se desfez, mas Ricardo percebeu o desconforto dela e perguntou:

— Sentiu o mesmo que eu? Estela estava em minha tela mental como a me afrontar. Tenho muito medo dela! Ela me causa arrepios! Quero-a distante de você, entendeu?

— Não tenho pretensão alguma de encontrá-la. No entanto, não sabemos o que o destino nos reserva. Temos que estar atentos e vigilantes.

A noite chegara e Ricardo foi até a janela admirar a lua que irradiava todo seu magnetismo.

— A lua dos amantes! Venha ver como a noite está linda! — Havia um brilho em seu olhar.

Vitória foi até a janela observar o espetáculo deslumbrante e seu olhar se tornou sombrio, como se aquela cena a remetesse a um passado distante e funesto. Sentiu a tristeza invadir seu coração e algumas lágrimas se fizeram presentes. Ele percebeu e a abraçou com ternura.

— Por que está assim? O que aconteceu? — Perguntou ele.

— Jamais gostei de noites de lua cheia. Não sei explicar, apenas fico deprimida. Deve haver alguma lembrança em meu inconsciente que não foi bem administrada. Talvez algum evento perturbador. Me desculpe! — Ela saiu de perto dele e sentou-se no sofá.

— Quer sair? Não quero vê-la assim! O que quer fazer? — Disse ele se aproximando.

— Vamos ficar aqui e apenas relaxar. Uma boa música, uma boa companhia, um jantar maravilhoso, isso vai me fazer ficar bem. — Respondeu ela com um sorriso.

— Posso responder pela música e pela companhia, mas pela comida...

— Podemos resolver esse quesito com apenas um telefonema. — Ela pegou seu telefone, fez uma ligação e disse: — Agora teremos a noite perfeita. — Foi até ele e o beijou.

Ricardo correspondeu com todo ímpeto, abraçando-a com todo seu carinho.

— Onde você esteve todos esses anos? — Perguntou ele entre os beijos.

— Esperando você! — Seus olhares se cruzaram e ambos viram todo amor represado.

— Estou aqui e ficarei ao seu lado! Nada irá afastá-la de mim, ouviu bem?

— Eu sei! Agora será diferente! — Palavras ditas com energia e poder. Desta vez, nada iria separá-los e ambos sabiam intimamente quem poderia realizar tal façanha.

Não muito distante de lá, Estela parecia completamente desarmonizada, gritando com todos que cruzavam seu caminho. Problemas no laboratório, a fizeram trabalhar durante todo o sábado. Diego a acompanhava e era sempre o alvo de seus arroubos e maus tratos. Num dado momento, ele já irritado disse:

— Chega por hoje, minha irmã. É sábado, dia de lazer e não ficarei aqui ouvindo seus destemperos. Preciso de um pouco de ar. Vou sair e me distrair, antes que cometa uma loucura. Você passou dos limites. Está intratável!

— Onde pensa que vai? Temos ainda muito trabalho, não me deixará aqui sozinha com esses incompetentes! Fique aqui! — Gritou ela com o irmão.

— Sou tanto dono disso quanto você! Não me dê ordens! Não sou seu escravo! — Seus olhos azuis estavam gelados e irados. — Amanhã, se for necessário, eu venho. Agora estou cansado e não será você a me impedir de ir embora. — Estava saindo, quando se virou:

— Aceite um conselho, Estela. Contenha seus ímpetos, caso contrário tudo pode se complicar. Talvez, se sair um pouco, conseguirá reencontrar seu equilíbrio e observar o que ainda se encontra oculto. Mas, conhecendo você, vai desprezar tudo o que acabei de falar. Então, resta-me dizer: boa noite! — E saiu.

A irmã pegou um copo sobre a mesa e atirou na porta, assim que ela se fechou. Estava furiosa com tudo que andava acontecendo. Seus planos não estavam se concretizando no tempo estipulado e isso a perturbava profundamente, arremessando sua ira em todos à sua frente. Diego não podia deixá-la sozinha com todos os problemas. Ele era odioso! E cada dia mais rebelde ao seu domínio! Algo estava acontecendo, ele jamais agira assim anteriormente. Sua palavra sempre fora a lei! Ele parecia não mais se submeter docilmente aos seus caprichos. Tudo acontecera depois de Betina ter entrado em suas vidas. Sabia que isso poderia acontecer, deveria ter se livrado dela de outra forma. No entanto, ela ainda estava por perto, irradiando todo seu poder, envolvendo, sutilmente, Diego, que já se enredara em suas teias. Apenas ele ainda não se dera conta. Era mesmo um tolo reincidente! Agira assim no passado e quase colocara tudo a perder. Porém ela foi mais astuta que ele e conseguiu neutralizá-lo contra a influência dela. Agora, ele estava arredio, não aceitando passivamente suas ordens. Isso não podia acontecer, afinal, ela detinha o poder! Todos teriam que se render a ela, inclusive ele, que estava ao seu lado porque ela assim determinara. Ele tinha tanto a expiar! Ela lhe oferecera uma chance única e, agora, agia assim? Algo precisava ser feito antes que ele se rendesse à luz! Era tudo o que ela mais temia! Diego conhecia todos os seus segredos mais tenebrosos e sórdidos, sendo uma perfeita bomba ambulante. Ele teria que definir qual lado iria seguir. A escolha era dele! Teria que conversar com ele, mas não com os ânimos alterados. Fechou seus olhos e mentalizou a figura do irmão. Ele estava saindo do local, caminhando a passos firmes, olhar carregado de ira. Viu através de sua tela mental o que ele desejava no momento e respirou aliviada. Conhecia-o melhor do que ele próprio. Deu um sorriso de satisfação e disse:

– Vá, meu querido, em busca dos prazeres mundanos que tanto anseia. Isso irá acalmá-lo por hora. Reduza seu padrão mental, conectando-se a essas energias inferiores. Esse é o nosso mundo! Em breve, teremos tudo o que tanto desejamos! Creio que farei o mesmo que você! – Pegou sua bolsa e saiu planejando uma noite intensa de prazer.

Afonso e Betina decidiram jantar num restaurante que ela conhecia e apreciava pela boa comida, lugar tranquilo e aconchegante. Eles tinham muito a conversar.

— Betina, pensou que iria esconder-me tal segredo? — Disse ele segurando a mão da jovem.

— Esqueci esse pequeno detalhe. — Brincou ela com um sorriso triste. — São lembranças que me torturam a alma, especialmente porque tentei resolver isso da pior forma possível. Como se não soubesse que nada aplacaria minha dor, senão minha decisão em resolver essa questão. A morte não modificaria o que aconteceu e minhas crenças assim me orientam. No entanto, num gesto impensado e tresloucado, tentei fazer com que aquilo cessasse de vez e, num impulso, agi de forma tão insensata. — Fechou os olhos por instantes e algumas lágrimas escorreram. — Alguém, no entanto, me inspirou a repensar minha péssima escolha e revi meu ato em questão de segundos. Fui até meu pai e contei o que acabara de fazer, já completamente arrependida de meu gesto. Não sei como consegui, Afonso. Tudo aquilo para aplacar a minha dor. Não preciso contar-lhe o que você já conseguiu ver. Poupe-me dos detalhes sórdidos. — Seu semblante estava sério.

— Sei que acredita que tudo aquilo ocorreu realmente. E, para completar, os dois irmãos tiveram a indecência de lhe relatar as lembranças de que não se lembrava, mas eu lhe pergunto: como pode ter tanta certeza de que tudo o que eles disseram realmente ocorreu? Qual fato a faz acreditar nesses eventos? Algo foi registrado?

Betina o olhava com curiosidade. Jamais pensara sobre isso, pois queria que tudo fosse deletado de sua mente de forma definitiva. Sequer pensou na possibilidade de eles terem inventado tudo aquilo. Será? Ela rememorou os eventos que se seguiram, as feições de Diego sarcásticas relatando o que ocorrera, atribuindo-lhe predicados com tal vileza, que seria impossível desacreditar em tudo que ouvia. Algumas lágrimas assomaram.

— Não creio que tenha sido invenção. Diego foi tão enfático! Não sei se isso não aconteceu de fato. Que intenção oculta teriam para agir com tal baixeza? O que pretendiam com tudo aquilo?

— Creio que ainda não conheça, ou melhor falando, reconheça Estela. Posso imaginar o que ela pretendia com tal ação! Sabe quem são eles? – A pergunta direta a deixou atônita.

— Como assim? Eu já os conheço? – Afonso olhou fixamente para Betina e algo reacendeu suas lembranças. Viu Estela em outra época e a si mesma. Também outras cenas foram passando como num filme. Realmente, ela já a conhecia. Com as imagens em sua tela mental, as emoções irradiaram e uma dor pungente assomou. Sentiu uma vontade imensa de chorar, sem entender os motivos. – O que aconteceu naquela existência, Afonso?

— Não importa relembrar os detalhes, pois o fundamental é o fato de que nossos caminhos se cruzaram no passado e continuam a se cruzar no presente. Talvez as lembranças que iremos rever através da regressão possam nos dar um panorama mais efetivo de tudo o que aconteceu. Esse reencontro tem um propósito e creio que devamos estar preparados. – Ele tinha uma percepção mais apurada de tudo naquele momento e isso foi possível com a intervenção de Ricardo naquela tarde. Foi como se retirassem um véu, permitindo que suas lembranças fossem acessadas de forma natural. Conseguia, agora, compreender todos os eventos. Estela era perigosa ao extremo e sabia que um confronto iria ocorrer. Mas no tempo certo, quando ele estivesse pronto para isso. Tinha apenas uma certeza, a de que a luz o acompanhava. Isso faria toda a diferença! E, agora, estavam todos reunidos novamente! Quantas encarnações não foram necessárias para que isso fosse efetivado? Um dia saberia...

De súbito, as feições de Betina se contraíram e ela apertou a mão de Afonso, num gesto instintivo. Em poucos segundos, Diego estava à sua frente. O sorriso que ostentava enquanto se aproximava se desfez quando seus olhos se fixaram nos de Afonso. Sentiu um desejo imenso de correr dali, sem entender as razões. Continuou a encarar Afonso, como se um imã o atraísse, sem conseguir desviar o olhar. Naqueles poucos instantes, uma luz de emergência foi acionada. Ele conhecia aquele jovem que acompanhava Betina. Era ele! Queria sair dali, mas seus pés pareciam fincados no chão, tal o magnetismo de que aquele jovem era portador. Se fosse quem ele imaginava, as coisas estariam tensas dali em diante. O silêncio foi quebrado por Afonso:

— Betina, não vai me apresentar seu amigo? — Disse ele estendendo a mão a Diego, que ainda não conseguira desviar seu olhar. Viu que Betina ficou perturbada e disse-lhe mentalmente: — Fique tranquila, tudo está sob controle. Entendeu? — Ela assentiu e ele prosseguiu. — Muito prazer, sou Afonso, mas creio que já nos conhecemos, não?

Diego estendeu a mão num gesto automático e quando suas mãos se tocaram, sentiu a energia que aquele jovem irradiava e recolheu a mão rapidamente.

— Muito prazer, sou Diego. Porém não sei se já o conheço. — Lutava para recuperar seu controle e quando conseguiu, perguntou: — Vocês estão juntos?

— Sim, estamos jantando juntos, mas não era a isso que se referia, certo? — Afonso brincava com as palavras, com o intuito de perturbá-lo. — Não, Betina é apenas uma grande amiga, uma irmã posso assim dizer. — Ele sorriu e viu que a jovem fazia o mesmo.

— Por que perguntou? Minha vida não lhe diz respeito, Diego. Creio que há muito tempo, pelo que me consta. — Dessa vez foi ela a encará-lo fixamente e viu algo que jamais percebera antes. Havia um brilho estranho denunciando um certo desconforto. Uma emoção confusa, que ela própria não soube definir. Seria um sentimento represado?

Capítulo 18

UMA ESPERANÇA SURGE

Um silêncio perturbador tomou conta do ambiente. Diego conseguiu recuperar o controle e, desta vez mais contido, disse:

– Não tenho intenção alguma de me meter em sua vida, Betina. Peço que me perdoem, não quero atrapalhar o jantar de vocês. – Ele queria fugir dali, mas algo o impedia.

– De forma alguma, Diego. Por incrível que possa parecer, estávamos falando de você e Estela, não é Afonso? – Betina sentiu-se estranhamente confiante, olhando diretamente nos olhos de Diego, que, a cada momento, ficava mais desconfortável perante os dois à sua frente. Era como se Afonso o desnudasse, podendo conhecer seus mais profundos pensamentos. Era ele mesmo, agora tinha plena convicção. Precisava alertar sua irmã, se bem que ela já deveria saber sobre ele. Não era tão poderosa? Conforme os minutos se passavam, maior ficava a tensão reinante e mais oprimido ele se sentia.

— Vejo que não está se sentindo bem, não quer sentar-se um pouco? — Perguntou Afonso.

— Agradeço, mas já estou de saída. Este lugar está muito abafado. — Respondeu ele.

— Pensei que tivesse acabado de chegar. — Alfinetou Betina.

— Mas perdi o apetite. Com licença! Foi um prazer conhecê-lo, Afonso. — Ele usava o mesmo nome de outrora. Tudo estava ficando complicado demais, pensava Diego. Ele continuava com a mesma força espiritual daquela ocasião, os mesmos olhos magnéticos exercendo a mesma atração. Nada se alterara. Sentiu-se sufocar, precisava sair dali o mais rápido possível. Ele estava com Betina, saberia quem ela era? Naturalmente que sim, pois dissera "como uma irmã". Seu coração batia em total descompasso e temia o que Afonso pudesse descobrir acerca dos planos da irmã. O pânico se instalou, pois talvez ele já soubesse. Precisava fugir dali, mas algo o retinha. Afonso apenas olhava para ele, sem dizer palavra alguma, mas era como se ele o dominasse por completo, sentindo-se preso naquele local. — Pare o que está fazendo, Afonso. — O rapaz estava tomado pelo temor.

— Não estou fazendo nada, Diego. — A calma o acompanhava. — O que pensa que estou fazendo?

— Tentando dominar minha vontade. — Ele estava a cada instante mais incomodado.

— Creio que esteja equivocado. Gostaria apenas que se sentasse aqui um pouco e depois poderá ir embora. Não vai me negar isso sabendo quem eu sou, não é mesmo?

— Pensei que essas ações fossem repreensíveis, não se deve invadir a mente alheia e exercer qualquer tipo de domínio. — Ele sentou-se contrariado.

— Assim está melhor. Temos um assunto a tratar, Diego. Depois de nossa conversa não irei perturbá-lo mais. Sei o que pensa, porém Estela não está aqui para socorrê-lo. Como sempre faz! — Seu olhar ficou sério.

— Não sei aonde pretende chegar, mas fale o que deseja. Estou ouvindo!

— Bem, comecemos pelo início. Sei de tudo o que fizeram a Betina, apenas gostaria de entender as razões de assim procederem. Que perigo representava? Ela quase tirou sua vida e isso colocaria vocês como responsáveis diretos, acarretando ainda mais débitos aos muitos que já trazem consigo.

— Se ela assim agisse, a responsabilidade seria exclusivamente dela, pelo que me consta.

— Sabe que não é assim que funciona, Diego. Todos os fatos anteriores que disseram ter ocorrido, a levaram a essa atitude impensada. Não vou discutir sobre as leis que regem nossas vidas, pois vocês a ignoram, acreditando estarem acima de todas elas. Porém dia chegará em que as cobranças irão ocorrer e sabem disso. Serão capazes de suportar o ônus das escolhas equivocadas que realizaram ao longo das sucessivas encarnações? — O olhar de Diego se tornou tenso. — Mas esse é um problema que concerne apenas a vocês.

— Aonde pretende chegar? — Perguntou Diego.

— Ainda é tempo de recomeçar sua jornada, dessa vez pautando sua vida pelo bem, o qual se distanciou há tanto tempo. O Pai misericordioso oferece a todo filho que se arrepende uma nova oportunidade de refazer os caminhos.

— Quem disse que estou arrependido? — Perguntou ele com a ironia na voz.

— Porque eu sei que algo está diferente desta vez. Não se sente mais tão motivado a praticar os atos infames que Estela delega a você. Talvez seja momento de repensar suas escolhas, antes que seja tarde demais. Mais uma vez! Os acordos que realizaram podem parecer que os poupem de dissabores, porém eles também têm tempo de duração. A vida é dinâmica e a ordem está sendo sempre alterada. Hoje tem uma motivação para repensar, talvez essa nova oportunidade não volte a surgir tão cedo. – Diego alternava o olhar entre Afonso e Betina, sentindo-se vulnerável como jamais esteve.

– Minhas escolhas foram feitas muito antes de aqui chegar. Não posso voltar atrás. Tem muito em jogo. – Havia certa tristeza em seu olhar. E isso foi o que mais surpreendeu Betina que, pela primeira vez, viu algo de puramente humano nele. A qual motivação Afonso se referira? – Posso ir embora?

– Pode, mas pediria que refletisse em tudo o que conversamos. Quanto a Betina, creio que lhe deva mais explicações e isso irá ocorrer em tempo breve. Se o seu coração está oprimido, pode imaginar como ela está se sentindo? – Fez uma pausa, analisando as emoções que ele alternava. – Dê um recado a Estela. Estou de volta para impedir seus planos. Seu poder efêmero está por um fio. – E fechou seus olhos mentalizando algo. Depois disse: – Leve essa cena com você. – Os olhos de Diego estavam em pânico. Isso poderá acontecer, depende apenas dela. Foi um prazer revê-lo.

– Com licença. – Diego viu-se livre do domínio que Afonso exercia e saiu a passos rápidos, não sem antes olhar para Betina como se pedisse que o perdoasse. A jovem ficou atônita com tudo que presenciara.

– Afonso, o que pensa estar fazendo? Você acabou de declarar guerra a Estela e fica nesta calma? Não sabe quem ela é e do que é capaz de fazer? – Ela estava preocupada.

– Fique tranquila, sei o que estou fazendo. Quanto a Diego, vi algo que me surpreendeu, tenho de admitir. Ele não está mais tão seguro acerca das escolhas que realizou. Vamos aguardar que o tempo faça a tarefa. Ele irá refletir sobre o que conversamos.

– Que motivação ele tem? – Perguntou ela curiosa.

– Creio que ainda não tenha se dado conta, Betina. Não vou antecipar o que ainda não está pronto. Quero apenas que saiba que aquilo tudo pode ter sido uma grande farsa. Se isso lhe serve de consolo! – Seu semblante estava sério. Uma tragédia poderia ter ocorrido apenas para tirá-la de seu caminho, só não entendia por que ela representava tal perigo para Estela e seus planos diabólicos. Não queria apenas neutralizá-la, mas afastá-la definitivamente. Sua mente fervilhava e não encontrava todas as respostas para esse enigma. Respirou fundo várias vezes tentando acalmar seu mundo íntimo. Agora, mais do que nunca, a proteção de Betina seria sua prioridade. Talvez contasse com um aliado!

— Sabe que não é nada alentadora essa hipótese. Fico a me questionar as razões de Estela ter me procurado, me envolvido em suas teias e eu quase ter perdido minha vida. Existe algum segredo que não quer me contar? — Ela o encarava fixamente.

Afonso pegou sua mão e a beijou com carinho, dizendo:

— Jamais houve segredos entre nós. Já tem essa certeza?

— Sim, porém poderia estar ocultando algo com a intenção de me proteger.

— Concordo, mas não é o caso. Essa conversa toda me abriu o apetite. Vamos jantar? — Pegou o cardápio sobre a mesa sob o olhar inquisidor de Betina. Havia algo, pensou ela, e iria descobrir. Quanto a Estela, decidiu que faria algumas perguntas sobre as atividades dela. Viu o olhar de Afonso e disse:

— Foi o próprio Ricardo que perguntou acerca do trabalho de Estela. Farei algumas perguntas discretas. E sim, estou faminta também. — Tentando desviar o assunto.

Afonso decidiu que não iria prosseguir com o tema em questão, apesar do risco que ela estaria correndo envolvendo-se nos assuntos escusos de Estela. Ficaria atento a Betina.

O encontro entre os dois irmãos apenas ocorreu na manhã seguinte por volta do meio-dia. Diego estava acordado desde muito cedo aguardando o momento de lhe falar. A mesa do café ainda estava posta e Estela sentou-se calmamente, esperando que a serviçal lhe servisse seu café bem forte. Antes disso, ninguém se atrevia a conversar com ela. Havia sido sempre assim. Diego estava sentado ao lado dela com seu olhar gélido.

– Podemos conversar? – Perguntou ele.

– Veio pedir desculpas pelo que me fez ontem? Não precisa, querido. Já te perdoei!

– Eu o encontrei! É o rapaz que tem acompanhado Betina nesta última semana. – A revelação foi um choque. Estela empalideceu e nada disse. – Falei com ele, minha irmã, reconheci assim que o vi. Os mesmos olhos, o mesmo poder, a mesma intensidade das palavras. E tem o mesmo nome, Afonso. Impossível não o identificar. A mesma força o acompanha.

Estela se levantou e caminhou pela sala feito um animal enjaulado, com as emoções transbordando. A custo, retomou o controle.

– Você falou com ele? O que ele pretende?

– Foi essa a pergunta que ele me fez: o que pretendemos?

– Não contou nada acerca dos nossos planos, quero crer. – Disse ela com o olhar satânico.

– O que pensa que eu sou? Assim me ofende! Ele quer que eu repense sobre as escolhas que fiz nesta encarnação. – Ela deu uma gargalhada sarcástica.

– Você repensar suas escolhas? Ele não sabe quem somos? Não fazemos escolhas, estamos aqui em tarefa ou, como eles dizem, em programação. Não temos mais a possibilidade de controlar nossa própria vida. Fazemos o que temos que fazer! É assim e ponto final! Não se discute, não se afronta, assim somos protegidos por eles! – Suas feições estavam duras, porém podia se antever certa tristeza permeando.

– Apenas estou repassando o que ele me falou. Disse que o encontro entre vocês será em breve. Não era isso que tanto sonhou que aconteceria? Deveria estar radiante com a possibilidade. – Disse ele irônico.

– Sabia que o encontraria! O meu único amor! – Seu olhar se perdeu no infinito, rememorando as oportunidades que teve ao seu lado e jamais conseguiu conquistá-lo. Ele era a luz e ela, a sombra. Jamais conseguiriam se encontrar e viver esse amor? Por que ele a desprezara as inúmeras vezes em que se encontraram? Tentou arrastá-lo para lugares sombrios, mas ele nunca aceitou participar de qualquer ligação com as trevas. Era incorruptível, assim o classificara. Tentou desistir de seu amor, porém jamais conseguiu êxito. Onde ela estava, ele também, sem jamais conseguir o que tanto desejava: ser amada por ele! Essa dor não cessava! As maldades que praticava, os conluios de que participava, tudo era uma forma de afastar seus pensamentos para bem longe, distantes de Afonso. Agora, já se rendera ao mal e não tinha mais um caminho de volta. Além do que era um caminho muito mais sedutor e repleto de prazeres sem conta. Não renunciaria a isso! Gostava do poder e nele se inebriava!

— Não está me ouvindo? Fiz uma pergunta. — Ele a tirou de seus devaneios.

— O que quer saber? — Foi direta.

— O que pretende fazer quando o encontrar?

— Ainda não sei se estou pronta para encontrá-lo. Preciso de mais tempo para arquitetar meus planos. Não podemos permitir que ele acesse nossas mentes, sabe que ele o faz com maestria. Temos que ser vigilantes e precisamos de algo mais. — Seus olhos brilharam intensamente. — Você sabe do que precisamos.

Aqueles encontros, aqueles rituais, tudo aquilo o perturbava em demasia. E tinha tantas dúvidas da eficácia desses métodos. Estela adorava esses cultos satânicos e acreditava que suas forças eram reativadas com essas práticas. Não queria mais participar disso e a irmã já sabia dessa sua resistência.

— Precisamos disso, Diego. Nos tornaremos mais fortes e você sabe disso. — Disse ela se aproximando do irmão. — Eu sei o que você quer desde que a conheceu. — Um sorriso satânico emoldurou seu rosto. — Não me desobedeça ou sua Betina encontrará a morte mais cedo do que pensa. — O jovem ficou pálido e a encarou com raiva.

— Não sei do que está falando. Essa jovem não me interessa.

— Interessa, sim, meu querido, ou pensava que iria me enganar até quando? Sei que você inventou aquelas mentiras, pensando que eu iria acreditar. Ora, deixe de ser tão tolo! Sei que nada aconteceu naquela noite, pois você impediu todos de se aproximarem dela. Aposto que nem você a teve! Me escute bem, não faça nada que me aborreça ou sabe o que farei com ela! Nem Afonso poderá ajudá-la. Tudo será rápido e indolor. Tenho muitos ajudantes, sabia? Agora, deixe-me pensar. Prepare tudo para amanhã à noite. Quero minha casa cheia de amigos, os mesmos que compartilham comigo as ideias pouco convencionais. As bebidas ficam por minha conta, querido, sei onde encontrar esse mágico e inebriante licor. Pode ir agora! — Ele se levantou e estava saindo quando ela o chamou: — Ah, sua participação será essencial. Não ouse deixar de comparecer!

Diego subiu as escadas inconformado com o que acabara de ouvir da própria irmã. Ela seria capaz de tudo para obter esse maldito poder! E para quê? Conforme subia os degraus, a sua raiva crescia e quando chegou ao seu quarto, jogou tudo o que encontrou numa prateleira ao chão, pela fúria que o consumia. Era um prisioneiro, pensou. E nem a morte o salvaria de seu suplício, pois muitos o esperavam do lado de lá, ansiosos para o terem como seu escravo. As lágrimas afloraram sem que ele pudesse contê-las, tamanho seu desespero. Que vida era essa? Nada mais restava que não obedecer às ordens indignas da irmã. Sentiu-se um ser desprezível! Pensou em Betina e no que ela representava em sua amarga existência. Quando se aproximou dela, conforme a irmã ordenara, pensou que seria mais uma tarefa enfadonha. Mas, quando a conheceu melhor, as lembranças assomaram e sentiu a conexão se estabelecer mais uma vez. O passado se fez presente! Conforme os laços se estreitavam, encantava-se mais com ela, esquecendo-se de que era apenas uma tarefa designada pela irmã. Porém quis aproveitar o momento presente, deixando-se levar pela emoção de viver um romance real. Mas nada é eterno e assim que Estela percebeu que Betina não seria útil, quis se ver livre dela de qualquer maneira. Conseguiu manter a irmã distante de seus planos, até que não teve mais como recuar, permitindo e participando daquela cena lastimável e brutal. Isso corroeu suas entranhas, jamais sofreu tanto quanto naqueles dias terríveis, sabendo que, talvez, a perdesse. Sem que a irmã soubesse, tentou encontrar Betina algumas vezes após o incidente, mas ela se recusou terminantemente a vê-lo ou falar com ele. Procurou a ajuda de um amigo, sem que a irmã suspeitasse, pedindo-lhe que ficasse atento a qualquer passo de Betina. Sua intuição lhe dizia que algo trágico poderia acontecer. E assim foi! Quando percebeu que a jovem planejava atentar contra sua vida, usou de todo seu poder mental para demovê-la de tal atitude, enviando ideias contrárias às que ela arquitetava. Não era tão eficiente quanto sua irmã, mas conhecia profundamente a mente humana e os caminhos para acessar os pensamentos dos invigilantes seres. Quando ficou sabendo do ocorrido pela própria irmã, manteve-se passivo, mas seu coração estava feliz. Conseguiu evitar que uma fatalidade ocorresse. Porém ninguém jamais saberia sobre isso. Nem mesmo Betina poderia desconfiar disso. Na época, Estela ficou furiosa com os eventos e afirmou que, da próxima vez, não cometeria falhas. Ele perguntou o que ela arquitetava, mas ela, simplesmente, sorriu e disse que saberia no tempo certo. Descobriu depois que Betina iniciara terapia com um psiquiatra amigo do pai dela e teve a intuição de que ficaria protegida. E ficou! Agora, mais ainda ao lado de Afonso. Aos poucos, foi se acalmando e se vestiu. Não permaneceria naquela casa por nada no mundo! Saiu sem se despedir da irmã.

    Um final de semana produtivo para Ricardo e Vitória que passaram todo o tempo conversando sobre suas vidas, estreitando laços, tentando entender os vieses do coração. Durante tantos anos se viram apenas como bons amigos e, agora, tudo se modificara. Pareciam um casal de enamorados, descobrindo-se ou, quem sabe, redescobrindo-se?

— Preciso ir, querido! Tenho uma casa para cuidar! — Ela estava deitada confortavelmente no sofá da sala, como se estivesse na própria casa.

— Só te deixo ir se prometer voltar! — Deitou-se ao seu lado e ficaram abraçados.

— Será que o que estamos fazendo é certo? — Perguntou Vitória.

— E por que não seria? Fomos desprezados por nossos parceiros, tratados como lixo, se me permite a franqueza e, agora, decidimos que merecemos muito mais do que temos recebido. Como não vi você antes? — Pegou seu rosto e beijou seus lábios.

— Estive todo tempo por perto. Uma amizade que se transformou em algo mais. Daí a pergunta: será que isso é certo?

— Está preocupada com o que vão dizer quando chegarmos de mãos dadas na faculdade?

— Não pense em fazer isso, doutor! — Disse ela tentando parecer séria.

— E por que não faria? — Brincou ele. — Não devo nada a ninguém, Vitória. Ou vai me deixar sozinho para que seja assediado pelas muitas mulheres que você disse me desejarem? — Ricardo estava leve e sereno, como há muito não se sentia e devia isso a Vitória, um anjo que entrou em sua vida.

— Vai ficar convencido? Estou falando sério, vamos esperar um tempo até que a poeira baixe, até que as nossas separações deixem de ser a notícia do momento. Não estou pedindo algo além das suas possibilidades, certo? — Ela estava muito feliz.

— Vou ver o que posso fazer quanto a isso. Porém tudo tem um preço. — E fazendo ares de conspiração, disse baixinho. — Passe na minha sala todos os dias, me dê uns beijinhos e vou manter nosso segredo.

— Está me chantageando? Jamais pensei que agisse assim, mas terei que concordar. Eu me rendo, doutor. Passarei lá todas as manhãs. — Disse abraçando-o com carinho.

— Prometa-me que não me deixará sozinho nos finais de semana?
— Prometido. Estarei aqui às dezenove horas, assim como nossos dois jovens. Clarice vai adorar conhecê-los. Ela irá clarear nossos caminhos, acredite.
— Gostei dela e sinto que irá nos ajudar a compreender muitos pontos.

Na noite seguinte, todos adentraram o centro espírita, já repleto de pessoas àquela hora. Os dois jovens estavam ansiosos por conhecerem Clarice. Vitória foi à sua procura e retornou acompanhada da simpática senhora. Ela olhou o grupo e pediu que a acompanhassem àquela mesma sala do outro dia.

— Sentem-se, queridos. Temos muito a conversar. — E encarou Afonso que lhe enviou um sorriso acolhedor. — Vocês são os jovens a que Ricardo se referiu?

— Muito prazer, sou Afonso e a senhora deve ser Clarice.

— Eu sou Betina, muito prazer. — Ricardo estava silencioso e atento.

— São vocês que conseguem se lembrar com exatidão de suas vidas passadas? — Questionou ela.

— Se assim fosse, creio que tudo seria mais fácil. Porém lembramos eventos esparsos, não todo contexto, por isso solicitamos a Ricardo que utilizasse a regressão conosco. O que temos plena convicção é a de que fomos irmãos nessa vida onde ocorreram muitos acontecimentos trágicos, inclusive envolvendo a todos nós. O que mais nos perturba é não entender por que isso está ocorrendo! Quero dizer, esse reencontro!

Capítulo 19

COLABORAÇÃO ESSENCIAL

Clarice analisava o grupo à sua frente, tentando entender o que se passava. Afonso, desde que chegara, estava acompanhado de um grupo de entidades iluminadas. Leonora, ao perceber que ela os detectara, iniciou um colóquio mental, relatando rapidamente as razões de eles ali estarem. Ela ouviu atentamente, procurando não demonstrar o fato, que não passou despercebido à Vitória, cuja vidência se ampliava a cada dia. Tudo foi rápido, porém o suficiente para que ela se inteirasse dos fatos. Olhou o grupo com carinho e iniciou:

– Todos retornamos à vida corpórea em função das programações por nós efetuadas. Esse é o intuito de aqui estarmos. O véu do esquecimento nos preserva, de certa forma, não nos eximindo dos possíveis equívocos cometidos, mas para não perturbar as tarefas que precisamos desenvolver, pois as lembranças que assomassem poderiam prejudicar nosso desempenho.

Somos seres emocionais, queridos, e nem sempre conseguimos controlar nossos impulsos. É natural que assim seja, o que não impede que possamos ter lampejos de certas tarefas a nós designadas, ou mesmo, ter as sensações de que temos algo a realizar e não podemos nos descuidar. Enfim, cada caso é diferente de outro. Não existe uma regra única a seguir. O importante é estarmos convictos de que aqui estamos para viver essa experiência da melhor forma possível, procurando aproveitar todas as oportunidades a nós concedidas, realizando o que nos compete. Simples assim. Lembremo-nos de que a atual encarnação foi uma solicitação de cada um que aqui se apresenta, visando corrigir equívocos, procurando a quitação de débitos contraídos nas vidas anteriores, ou, quando nos encontramos em patamares mais elevados, auxiliar companheiros que ainda se detêm nas faixas inferiores em função das próprias ações. Como já disse, não existe uma regra pré-estabelecida a que todos se rendam. O que os incomoda é não entender o que está se passando nesta atual existência, em que espíritos afins, ligados pelos laços do amor incondicional, se reuniram com um propósito, ainda oculto, tendo as recordações vivas desses laços. Qual o motivo disso? Essa questão é o que está perturbando e impedindo-os de realizarem o que programaram. Aceitem isso como uma concessão dos nossos amigos espirituais que sabem que isso os uniria rapidamente e os colocaria em vantagem sobre as sombras. O amor oferece essa condição, meus amigos. É isso que está acontecendo com vocês. Conhecer o passado os irá auxiliar de alguma forma? Talvez, desde que as informações sirvam apenas para se inteirarem do que terão que enfrentar. Quando conhecemos nosso oponente, o embate fica mais equilibrado. Logo que Ricardo aqui esteve questionando sobre o que estava acontecendo com ele, desde que os conheceu, percebi que havia uma ampla ligação entre todos vocês, por isso pedi para conhecê-los. As emoções decorrentes de eventos traumáticos que viveram, em especial Ricardo e você, Afonso, fez com que suas vidas permanecessem ligadas, de forma sutil, porém irradiando as energias que ambos ainda trazem incrustadas em seu perispírito[1], onde as memórias se encontram alojadas. Espero estar sendo clara com esses termos técnicos. Nossa amiga Vitória poderá esclarecê-los quando assim se predisporem. Existe uma explicação para cada situação vivida. Não foi o acaso que os uniu, mas foi um evento fadado a ocorrer, contando com o auxílio de companheiros iluminados, cientes de que essa união seria vital para o êxito da empreitada. Falei a Ricardo que, desde os primórdios da humanidade, a luta entre as forças do bem e do mal tem ocorrido. Um embate que nem sempre tem vencedores, apenas vencidos, descobrindo intimamente que o mal ainda está presente em cada um, seja em que grau for. Essa batalha continua ocorrendo, seja deste lado da vida, seja do outro, muitas vezes em ambos simultaneamente, necessitando de guerreiros predispostos a encarar com firmeza, honradez, sabedoria, humildade, seus adversários ainda perdidos nas sombras da própria iniquidade. Não serão guerras travadas de forma lícita, pois nem sempre eles usam artifícios dignos, apenas as armas que possuem. A retidão ainda não é um atributo conquistado na forja do trabalho incessante para conter e eliminar suas imperfeições. Espíritos valorosos são chamados quando esses infelizes irmãos estão a dominar a cena, planejando espalhar a maldade e suas torpezas aos quatro cantos do globo. Um embate ocorrerá com as armas do amor, compreensão, perdão, requisitos esses que eles estão distantes de possuir, pelas condutas indevidas que lançam ao universo que os rodeia. Poderia afirmar que essas batalhas têm ocorrido desde os tempos mais remotos, mostrando ainda a dificuldade desses espíritos em efetuarem o aprendizado que Jesus nos trouxe há mais de dois

---

[1] Perispírito: Kardec, Allan (1804-1869) – Livro dos Espíritos – questões 135 e 135a – O homem é formado de três partes essenciais: o corpo ou ser material, análogo ao dos animais e animado pelo mesmo princípio vital; a alma, Espírito encarnado que tem no corpo a sua habitação; o princípio intermediário, ou perispírito, substância semimaterial que serve de primeiro envoltório ao Espírito e liga a alma ao corpo.

mil anos. É lamentável que isso ainda ocorra, porém a displicência acompanha esses infelizes companheiros, refratários ao bem, ao amor, à justiça. – Uma luz intensa a envolvia e Clarice sentiu a emoção se instalar em seu coração. Isso sempre ocorria quando irmãos de categoria mais elevada se aproximavam dela e a utilizavam como instrumento de divulgação de uma mensagem de caráter superior. Vitória ficou com os olhos marejados perante a cena que se desenrolava à sua frente.

Afonso pegou a mão de Clarice e a olhou fixamente. Em questão de poucos instantes, ela pode ver em sua tela mental tudo o que ele queria que ela soubesse acerca do caso. A lucidez do jovem a sensibilizou, pois jamais encontrara um ser dotado de tamanha percepção espiritual. Viu que ele lá estava imbuído de uma tarefa nobre, procurando demover companheiros ainda prisioneiros das trevas, a buscarem o amparo da luz. Pela dimensão da tarefa a ele designada, necessitava de companheiros que o auxiliassem incondicionalmente. E todos lá se encontravam, ainda confusos com o que estava à sua frente. Ela viu rapidamente as imagens que ele queria que ela conhecesse, sobre cada elemento que lá se encontrava, ainda distantes da evolução que ele já conquistara ao longo das sucessivas encarnações. No entanto, ele não se colocava em condição superior, visto que a humildade sempre prevalece nesses espíritos. Demonstrava a mansuetude, a serenidade, a compreensão, frutos de sua própria condição espiritual. A sensibilidade lhe dava um certo ar de fragilidade que, até o momento de se conscientizar de sua tarefa, era o que predominava. Ela viu toda a vida do rapaz em questão de segundos, podendo compreender que ele estava todo esse tempo em preparação para o que iria advir. Era necessário que todos os demais estivessem ao seu lado, colaborando para que tudo caminhasse conforme as diretrizes maiores. Todos os eventos haviam sido necessários, porém, agora, o véu havia sido retirado e ele conseguia compreender com toda lucidez a amplitude das tarefas programadas. Uma questão o incomodava sobremaneira: conhecer o passado os auxiliaria na tarefa, ou apenas os sensibilizaria ainda mais, permitindo que emoções menos dignas prevalecessem, tais como, mágoa, ressentimento, angústia? Ele sabia que seria um caminho difícil de trilhar e necessitava de toda serenidade e controle na execução das tarefas. Era uma questão complexa, ela mesmo admitia. Numa fração de segundos, porém, a resposta veio de forma clara e objetiva. Clarice olhou a todos com carinho e disse:

– Contemos com o amparo de nossos companheiros mais iluminados que nós, que sabem o que é necessário para que as tarefas se cumpram. Quanto ao seu questionamento, Afonso, entreguemos nossas dúvidas a eles. Tudo o que for necessário e útil conhecer para o êxito da empreitada assim acontecerá. Somente será revelado o que for possível. Respondi a sua dúvida? – Perguntou ela com um sorriso jovial. Os demais não entenderam o que acabara de ocorrer, pois nenhuma pergunta ele fizera. Afonso sorriu:

– Creio que sim! – Ele pegou a mão dela e a beijou. – Obrigado, minha amiga. Sabia que estaria por perto quando fosse necessário. O que devemos fazer? Precisamos de sua orientação.

– Cuidar do padrão vibratório será o primeiro passo. Os passes se tornarão eficientes se estiverem vigilantes. Quando iniciar a terapia de regressão, não se esqueçam de que muitas forças serão ativadas e vocês estarão visíveis aos companheiros infelizes, que tudo farão para afastá-los de seu encalço. Enviarão energias inferiores com o intuito de neutralizá-los, que apenas se aproximarão e os perturbarão se assim permitirem. Não alimentem dúvidas, mágoas, desejo de combate. Não é assim que agem os seres da luz! Se desejam ser amparados por esses irmãos, façam por merecer! – Havia energia em suas palavras. Todos ouviam silenciosos, percebendo que a questão era delicada, necessitando de ações urgentes, pautadas pela lucidez e serenidade. Seriam capazes de tal gesto? Clarice observava atentamente cada semblante e viu em todos a preocupação, com exceção de Afonso, que demonstrava equilíbrio e resignação.

— Vamos tomar um passe, meus jovens? — Ela os conduziu a uma sala onde receberiam o passe. Todos adentraram o local em respeitoso silêncio, aproveitando o momento para focar no reabastecimento das energias despendidas. Saíram de lá renovados e procuraram Clarice para se despedir.

— Obrigado por tudo, espero contar com sua ajuda. — disse Afonso com um sorriso.

— Estarei aqui, meu jovem. E farei tudo ao meu alcance para auxiliá-lo. — Ela o abraçou com carinho, sentindo a vibração que ele irradiava preencher todo seu ser. Afonso era realmente um ser especial! Infelizmente, o mundo talvez ainda não estivesse preparado para conviver com seres como ele. Queria tanto protegê-lo de todo mal, mas sabia que isso não seria possível! Aos poucos, ele teria condições de visualizar todas as tarefas a ele imbuídas, conscientizando-se do próprio papel nesse contexto. O que ela poderia realizar seria acompanhar seus passos, envolvendo-o em toda luz possível. Antes de todos saírem, chamou Vitória para conversar. Os demais se retiraram e só ela permaneceu na sala.

— Algo que necessite saber? — Sentiu um temor súbito, sem entender a razão.

— Sim, minha querida. Alguns eventos estão fadados a ocorrer e já percebeu a gravidade do que se aproxima. Esteja atenta mais do que nunca. Sabemos como esses infelizes e levianos irmãos atuam. São covardes e agem pelas sombras, aproximando-se feito víboras que dão o bote quando menos se espera. Cuide de Ricardo, eu o sinto vulnerável e ainda carrega em seu íntimo emoções desordenadas, tornando-se alvo fácil. Neste momento em especial, ele precisa estar focado e no controle, pois estará invadindo um terreno inóspito que é o das recordações dolorosas. Afonso, através de imagens projetadas à minha mente, mostrou-me as cenas dolorosas do desencarne de ambos. Porém essa não é a questão preocupante, mas os sentimentos represados, decorrentes desse fatídico evento. Sabe o que atrai nossos inimigos, Vitória? — Perguntou ela.

— O quê?

— A culpa que trazemos incrustada em nosso mundo íntimo é a chama que os atrai para perto de nós, tornando-nos reféns deles. Assim se processa uma obsessão. E quando nos damos conta, nossas defesas já estão totalmente desguarnecidas e ficamos à mercê desses irmãos, que ainda desconhecem o poder do perdão e do amor. Fique atenta, mas creio que você já está cuidando dele. — Ela deu um sorriso jovial, deixando Vitória rubra.

— Já lhe contei sobre minha antiga paixão. É de Ricardo que eu lhe falava. Sei que posso parecer leviana, saindo de um relacionamento e iniciando outro com tamanha rapidez. Mas sempre o amei, desde os tempos da faculdade. Nossas vidas tomaram rumos distintos até que...

— Vitória querida, não estou aqui para julgá-la, pois não tenho esse direito. A única satisfação que deve é à sua consciência, mas essa sinto que está em paz. Viva sua história e seja feliz ao lado dele. Sinto que seus destinos estão interligados e isso já é suficiente para que ambos caminhem na mesma direção. Cuide dele, é o que eu lhe peço. Essa mulher é perigosa e tentará algo contra ele. Temo pela sua integridade física e emocional. Peço que esteja presente durante as sessões, é possível?

— Ricardo já me pediu isso e sinto que preciso estar por perto. Seguirei seu conselho, Clarice, e estaremos aqui semanalmente.

— Somos artífices do nosso próprio destino em qualquer tempo. O que sempre irá nos preservar do mal será a nossa conduta reta e digna. Jamais se esqueça disso.

— Obrigada, minha amiga querida. Não sei como agradecer tudo o que está fazendo por nós. — Ela a abraçou com carinho. Em seguida, saiu, deixando-a em colóquio com seus amigos espirituais. A situação era inusitada, tinha de convir. Jamais vivera algo assim em todos os anos de trabalho na Doutrina Espírita. Era algo perturbador! Entrou em profunda prece, pedindo pelos novos amigos que enfrentariam graves entraves em suas vidas.

Sabia que tudo tinha um propósito, apenas ainda não sabia qual seria.

Ricardo estava impaciente com a demora de Vitória. Quando ela chegou, seu olhar estava tenso:

— Um novo problema? O que tanto conversavam?

— Nada importante, Ricardo. Vamos? — Ele percebeu que ela não queria conversar sobre o assunto em questão, e decidiu não insistir.

Betina e Afonso pareciam revigorados após o passe. O caminho de volta para suas casas, no entanto, foi silencioso, cada um refletindo sobre as inúmeras possibilidades que se delineavam à sua frente.

A semana mal iniciara e as tarefas se avolumavam para os dois médicos, que a cada dia estreitavam ainda mais os laços afetivos. Haviam combinado realizar uma sessão de regressão apenas na sexta-feira e ela chegou rápido.

No horário previsto, os quatro lá se encontravam. Vitória disse que seria apenas uma espectadora e não iria intervir. Sua função era dar suporte, assim decidira.

Betina estava ansiosa e fez a pergunta que a perturbou toda semana:

— Se nossas vidas estão interligadas, pelo menos nessa vida em questão, se um de nós retornar ao passado e recuperar as lembranças, os demais também o farão?

— Talvez, tudo vai depender do que estivermos resgatando. Podemos recuperar cenas esparsas que tenham significado apenas para um de nós. É o que veremos. Quer ser a primeira? — Perguntou Ricardo. Afonso apoiou e a sessão se iniciou, com um relaxamento completo, dando sequência ao processo de ativar as recordações. Vitória pediu a ajuda dos companheiros da luz para que tudo fosse realizado com a segurança necessária. Lembrou-se das palavras de Clarice sobre ativar memórias impactantes, que poderiam atrair companheiros invigilantes e descrentes do amor, que tudo fariam para inibi-los com métodos que desconheciam. Daí a necessidade de toda vigilância possível. Com sua vidência apurada, percebeu a presença de seres iluminados que se postaram ao lado de Ricardo e de Betina, como se estabelecessem um circuito entre eles. Afonso pôde visualizar tudo o que lá acontecia, decidindo colaborar no intuito de protegê-los. Tentaria, com todas as suas forças, colocá-los dentro de uma redoma fluídica, isolados das energias externas provenientes de irmãos menos esclarecidos, em especial Estela e seu grupo. Entrou em profunda prece e concentração. Sabia o que lá iria acontecer e sua percepção estava totalmente ativada e no controle das suas emoções.

— Deixe sua mente vagar até onde ela se sinta em paz. Experimente a sensação que a envolve e permita que as lembranças assomem. Você está num ambiente protegido e acolhedor e nada irá comprometer essa condição. — Fez uma pausa e olhou para Afonso que parecia distante de lá assim como Vitória. — O que está sentindo, Betina? Olhe ao seu redor e diga-me o que está vendo. — Ela começou a falar.

— Estou num bosque e corro por entre as árvores muito feliz. — Um sorriso surgiu.

— Está sozinha? — Perguntou ele.

— Não, meu irmão está comigo. Somos adolescentes e fazemos essa brincadeira todo tempo. Estamos sempre juntos. Ele é meu maior amigo! — Calou-se por instantes.

— Onde estão seus pais? Consegue vê-los?

— Sim. E eles jamais se descuidam de nós.

— Como é sua vida? Confortável? Segura? Feliz?

— Nós nos amamos muito, o que nos proporciona tudo isso! — Havia um brilho em seus olhos. — Vivemos num castelo e meu pai possui muitas posses, pois temos alguns empregados que cuidam de tudo. Muitas pessoas nos visitam. Eu e meu irmão recebemos toda instrução de minha mãe, uma mulher muito culta.

— São uma família feliz? — Perguntou Ricardo.

— Sim. Nossos pais, no entanto, estão sempre por perto. Eles não gostam que fiquemos distantes do castelo. Disse que o perigo ronda nossa família. Não podemos mostrar aos outros que somos diferentes.

— O que significa ser diferente?

— Não somos pessoas normais, como os demais. Papai é muito poderoso, mas não posso contar isso a ninguém. Correremos perigo se souberem o que ele faz. — Suas feições se contraíram.

— O que ele faz, Betina?

— Ele cura as pessoas com suas ervas milagrosas, mas sei que ele detém um grande poder capaz de perturbar aqueles que não o compreendem. Ele fala com os espíritos, que o auxiliam nas mais diversas situações. Dizem, na cidade, que somente os enviados das trevas são capazes desses feitos. Por isso ele pede que não contemos nada a ninguém, caso contrário, seremos perseguidos como hereges. Não sei bem o que essa palavra significa, mas ele disse que, por não nos entenderem, é mais conveniente nos destruírem.

— E sua mãe e seu irmão? São como ele?

— Papai disse que todos nos unimos por um propósito e temos todos as mesmas potencialidades. Mas Afonso é quem tem mais poder. Papai teme por ele! Ninguém o compreenderia.

— Onde ele está agora?

— Aqui perto, eu sei! — Suas feições se iluminaram. Afonso abriu os olhos encarando a irmã com todo carinho.

Ricardo sentiu que ela estava serena e decidiu ir mais além.

— Agora vamos avançar no tempo. Vocês já são adultos. O perigo ainda persiste? — O semblante dela retesou.

— Sim, agora que eles chegaram na cidade, estão procurando por pessoas como nós. A perseguição está sendo implacável. — Havia temor em suas palavras.

— Quem são eles, Betina?

— Os inquisidores! Nossos aliados não podem mais nos proteger e nos manter no anonimato. Sabíamos que isso iria acontecer, porém tudo ficaria bem. Até que ela nos delatou, nos entregando a eles em troca de sua própria sobrevivência! – As lágrimas escorriam.

– Quem fez esse ato covarde?

– Estela! Era uma de suas alunas. Meu pai ensinou tudo a ela e ainda assim foi capaz de trair sua confiança. Agora todos corremos perigo! Temos que nos esconder! – Estava em total aflição.

– Você está segura aqui, Betina. Lembre-se de que é apenas uma observadora das cenas à sua frente. O que mais aconteceu? – Ela colocou as mãos no rosto e disse:

– Eles morreram! – As lágrimas eram abundantes, quase não conseguia falar.

– Quem morreu, Betina? Seus pais? Seu irmão. Procure observar o que lhe está sendo mostrado. – Ele próprio sentia-se incomodado, sentindo a mesma angústia que ela.

Capítulo 20

RECUPERANDO LEMBRANÇAS

— Afonso e Ricardo foram os primeiros! Eu não pude me despedir de meu irmão! Estela armou um plano sórdido e ambos foram presos. Não o encontrei mais! Queria ir até a cidade, mas meu pai me impediu. Foram dois dias perturbadores em que não tivemos notícia alguma deles. Antes de tudo acontecer, de sua morte brutal e injusta, ele se despediu de mim. Mas não era assim que eu queria! — Ela soluçava e Ricardo decidiu que seria conveniente encerrar a regressão, visto as condições emocionais em que ela se encontrava. — Ele disse que partiria dessa vida assim como chegou: com o coração em paz e a certeza de que tudo tinha valido a pena! Queria tanto abraçá-lo uma última vez! Por que tinha que ser assim? — Ela estava desolada.

— Fique calma, Betina, você não corre mais perigo. Está aqui entre nós e em segurança! Foram apenas cenas já vivenciadas em outras épocas. Agora peço que respire fundo e abra seus olhos. – Ela ainda chorava quando abriu seus olhos e os direcionou a Afonso, levantando-se e correndo para seus braços.

– Eu estou aqui, minha querida. Estamos juntos novamente! – A emoção também assomara e ele não conseguiu conter as lágrimas, assim permanecendo por longo tempo.

Ricardo se sentara e colocara as mãos na cabeça. Havia sido tenso demais, não sabia se conseguiria prosseguir com isso. Sentia-se tão vulnerável ao contato com essas lembranças, que estava a avaliar se iria continuar com as sessões. Vitória lhe trouxe um copo de água, que ele sorveu rapidamente, ainda sentindo seu corpo todo tremer.

– Betina, sente-se, precisamos obter o máximo de informações que suas lembranças resgataram. Conte-nos tudo o que for importante e que ainda permanece vivo em sua memória. – Ricardo reassumira seu papel, procurando prosseguir com a sessão. – Qual o seu papel nesse contexto? Que lição você tirou nessa oportunidade?

Os olhos dela se voltaram novamente para Afonso e com a emoção transbordando, disse:

– Eram tempos difíceis para pessoas como nós, com uma sensibilidade apurada, capaz de realizar feitos extraordinários perante um povo oprimido e sofrido. Sinto a paz em meu coração, o que significa que aquela vida foi proveitosa, apesar das dificuldades enfrentadas e das perdas trágicas. – Ela calou-se por instantes e prosseguiu: – Jamais tive tanta certeza acerca de algo em minha vida. Afonso foi meu irmão amado, que o destino tirou de nosso convívio. Foi a última lembrança acionada e que partiu nosso coração. E alguém teve participação nisso, através de um ato vil e desleal. – Seu semblante se contraiu e a figura de Estela veio à sua tela mental. – Foi ela quem traiu nossa família! Foi ela a responsável por tudo que adveio em função de suas escolhas pérfidas! Perdi minha família e fiquei só! – A indignação assomara e ela nutria sentimentos inferiores que não deveriam estar presentes.

— Betina, não alimente esse tipo de sentimento em seu coração. Tudo isso ocorreu há tanto tempo e sabemos que nada acontece sem que esteja determinado. Não faça isso a você, acumulando mágoas e ressentimentos que apenas a prejudicam! — Afonso estava envolto numa luz intensa e, ao seu lado, se encontrava Leonora, intuindo-o em suas palavras.

— Ela continua interferindo em minha vida, causando-me tanta dor! Por que ela age assim? O que ela novamente pretende com essas ações tão sórdidas? — Betina chorava.

— Minha querida, todos iremos prestar contas de nossos atos perante o tribunal divino. Não cabe a nós nos outorgar o direito de incriminar, julgar e punir. Isso cabe a Deus! Ela é uma irmã que ainda tem um longo caminho a percorrer para chegar ao seu destino. Se ela insiste em rotas alternativas que, a cada dia, a distanciam mais de seus propósitos, nada podemos fazer, senão orar por ela. Não permita que a mágoa se estabeleça em seu coração. Não foi assim que aconteceu daquela vez e ainda vai se lembrar de como viveu após todos esses eventos dolorosos. A paz habitava seu coração, pois aprendeu a jamais efetuar julgamentos acerca do outro, afinal, cada criatura só oferece o que traz em seu coração. Ninguém dá o que não tem! Estela ainda não assimilou as lições mais nobres, tais como respeito e amor ao seu próximo, pois ainda não ofereceu isso a si mesma. Ela sofre muito mais do que podemos imaginar. Não guarde ressentimentos que apenas irão envenenar esse coração puro e sensível. Siga em frente conforme aprendeu, jamais permitindo que o outro possa comandar sua existência. Ela, um dia, se renderá a esses ensinamentos e rogará ao Pai a oportunidade de refazer os caminhos equivocados que trilhou. Esse dia chegará para todos os filhos de Deus, onde estejam! — Conforme ele falava, suas palavras se impregnavam de um fluido sutil e amoroso, capaz de fazer retornar a paz a todos os ouvintes que lá estavam.

Ricardo não se cansava de olhar admirado para o novo ser à sua frente. Em momento algum, em toda sua trajetória profissional, se deparara com um caso de tal complexidade como aquele, em que as transformações haviam ocorrido de forma surpreendente. Quem realmente era aquele jovem? De que outros talentos ele seria portador? Era um grande mistério a desvendar. E, como dissera Clarice, se tudo tinha um propósito, qual seria?

— Betina, o que mais sua mente registrou? Você disse que sua família toda morreu após um ato sórdido ser cometido por alguém. O que aconteceu depois desses eventos?

A jovem tentava retomar as imagens ainda vivas e prosseguiu, dessa vez fixando seu olhar em Vitória. Parou por instantes e disse:

— Nós fugimos de lá, antes que fôssemos encontradas. Meu pai e minha mãe lá permaneceram e foram mortos covardemente. Antes disso, fugimos por uma passagem secreta, existente no castelo. Em seguida, uma fiel amiga de papai nos conduziu a um local seguro, onde ficamos protegidas de todo o mal que aquela mulher poderia nos causar. — Fechou os olhos e as lembranças foram passando em sua tela mental. — Fomos para Itália e é tudo que sei. — Ela se calou, franziu os olhos como a ver algo novo. — Levamos algo conosco. O livro de papai!

Vitória parecia compartilhar a mesma cena e disse:

— O livro secreto que ela tanto desejava! — O olhar de Ricardo foi de surpresa.

— A que livro vocês se referem? — Foi sua pergunta.

— Apenas sei que precisávamos proteger o livro daqueles que poderiam deturpar o que lá estava escrito. — Betina, de súbito, viu um livro de couro à sua frente. Foi como se soubesse tudo o que lá estava escrito, pois a sensação era de pleno conhecimento. — Esse livro me pertenceu até minha morte. Deixei-o aos cuidados dessa amiga querida, a qual também passou a conhecer todos os segredos lá contidos. – Ela ficou calada por instantes até que uma ideia surgiu: – Será que Estela ainda procura o tal livro?

O silêncio se instalou entre todos. As feições de Afonso se contraíram, como se agora compreendesse integralmente o que aquilo significava. Esse livro havia sido protegido há séculos por companheiros da luz, desse e do outro lado da vida, para que jamais caísse em mãos erradas. Até então, assim tinha sido. Os guardiões da paz e da luz se encarregavam de impedir que ele fosse resgatado por aqueles que apenas fariam usufruir das vantagens de tê-lo sob seu domínio. O que desejavam com essa conquista? Acreditavam que poderiam usurpar o poder superior e dominar os menos favorecidos. Era o poder que tanto ansiavam! Poder esse que acreditavam ser capaz de os tornar soberanos e imbatíveis! As legiões das trevas tentavam a todo instante obter vantagens sobre aqueles que a eles jamais se aliaram, pois esses acreditavam em um poder superior, que nunca seria vencido. Deus, Pai supremo e justo, jamais seria ultrajado por esses infelizes irmãos. Porém, em sua insana visão, acreditavam que um dia seriam os soberanos, a quem todos se renderiam e glorificariam. Mais poderosos que o próprio Deus! Uma ideia destituída de fundamentos que eles, infelizmente, alimentavam em sua sanha irrefletida e maléfica!

Estela desejava a posse desse livro. Mas ele ainda existiria? Essa era a pergunta íntima que todos se fizeram. Em dado momento, eles se entreolharam e Afonso disse:

– Já sabemos o que ela procura. Betina, você foi a última da família a ter a posse dele e ela acreditava que você pudesse saber sobre ele. Deve ter tentado suas técnicas de hipnose para saber o paradeiro dele. Quando percebeu que isso seria impossível, afinal, a vida seguiu seu rumo e se, hoje, ele ainda estiver em algum lugar, certamente estará nas mãos de companheiros que tudo farão para preservá-lo, ela decidiu descartá-la, pois não teria utilidade alguma. Lembra-se de algo estranho que possa ter ocorrido?

Betina já estava em pânico, imaginando o que ela teria vivenciado que suas lembranças não teriam registrado. Estela dominava a hipnose? Por isso não se lembrava de nada? Adentrou suas recordações, tentando encontrar o fio da meada onde tudo se iniciara. Os encontros com Diego se intensificaram e muitas noites ela passara ao seu lado, supondo que fossem apenas um casal apaixonado. Conforme as lembranças assomavam, suas feições ficaram duras e, novamente, a indignação prevaleceu. Respirou fundo e disse:

— Lamentavelmente, creio que fui mais negligente do que supunha. Fui uma tola! Como permiti que eles me envolvessem e adentrassem minha mente sem minha permissão? Isso é revoltante! — Afonso pegou a mão dela e disse com toda calma:

— Betina, a telepatia, esse diálogo mental de que sempre nos utilizamos, é algo que, até hoje, poucos compreendem. É uma sensibilidade apurada, desenvolvida após muita estudo e prática. De certa forma, estamos adentrando a mente alheia, conhecendo pensamentos que não nos pertencem de fato. Deve ocorrer de comum acordo, para que ninguém tenha sua mente invadida sem o seu consentimento. Estela adquiriu uma série de potencialidades ainda naquela existência, porém ela as utilizou para seus próprios interesses. Não sei o que ainda ela preserva, mas mediante o que lhe aconteceu, sinto que ela ainda está tão poderosa como naquele tempo. — Seu olhar se entristeceu e continuou: — É lamentável que ela ainda se detenha nessa improdutiva busca, acreditando que o poder lhe trará a honra de que julga ser merecedora. Conscientes desse fato, é imperioso que ela não se conecte a nós novamente, pois terá acesso a nossos pensamentos mais secretos. A cautela será essencial. Hoje fomos amparados e protegidos pelos amigos da luz, colocando-nos numa cúpula impermeável, distante do acesso dela a nós. Porém, a cada dia, ela se fortalece mais, tornando-se perigosa aos nossos propósitos.

— E quais seriam? — Perguntou Ricardo intrigado com tudo que ouvia.

— Ela pretende recuperar o livro, essa é minha única certeza. Acredita que saibamos de algo, o que nos torna seu alvo fácil. Daí a vigilância ser algo essencial.

— Como vigiar o que não vemos? — O médico estava tenso com o rumo que aquilo tomava. Não gostaria de reencontrar Estela, pois, da última vez, ele ficara deveras perturbado. A simples menção do nome dela já lhe causava calafrios e esse, ainda, era um mistério não explicado. O que ela seria capaz de fazer para conquistar seus objetivos?

— Ela é capaz de tudo, Ricardo, entenda isso. Ela não veio a esta encarnação simplesmente a passeio. Ela tem um objetivo indigno, que, assim, não encara e fará tudo para conquistar o poder máximo, que a tornará acima do bem e do mal. — Respondeu à pergunta que ele mentalmente fizera. O médico sentia-se perturbado pelos eventos que estava vivenciando e algo que o perturbava excessivamente era essa invasão a sua mente. Não apreciava esse tipo de conduta e assim se manifestou:

— Vou fazer um pedido a vocês dois. — Dirigindo-se a Afonso e a Betina:

— Gostaria que evitassem essas condutas inadequadas comigo. Não me sinto confortável com isso. A cada pensamento, vocês me dão a resposta quase que imediata. Não acho que seja algo louvável para criaturas tão sensíveis como vocês.

Vitória percebeu o desconforto que ele experimentava, porém nada disse.

— Peço que me perdoe, meu amigo. Jamais pretendi ofendê-lo ou perturbá-lo. Está coberto de razão e vou me conter. Me perdoe! Preciso muito de você, Ricardo, e nada farei que possa comprometer nossa amizade. Se superamos nossas desavenças no passado, jamais as causaria novamente. — Seu olhar se tornou terno e manso. — Amigos? — Disse ele estendendo a mão com um sorriso iluminado nos lábios.

— Naturalmente que sim. Sigamos em frente, pois a cada instante tudo parece ainda mais confuso. Por hoje, creio que seja suficiente. Na próxima sessão, gostaria de ser você a recordar seu passado? — Fixando seu olhar em Afonso.

— Sim. Preciso conhecer um pouco mais do que me aconteceu. Tenho alguns fragmentos de lembranças, porém tudo é nebuloso. Betina acompanhará tudo o que aqui ocorrer?

— Sim, a não ser que veja algum problema.

— Estarei aqui, queira você ou não. Do que tem medo? — Ela olhou fundo em seus olhos.

— De causar-lhe sofrimento, minha querida. Sabe o quanto a amo e sempre assim será! Esses laços estão sedimentados no mais puro amor, respeito e cumplicidade. Seremos sempre irmãos, pois esse sentimento é o que prevalecerá. Um amor puro, fraterno e incondicional! — Seus olhos brilhavam. Betina o abraçou e sentiu-se aconchegada em seus braços. Sentia-se protegida e em paz.

— Você sempre será meu irmão! Não sei se compreendem tudo isso, mas é assim! — Virando-se para os dois médicos. — Vitória, não gostaria de fazer uma sessão também?

Ela ficou desconcertada com a pergunta.

— Por que assim faria? — Questionou ela.

— Para entender sua ligação conosco. — Ela pegou a mão da médica e disse: — Sei apenas que você nos ajudou quando tudo parecia perdido. Meu pai confiava em você e eu também. Foi você a me ajudar quando eles se foram. Eu sei! — Abraçou-a com ternura.

Vitória sentiu a emoção invadi-la e não sabia o que dizer. Sua vida dera uma guinada em tão pouco tempo. Foi necessário que algo a impulsionasse para frente, pois só assim conseguiu ver a vida sob uma ótica nova. Agradeceu mentalmente a Deus os novos caminhos que abraçara.

— Não será necessário, Betina. Acredito em vocês! Tudo se resolverá no tempo certo! Há uma explicação para todos os eventos e, em breve, conheceremos as razões disso tudo acontecer. Essa reunião foi planejada há tempos, não tenho mais dúvida. – Havia uma luz intensa sobre ela. Julian a envolvia num abraço fraterno.

– *Mais uma vez, minha amiga, agradeço sua cooperação! Continue ao lado deles em qualquer situação, eu lhe peço. Cuide de Ricardo com mais atenção, ele necessita de seu auxílio.* – Vitória ouviu essa orientação como uma voz íntima e, novamente, a emoção predominou. Mentalmente, ela também agradeceu a confiança nela depositada. Afonso viu o pai ao lado dela e enviou-lhe todo seu amor. Em seguida, Julian, Leonora e equipe os deixaram, seguindo para outras paragens. Nada mais poderiam fazer senão aguardar que Estela fizesse o primeiro movimento. Até lá, tudo parecia sob controle. Talvez a etapa mais complexa desta encarnação, que era unir os quatro espíritos ligados por laços de afeto e amizade, já se concretizara. Faltava ainda um a se juntar a eles. E isso ocorreria no momento certo.

Afonso analisava a situação e, de certa forma, eles estavam em vantagem. Eram quatro contra dois. Quem sabe esse número se reduziria a apenas um? Diego era a peça-chave que merecia especial atenção. No entanto tinha consciência da manipulação de Estela, capaz de mantê-lo sob seu jugo se assim fosse necessário. E outro fato a se considerar era o de que ela fazia alianças oportunas, desde que obtivesse um privilégio, independentemente de onde provinham. Com certeza, uma oponente a ser respeitada. Infelizmente, a cada dia, ela se complicava ainda mais, comprometendo-se com a lei divina. Afonso percebeu que ainda necessitava se fortalecer mais até que o encontro ocorresse. Até lá, tinha uma tarefa a realizar e contaria com Betina. Os dois se despediram, marcando um encontro na segunda-feira, quando uma nova sessão iria acontecer.

Assim que os dois saíram, Ricardo se deu conta de quanto estava exaurido em suas energias. Mal conseguia permanecer em estado de alerta, tal o cansaço que o dominava.

— Ricardo, quer que eu te acompanhe até sua casa? — Perguntou Vitória preocupada.

— Não só quero que me acompanhe, mas que fique comigo. — Seu olhar estava distante.

— O que está sentindo, querido? Estou vendo a sua palidez!

— Não estou bem, tenho de admitir. Uma pressão em meu peito, mas nada que possa ser algo físico. — Disse ele se levantando.

— Quer que eu o leve a um hospital?

— Não é nada físico, posso afirmar. Depois de tudo o que aqui remexemos, sinto que nada mais ficará em paz novamente. — Falou ele em tom sombrio.

— Mas será que algum dia já esteve, ou apenas acreditávamos que sim?

— Não sei mais nada. Quero apenas ficar com você! — E beijou-a com carinho. — Vamos?

— Vamos! — Ela o abraçou e saíram.

Conforme Ricardo dissera, estava exausto mesmo e, assim que chegaram, ele deitou-se em sua cama e adormeceu. Foi tudo muito rápido, pensou Vitória, como se ele estivesse num sono hipnótico. Sentiu calafrios percorrer seu corpo e sentou-se ao lado dele velando seu sono. Lembrou-se de Clarice e aquela entidade, ambos pedindo que ela cuidasse de Ricardo. Teriam visto algum prenúncio de perigo?

Sim, e ela logo comprovaria.

Assim que adormeceu, Ricardo se viu conduzido por mãos invisíveis para algum lugar. Seu peito doía e uma sensação de terror o invadiu, sem entender as razões. De repente, percebeu que se encontrava num local desconhecido, porém não estava sozinho. Viu um vulto caminhando em sua direção, até que reconheceu quem era.

— Olá, querido. Sentiu minha falta? — Estela conversava com ele, fato esse que não compreendia. Ele estava dormindo ou não? A confusão era ampla e ela percebeu o olhar que ele lhe oferecia. – Você continua o mesmo, Ricardo. Sempre questionador, porém não consegue entender o que está bem à sua frente. – Aproximou-se dele e colocou a mão em seu rosto. – Sei que o perturbo. Ainda nutre uma paixão por mim e sabe que pode me ter quando desejar. Vá até minha casa e cuidarei de você!

O médico sentiu-se impotente perante o poder de sedução que ela irradiava por todo seu ser. Estava confuso e, ao mesmo tempo, um sinal de alerta lhe orientava a permanecer distante dela.

– O que quer de mim? Por que não me deixa em paz? – Sua voz era baixa e controlada.

– É você que veio até mim, não seria mais correto eu lhe fazer essa pergunta? – Ela usava o jogo de palavras com astúcia. Aproximou-se ainda mais, colando seu corpo ao dele. – Por que tenta se enganar? Sei o que você sempre quis. Nada mudou entre nós. Ainda me deseja e fará tudo para me ter. Abaixe a guarda e fique comigo. Não resista! Lembra-se de como foi fantástico, podemos repetir. Basta apenas que você me diga uma coisa. – Ela tentava seduzi-lo de todas as formas, mas ele resistia, não emitindo uma reação sequer.

– Fique distante de mim, eu lhe peço. Já cometi tantos deslizes por sua culpa, não pretendo mais traí-los. Deixe-me em paz. Não represento nada para você ou já se esqueceu do que disse quando os guardas vieram me prender? Contou que eu não era ninguém! Que um verme da terra era mais útil que eu! E outras coisas que não vale aqui mencionar! Você acredita que irei cometer o mesmo equívoco novamente? Sabe o que me custou aquilo? Séculos de dor, de culpa, de arrependimento! Onde estava quando precisei de ti? Jamais irei submeter-me novamente aos seus caprichos. Eu sei quem é seu objeto de desejo, mas ele nunca irá se render aos seus encantos! Admita que perdeu!

Capítulo 21

ASSÉDIO INVISÍVEL

Ricardo percebeu que suas palavras a atingiam e a perturbavam. E continuou:

— Afonso jamais será seu e isso é o que a tortura há tanto tempo! Ele continua exatamente o mesmo daquela vez. Forte, poderoso, consciente de seu valor, desejando com a mesma intensidade o mesmo que naquela época o moveu. Ele não terá olhos para você enquanto não mudar o rumo da sua existência. Ainda não entendeu?

Estela o esbofeteou com toda fúria!

— Cale-se, seu idiota! Sou eu quem dá as ordens aqui! Você não significa nada nem para mim, nem para eles, que apenas o estão usando! — Deu uma gargalhada e prosseguiu: — Assim que eles conseguirem o que desejam, irão descartá-lo como o fiz naquela ocasião. E sabe por quê? Você não é ninguém, é fraco, não tem caráter, é invejoso, é igual a mim! Seu lugar é o mesmo que o meu! Ainda não entendeu? Além de tudo é desprovido de inteligência. Acorde para a realidade. O que eles fizeram quando Edan o manteve em seus domínios? Não moveram suas mãos puras e limpas! Você não valia o esforço.

Conforme ela falava, Ricardo experimentava os mais diversos sentimentos, desejando fugir dali, mas não conseguia. Queria gritar, mas sua voz estava presa na garganta. Sentiu-se completamente dominado por ela, totalmente vencido.

— Pensa que Vitória ficará com você? Seu tolo! Ela também irá te usar, apenas isso. Junte-se a mim e poderemos vencer a todos eles. — Ela tentava mudar a estratégia, pensando que assim ele se aliaria a ela.

Nessa batalha mental, de súbito viu, o rosto daquela senhora do centro espírita. Clarice lhe sorria e isso foi suficiente para despertá-lo de seu torpor.

— Me esqueça, Estela. Seu jogo não vai funcionar desta vez e sabe por quê? Não sou mais aquela criatura frágil que você conseguia manipular. Sei quem eu sou e não me importo com o que pensam a meu respeito. Não vou trair a confiança deles, não porque espero algo em troca, mas porque minha consciência assim me orienta. Você sabe o que a sua lhe diz? Pois eu sei o que a minha determina. Acabe com seu jogo de palavras e me deixe em paz. Não sou mais útil aos seus propósitos!

— Se você me é inútil, sem serventia alguma, então morra! — E mentalmente ela o sufocava com as suas mãos. Ricardo sentia-se prestes a desfalecer, completamente à mercê daquela mulher. Ela gargalhava enquanto ele se contorcia, sem conseguir respirar. Foi quando uma mão poderosa o tirou daquele suplício.

— Ricardo, fale comigo! O que está acontecendo? — Vitória estava aflita com o estado dele, que apertava as mãos em sua garganta, parecendo sufocado. — Acorde, você está sonhando! — Ela o sacudiu violentamente, mas ele parecia dominado por uma força superior e invisível. Mentalmente, ela suplicou o amparo dos amigos da luz, através da prece sincera.

Ricardo abriu os olhos, ainda sentindo a pressão em seu pescoço. Tentava respirar, mas era tarefa inglória. A sua palidez impressionou a médica, que quase chamou a emergência. Ela pensou que ele poderia estar morrendo ali, ao seu lado.

— Por favor, querido, respire! — As lágrimas escorriam por seu rosto.

Aos poucos, ele foi retomando o controle, tentando normalizar sua respiração. Ainda não conseguia falar uma só palavra, mas parecia que a crise passara. O que acontecera? Quando ela percebeu que ele se estabilizara, ofereceu-lhe um pouco de água.

— Fale comigo, eu lhe peço, querido! Sente-se melhor?

Ele tentava lembrar-se do que sonhara para viver momentos tão angustiantes. A única coisa que veio em sua tela mental foi a figura de Estela, com seu ar debochado, dizendo palavras que ele não conseguia recordar plenamente. Lembrava-se de sentir a pressão da mão dela em seu pescoço, dizendo: "morra!"

Foi o suficiente para que ele entrasse em desespero, o que resultou em um choro incontido.

Vitória tentou abraçá-lo, mas ele recusou com energia. Queria ficar só! Sabia que ninguém se importava realmente com ele.

— Conte-me tudo, Ricardo! — Sua voz tentava ser pausada e serena, mas a tensão imperava. Somente após alguns minutos, ela pôde ouvir a voz dele, já mais controlada.

— Não quero mais fazer parte disso! Definitivamente! Quero ficar só! Vá embora daqui! — As lágrimas ainda escorriam e ele sentia-se em total desconforto. A única coisa que percebia era que seu mundo de equilíbrio e controle não mais existia. Isso o torturava e o mantinha em condições deploráveis. Como ajudar alguém, se não conseguia fazê-lo por si mesmo? Vitória estava lá apenas por piedade, apenas isso. Ninguém se preocupava com ele, era apenas isso que sabia. Estela, mesmo à distância, emitia ideias infelizes de baixo teor, desejando exatamente o que acontecia: tirá-lo do caminho. E parecia que o assédio mental estava dando resultado, tal a inferioridade de pensamentos que o envolviam. Em sua casa, mentalmente ligada a Ricardo, ela experimentava uma satisfação sem igual. Um a um, ela os tiraria do páreo. Ele seria o primeiro!

Vitória sentiu que ele estava a um passo de um colapso mental e não podia ficar passiva, esperando que ele fosse vencido. Fechou seus olhos e pôde ver as energias densas que o envolviam, colocando-o sob uma redoma incapaz de lá sair, como se fosse um prisioneiro de sua própria mente. Ela pediu, novamente, a ajuda dos amigos da luz, e, em instantes, eles se aproximaram de Ricardo que se mantinha em total prostração, exangue, depositando sobre ele fluidos salutares, que, aos poucos, desagregavam as energias deletérias que impregnavam todo seu ser.

Os pensamentos do médico ainda permaneciam desordenados e suas feições estavam lívidas. Ele lutava com as ideias inferiores que se mantinham em sua tela mental, como se alguém assim ordenasse, para que ele ficasse cada vez mais deprimido e infeliz. Levantou os olhos e viu Vitória em respeitoso silêncio. Ele a mandara embora, mas não era isso que realmente desejava. Novamente, a opressão, a dúvida corroendo suas entranhas, sentindo-se impotente perante tudo que estava vivendo. Essa mulher o perseguia até em seus sonhos. Não a queria por perto, mas se continuasse ajudando os jovens, ela não lhe daria trégua, até que ele enlouquecesse. Justamente ele, um psiquiatra que tinha por tarefa ajudar a manter a serenidade de tantos que o procuravam! Era uma ironia do destino isso estar acontecendo. Aos poucos, foi se sentindo mais sereno e levantou-se, caminhando pela sala, procurando se acalmar mais rapidamente.

Quando Vitória percebeu que a assistência espiritual que ele recebera surtiu efeito, decidiu deixá-lo. Ele ficaria bem, os amigos espirituais assim o disseram. Eles permaneceriam por perto, neutralizando as energias que Estela lhe enviava feito poderosos torpedos destruidores. Conversaria com ele em outra oportunidade. Levantou-se e disse:

— Se precisar de mim, me ligue. Você pediu para ficar sozinho e não vou insistir. Tente dormir, tudo ficará bem, confie! — Ela caminhou até a porta, porém foi contida por Ricardo, que a abraçou com toda energia.

— Me perdoe, Vitória! Não vá, eu lhe peço. Fique comigo, não quero ficar só nem hoje, nem nunca mais! Desculpe se fui agressivo! — As palavras eram permeadas por muitas lágrimas, denunciando a total desarmonia íntima que ele experimentava. — Ideias absurdas povoavam minha mente, todas elas me dizendo que sou um completo inútil, incapaz de receber a estima de vocês. Sou um ser desprezível! — Essa emoção invadia seu ser, dizendo-lhe o quanto era culpado. Mas de quê? O que teria feito naquela vida que o tornava um ser tão falido? Precisava conhecer seu passado, entender o que fora capaz de fazer. A palavra traição aparecia em tons fortes em sua tela mental. Teria traído a confiança de todos eles? Se assim fosse, mais que natural que eles o desprezassem ou não confiassem nele. Afonso disse algo que ficara martelando em sua mente: "Já superamos as desavenças do passado". Isso significava que ele participara de toda a trama envolvendo a família. Quem ele era nesse contexto? Essas dúvidas o atormentavam, colocando-o em situação de vulnerabilidade, exatamente isso que o tornava receptivo ao assédio mental de Estela. Isso precisava ser esclarecido ou ele jamais reencontraria a paz! — Quero que fique apenas se assim desejar. Não sei o que se passa em sua mente. Quer ficar aqui comigo? — Perguntou ele.

— Sabe que sim!

— Por que quer ficar aqui? Por preocupação, por piedade, por quê? — Os olhos denunciavam toda angústia de que ele era portador.

— Porque o amo e sempre o amei. Isso é suficiente? — Seu semblante estava sereno. — É uma longa história, se tiver tempo eu lhe conto.

Ele sentou-se curioso com as palavras que ela proferira.

— Desde que o vi, pela primeira vez, senti uma atração intensa por você. No início, acreditei ser uma paixão juvenil, afinal, você sempre foi um jovem atraente, objeto de desejo de todas as alunas da faculdade. Não nego que me aproximei de você movida por um interesse, mas o tempo nos mostrou que apenas a amizade estava presente. E, para tê-lo por perto, aceitei essa condição. Com o passar dos anos, isso apenas se intensificou e estar perto começou a me perturbar. Você me via apenas como uma amiga querida, uma confidente de todas as horas. Lembro-me de todas as vezes que você me relatava sobre suas conquistas. Isso era uma tortura para mim, mas permanecia ao seu lado, pois essa proximidade acalentava em meu íntimo uma possibilidade de, algum dia, você me ver como eu gostaria, além da simples amizade. Até que percebi que estava realmente apaixonado por Silvia. Isso foi decepcionante, mas tive que encarar que sua vida seguiria apartada da minha. Fiquei em choque, porém tive que tomar a decisão mais difícil de minha vida: deixar que você fosse feliz, mesmo que isso custasse minha própria infelicidade. Via tanto amor em seu olhar e julgava que Silvia o faria o homem mais feliz do mundo. Nesse ínterim, Mauro se aproximou de mim com tantas promessas de amor, que decidi seguir com minha vida, também. O restante da história todos nós já conhecemos. — Seus olhos estavam marejados, carregados de emoção: — Jamais estaria aqui pelos motivos que acabou de mencionar, querido, pois a única coisa que me move é o profundo e sincero amor que tenho em meu coração. Espero que acredite em minhas palavras. Tudo que está acontecendo tem um propósito e precisamos descobrir. O que não pode persistir é você acalentar essas ideias infelizes, assimilando-as e acreditando que isso seja a verdade. Você carrega um sentimento doloroso em seu íntimo e precisa entender o que ele representa nesse contexto. Sua avaliação acerca de si mesmo retrata, essencialmente, o que você viveu no passado, não o que você se tornou hoje. Sabe quem você é e o seu papel nesta existência? Sabe os motivos que essa mulher o manipula a ponto de prostrá-lo como tem conseguido? Que culpa você carrega? – Vitória olhava firmemente para os olhos do médico que permaneciam conectados aos dela. Ela pôde observar toda a dor represada, num misto de medo, culpa, submissão e uma ausência total de paz. Esperou que ele falasse algo.

– Uma dor que não cessa é o que vivencio após encontrar-me com essa mulher. Sinto-me vulnerável, frágil, inseguro, todos os meus valores que julgava estarem sedimentados em mim, parece que desaparecem. Apenas fica a imagem de culpa, traição, sofrimento extremo, que me sufoca e me faz sentir o verdadeiro inútil e desprezível ser a que ela se refere. O que fui capaz de fazer naquela existência? Sinto que isso definiu grande parte do que me transformei hoje! Por que tenho tanto medo de falhar novamente? – Era visível o descontrole emocional de Ricardo. Num ímpeto, ela o abraçou com todo seu amor, tentando aplacar a dor que o consumia.

– Pare com isso, meu amor! Hoje você é uma pessoa diferente daquela oportunidade. Somos, a cada encarnação, o melhor que podemos ser. É evidente que o erro acompanha nossa caminhada, pois ele faz parte do aprendizado. Os erros cometidos, se os encaramos frente a frente e nos dispomos a ressarci-los, é sinal de que aprendemos a lição. Assim aqui chegamos com essa finalidade, porém temos as lembranças desses equívocos, como uma luz neon, alertando-nos quanto à possibilidade de revivê-los, mas desta vez, oferecendo outro olhar, outra atitude para não mais reincidir. É isso que está vivenciando e seu olhar extremamente técnico o perturba, por não encontrar as explicações através da sua visão. Tente olhar com o coração e não mais com a razão que predomina sua essência hoje. Você é muito mais que um psiquiatra talentoso e competente. Antes de tudo, é um ser humano único, um espírito imortal, que traz uma bagagem consigo, fruto de todo aprendizado realizado ao longo das sucessivas encarnações. E, se está aqui, neste momento sendo requisitado para prestar auxílio a esses dois jovens, é porque assim deve ser. Não lute contra você mesmo e assuma seu papel neste contexto. Quando for o momento, tudo ficará claro, porém ainda não é a hora, meu amor. Aceite isso e faça apenas o que precisa fazer. Não se submeta a essa manipulação vil e descabida de alguém que está usando o conhecimento acerca do que você foi ou do que cometeu quando ainda se encontrava frágil. Você não é mais aquele espírito capaz de cometer os equívocos de outrora. Aquele ser não existe mais, pois ele já aprendeu a lição, caso contrário não estaria aqui fazendo parte desta história. – Ela estava envolta numa luz intensa, fruto do auxílio de Leonora que lá se encontrava, procurando dar suporte a Vitória. Ricardo tinha papel importante neste contexto e não poderia se deter em emoções em desalinho, pois poderia comprometer toda obra. Ela e Julian tinham-no preparado para este momento, mas Estela já percebera a importância dele e tudo faria para neutralizá-lo. Isso não estava nos planos e precisavam reavaliar os próximos passos. Vitória, com sua sensibilidade apurada, seria elemento essencial neste momento, captando as ideias que eles emitiam. Quando percebeu que ela estava receptiva, acatando o que irradiava, olhou para Julian e disse com um sorriso:

– *Ela sempre nos surpreende, meu querido! É um espírito valoroso e está disponível quando solicitada. Uma leal amiga e, como tal, poderemos contar com seu auxílio em qualquer tempo. Não imagina o quanto está colaborando conosco!*

– *Vitória cuidou de Betina e Laurita oferecendo-lhe o apoio constante e a proteção desvelada. Ser-lhe-ei eternamente grato por tudo. Sabíamos que ela acalentava um amor verdadeiro por Ricardo, porém jamais isso foi capaz de demovê-la de seu propósito maior, que foi proteger com sua vida nosso livro sagrado. Se ela desejasse, o teria salvado naquela ocasião, após a prisão de Afonso, mas isso seria contrariar os desígnios divinos. Sua lealdade estava acima de seus interesses materiais. Ela aceitou seu triste destino, cuidando do que realmente importava. Esperou todo esse tempo para reencontrá-lo. As outras oportunidades por ela solicitadas não foram satisfatórias, pois Ricardo ainda se comprazia em emoções indignas, a culpa, particularmente, que o afastou de toda ajuda que pudesse receber. Ele demorou a admitir que a imperfeição nos acompanha. A traição a Afonso foi, sem dúvida, o que culminou em todas as derradeiras e infelizes existências que ele encarou. O amor sincero e verdadeiro precisava ser resgatado, libertando-o dessa culpa que alimentou suas encarnações. Falhou por ainda não aceitar seu próprio erro. Quando assim o fazemos, as chances de refazer os caminhos se tornam mais próximas. Sinto-o como um filho muito amado, mas ele ainda não se sente digno disso. Vitória terá imenso trabalho pela frente, resgatando-o novamente das sombras em que ele próprio se colocou. Edan destruiu todas as suas defesas emocionais quando foi seu prisioneiro, deixando-o completamente impossibilitado de acreditar em seu potencial. Há um longo caminho a percorrer, mas, desta vez, terá a companhia de um espírito valoroso. Vitória se comprometeu a estar ao seu lado em qualquer condição. Seu relato sincero foi a prova de sua resignação e desejo sincero de auxiliá-lo. Que Ricardo aceite seu amor, que o tempo não foi capaz de sepultar no esquecimento. –* Aproximou-se da médica e envolveu-a em doce abraço, que ela recebeu como um carinho especial da espiritualidade. Sua percepção foi a de que não estava só em momento algum. Fechou os olhos e agradeceu mentalmente o amparo naquele momento tão delicado. Ricardo estava de cabeça baixa, tentando assimilar as palavras de Vitória.

— Como fui um tolo, minha querida. Jamais poderia conceber que outro interesse nos unisse. Sequer percebi os sinais que você deve ter me enviado durante todos esses anos. Me perdoe! — Disse ele beijando delicadamente suas mãos. — Quanto sofrimento teria evitado se você estivesse ao meu lado.

— Não tenho nada a lhe perdoar, meu querido! Tudo aconteceu no tempo certo! No tempo de Deus! Talvez antes isso não fosse possível. Quero assim acreditar! — Um sorriso radiante surgiu em seu rosto. — Estou ao seu lado porque assim desejo. Não quero mais ficar distante de você, um minuto que seja. Eu o amo mais do que tudo, acredita agora? — Ela pegou seu rosto e disse: — Você é um homem valoroso e precisa acreditar nisso, caso contrário ela o manterá sob seu jugo. Ela conhece suas fraquezas como, por exemplo, a falta de confiança em seu próprio potencial atual. Afonso e Betina dependem de você. Seu concurso será imperioso para que eles deem prosseguimento a suas tarefas. Ainda desconhecemos qual seja, mas já temos uma ideia de que aquela encarnação selou um pacto entre nós. Juntos seremos fortes! Não podemos decepcionar aqueles que tudo realizaram para que esta reunião ocorresse neste momento. Precisamos confiar!

— Fique comigo hoje e sempre! Não consigo conceber a ideia de não a ter ao meu lado. Nunca mais fique longe de mim! — E a beijou com todo amor represado em seu peito.

Essa imagem foi captada por Estela que, com toda fúria, atirou um vaso no espelho de seu quarto, no exato momento em que Diego estava entrando.

— Sete anos de azar, minha cara! — Disse ele com um sorriso sarcástico.

— Não estou para brincadeiras! O que quer aqui? Espero que seja alguma notícia acerca do que lhe solicitei. E então? O que conseguiu? — Perguntou ela ansiosa.

— Ainda nenhuma pista, sinto decepcioná-la. — Falou com o semblante sério. Estela lhe pedira que investigasse algo, numa distante região da Itália, porém, nada obtivera.

— Você é mesmo um incompetente! – Gritou ela. – Ele me garantiu que esse era o local.

— Acredita em tudo o que ele lhe diz e eu sou um incompetente? – Riu, irritando-a ainda mais. – Se não confia em mim, faça você mesmo.

— Eu tenho sempre que fazer tudo sozinha. Só que, desta vez, você ultrapassou os limites da minha paciência. Estou começando a pensar que precisa de um incentivo para se tornar mais colaborativo. – Aproximou-se dele e com um sorriso diabólico disse: – Creio que farei uma visita a nossa velha amiga Betina. Aliás, farei diferente. Vou pedir que alguém a visite. Creio que, depois desta visita, ela certamente não irá mais ser um estorvo em minha vida.

— Já lhe disse para deixá-la em paz! Não se esqueça de que Afonso está ao seu lado.

— Quem sabe não será o momento certo de encontrá-lo? – E deu uma gargalhada.

— Se eu fosse você, esperaria um pouco mais para isso. Já lhe disse o quanto ele continua poderoso. E, se fizer algo a Betina, como pensa que ele reagirá?

Estela fechou seus olhos por instantes e procurava adentrar a mente de Afonso, mas isso lhe era impossível. Sentiu a raiva corroer suas entranhas e, imediatamente, encerrou a conversação.

— Faça o que eu lhe ordenei. Encontre o livro! Antes que eles o busquem! Agora, saia daqui! Preciso descansar!

Diego saiu de lá convicto de que a situação era mais complexa do que poderia supor.

Capítulo 22

INVESTIGAÇÃO EM ANDAMENTO

Assim que Afonso e Betina saíram do consultório, uma ideia não saíra da tela mental do jovem. Pensara em iniciar a investigação acerca do livro sagrado.

– O que pretende fazer hoje? Tem algum plano para esta noite? – Perguntou ele.

– Infelizmente, não. Depois de tudo o que aconteceu, ando resistindo a sair e encontrar Diego. Ainda é perturbador, reconheço. – Ela ostentava um olhar triste.

– Isso vai passar, Betina. Além do que muita coisa ainda será esclarecida e creio que se surpreenderá com o novo panorama à sua frente. – Havia tanta paz em seu olhar.

– O que poderia ser esclarecido? Não sei, Afonso. Aquilo tudo deve ter sido real.

— Deve? Então a dúvida também povoa seus pensamentos. Diego não parece ser o crápula que pensamos. Imagino que brevemente teremos notícias favoráveis.

— Usando sua sensibilidade apurada? – Brincou ela.

— Apenas colocando em ação recursos que podem nos ajudar a esclarecer alguns pontos nebulosos. Bem, então está disponível? Gostaria que me auxiliasse numa tarefa, se não tiver nada mais interessante para fazer. Vamos até minha casa? – Perguntou ele.

— O que está tramando, Afonso? Temos que ser cautelosos quanto a Estela, que pode estar atenta a nossos passos. O que pretende?

— Fique tranquila, sei como preservar nossa segurança. Ela não saberá o que estamos fazendo. Porém, se estiver receosa, farei isso sozinho. Vou compreender!

— Jamais ficaria de fora disso, meu querido. Somos companheiros em qualquer situação, ou se esqueceu disso? – Falou ela sorrindo. – Vamos! Aviso papai que dormirei em casa de uma amiga e ficarei contigo. Qual o seu plano?

E, no caminho, ele contou acerca do interesse em descobrir o tal livro. Chegaram a uma casa suntuosa, que não condizia com a simplicidade do jovem.

— Aqui é seu castelo? – Brincou ela, pois parecia realmente uma fortaleza protegida. Afonso riu da jovem e explicou.

— Meus pais são responsáveis por isso e, depois de construí-la, foram viver fora do Brasil. Já lhes avisei diversas vezes que vou para um local mais aconchegante, mas eles insistem que aqui é meu lar e outras bobagens. Bem, minha princesa, vamos conhecer nosso castelo? – E estendeu a mão à jovem que parecia se divertir com a situação. O local estava silencioso e dentro era ainda muito mais surpreendente que o exterior. Um ambiente repleto de objetos de arte valiosíssimos, telas e esculturas de artistas geniais, fazendo-a ficar boquiaberta.

— Não conhecia esse seu lado, Afonso.

— Esta casa pertence a meus pais, já lhe disse. Vamos dizer que apenas vivo aqui.

— Respira-se arte. — Dizia ela tocando os objetos com cuidado e delicadeza. — O que pretende fazer, já que quer minha ajuda?

— Venha comigo. — Ele seguiu por um corredor extenso, que terminava numa outra ala da casa, ainda mais aconchegante e charmosa. — Esta é a ala em que eu vivo. — Ele sorriu de forma serena. Entrou num amplo quarto, com uma janela imensa toda de vidro, que dava para uma sacada. Tudo muito simples, porém de extremo bom gosto. — Me espere um pouco. — Adentrou outro cômodo e, de lá, retornou sem camisa, com um sorriso estampado em seu rosto. — Não pense bobagens, afinal, é minha irmã. Quero que veja algo. — Virou-se de costas para a jovem e ela pôde perceber uma tatuagem em seu ombro direito. Quando a viu bem de perto, ela estremeceu, ficando em estado de alerta.

— Não posso acreditar! — Disse ela.

— Queria que visse isso e me diga: você tem uma igual, não tem?

— Como você sabe? — Ela olhava atentamente a tatuagem e constatou que era exatamente a mesma que ela fizera anos atrás, deixando os pais completamente irritados.

— Simplesmente, sei. Creio que esse seja o sinal que Estela procurava. Se eu tinha conhecimento disso, ela certamente também. Deve estar relacionado ao livro. Conforme você falava acerca dele em sua regressão, eu vi nitidamente essa imagem, como a gritar para que eu atentasse a esse fato. Se ela significa o que eu estou pensando, você teria uma exatamente igual. Não me pergunte como sei todas essas coisas. Ainda é complicado ver tantas mudanças drásticas em minha vida e, especialmente, em minha forma de encarar os fatos do caminho. Reconheço que uma transformação significativa ocorreu nesta última semana, a ponto de não saber mais quem eu realmente sou. A única coisa que sei é que aquele Afonso, perturbado, complicado, vulnerável a ponto de fazer o que fez, parece que não está mais presente. Não me pergunte como isso ocorreu, pois não saberia explicar. Sei apenas que o véu foi retirado, mostrando quem realmente preciso ser nesta existência, pois só assim ela terá um sentido. – Seu olhar estava sereno como ela jamais pudera observar. Ele irradiava uma luz intensa, capaz de envolvê-la inteiramente. – Conforme falava acerca do livro, essa imagem surgiu e tinha conexão com você. Talvez seja nosso ponto de partida. O que significa esse símbolo? – Betina se aproximou e, com seu celular, tirou a foto da tatuagem. Tirou a própria blusa e pediu que ele fizesse o mesmo da dela. Em seguida, colocaram as duas próximas e perceberam que eram exatamente iguais.

– Vamos procurar conhecer o que esse símbolo significa, remontando sua origem. Quando a vi, ela como que me seduziu, implorando para ser tatuada. Não imagina o que tive que ouvir de meus pais, após esse ato. – Ela sorriu lembrando-se da cara do pai quando mostrou sua nova obra. – Jamais pensei que isso teria um significado tão complexo.

– Minha intuição diz que é esse o símbolo que está na capa do livro. Isso já é um ponto de partida. Estela deve estar muitas horas de pesquisa à nossa frente, mas ainda não descobriu nada. Eu sei! – Disse ele como se a visse frente a frente.

– Poderia utilizar sua sensibilidade apurada e descobrir o que Estela já sabe. Ela invade nossas vidas, nós invadimos sua mente. – Falou séria.

– Não somos como ela, essa é a única diferença. Portanto nossas ações jamais serão as que ela oferece ao mundo. – Era uma repreensão velada, mas a jovem entendeu.

– Então vamos tentar superá-la com nosso trabalho. – Afonso ligou seus dois computadores e ambos deram início à pesquisa, varando a noite. Pararam para um pequeno lanche e prosseguiram madrugada afora. Os raios de sol começaram a inundar o quarto de uma luz suave e alaranjada, quando Betina disse:

– Creio que encontrei! Veja se não é o mesmo? – Mostrou o símbolo tatuado a Afonso.

Os dois se entreolharam e constataram que era exatamente o mesmo. Um antigo colecionador de obras raras tinha a posse de um tal livro, cujo símbolo estava destacado na própria capa. Anotaram os dados necessários e Afonso disse:

— Tenho um amigo em Roma que poderá fazer essa investigação mais detalhada. — Pegou o telefone e, só naquela hora, percebeu que ainda era cedo demais para tal ligação. Olhou Betina que não conseguia mais manter os olhos abertos, tal o cansaço que se apoderava dela e falou:

— Por que não dorme um pouco? — Apontando sua cama. — Vou esperar algumas horas e ligarei para Fabrício. Creio que ele irá adorar um caso desses. Levando-se em conta o fuso horário, só vou conseguir falar com ele próximo ao almoço. Quer comer algo?

— Não, querido, quero apenas me jogar na sua cama e descansar um pouco. Vou aceitar seu convite e dormir. Me acorda quando conseguir falar com ele?

— Fique tranquila. Vou avisar Rosário que estou aqui, pedindo que ela faça um almoço especial para nós. — Ele parecia feliz.

— Quem é ela? — Perguntou Betina.

— Rosário cuida de mim desde que minha avó se foi. Uma mãe que a vida colocou em meu caminho, desde que a minha se esqueceu de sua função. — Havia certa tristeza em suas palavras. A jovem sorriu e, literalmente, jogou-se na cama, adormecendo em instantes.

Afonso olhava para ela com carinho genuíno. Betina sempre seria sua irmã amada! Não iria permitir que ninguém mais a magoasse! Nem Estela, nem ninguém!

Enquanto a observava dormindo, relaxado em um sofá, percebeu que Estela tentava acessar seus pensamentos. Ele sorriu perante o fato. Sua percepção aguçada o surpreendia a cada momento. Em outros tempos, isso não aconteceria. A simples perspectiva de algo que não conseguisse compreender já seria indício de desarmonia íntima. Tentava entender como tinha acesso a tantas informações sem jamais ter tido contato anteriormente com isso. Podia ver nitidamente a imagem de Estela, como se um filme fosse passado em sua tela mental. Nele, ela andava de um lado a outro, em completo desassossego. Estela desejava algo que não conseguia com todo seu potencial e isso era inadmissível a seus propósitos. Ela julgava-se capaz de obter tudo que quisesse, porém a vida sinalizava que não era assim tão simples. Queria adentrar a mente de todos que se colocassem em seu caminho, simplesmente para assediá-los de forma insistente obtendo, assim, o afastamento de todos que interferissem em seus planos. Acreditava que poderia manipular a todos! Ledo engano! Afonso sentiu a raiva que ela irradiava, simplesmente por desconhecer o que ocorria naquele exato momento, impossibilitada que estava de conhecer os seus pensamentos. Em breve, ela saberia que o embate, se assim pudesse se denominar, seria travado com igualdade de forças, lado a lado se enfrentando, vencendo aquele que mais preparado se encontrasse.

Tudo isso passava em sua mente numa sequência de imagens que a ele ainda surpreendia. Quem era ele realmente? Qual seria sua tarefa nesta encarnação? Sua percepção lhe dizia que essas informações chegariam num tempo próximo. O cansaço o invadiu e fechou os olhos adormecendo rapidamente.

No mesmo instante, viu-se fora de seu corpo, caminhando por um local que lhe parecia muito familiar. O antigo castelo surgiu à sua frente, adentrando a passos lentos percorrendo cada corredor com o coração repleto de emoção. Sabia o que iria encontrar ao abrir pesada porta e assim foi. Leonora e Julian correram a abraçá-lo. As lágrimas escorriam livremente por seu rosto.

— Meu pai, minha mãe, quantas saudades! — Abraçando-os com todo amor.

— *Agora está preparado para as tarefas, filho querido. Foi uma longa e dolorosa jornada, mas necessária para que todos os eventos pudessem ocorrer. Os reencontros estavam traçados, porém qualquer descuido poderia impedi-los, comprometendo a tarefa maior a que estão imbuídos.*

— Eu, agora, compreendo, mas posso garantir que não foi tarefa fácil percorrer sozinho todo esse caminho. Aqui estou, pronto para iniciar. O que preciso fazer? — Havia tanta serenidade em seu olhar que Leonora novamente o abraçou, desta vez ela própria com a emoção em expansão.

— *Meu menino, continua o mesmo espírito valoroso de outrora, capaz de tantos gestos altruístas para que a missão maior não deixe de ser cumprida. Sabe que não podemos ascender a cimos mais elevados da evolução, quando aqueles que de nós dependem ainda se encontram presos aos próprios equívocos e perturbações. Não há glória em elevar-se quando amados companheiros ainda se prendem a patamares inferiores, onde as sombras ainda prevalecem. Sabe as razões de aqui estar e, para que tudo possa caminhar conforme a programação estabelecida, terá que confrontar novamente nossa infeliz amiga. Estela ainda nutre a mágoa em seu coração, essa que perdura por séculos em virtude de ações que não puderam ser cumpridas, mais por sua própria incúria do que por outra ação invigilante de qualquer um de nós. Reconhecemos nossa imperfeição e estamos tentando resolver as pendências que ainda irradiam na vida de nossa irmã, a qual resiste aos apelos incessantes do perdão, que modificaria todo panorama. Porém ela ainda não se encontra nessa faixa vibratória, insistindo em ações maléficas, que a comprometem. Dia chegará em que ela confiará novamente nas forças superiores, entretanto isso ainda não aconteceu. Necessitamos de seus esforços para reabilitá-la, reconduzindo-a novamente para a luz! Essa é a tarefa, filho amado! Aquela que solicitaste antes de aqui partir para esta nova experiência material.*

— Sabe o que ela pretende, minha mãe? — Seu semblante estava sério.

— Sim, meu querido, e sentimos que isso ainda acalente seus ideais. Deixe-a seguir seu caminho, pois o dia do confronto se aproxima. As armas de que cada um se utilizará é o que definirá o êxito, ou não, da empreitada. O livro foi o chamariz, totalmente desnecessário ao cumprimento das tarefas pré-estabelecidas. Ele será o elo entre vocês. Mantenha-se firme e leal a seus propósitos e as forças do bem, que a tudo comandam, definirão as rotas a seguir. Esteja atento, é o que lhe pedimos!

— Teremos problemas em função da fragilidade de alguns de nós. Betina ainda não se recuperou do que vivenciou. Ricardo ainda se encontra preso à culpa que o imobiliza e o torna presa fácil às más intenções de Estela. Vitória está sendo nossa grande aliada. O que podemos esperar?

— Nossas ações definem quem somos e quem atraímos para nosso lado. Mantenha a serenidade que tudo, em breve, estará conforme os planos do Alto. Nossos queridos amigos são espíritos também valorosos, mesmo que ainda assim não se aceitem. Precisam acessar seus talentos ocultos, para que a fibra espiritual se fortaleça. O grupo é sólido, cada elo pode se encontrar fragilizado, mas a união definirá o resultado satisfatório. Nossas fraquezas serão superadas quando reconhecermos nossos reais potenciais. E isso dependerá do esforço de cada um individualmente.

— Quero encontrá-la! — Sua expressão grave fez Julian intervir.

— Talvez ainda não seja o momento, Afonso. Fortaleça-se, isso é primordial.

— Vou me lembrar desse encontro, meu pai? — Seus olhos estavam marejados.

Julian aproximou-se dele e o abraçou com todo amor.

— Estaremos sempre por perto, meu filho! Um longo caminho será percorrido até definir-se a conclusão dessa história. — Em instantes, ele retomou seu corpo físico, porém poucas foram as lembranças assomadas. Sentia ainda a irradiação do amor daqueles dois espíritos que estavam sempre ao seu lado. Um sorriso iluminou seu semblante e ficou a observar Betina, que dormia serenamente. Olhou pela janela e um ensolarado dia era portador de novas esperanças. Pegou o telefone e ligou para o amigo Fabrício, contando tudo o que descobrira acerca do livro, pedindo-lhe que averiguasse seu paradeiro. Falou que enviaria o símbolo pelo computador, assim facilitaria quando encontrasse o tal livro. O amigo italiano disse que avisaria assim que tivesse alguma novidade.

Afonso continuou sentado, aguardando que Betina despertasse. De súbito, sentiu-se estranhamente incomodado, sua mente em completa desarmonia. Pensamentos estranhos, conflituosos, passaram a invadir sua tela mental. Fechou os olhos e viu a figura de Estela lhe sorrindo. Tentava fechar sua mente para tal assédio, porém algo o impedia. De repente, sentiu como se alguém o tocasse e ouviu:

– Hoje sou mais poderosa que você! Não tente vencer-me, querido! Vou dominar sua mente e conhecer todos os seus segredos! – A voz era nítida e soava de forma sombria.

Afonso respirava profundamente, tentando conter a invasão potente que ela lhe infligia, mas seus esforços eram infrutíferos. Foi quando Betina se aproximou dele e segurou seu braço com toda energia:

– Afonso, estou com você. Não permita que ela o manipule!

O jovem sentiu como se uma corrente elétrica poderosa percorresse todo seu corpo e, no mesmo instante, viu-se liberto do implacável assédio mental. Ambos, Betina e Afonso, pareciam dois dínamos de força, irradiando uma possante energia, cujo destino era a casa de Estela. Quando ela notou que ele não mais correspondia aos seus intentos, ficou furiosa, compreendendo que ele recebera ajuda de Betina:

– Maldita! Seus dias estão contados! – Foi quando ela própria ouviu as palavras doces e serenas do jovem.

– Estela, ainda não detém o dom da vida! Nada fará a Betina, pois não permitirei! – Falava de forma firme, sem temor algum.

A ira de Estela foi tão potente que, enviando suas energias aos dois jovens, foi como se um vendaval assolasse o quarto. Os dois permaneceram estáticos observando o estrago que ela lhes impingira. O saldo foi quadros caídos, porta-retratos quebrados e uma energia deletéria que impregnou o ambiente. Imediatamente, os dois entraram em profunda prece, solicitando auxílio. Em instantes, companheiros da luz trabalharam ativamente para que o ambiente fosse limpo e higienizado, proporcionando-lhe, novamente, o equilíbrio. Quando tudo pareceu sob controle, ambos se entreolharam:

— Afonso, não pode permitir que ela se aproxime de você e tente subjugá-lo. Juntos, somos fortes, e é nisso que precisamos acreditar. Você está bem? — Ele ainda sentia os resquícios da influência que ela exercera.

— Obrigado, minha irmã. Ficarei bem! Clarice nos alertou quanto à vigilância que devemos ter neste momento em que ainda estamos reconhecendo nossas potencialidades. Só agora compreendi a que ela se referia. É muito fácil nos expormos a essas situações em que ela tem supremacia sobre nós. Pelo menos, por enquanto. Estamos aprendendo com as lições que ela própria está a nos oferecer. O que a fez acordar? — Perguntou ele curioso.

— Alguém literalmente me acordou, não sei exatamente o que aconteceu. Abri os olhos e vi você naquela condição como se estivesse hipnotizado. Uma sensação perturbadora! — Ficou a organizar suas ideias e disse: — Já falou com seu amigo?

— Sim, em breve teremos notícias. — Foi quando se deu conta da brecha que abrira ao ligar para o amigo sem um preparo adequado. — Estela está nos vigiando todo tempo. — Ficou pensativo por instantes e, em seguida, disse: — Gostaria de encontrá-la pessoalmente.

— Não faça isso, você não está pronto! — Falou Betina de forma enérgica.

— Você está parecendo minha irmã mais velha, querendo dar ordens! — Brincou ele.

— É como se fosse! Você não sabe o perigo que ela representa. Eu sei! — Suas feições endureceram e ela se calou. — No momento certo, isso irá ocorrer! Não agora!

— Vamos comer algo? Deve estar faminta! — Disse ele desconversando. — Vamos?

— Não gostei desse seu olhar, Afonso. Espero que não se esqueça de que fazemos parte de uma programação e qualquer descuido ou deslize poderá comprometer o todo.

— Não vou me esquecer. — Ele ia falar mais quando foi interrompido por uma batida na porta. — Entre, Rosário. Quero que conheça alguém muito importante para mim!

Era uma mulher madura, ostentando grande vitalidade apesar da idade. Tinha a pele morena e um olhar repleto de paz.

— Muito prazer, minha jovem! Sei que aqui está por um propósito e espero que auxilie meu menino a reencontrar seu caminho. — Ela olhava para ele com genuíno afeto.

— Farei tudo que estiver ao meu alcance.

— Não quero mais vê-lo perturbado e infeliz! Se Afonso te trouxe até aqui, deve realmente ser alguém importante. Ele confia em você! — Olhou a jovem com ternura e finalizou: — O almoço será servido, meus queridos! — E saiu.

Capítulo 23

ACERTANDO O PASSO

Em sua casa, Estela caminhava de um lado a outro, em completa irritação. Betina estava sempre em seu caminho, isso era uma afronta! Não a queria por perto, não agora que Afonso já se conscientizara de seu papel. Os dois eram muito unidos e capazes de grandes feitos quando unissem seus potenciais. Era isso que ela precisava impedir a todo custo! Em compensação, seu próprio irmão era um incapaz! Pensara que ele aprendera algo, mas ele continuava o mesmo homem fraco de outrora. Muita conversa, pouca ação! Já a colocara em situação delicada no passado. E, agora, com a aproximação dos dois irmãos, ela ficaria em desvantagem novamente. Ou não! Ainda tinha um trunfo e iria utilizá-lo no momento conveniente. Onde ele estaria àquela hora? Mentalizou sua imagem e viu que ele ainda permanecia dormindo em seu quarto. Um incompetente é o que ele era. A noite havia sido intensa para ambos. Fechara muitos acordos mais que favoráveis aos seus interesses. Manipulara muitos, tivera o apoio de outros tantos que se compatibilizavam com os mesmos propósitos. Muitos lucros seriam repartidos àqueles que se mantivessem ao seu lado, assim tinha anunciado aos seus investidores. O restante da noite foi uma perfeita comemoração. Ela sabia como seduzir e manipular, coisa que Diego jamais aprenderia. Ela sempre desejara um companheiro a sua altura, assim como Afonso e Betina. Ensinara tudo o que sabia a ele, no entanto parecia que ele era incapaz de honrá-la. Edan lhe alertara acerca de sua fraqueza, mas não podia abandoná-lo a sua própria sorte. Afinal, ele era seu irmão.

Esses sentimentos fraternais estavam presentes, porém isso foi antes de aqui renascer. Agora, isso já não soava de forma tão convincente. Ele sequer conseguira resolver o problema de Betina! E se ele partisse para o outro lado? Não, ele não seria capaz de tal torpeza. Ela fizera tanto por ele! Precisava ouvir seu mestre, mais uma vez. Ele a orientaria sobre suas próximas ações. Ela confiava nele! E assim fez. O mesmo ritual do outro dia e a comunicação telepática ocorreu de forma natural entre ela e a entidade espiritual, Edan. Ela ouviu atentamente as orientações e seu semblante desanuviou, o que significava que a sorte a favoreceria novamente. Encerrou a conversação e finalizou seu ritual. Em seguida, foi à procura do irmão. Entrou em seu quarto, sem ao menos bater. Abriu as cortinas e disse em tom firme:

— Hora de trabalhar, meu querido! Vamos, levante-se.

— Deixe-me em paz! — E cobriu a cabeça.

— Preciso que faça algo com urgência e, desta vez, fará como se deve. Espero você lá embaixo em dez minutos. — E saiu.

No tempo estabelecido, ele lá estava. Com a aparência sonolenta e cansada sentou-se ao lado da irmã, perguntando:

— Qual a próxima estratégia? Quem você irá submeter ao seu domínio?

— Eu não, querido. Você! – Seu olhar era aterrador, o que fez Diego ficar em estado de alerta total. Ele já podia imaginar o que a irmã pretendia e isso era inadmissível aos seus princípios, mesmo tão limitados. Sabia que o alvo seria Betina, pois ela já sinalizara noutro dia. Seu coração ficou em total descompasso.

— Não farei nada contra Betina!

— Você fará o que eu mandar! Será que ainda não entendeu? – Seus olhos estavam mais frios ainda. – Você só está ao meu lado, porque assim solicitei. É meu irmão, me deve isso! Que seja uma prova da sua lealdade por nós!

— Não preciso dar prova alguma! Estou ao seu lado, apenas não farei nada contra ela. Você sabe que não conseguirei! – Havia uma angústia em seu olhar.

— Você é um frouxo! Não estamos aqui para viver romances de amor, meu caro. Não temos tempo para isso. Nosso objetivo é muito maior! Muitos dependem de nós! Afonso se fortalece a cada dia e Betina é a responsável por sua transformação. Ela é o suporte dele. Se o tirarmos, ele ficará vulnerável.

— Sei o que pretende, Estela. Não tente me enganar com discursos vazios. Afinal, o que mais deseja é que Afonso seja seu! Ou estou enganado? – Os dois se enfrentaram com fúria.

— Sabe muito bem que não é só isso que envolve Afonso. Tê-lo ao nosso lado nos tornará ainda mais poderosos. É nisso que estou focando! – Diego deu uma gargalhada.

— Pare de se enganar, minha irmã. Sei que até hoje traz uma lança fincada em seu coração por tudo que aconteceu. Não sou tão tolo assim, nem tampouco incompetente. Tenho meus poderes e uso quando necessário. Se pudesse, voltaria ao passado e faria muita coisa diferente. Porém isso jamais irá acontecer, pois o passado não volta. O que fizemos não pode ser alterado. O que você pensava que ocorreria com ele quando o entregou a seus algozes? – A simples menção àquela existência a fez desesperar-se.

— Não era assim que deveria ter sido! Tudo culpa de Ricardo! Ele que o entregou, ele que o traiu, ele foi o responsável por tudo que adveio! Você sabe o quanto tentei tirá-lo de lá! Humilhei-me perante todos aqueles déspotas, idiotas, sanguinários! Mas a sorte foi lançada. E tudo se consumou! Afonso não aceitou minha ajuda! – As lágrimas afloraram naquele breve momento de vulnerabilidade. Porém foi apenas isso: um breve momento.

Ela se recompôs, enxugou as lágrimas e o desafiou: – Se não fizer você mesmo, sabe que encontrarei quem o faça! Está decidido: Betina tem seus dias contados. E você será seu algoz, desta vez! – Levantou-se e disse: – Se é tão esperto assim como diz, faça com que pareça um acidente. Não a quero por perto! Nunca mais!

Diego tentou argumentar, porém ela estava decidida. Saiu em seguida, deixando-o só com seus pensamentos. Uma dor profunda em seu peito assomou. O ar lhe faltava, a respiração entrecortada denunciava o estado de desespero em que ele se encontrava. As lágrimas escorriam livremente por seu rosto e um sentimento de impotência o dominou.

Estava enjoado, um profundo mal-estar acompanhava as náuseas. Não sabia o que fazer mediante a situação exposta. Ela não o perdoaria se ele se negasse a obedecê-la. Por outro lado, ele não se perdoaria se uma fatalidade atingisse Betina, sua amada. Lembrou-se dos momentos em que estiveram juntos, os melhores já vividos em toda sua mísera existência. Depois, teve que magoá-la tanto com palavras obscenas, posturas indébitas e artifícios reprováveis, mas que a irmã assim impusera. Sabia que jamais ela o perdoaria por tudo que dissera e fizera.

Estela tratava uma vida como se fosse algo insignificante. Um jogo de xadrez, em que as peças humanas são descartadas ao toque da rainha, sem qualquer resquício de remorso ou sentimentos afins. Só importava a manutenção de seus interesses!

Diego estava inconsolável e completamente inerte. Jamais sentiu tanto o peso dos erros corroendo suas entranhas. Teria que tomar uma decisão, no entanto havia muito em jogo. Jamais, nem em seus piores pesadelos, imaginou afrontar a irmã, pois sabia os riscos que corria com tal atitude. Sua vida sempre fora à sombra de Estela, mas jamais se importou com isso, pois o poder que ela tanto ansiava não fazia parte das suas prioridades. Desejava uma vida farta, luxuosa, com requinte e isso tudo ela lhe proporcionava. Reconhecera, naquele instante, o quanto insignificante era sua existência! Um conflito íntimo se estabeleceu e ele não sabia como resolvê-lo! Tal qual um bicho enjaulado, ele caminhava de um lado a outro, tentando encontrar uma fórmula mágica para esse impasse. Trair a irmã ou a própria consciência! Era um dilema que teria que enfrentar algum dia. E ele chegara, trazendo consigo todas as dúvidas e temores. A irmã era capaz de tudo! E ele?

Ao seu lado, Leonora acompanhava seu suplício com a expressão serena. Sabia que seu coração fora tocado! As sementes estavam semeadas, restava apenas que germinassem no tempo certo. Diego era um ser falido, trazendo consigo um passado de equívocos, alianças malditas, que o transformaram num ser sombrio e endividado perante a lei divina. Aqui renasceu, acompanhando a irmã, não pelos motivos que eles supunham, mas como uma oportunidade que o Pai Maior concede a cada filho no sentido de rever seus erros e tentar corrigi-los, através das muitas lições proporcionadas. Estela acreditava, em sua limitada concepção, que ele viera por sua própria solicitação, para ser seu aliado incondicional. No entanto sua estadia aqui tinha propósitos diversos, inseridos numa programação mais complexa do que a que ela idealizava. Diego tinha extensa tarefa a cumprir e seu papel neste contexto era muito maior do que ele poderia supor. A simples proximidade com Betina o fez despertar para esta existência. Sentimentos nobres, que jamais julgou possuir em seu coração, tentavam se manifestar, apesar de todos os entraves que Estela lhe impunha. Nesse dilema torturante, uma luz se fez presente e a possibilidade de não mais permanecer no sombrio mundo da sua existência passou a acalentar seus pensamentos mais íntimos. Num esforço inaudito, ele se mantinha distante do assédio mental que a irmã tentava impor, protegendo seus secretos ideais como um precioso tesouro. Betina era a esperança de rever seu passado delituoso e ele não sepultaria seus sonhos apenas para satisfazer a sanha implacável de Estela. Nesse conflito estabelecido em seu íntimo, Diego decidiu sair um pouco daquele mausoléu que era sua casa. Precisava se reabastecer de energias mais sutis e Leonora o inspirou a sair de lá, afastando-se das vibrações inferiores que alimentavam aquele local. Saiu sem rumo, dirigindo até um parque, local que sempre visitava quando se sentia extenuado. A natureza era sábia em todos os aspectos, proporcionando as energias renovadoras de que ele necessitava. Lá permaneceu até anoitecer, quando suas decisões já estavam tomadas. Sabia que o seu destino seria fatídico, porém era esse o preço por sua lealdade aos seus próprios princípios. Jamais teria Betina, isso já aceitara. Quem sabe ela um dia compreenderia suas reais intenções e o perdoaria! Talvez não mais estivesse por perto, mas sua consciência ficaria em paz, uma vez na vida! Saiu de lá com o firme propósito de alertá-la quanto aos planos de Estela. Tinha convicção de que esse seria seu derradeiro feito, pois a irmã não o perdoaria e sabia que ela o puniria de forma exemplar. Sorriu perante as perspectivas que se delinearam em sua mente, todas sombrias e definitivas. No entanto essa decisão lhe retirava um fardo imenso dos ombros, sentindo que fazia a coisa certa.

Sabia onde Betina estava naquele exato momento. Em companhia de Afonso, seu irmão de todas as existências, capaz de todos os feitos surpreendentes que ele próprio testemunhou. Sua irmã ainda desejava confrontá-lo? Seria uma insanidade, mas a prepotência dela a fazia crer que ele mudaria seus propósitos ou, sendo mais claro, mudaria de lado. Talvez Estela não atentasse para o fato de que as forças do bem os acompanhavam, assim como Edan e todos os seus aliados seguiam com ela na atual existência. Uma batalha se desenvolveria e os lados se preparavam para o embate. Talvez não mais estivesse presente quando isso acontecesse. Respirou fundo e saiu em busca de seu destino. Sabia onde o jovem morava e iria até lá. Tentou manter sua mente protegida do assédio de Estela, só assim conseguiria concretizar seu plano. Precisava alertá-la quanto ao perigo que corria.

Em casa de Afonso, os dois irmãos de tantas existências conversavam acerca do livro.

— Por mais incrível que possa parecer, sinto que o conheço. É como se ele estivesse tão presente em minha vida. Fecho os olhos e sei o conteúdo que lá se encontra. Isso é possível? – Perguntou Betina.

— Ele faz parte da bagagem que você adquiriu naquela fatídica existência. Tudo foi assimilado por você, constituindo-se em patrimônio inalienável de seu espírito.

— É um livro sagrado contendo informações cruciais acerca de assuntos polêmicos e misteriosos. Se, naquela época, seria temerário cair em mãos desavisadas, posso imaginar o perigo que hoje traria. Estela acredita que se tornaria ainda mais poderosa. Porém não é bem assim que se processam as leis divinas. Tudo irá depender do grau de compreensão e entendimento acerca dos assuntos lá tratados. Nem todos poderão acessar esses conhecimentos.

— Isso apenas nós sabemos, Betina. Para muitos, ele contém a chave que abrirá as comportas de segredos invioláveis aos olhos comuns. Que eles assim acreditem! – Disse Afonso com um sorriso sereno. – Uma busca vã, que os conduzirá a muitas reflexões que até então se situavam no terreno oculto de suas consciências.

— Interessante sua posição, mas creio que muito mal já foi perpetrado em função do poder que ele supostamente contém. Por que não o destruir, findando assim essa busca frenética por algo que não compreendem?

— Deve haver uma razão que desconhecemos, afinal, não detemos o conhecimento de tudo.

— Sinto que ele estará brevemente em nossas mãos. Se isso acontecer, existirá um propósito justo, pois a justiça predomina no reino de Deus, certo?

— Você diz tudo com tamanha propriedade que me assusta. Quem é você realmente?

— Um ser a caminho da evolução como você e todos neste planeta. Sou um espírito que ainda aqui se encontra para efetuar um aprendizado. Espero ter a chance aproveitada, assim poderei me redimir de equívocos do pretérito. Todos temos algo a expiar, Betina. E, em contrapartida, muito a aprender. Essa é minha condição. – Havia uma luz intensa sobre ele, que lhe conferia uma atmosfera fluídica sutil.

— Agradeço a Deus tê-lo reencontrado nesta encarnação. Era tudo que eu necessitava para entender tantos eventos drásticos ocorridos. – De súbito o abraçou. – No entanto sinto tanto medo de perdê-lo novamente. É algo que não consigo entender.

— Ninguém perde algo que não possui. – Brincou ele com um sorriso. – Os reencontros têm uma finalidade e iremos descobrir as razões disso acontecer. O período que estaremos juntos dependerá das tarefas a nós programadas. Ninguém parte antes da hora! Lição aprendida há tempos! Tudo tem um propósito, Betina. Não permita que sentimentos contraditórios possam macular sua essência pura, fazendo-a sofrer por algo que sequer poderá acontecer. Estarei com você e a protegerei de tudo que possa advir. Confie em mim! – A firmeza das suas palavras tranquilizou o espírito indócil da jovem. No entanto, ela pressentia algo funesto.

— Sei o que está sentindo e isso tem um nome: Diego. – As feições dela se contraíram.

— O que ele pretende? Já não causou tanto mal? – Perguntou Betina ainda mais tensa.

— Acalma teu coração. Ele não deseja causar-lhe nenhum constrangimento, nem tampouco feri-la. Acredite em mim!

— Não quero e não vou me encontrar com ele! — Havia firmeza em suas palavras.

— Entendo o que sente, minha querida, porém a vida é tão dinâmica, tudo pode se alterar em questão de instantes. Dê-lhe uma chance, eu lhe peço.

— Sinto muito, mas não posso atendê-lo. Não hoje! — Seu olhar ficou marejado e Afonso decidiu não insistir.

— Vamos, vou te levar para casa. Seus pais devem estar preocupados com sua ausência.

— Foi um dia maravilhoso! — O sorriso novamente iluminou seu semblante.

— E poderemos repetir quando quiser! — Abraçou-a com todo carinho.

Quando saíram da casa, Afonso percebeu Diego observando-os a uma distância segura. Talvez ainda não fosse o momento de se encontrarem. Viu a expressão angustiada que ele portava em sua tela mental e percebeu que seus pressentimentos eram corretos. Em breve, talvez tivessem um aliado. Ou um grande problema! Algo estava nebuloso e decidiu não entrar no mérito da questão. Isso aconteceria no tempo certo.

Diego, por sua vez, lamentou a ausência de coragem em confrontar Betina. Tinha tanto a lhe dizer e seu tempo agora seria escasso. Quando Estela descobrisse seus planos, toda sua ira recairia sobre ele. Respirou fundo e saiu de lá, buscando algo que o confortasse. Infelizmente, ainda se comprazia em energias de baixo teor e era isso que ele estava à procura. Queria esquecer sua vida desprezível e só havia uma maneira, buscar a companhia daqueles que se sintonizavam com sua vibração. Estela teria que aguardar sua decisão. Até lá, tentaria demovê-la de seus intentos maléficos, mesmo consciente de que sua desobediência poderia ser punida.

O domingo foi tranquilo para todos. Ricardo ainda se sentia cansado, mesmo tendo acompanhado Vitória ao centro espírita e tomado seu passe. Estava introspectivo, parecendo analisar tudo o que estavam vivenciando. Ficaram juntos durante todo o fim de semana e, no final do domingo, ele perguntou a ela:

— Fiquei pensando sobre tudo o que está ocorrendo e tenho de admitir que estou vulnerável além do que deveria. Tenho medo do que possa ocorrer e o quanto ela pode invadir minha vida sem meu consentimento. Ela pode literalmente me ferir?

Vitória avaliou muito antes de responder:

— Seus receios são fundamentados em todas as experiências infelizes que vivenciou nestas últimas semanas. Sei o quanto ela é poderosa, no sentido de manipulá-lo a seu bel prazer. No entanto nada ocorre sem que haja a permissão do Alto. — Ela viu a dúvida em seu olhar e explicou: — Se todos pudessem assediar e perturbar a quem nutrissem uma simples antipatia que fosse, estaríamos todos sob o jugo daqueles que não gostassem de nós. E poderíamos ser suas eternas vítimas. Eles, sugando nossa energia, nos obsidiando, perturbando nossas vidas. Nós, sendo atacados covardemente, sem possibilidades de defesa, por estarmos a cada dia mais enfraquecidos e vencidos. Seria justo aos olhos do Pai? Esses irmãos estariam se equiparando a Deus, detentores de todo poder e justiça? Só existe um ser superior que a tudo comanda e ele não delega suas tarefas a ajudantes incapacitados. Portanto, querido, podemos ser perseguidos, atacados em nossas defesas, mas temos a possibilidade de nos defender em qualquer circunstância. Nossa vontade, nossa determinação, nossa conscientização de quanto ainda somos imperfeitos, tudo isso nos auxilia a vencer nossas deficiências. Estela sabe que você traz em seu íntimo sentimentos ocultos e traumáticos, capazes de irradiar e te enfraquecer, por isso o ataca em sua fragilidade, causando tantos dissabores. Se ela pode te ferir, é algo questionável e até duvidoso. Eu, entretanto, não faço avaliações precipitadas acerca de algo que não tenho tanta intimidade e conhecimento. Ela sabe manipular fluidos, o que a coloca em vantagem sobre você, infligindo tanto sofrimento, não somente físico, mas também emocional. O que você sentiu foi algo real?

— Foi perturbador e extremamente doloroso. Eu acreditei que estava morrendo, pois sentia-me realmente sufocado. Pode ter sido sugestão?

— Isso é só você que pode responder. Fisicamente, você aparentava muito mais do que um simples desconforto. Suas feições empalideceram, seus batimentos cardíacos dispararam. Como você explicaria isso? — Ela lhe sorria.

— Eu a senti bem próxima, podia até tocá-la se assim desejasse. Percebia sua presença colada ao meu corpo, como se suas mãos apertassem meu pescoço de fato. Via até seu olhar satânico, enquanto tentava me sufocar. Ela, definitivamente, consegue me ferir e não posso permitir que isso se repita. Estou pedindo sua ajuda, minha querida. Não deixe que ela se aproxime novamente de mim. — Havia temor em seu olhar, o que a fez abraçá-lo com todo amor! Ela só pôde ouvi-lo dizer: — Fique comigo, não quero mais estar longe de você!

Capítulo 24

NOVAS CENAS DO PASSADO

 A semana iniciou com as atividades normais. No final do dia, Afonso teria uma consulta com Ricardo, para dar prosseguimento à terapia de regressão, apesar da resistência que o próprio médico demonstrava. Vitória lá estava quando os dois jovens chegaram com a aparência leve e serena. O médico os recebeu de forma contida o que chamou a atenção de Afonso.
 — Ricardo, está tudo bem? — Seus olhares se cruzaram e ele viu a tensão contida no médico. Pôde perceber outras coisas que decidiu não revelar, conforme assim prometera. Havia, além da tensão, um certo temor diretamente ligado à imagem de Estela.
 — Sim, nada que não possa resolver. E vocês? — Tentou ser cortês com ambos.
 — Se puderem conversar conosco mais tarde, temos algo a revelar. — Disse ele sorridente.

— Vamos ao que interessa, então! Está pronto, Afonso?

— Eu estou. — E, em seu pensamento, questionou se Ricardo estaria preparado para o que iria advir das recordações que ele acessasse. No mesmo instante, elevou seu pensamento ao Pai, rogando-lhe que tudo estivesse sob sua proteção.

— Então vamos iniciar. — O mesmo procedimento foi realizado. Após o relaxamento completo, ele começou com as perguntas habituais. — Você está no controle e será apenas um observador dos eventos que, a partir de agora, estarão em sua tela mental. Não experimentará nenhum desconforto, pois não irá vivenciar as cenas novamente. Apenas poderá observar atentamente tudo o que aconteceu. — Percebeu o rosto do rapaz já em transe. — O que está sentindo? Seu olhar está sereno, conte para mim o que vê.

— Estou feliz, pois tenho uma família muito especial que amo mais do que tudo. Ao mesmo tempo que estou feliz, sinto a tensão reinante em nosso lar. Meu pai disse que iremos passar por provações e que, em momento algum, deveremos renegar nossa fé.

— Qual a sua fé?

— Acredito no bem, no amor, na igualdade, na união entre todos. Essa é minha lei e minha espada é e sempre será o amor! — Suas feições antes serenas começaram a dar mostras de algo perturbador. — Não somos compreendidos, apesar de crermos no mesmo Deus, Pai Amoroso e Misericordioso. Ele não espera de cada filho o que ainda não pode oferecer. Ele simplesmente ama e respeita cada um pelo que é! Dizem que somos hereges e estamos deturpando os ensinamentos de Jesus. Jamais! — As lágrimas escorriam. — Nossa lei será sempre essa, aquela que Jesus nos ensinou: o amor sempre deverá prevalecer! Ele nos deixou essa vibrante e incontestável lição, como posso renegá-lo, se procuro seguir suas instruções? Meu irmão de jornada tem direito à justiça, ao respeito e ao amor! Isso é contrário a seus ensinamentos? Se posso aliviar sua dor, eu deixarei um irmão sofrendo? Não foi essa a lição que o Mestre nos legou!

— Onde você está agora? — A pergunta o perturbou, mas foi como se ela saísse de sua boca sem que pudesse conter.

— Estou sendo interrogado! Os inquisidores acreditam que eu seja um herege. Não conseguirei convencê-los de nada, pois eles apenas desejam que eu renegue minha crença. Não posso fazê-lo mesmo que isso me custe a própria vida!

— Você está preso? — Sentiu seu corpo todo estremecer.

— Sim! — Em instantes, seu rosto se tornou sereno novamente. — Eles desejam que eu entregue minha família e o livro secreto para ser destruído. Não posso fazer isso, você consegue me entender? — Era como se ele conversasse com Ricardo diretamente, que a cada momento ficava mais incomodado.

— Qual a importância desse livro? Por que querem destruí-lo?

— Eles alegam que tudo isso é obra das forças das trevas e que eu participo de rituais satânicos, desrespeitando a religião vigente.

— E vocês fazem isso? — Ricardo sentia seu coração em total descompasso, mas tinha que prosseguir.

— É claro que não temos pacto com as forças do mal. Já lhe disse, Jesus é meu Mestre e sempre será. Ele estará comigo em qualquer situação, eu sei!

— E o que aconteceu depois de sua prisão? Apenas você foi feito prisioneiro? — O silêncio predominou por instantes e, em seguida, ele retomou com a mesma serenidade.

— Foi uma estratégia que deu errado. — E se calou.

— Como assim? — O médico não compreendia a sua insistência em conhecer tantos detalhes. Era como se ele precisasse ouvir com exatidão o rumo dos acontecimentos.

— A vaidade predominou as ações intempestivas de irmãos de ideal. Infelizmente, ela própria os conduziu a despenhadeiros de intenso sofrimento. — Conforme Afonso falava, as feições de Ricardo se contraíam. Vitória estava atenta aos eventos que se seguiam e percebia o desconforto que o médico experimentava. – Ambos foram vítimas de suas próprias ações indébitas. Estela tentou remediar o que já se consumara. Meu amigo, que ao meu lado se encontrava, encontrou o mesmo destino que eu. A traição, irmã do orgulho e da inveja, decidiu nossos destinos. Nada mais a ser feito, a não ser a punição pelos nossos crimes, assim eles estabeleceram. Não haveria misericórdia a nenhum de nós. Tentei assumir total responsabilidade, o que foi um gesto inútil. Ambos seríamos mortos perante a população, para que todos se conscientizassem do que ocorreria aos que deles discordassem. A igreja era sagrada! Como se nós não a aceitássemos como tal!

Estela tentou todas as artimanhas para demovê-los da sentença. Tentou todos os truques para que isso fosse possível, porém neutralizei-a, impedindo de interferir nos desígnios divinos. Assim estava escrito! Assim era necessário! E tudo foi consumado naquela tarde fria e sombria, tendo como testemunha os habitantes de nossa cidade e os déspotas. O fogo consumiu nossos corpos, mas não nossas almas. – As lágrimas escorriam livremente e a emoção predominou. Ele se calou, rememorando os últimos momentos, porém sem a aflição que o acompanhava, como se ela não estivesse presente. Apenas a serenidade conduziu seus derradeiros instantes. – Sim, foi tudo rápido, meu amigo. Estivemos juntos todo tempo e jamais o culpei pelos eventos ocorridos. Pedi que olhasse firmemente em meus olhos e tudo seria rápido e indolor. Eles assim me orientaram. Em nenhum momento, fomos abandonados a nossa própria sorte. Fomos amparados por leais amigos da luz que, em tempo algum, se apartaram de nós, seus companheiros de ideal. Aceite que esse era nosso destino, por nós escolhido, para provarmos nossa fidelidade àquele que é o caminho, a verdade e a vida. Chegamos à pátria espiritual acompanhados desses irmãos e levados aos hospitais do espaço, para continuar o tratamento iniciado. O período que lá permaneceríamos dependeria de nosso esforço em aceitar nossa nova condição. – Ele se calou tentando administrar a emoção que o dominava. – Tentei tudo ao meu alcance para aliviar seu sofrimento, Ricardo, mas foi tudo em vão. Você se perdeu no cipoal da culpa aflitiva e destruidora, amargurando seu coração, dilacerando sua vontade em seguir em frente. Fiz tudo que pude, porém, grande parte da tarefa era de sua inteira responsabilidade. Sinto tanto os rumos que decidiu trilhar! – Ele falava sem pausar seu raciocínio surpreendendo os presentes, como se não mais estivesse em transe hipnótico. De olhos fechados, ele continuava seu relato perturbador. – Perdoe-se, pois só assim seguirá em frente. Aceite sua imperfeição do mesmo jeito que todos nós devemos assumi-la, para que nos coloquemos frente à vida como alunos que ainda têm muito a aprender. Aceite-se, perdoe-se e continue sua caminhada. Precisamos de você em nossas vidas, pois é detentor de potencialidades que desconhece, mas que serão essenciais na resolução dos impasses do caminho.

Ricardo estava sentado em sua cadeira, tentando sufocar a dor e a emoção. Perdera totalmente o rumo e não sabia o que fazer. Num gesto derradeiro, assumiu o controle:

– Afonso, o que imperou nessa vida? Qual o aprendizado que assimilou?

– Somos espíritos em jornada evolutiva e temos lições preciosas a aprender. O amor foi preponderante em todos os seus aspectos. Amei a todos que cruzaram meu caminho aceitando cada um pelo que é. Porém aprendi que cada ser precisa de uma parcela diferente de nosso amor. O amor deve ser generoso e abundante, doado ainda mais àquele que diz menos se importar. – Novamente a serenidade imperava.

– Agora, respire fundo e volte para seu momento atual. Abra seus olhos lentamente. Você está novamente em terreno seguro. – Era o máximo de esforço que ele conseguia empreender. Afonso abriu seus olhos e dirigiu um olhar afetuoso ao médico, acompanhado de um sorriso acolhedor. Foi o suficiente para que Ricardo permitisse que a emoção predominasse. As lágrimas rolavam incontidas, um choro pungente e desolador. Nenhuma palavra foi dita nos instantes que se seguiram. Todos permaneceram em respeitoso silêncio. Esse momento pertencia a ambos.

Afonso se dirigiu até o médico e pediu:

– Que possamos selar definitivamente nossa amizade, Ricardo. Preciso de você! – Seus olhos estavam também repletos de emoção. – Você me perdoa?

A emoção transbordava em todos os presentes. Um momento único e inesquecível que foi imprescindível para reatar laços potentes de amor e respeito.

– Essa pergunta me pertence pelo que acabei de constatar. Sou eu quem devo pedir-lhe que me perdoe. Eu o traí e pude observar como num filme todos os fatos que lá ocorreram. A riqueza de detalhes me perturbou profundamente. Vi a cela em que estávamos, vi tudo o que lhe fizeram e não pude impedir. Não era para ser daquele jeito. – O choro persistia.

– Tudo estava programado, meu amigo. Era nosso destino! Aceite isso!

– Não sei se consigo, Afonso! Sei que traí sua confiança e isso foi imperdoável! – Ele ainda persistia na culpa pelos acontecimentos.

– Ricardo, somos espíritos ainda imperfeitos e falhamos com aqueles que nos acompanham os passos. Já se puniu o suficiente e isso tem que ter um ponto final. Esta oportunidade que lhe está sendo concedida é para que seja um agente transformador, no entanto precisa acreditar que possui essa condição. Caso contrário, será exatamente como nas muitas experiências anteriores, em que apenas a culpa prevaleceu, minando sua capacidade criadora, levando-o a tantos fracassos desnecessários. Estela continuará a te manipular apenas se você permitir. Ela tem um longo caminho para reabilitar-se perante seus equívocos. Você já possui a consciência desperta e sabe que apenas um caminho o conduzirá à felicidade plena: o arrependimento e o autoperdão. Não permita que ela perturbe todo o progresso já conquistado pelo esforço despendido em sua trajetória evolutiva. Você não é mais o mesmo de outrora, meu amigo. Já aprendeu preciosas lições que estão ainda submersas em seu mundo íntimo, clamando para serem colocadas à prova. Sua fibra espiritual se fortaleceu e não mais será arrastado pelas paixões inferiores, através dos atos insensatos praticados no passado que, hoje, apenas irradiam para orientá-lo nas ações que deve empreender. Seu passado se transformou em sua bagagem inalienável, porém, hoje, ele apenas deve ressurgir mostrando a intensa transformação que já operou em seu espírito. – Conforme Afonso falava, uma luz intensa era irradiada através de todo seu ser. Vitória observava com emoção a cena, agradecendo a Deus pelo reencontro de almas com o firme propósito de reequilibrar as forças do bem. Todos estavam conectados por uma tarefa maior, cada um com seus talentos próprios que, quando unidos, se tornariam uma fortaleza amorosa, incapaz de ser vencida. Sentiu a paz infinita brotar de seu coração. Betina derramava lágrimas, sentindo-se tocada pelas sábias palavras de Afonso. Tinha muito a refletir!

Ricardo ainda se colocava na condição de devedor, sentindo-se em total prostração. De cabeça baixa, as lágrimas ainda abundantes, nada parecia amenizar a dor que portava.

Queria fugir dali, como se isso fosse capaz de fazê-lo se esquecer de todas as ações indébitas que praticara com aquele que mais respeitou sua essência inferior. Era essa a relação que visualizava em sua mente: ele, um total falido, Afonso, um ser superior capaz de compreender as fragilidades de uma criatura ainda indócil aos desígnios divinos. Sua mente estava em total perturbação, pois acabara de assumir que a possibilidade de viver outras existências era real. Acreditava fielmente em tudo que ouviu e que sua percepção pôde mostrar. Suas crenças estavam sendo colocadas em xeque. Seu coração orientava que tivesse serenidade e cautela, tentando analisar sob outra ótica que não a que conduzia sua vida profissional. Clarice tinha razão em dizer que havia muita coisa a observar. Que ele tivesse olhos para ver e ouvidos para ouvir. No entanto tinha de convir que tudo era muito complexo! Nesse conflito íntimo que ele experimentava, sentiu, de súbito, um envolvimento em todo seu ser, como se alguém literalmente o abraçasse. Fechou os olhos e pôde ouvir algo no interior de sua mente: – *"Aceite sua condição de espírito já reabilitado por seus erros nesse especial episódio. Todos seguiram em frente, tentando aprender as lições que a vida oferece. Apenas você ficou preso à culpa e intensa mágoa que apenas fizeram com que caminhasse mais lentamente. Confiamos em ti, meu filho querido, que a vida nos legou com a responsabilidade de conduzi-lo a patamares de maior ascensão. Também falhamos contigo e já lhe pedimos perdão incessantes vezes. Aceite nosso amor, respeito e faça o que precisa ser feito. No momento certo, compreenderá sua verdadeira tarefa. Até lá, temos apenas que agradecer-lhe pelo esforço em auxiliar a esses espíritos queridos. Você é muito especial para nós. Acredite! Que a paz habite seu coração ainda torturado, mas que reencontrará caminhos iluminados que o conduzirão à verdadeira felicidade! Fique com Deus!"* – A emoção imperou novamente, mas, desta vez, acompanhada da serenidade. Julian sorriu, percebendo que ele ouvira a mensagem. Em seguida, saiu de lá, deixando uma energia sutil no ambiente. Ricardo abriu os olhos e todos o observavam com atenção. O médico se levantou ainda em silêncio, caminhou pela sala por alguns momentos, o que sempre o fazia readquirir o controle de suas ações, e disse:

– Não sei o que tudo isso significa, mas tenham paciência comigo. É só o que posso pedir a todos vocês. Eu preciso de um tempo para assimilar tudo isso. Vamos fazer uma pausa por hoje. Afonso, entendi suas colocações e compreendi, pela primeira vez, as emoções que predominam, fruto de vivências passadas as quais foram traumáticas sob os mais diversos aspectos. É certo que tenho que entender esse sentimento íntimo de impotência e de menos valia que, em determinadas situações, me acompanham e, de certa forma, definem as ações que ofereço ao mundo. Vou precisar de um bom psiquiatra. – Pela primeira vez, ele tentou descontrair o ambiente, fazendo com que todos relaxassem após o comentário. – Até lá, peço que procuremos cuidar das lembranças já acessadas e tentar entender qual a relação existente. O que essa mulher pretende com suas ações, o que ela deseja conquistar. Enfim, creio que temos muito trabalho pela frente.

Afonso ofereceu um radiante sorriso, sentindo que já haviam feito um enorme progresso após aquele dia. Aos poucos, tudo estava se encaixando, peça a peça, feito um quebra-cabeças. Ricardo encontraria explicações para seus questionamentos e, assim, facilitaria a resolução de todos os impasses que estavam previstos para ocorrer. Aproximou-se do médico e abraçou-o com entusiasmo.

– Você não necessita de ajuda, apenas de tempo para assimilar tudo isso. Vitória está ao seu lado, o que faz toda a diferença. – Disse ele sorrindo para ambos, percebendo a conexão que se estabelecera entre os dois médicos.

– Assim quero crer! – Ele já parecia mais sereno e centrado. – Você disse que tinha um assunto a tratar. A que se refere?

O jovem tirou a camiseta e disse:

– Quero que veja essa tatuagem em meu ombro. Betina tem uma exatamente igual. – Ricardo se aproximou e, ao ver o símbolo tatuado, franziu o cenho.

– Ela me parece familiar. Veja você, Vitória. – Ela olhou atentamente e ficou lívida, pois as lembranças assomaram de forma intensa.

– Esse símbolo está na capa do livro que procuramos. Não sei como tenho tanta certeza, afinal, jamais vi esse livro. Como sei sobre ele? – Ela estava atônita.

— Lembranças são arquivadas em nosso inconsciente e assomam quando assim é necessário. Betina disse na outra sessão que você esteve com o livro durante toda aquela existência. É natural que isso seja acessado quando estamos buscando informações precisas sobre ele. Nem sabíamos acerca da existência do livro. Depois daquela regressão, tivemos esse conhecimento, mesmo que ainda confuso. Quando saímos daqui aquela noite, perguntei a Betina se ela possuía uma tatuagem semelhante a que eu possuo. Ela ficou tão confusa como estão agora. Tiramos fotos de ambas e constatamos que elas são exatamente iguais, o que denotava algo a ser considerado. Buscamos na internet informações sobre ela e descobrimos que ela reveste um livro antigo, uma preciosidade histórica, que até bem pouco tempo estava em poder de um colecionador de obras raras na Itália. Um amigo meu está contatando esse senhor para saber o paradeiro desse livro. Isso se Estela ainda não tem esse conhecimento, o que eu duvido. Ela está muito à frente de nós, pois só agora atentamos para o que ela tanto procura. Nesta semana, teremos novidades. Até lá, precisamos manter tudo em segredo. Ou, pelo menos, tentar não permitir que ela tenha acesso a essas informações.

— E qual o interesse dela por esse livro? — Questionou Vitória.

— Ela acredita no poder mágico e sobrenatural desse livro, é o que supomos. Se esse objeto é tão importante para ela, fará tudo ao seu alcance para obtê-lo. Até passar por cima de qualquer um de nós! — Seu semblante estava sério. — A orientação de Clarice é precisa quando nos falou sobre a vigilância intensa que precisamos ter. Eu e Betina iremos tomar um passe esta semana. Vocês nos acompanham?

— Fomos no sábado, Afonso. Ricardo necessitava dele com urgência. — Vitória olhou Ricardo com carinho. — O assédio de Estela sobre ele está sendo excessivo.

— Sabíamos que assim seria e precisamos nos acautelar. Ela sabe como atingi-lo, meu amigo, e isso faz toda diferença. Espero que, a partir de hoje, ela não encontre acesso em sua mente. Não permita que ela o manipule, pois isso o fragilizará.

— Quem é o psiquiatra aqui, afinal? — Disse o médico com um sorriso. — Creio que isso me concerne, não? Aliás, o interesse maior é meu. Não quero mais passar pelo que passei naquela noite. — E contou rapidamente acerca do pesadelo.

— Ela sabe como atingir uma mente em desarmonia como acabamos de constatar. Lição que deve ser aprendida por todos nós. Sinto, no entanto, que isso tem prazo para finalizar. Está na hora de encontrar-me com ela. — Suas feições estavam serenas. Betina foi a primeira a argumentar:

— Não faça isso, querido. Não sei o que pode advir deste encontro. Acho que é prematuro encontrar-se com ela. — Disse a jovem.

— Tenho que concordar com Betina. Não creio que seja o momento. — Falou o médico.

— Não se aflijam, pois isso irá ocorrer no tempo certo. Confiem! — Ele estava seguro quanto ao encontro com Estela. A regressão da noite lhe mostrara que sua intuição não falhara, pois parecia lembrar-se, com exatidão, dos eventos ocorridos naquela existência. Aquela sessão havia sido providencial muito mais para Ricardo do que para ele. Sentia que tudo parecia estar seguindo a rota esperada. Assim eles haviam orientado!

Capítulo 25

PERSEGUIÇÃO ATROZ

    Os jovens conversaram alguns instantes e, em seguida, deixaram o consultório, desta vez sentindo a paz envolvendo-os. Do lado de fora, Diego lá se encontrava, em vigilância sobre os dois, em especial, Betina. Precisava encontrar um momento de falar com ela e explicar o perigo que ela corria. Porém ainda não sabia como fazê-lo. Estela lhe dera o prazo de uma semana e depois partiria para outro recurso. A tensão estava em seu olhar, pois sabia o que estava para acontecer. Teria que encontrar uma saída de mestre, mas a irmã era extremamente sagaz. Seguiu os dois em seu carro de forma discreta e, quando ele a deixou em sua casa, conteve o impulso de falar com ela naquele momento. Ainda não era hora!

    Ricardo e Vitória saíram em seguida e ele insistiu para que ela dormisse em seu apartamento.

— Fique no meu quarto, se assim preferir. Durmo no outro, mas não pretendo ficar sozinho esta noite. — Havia uma ruga em sua testa que fez a médica sorrir.

— Seu tolinho, especialmente hoje, já havia decidido ficar com você. A noite foi tensa e carregada de emoções, momento perfeito para que se sinta vulnerável e nossa amiga possa interferir em seu sono, como já conseguiu. Se quiser, pode ficar comigo. — disse ela beijando-o ternamente. — Já disse que você é e sempre será meu amor?

— Hoje, ainda não. Não sabe como me sinto seguro ao seu lado! — Abraçou-a fortemente.

— Nossa história não se iniciou nesta vida, hoje tenho absoluta consciência. Muitos desencontros, no entanto, nos impediram de estreitar esses laços. Não quero mais adiar nossa felicidade, Ricardo. É você que eu quero para viver ao meu lado nesta existência. E, se você concordar, não o deixarei só um dia sequer! — Seus olhos estavam carregados de emoção, tocando-o na mesma intensidade.

— Não sei como vivi sem você todos esses anos. Preciso tanto de você ao meu lado! Não vai me deixar sozinho nunca mais?

— Nunca, meu amor! Estarei sempre ao seu lado!

Não muito distante de lá, Estela remoía sua raiva ao perceber que não conseguia acessar a mente de Ricardo com facilidade. Eles estavam se fortalecendo rapidamente e isso poderia ser perigoso aos seus propósitos. Resolveria a situação em breve...

A semana passou célere sem que novos eventos ocorressem.

Na sexta-feira, entretanto, Ricardo amanheceu febril, sentindo-se inquieto.

— O que está sentindo, querido? — Perguntou ela.

— Não me pareço bem, creio que ficarei gripado. Me sinto cansado. Vou avisar a faculdade, não estou em condições de ir. — Ele realmente não estava bem.

— Quer que eu fique com você? — Perguntou ela preocupada.

— Pode ir tranquila. Vou tomar algo e dormir. Avise Betina e Afonso que não teremos sessão hoje. Faça isso por mim! Agora vá, não quero que se atrase.

— Me ligue se precisar de algo! — Ela o beijou e saiu, sentindo-se tensa além do normal e calafrios pelo corpo. Pediu ajuda aos amigos espirituais para que cuidassem dele.

Por volta do almoço, a febre já era intensa e Ricardo tomou um remédio mais forte. Tentou dormir por toda manhã, mas algo o impedia. Sentiu-se vigiado por olhos invisíveis e isso o perturbou. No meio da tarde, Vitória decidiu ir vê-lo.

Quando chegou, ele ardia em febre. Ela chamava por ele e era como se estivesse num sono profundo e hipnótico, pois sequer a ouvia. Pegou toalhas úmidas e colocou em sua testa, tentando amenizar um pouco a febre. Mas nada surtia efeito e a aflição a consumia. Seus sinais vitais se alteraram e precisava fazer algo.

Ricardo estava agitado, falando palavras sem sentido. Era o delírio da febre elevada.

Restava-lhe orar e pedir ajuda ao plano espiritual, aguardando que os medicamentos fizessem efeito. E assim fez! Conforme ela orava, Ricardo ia se tranquilizando, porém a febre não baixava. Já em pânico, chegou a sacudi-lo com energia.

— Ricardo, fale comigo! Acorde! — Foi quando ele abriu seus olhos e disse:

— Me ajude, por favor! Me tire de lá! — Ela o fez ingerir mais remédios, que ele docilmente acatou. E adormeceu novamente. Seu sono continuou perturbado e ela, a cada instante, mais angustiada. Já anoitecera e nenhuma melhora, até que decidiu ligar para os dois jovens. Não imaginava o que eles poderiam fazer, mas assim decidiu. Ligou para os dois e, meia hora depois, eles lá estavam, com as feições tensas.

— Desculpe ligar para vocês, mas uma força maior me induziu a isso. Ricardo parece preso num sono perturbador. E se Estela estiver por trás disso?

Betina se aproximou do médico e segurou sua mão, fechando os olhos. Era como se ela adentrasse a mente dele, podendo perceber tudo o que ele estava vivenciando. Ficou em silêncio por alguns minutos e depois disse:

— Ela nunca vai nos deixar em paz? Estela o está mantendo como um prisioneiro dentro de seu próprio corpo, minando sua capacidade de defesa. E tem ajuda para esse ato abominável, porém não consigo ver quem é. Afonso, veja com seus próprios olhos. — E pediu que ele segurasse a mão do médico.

Afonso constatou que energias maléficas estavam sendo direcionadas para Ricardo, que as recebia de forma involuntária, sem condições de se defender. Os dois jovens permaneceram, por infindáveis minutos, em profunda concentração, como se realizassem uma tarefa. Neste ínterim, a doação de fluidos foi essencial, capaz de romper o assédio que a ele estava direcionado. Foram momentos de tensão naquele quarto, até que o médico se estabilizasse e a febre começasse a reduzir.

— Ele ficará bem, Vitória. — Afirmou Afonso com um sorriso. — Em contrapartida, Estela está furiosa com nossa intromissão. Nada podemos fazer quanto a isso. Um novo personagem nefasto a auxilia com um poder acima do dela.

— Senti quando o assédio se interrompeu. Foi perceptível! — Betina estava curiosa com o que acabara de fazer, sem jamais imaginar ser capaz de qualquer ação semelhante. — Foi como se minhas mãos irradiassem uma energia potente.

— Uma de suas potencialidades, Betina. Vai descobrir outras tantas no decorrer da sua vida. Ricardo precisava de nosso auxílio para se desvincular daquele padrão no qual se encontrava. Ele nos contará mais detalhes quando acordar. Podemos esperar até que isso aconteça? — Perguntou Afonso.

— Naturalmente, meus queridos. Vou fazer um café para nós. — Antes de sair, ela tocou a testa de Ricardo, que ainda estava quente, porém em menor intensidade. — Volto já.

Os dois irmãos se entreolharam com a preocupação estampada no olhar.

– A cada momento, a situação parece mais comprometedora. Ela está utilizando todo seu poder para nos neutralizar. Antes fui eu, agora é Ricardo, depois será quem?

– Não será mais ninguém, Betina. Isso vai ter um fim em breve. – Afonso olhava o médico com carinho, percebendo que ele ainda era o alvo preferido de Estela e, agora, dessa outra entidade espiritual. Sentiu a força potente que ela emanava, porém não se intimidou com o novo personagem. O que eles pretendiam com essas ações tão contundentes?

Uma hora depois, Ricardo despertou e olhou ao seu redor, deparando-se com os olhares atentos sobre ele. Sentia-se exaurido. Sentou-se, tentando lembrar-se do que realmente acontecera com ele.

– O que vocês fazem aqui? – Perguntou curioso.

– Eu os chamei, querido, quando não consegui te ajudar. Você estava num sono perturbador, dizendo coisas sem sentido, ardendo em febre, medicamento algum surtia efeito. Algo me fez chamá-los e sei que foi providencial. Do que você se lembra?

– Durante toda manhã, relutei em tomar algo mais forte para a febre, até que ela se tornou elevada. Foi quando adormeci e me vi preso num lugar. – Suas feições ainda estavam pálidas e tensas.

– Como assim? – Perguntou Betina.

– Foi algo indescritível. Mãos invisíveis me conduziram para esse lugar, é o que me recordo. Havia um homem de costas e falava comigo. Sua voz era tétrica e um pavor incomensurável me tomou por completo. Reconheci essa voz, porém não sei explicar o que isso significa. Foi algo mórbido e aterrorizante. – Ele se calou, lembrando-se das palavras que o ser lhe falava: – Ele dizia: "Você está nos meus domínios e conhece do que sou capaz. Não meça forças comigo, pois sabe quem sairá vencedor.

Se eu quiser, ficará aqui para sempre". – Ele ainda parecia ouvir as palavras. – Foi assustador!

– Quem era ele? – Afonso perguntou.

– Alguém que se encontra em minhas lembranças, porém não sei de quem se trata. Ouvi a voz de Estela apenas uma vez, creio que quando vocês chegaram, amaldiçoando-os por atrapalharem seus planos. – O olhar dele já estava em pânico novamente. – O que vocês fizeram para me tirar desse sono perturbador?

– Apenas doamos energias a seu corpo cansado. O restante foi você quem fez. – Afonso olhava fixamente o médico. – Você é detentor de potencialidades que desconhece, meu amigo. Está apenas fragilizado e isso deve ter uma explicação que nossa amiga Clarice poderá desvendar. Precisamos vê-la com urgência. Vitória, vamos até lá amanhã?

– Certamente, se Ricardo estiver melhor. – Olhou o médico com carinho.

– Ele ficará! – Disse Afonso. – Desta vez, um sono pacificador, acredite. Antes de irmos, podemos fazer uma prece juntos? – Ele havia sido intuído por Leonora que lá se encontrava, com o intuito de auxiliá-los.

Todos deram as mãos e o próprio Afonso proferiu sentida prece:

– A vida tem seus caminhos, aos quais precisamos efetuar escolhas, para que a direção assumida seja aquela que nos proporcionará as bênçãos da paz e do equilíbrio. Que nossos corações jamais comportem emoções inferiores, que nos distanciariam do alvo maior que é nossa evolução. Que não abriguemos a mágoa, a incerteza, a dúvida, apenas sejamos conduzidos pelos conhecimentos já adquiridos. Que não julguemos aqueles que ainda se encontram nas sombras dos próprios erros, pois assim já estivemos há bem pouco tempo, sendo auxiliados pela misericórdia infinita do Pai Maior, que apenas ama seus filhos ainda descrentes das suas leis. Que possamos ser instrumentos do amor, onde estivermos, reconduzindo almas enfermas aos recônditos da paz que tanto anseiam. Cabe àquele que já aprendeu a lição se tornar mestre dos que ainda caminham trôpegos pelas estradas da iniquidade. Dessa forma, seremos o amparo de alguém que ainda sofre, torturado por seus erros e pela sua desdita. Que amemos muito! E que Deus ampare nossos esforços para que o bem sempre possa prevalecer! Amém! – Leonora colocara suas mãos na cabeça de Afonso que falava inspirado por ela. Quando a prece se encerrou, uma cascata de luz foi derramada sobre cada um dos componentes daquele seleto grupo, que ainda desconhecia suas tarefas, mas que acreditava na eficácia do amor em qualquer tempo, o único capaz de transformar sombras em luz! A emoção tomou o ambiente e a todos os presentes. Vitória pôde ver Leonora ao lado dele e a intensa luz que lá se fez. Lágrimas de emoção vertiam por seu rosto. Betina sentiu-se envolta em tanto amor, fortalecendo-se para as tarefas que iriam advir. Afonso percebeu a presença amorosa de Leonora ao seu lado, ditando as palavras que ele proferiu. Ricardo, por sua vez, sentiu-se sonolento e pacificado, o temor que o assaltara já não estava mais presente, percebendo que se sentia novamente equilibrado.

– Nos vemos amanhã, então. – Com um sorriso, Afonso se despediu.

– Fique bem, meu doutor favorito. – Betina beijou o rosto do médico e saiu com o jovem.

Ficaram apenas os dois, Ricardo e Vitória. Ambos se entreolharam e ela disse:

– Não posso deixar você sozinho uma manhã para que se meta em complicações. – Ela segurava sua mão com carinho.

– Algo aterrador, jamais vivi uma experiência assim. Aliás, essas sensações inusitadas parecem me perseguir nestes últimos dias. O que mais devo esperar?

— Nada além do que está programado, meu querido. Agora, vamos comer alguma coisa para recompor suas energias. Enquanto você dormia fiz algo. Vamos?

— Você é simplesmente especial.

— Eu sei!

Após o jantar, Ricardo adormeceu, mas, desta vez, um sono tranquilo e reequilibrante.

Na manhã seguinte, conforme o combinado, todos estavam no centro espírita, procurando por Clarice. Ela os atendeu com uma ruga de preocupação. E antes que proferissem qualquer palavra, ela disse:

— Tempos sombrios, meus queridos. Isso requer uma atenção especial. — Olhou Ricardo que ostentava ainda um aspecto debilitado dizendo: — Vitória, conduza os dois jovens para o passe. Acompanhe-os nessa assistência. Ricardo, venha comigo.

Clarice o levou à mesma sala da outra semana e disse a ele que se sentasse num grupo. Após o passe, ela pediu-lhe que ficasse do lado de fora aguardando-a.

Assim que ele saiu, os médiuns fecharam a corrente, dando-se as mãos e aguardaram a manifestação do plano espiritual. Clarice permaneceu ao lado desse grupo, quando um dos médiuns se empertigou todo e começou a falar de modo solene e controlado.

— *Vim aqui apenas para lhe dizer uma coisa: não se envolva onde não foi chamada. Saia enquanto é tempo, pois nada tenho contra você ou esta casa. No entanto, isso irá se modificar se persistir em auxiliar esses infelizes. Fui claro?* — Disse a voz com energia.

— Não posso negar auxílio a quem nos procura, meu irmão. É uma tarefa a nós designada e não vamos descuidar daqueles que passam por dificuldades. — Clarice tentava argumentar, sem criar polêmicas ou maiores dissenções.

— *Eles não necessitam da ajuda de vocês. Cada qual escolhe seu lado e eles assim fizeram muito tempo atrás. Não terei clemência com qualquer um desses que me colocaram onde estou.*

Não se intrometa, essa é a mensagem que vim lhe trazer. Quanto a esse fraco que tenta auxiliar, saiba que não merece o esforço. É um ser falido e como tal merece a punição por seus atos equivocados.

— Ele merece a oportunidade de mostrar que está tentando corrigir os delitos cometidos. E não cabe a você outorgar-se juiz implacável, pois, assim como ele, também tem provas a expiar, igual a todos nós que aqui estamos neste planeta onde o mal ainda predomina e o erro ainda é a imperfeição em ação. — Uma luz sutil a envolvia, o que pareceu incomodar a entidade espiritual, fazendo com que o médium se mostrasse inquieto na cadeira.

— *Não me importa o que você pensa, apenas o que eu determino. Ele encontrará a sua correção e serei eu a mostrar-lhe da forma que me aprouver.* — A raiva era contida.

— Cabe apenas a Deus essa tarefa, meu irmão. Se ele acredita na redenção desse irmão, quem somos nós para desacreditar? — Sua voz era carregada de mansuetude, o que o irritava ainda mais.

— *Chega de explicações que não atesto como verdades! Vim aqui apenas dar um aviso e ele foi dado! Não quero me indispor com vocês, mas, se assim for necessário, eu o farei. Tenho um exército sob minhas ordens e posso destruir todos vocês.* — Ele parecia furioso.

— Entendo seu ponto de vista, porém não concordo. Somos filhos do mesmo Pai, meu querido, por que iria destruir-nos?

— *Chega! Cale-se e não interfira em mais nada. Por enquanto é apenas um aviso.*

— Agradeço sua visita e peço que a luz te envolva. Vá em paz! — No mesmo instante, a entidade deixou o ambiente em completa irritação. — Elevemos nosso pensamento a Deus, Pai de amor e misericórdia, pedindo que sua luz jamais permita que as sombras possam aqui adentrar. Que esse irmão que ainda desconhece o poder do amor, do perdão e da paz possa, um dia, reencontrar a luz que o transformará. Amigos queridos, protejam esta casa de amor e caridade, que acolhe toda ovelha desgarrada do rebanho, reconduzindo-a aos braços amorosos do sublime pastor. Tempo chegará em que todos seremos irmãos e a fraternidade irá imperar. – O médium que fora o intermediário abriu os olhos e disse que estava bem. – Vamos prosseguir com nossa tarefa. – Entregou à outra senhora a função que acabara de exercer e saiu da sala, indo ao encontro de Ricardo. Ele estava pálido e a emoção parecia predominar.

– Venha comigo, meu querido. – Conduziu-o até sua sala. Já tinha uma ideia do que se tratava e falaria apenas o que fosse conveniente. – Como se sente? Vejo que está abatido.

Ele, então, lhe contou tudo o que acontecera no dia anterior. Clarice ouviu atentamente o relato e, em seguida, disse-lhe: – O momento é bastante complexo, Ricardo. Sinto, no entanto, que a cada dia sente-se mais vulnerável. O que realmente está acontecendo?

O médico abaixou a cabeça e ficou pensativo alguns instantes, só depois respondeu:

– Vou ser muito franco com você, Clarice. Percebo que um véu foi retirado e vejo, agora, que eu sou uma pessoa muito diferente da que eu imaginava. O mesmo fato aconteceu com Afonso, no entanto um ser completamente oposto surgiu, esse muito mais forte, consciente, determinado, diferente do que era. Comigo ocorreu o inverso. Eu me julgava uma pessoa sensata, equilibrada, segura. Tudo isso parece não mais preponderar. Sinto, em alguns momentos, que não tenho o controle sobre meus próprios atos, coisa absolutamente fora do contexto em que eu vivia. Não sei mais quem eu sou em essência! Estou frágil, vulnerável, carente e, especialmente, consciente de que meu mundo ruiu. Entre os escombros do que sobrou, resta apenas a esperança de poder reconstruir tudo novamente, com o auxílio de Vitória. Ela é imprescindível em meu momento atual e me sinto dependente dela, como nunca fui de ninguém. Ela representa, hoje, meu esteio. Não sei o que faria sem sua presença ao meu lado! – Seus olhos estavam marejados e a dor que ele ostentava sensibilizou Clarice.

– Fale tudo o que seu coração está represando, Ricardo.

– Não tenho mais certeza de nada! E isso está me consumindo! Não sei mais quem eu sou! Não me reconheço mais! Isso é torturante! Devo ser uma criatura abominável!

– Não se menospreze assim. Somos, hoje, uma versão melhorada de vidas passadas, o que significa que não fomos boa coisa, essa é a verdade! Hoje tentamos oferecer ao mundo nossa melhor parte, porém ela ainda está corrompida pelas nossas mazelas, atos impróprios, alianças nefastas, acordos inadequados, que oferecemos ao mundo quando aqui estivemos. Tudo é agregado à nossa bagagem, que, a cada dia, pesa um pouco mais. Você não difere de nenhum ser da criação, meu querido. Muitos sequer teriam a oportunidade de se deparar com o passado frente a frente e perceber o quanto é falido. Você pode se considerar uma criatura abençoada, com possibilidades reais de rever o que fez e o que foi, para mudar as posturas adotadas. Agradeça a chance bendita de conseguir se ver no espelho da sua consciência, não para que a culpa prevaleça, mas para decidir renovar os caminhos que já não o fazem feliz! E com essa perspectiva, não pode haver lugar para lamentações, que apenas o prenderiam a patamares inferiores, sem condições de seguir em frente e, principalmente, tornando-o vulnerável ao assédio desses invigilantes companheiros. Seu desafeto do passado acredita que você permanece a mesma criatura infiel e desprovida de caráter. No entanto você já não é essa pessoa que ignorava os caminhos que deveria seguir. Os tempos são outros, Ricardo, e precisa se conscientizar disso, caso contrário eles o vencerão. Hoje, você tem a companhia de irmãos que precisam de sua força e sobriedade, para que os objetivos traçados antes de aqui chegarem possam ser cumpridos. Cabe a você, meu jovem, acreditar em seu potencial!

Capítulo 26

SEMEADURA FECUNDA

A preleção de Clarice pareceu surtir o efeito esperado, tirando Ricardo do mundo da autopiedade que insistia em revesti-lo nestas últimas semanas.

— Preciso confiar em mim! Simplesmente isso? — Foi a sua pergunta.

— Tão simples na teoria, porém uma das lições mais difíceis de se praticar. Temos a tendência em menosprezar nossos valores, aceitando o que os outros dizem acerca de nossos potenciais. Infelizmente, nossa visão é sempre mínima, enquanto a do outro sobre nós é sempre ampliada, porém para rebaixar-nos. E acreditamos nessa visão deturpada acerca de quem somos e do que podemos oferecer ao mundo. Matamos nossos sonhos, sem mesmo lhes dar a oportunidade de serem concretizados, pois não acreditamos que possam se realizar. Você como psiquiatra conhece a mente humana melhor do que eu e sabe exatamente onde pretendo chegar. Não permita que a dúvida finque raízes em seu coração, pois ela é sempre estimulada por aqueles que desejam nossa derrocada. Não é isso que consegue antever? – A pergunta direta deixou-o confuso.

– Como sabe todas essas coisas? – Olhava para a senhora com completa admiração.

– A vida ensina, meu querido. Mais do que isso, eu estou sempre atenta e receptiva a aprender as lições que ela amorosamente me oferece. Você tem uma vasta experiência que poderia ser aplicada à sua própria existência, não muito diferente da de tantos pacientes que te procuram em busca de auxílio para compreender os fatos do caminho.

– Não pensei sob essa ótica. O remédio é único, pelo que está a me dizer. Cabe a mim utilizar os recursos que professo para os outros, que se ajustam perfeitamente à minha própria vida. Realmente, parece simples. Porém, quando sou eu a necessitar de explicações, tudo se torna tão confuso e sombrio, que me perco no cipoal das dúvidas e a fragilidade assume o comando.

– Porém isso precisa também ser reavaliado sob outro enfoque. Esses irmãos desejam que assim você se sinta: menosprezado, falido, corrompido, vulnerável. São eles que estimulam essas ideias e você as acata, assumindo essa condição frágil. Esse é o papel do obsessor em nossas vidas. Leia mais sobre o assunto ou peça para Vitória lhe contar acerca de como eles conseguem assediar suas vítimas, invadindo sua mente, numa dominação ardilosa e cruel. Você está assimilando essas ideias como se fossem suas, atingindo suas defesas e desmoralizando-o, tornando-o infeliz e receptivo ao domínio que desejam impor. Você precisa ser neutralizado e é simples obter o êxito, apenas enviando-lhe sugestões acerca de sua índole, que você acata facilmente. Por que ainda insiste em permitir que a culpa assuma sua vida? Creio que isso é o que está dificultando sua tomada de decisão. O que diria a um paciente seu? – Ricardo sorriu e disse:

— Já entendi onde pretende chegar e vou me esforçar um pouco mais. Eu preciso de um bom psiquiatra. — E sorriu.

— Não precisa, não. Do que você necessita é apenas uma conscientização dos valores que possui hoje. Esqueça o passado, pois ele não irá retornar em hipótese alguma. Mas pode irradiar e perturbar sua vida atual. Cuide dos seus pensamentos. São eles que determinarão o sucesso de sua empreitada nesta existência. Creio que mais clara não posso ser. — Falou Clarice com um sorriso.

— O problema está em minha casa mental. Ela recebe estímulos que apenas consomem minhas energias, debilitando-me física e emocionalmente.

— E espiritualmente! — Completou ela.

— É uma área nova e ainda inexplorada. Tenho receio do que vou encontrar.

— Pois não tenha. Somos hoje o melhor que podemos ser, o que não invalida nosso passado. Isso parece que já assimilou, pois tem permitido que a culpa por ações indébitas cause ainda mais danos do que quando foram realmente praticadas.

— Estou me sentindo fraco e vulnerável. Porém isso não pode mais persistir. Vou confessar-lhe algo. — Seu olhar ficou melancólico. — Tenho medo de não corresponder ao que Vitória espera de mim.

— Se ela o ama, jamais irá efetuar qualquer cobrança de atitudes que ainda não consiga oferecer. Vitória é uma mulher de fibra e tem demonstrado isso nestes anos que a conheço. Sei que ela o ama, Ricardo. Faça-a feliz simplesmente! E ofereça-lhe a sua melhor parte, aquela que está aprisionada pela culpa que ainda não conseguiu extirpar definitivamente de seu íntimo. — Colocou a mão sobre a dele e finalizou: — Nossos valores são testados todo tempo, você não é uma exceção. Talvez para que possamos provar que aprendemos a lição. Fortaleça-se na fé em Deus e na confiança em seu potencial transformador. Jamais se esqueça de que iniciamos nossa jornada há muito tempo, em que as sombras e a ignorância ainda prevaleciam. E, se hoje aqui estamos, é sinal de que lutamos bravamente para que isso pudesse se efetivar. Isso significa que já aprendemos muitas lições. Eu, você, Vitória, Afonso, Betina estamos todos em processo de evolução. Vá para casa, descanse, alimente-se não apenas materialmente, suprindo seu corpo físico de energias renovadoras. Alimente seu espírito com elevadas vibrações. Espero você no próximo sábado. – Abraçou-o com genuíno carinho e despediu-se dele.

– Mais uma vez, sou seu devedor, Clarice. – Ao dizer essas singelas palavras, sentiu a emoção assomar. – Obrigado, minha amiga, por tudo! Já foi psiquiatra em outra vida?

Clarice abriu um radiante sorriso e falou:

– Quem sabe! – Logo que ele saiu, sentiu a mesma emoção presente. Vasculhou seu mundo íntimo, tentando entender o que aquilo significava e disse em voz alta, com os olhos marejados: "– O que importa! Os reencontros irão ocorrer no tempo e no espaço, entre amigos e desafetos. Você é um amigo muito querido, é o que sinto e o que basta conhecer. Assim é a vida!" – E saiu da sala em direção aos seus tutelados encarnados, pois ainda havia muito trabalho a ser realizado.

Na saída, Ricardo encontrou com Vitória e os jovens, ansiosos pela sua demora.

– Vamos almoçar? Conto tudo no caminho. – A médica sorriu, sentindo-o renovado.

Foi uma tarde tranquila e agradável, em que todos pareciam estar mais relaxados. Velhos amigos descontraídos e felizes durante um almoço especial. Afonso, no entanto, sentia a tensão rondando sutilmente a todos, pressentindo novas e invasivas ações de Estela. Entretanto preferiu nada relatar, procurando manter o padrão de pensamentos o mais elevado possível, pois dificultaria a invasão que ela pudesse tentar. No final do dia, os dois médicos se dirigiram para casa e Afonso levou Betina até a dela.

— Quer jantar mais tarde? — Perguntou o jovem. — Sei que está sozinha. Isso se não tiver nenhum compromisso. — Brincou ele.

— Meus pais estão viajando, como lhe falei. Não tenho plano algum. Te espero às nove horas, então? — Já saindo do carro.

— Às nove! — Esperou ela entrar na casa. Desde aquela manhã, ele não estava com bons pressentimentos. Porém o dia havia sido além do esperado. Ricardo parecia mais sereno e confiante, o que era alentador. Ficou alguns instantes observando a casa de Betina, tentando perceber se era ela o foco de suas preocupações. Algo, no entanto, não estava como deveria. Elevou seu pensamento numa prece, solicitando especial atenção a sua irmã de tantas jornadas. Que nenhum mal se abatesse sobre ela, nem naquela noite e em nenhuma outra. Sentiu-se reconfortado e decidiu ir embora. Tudo parecia tranquilo. Em algumas horas já estaria de volta. Ligou o carro e foi embora.

Betina entrou na casa silenciosa e vazia, acendendo todas as luzes. Não gostava quando os pais viajavam, mas, desta vez foi ela a insistir nessa viagem, um encontro de formandos da faculdade. O pai estava esperando por esse momento e ela não iria permitir que ele se recusasse a ir por excesso de preocupação com ela.

Quando entrou na sala, teve um choque. Queria correr dali, mas sentiu-se paralisada. Seu coração ficou em total descompasso e o temor apoderou-se dela. Diego estava parado no meio da sala, encarando-a fixamente. Vendo o estado em que ela se encontrava, ele se aproximou:

— Não tenha medo! Não vou te fazer mal!

— Não se aproxime! Eu vou gritar! — As lágrimas escorriam de forma incontida, deixando-o a cada instante mais desconcertado.

— Betina, fique calma, eu lhe peço. Não vim aqui para te ferir, acredite em mim.

— Você já não me feriu o suficiente? — A voz embargada o fazia sentir-se em total desconforto. — O que quer de mim?

— Seu perdão! — Foram as palavras que ela pensou ter escutado, mas não tinha certeza.

— O que veio fazer aqui? Vocês quase me destruíram. Estou tentando ficar bem. Encontrei Afonso e sei que tudo será diferente daqui para frente. Sei o que sempre pretenderam! Vocês são desprezíveis! Não vou dizer que os odeio, pois não sou como vocês! Saia daqui, se ainda lhe resta um pouco de dignidade. — Gradativamente, ela ia readquirindo o controle de suas emoções.

— Você nem sequer me ouviu! Eu preciso do seu perdão! Só assim... — E não continuou a frase. Não podia lhe contar que este seria seu último gesto digno na atual existência. Talvez o único! Quando a irmã descobrisse o que ele fora capaz de fazer, não teria compaixão por ele.

— Você fez o que sabia fazer! Saia daqui! Terá que responder por todos os atos equivocados que cometeu. Não é para mim que precisa pedir perdão. É a Deus!

— E se eu lhe disser que menti para você? — Ela ouviu as palavras de Diego sem compreender o que aquilo significava. Afonso tinha razão? Ele mentira acerca de tudo que supostamente teria ocorrido naquela fatídica noite? Ficou confusa e não sabia o que dizer ou fazer. Queria apenas que ele saísse de lá e a deixasse sozinha.

— Não sei se isso amenizaria todo o fardo doloroso que carreguei todos estes meses. Poderia não mais estar aqui. — As lágrimas vertiam sem que ela pudesse conter. — Você é abominável! Como se prestou àquilo? Estela o manipula e você a obedece cegamente, sem ao menos verificar se isso é correto ou se vai causar danos. É tudo tão odioso!

— Estela planejara exatamente aquilo. Eu não permiti que se consumasse! Jamais iria te ferir, Betina! Sinto tanto o que aconteceu! — Ele parecia sincero em suas palavras, o que a deixou ainda mais atônita.

— Não sei se essa é mais uma armação sua, Diego. Não consigo confiar em você! Depois de tudo que vivemos, como foi capaz daquilo? O meu amor por você não importava?

O jovem deixou que a emoção se instalasse e as lágrimas rolassem. E ela continuou:

— Eu me apaixonei por você! Me entreguei a esse amor, confiando em você e nas suas atitudes. E o que eu ganhei? Seu desprezo, suas ações pérfidas! Depois daquela noite, não conseguia olhar no espelho da minha consciência! Imaginava-me aquele ser desprezível que vocês tentaram incutir em minha mente confusa. Sabe o que significa não se lembrar de absolutamente nada daquilo que diziam? Isso quase me enlouqueceu! E me fez atentar contra minha própria vida, num gesto insano!

— Jamais permitiria que aquilo acontecesse! E fiz tudo ao meu alcance para impedi-la!

Betina lembrou-se daquela fatídica noite, dos pensamentos conturbados, das ideias que surgiam como a lhe dizer acerca do insensato gesto. As imagens foram desfilando em sua tela mental e pode vivenciar os momentos perturbadores que viveu, culminando com o pedido de socorro ao pai, antes de desfalecer. A emoção ainda perdurava.

— O que importa agora, Diego? Já lhe disse, não é a mim que precisa pedir perdão. Você e sua irmã estão envolvidos em algo complexo e, um dia, tudo será desvendado. Não sei se estarei por perto para presenciar, mas acredito que a justiça divina é implacável. Viva com seus fantasmas, se conseguir! Agora, já deu seu recado, saia daqui. Por favor!

Diego continuou parado próximo a ela, com um olhar que ela jamais presenciou, que tocou as fibras do seu coração. Quem era aquele jovem à sua frente?

— Betina, sua vida corre perigo. Não é a mim que deve temer. Estou aqui apenas para alertá-la quanto a isso. Estela a quer longe daqui! — Calou por um instante e retomou:

— Coube a mim a tarefa ingrata, porém eu recusei. Outro virá e não terá compaixão alguma por você. — Fechou os olhos e pode ver a imagem da irmã em sua mente: — Você sabe o que ela pretende? Ela é poderosa e já sabe das minhas intenções. — Ofereceu um sorriso triste e resignado. — Talvez esta seja a última vez que nos encontraremos. Sinto apenas por uma coisa! — As lágrimas escorreram livremente por seu rosto: — Não ter o seu perdão!

O silêncio se instalou entre eles. Betina conseguiu sair do seu torpor e sentou-se, sentindo uma energia tenebrosa envolvendo-os. Num gesto instintivo, pensou em Afonso, rogando-lhe que viesse em seu socorro. A telepatia sempre foi presente entre eles. Diego a observava atentamente:

— É importante que Afonso esteja por perto. Talvez ele seja o único a quem Estela ainda respeite. — Mostrando que ele também conseguia ler os pensamentos alheios. — Gostaria apenas de lhe pedir algo. — Ele sentou-se ao lado dela, pegou algo em seu bolso e entregou-lhe: — Isso talvez possa ajudá-los a entender tudo o que Estela pretende.

Betina pegou o papel, sem compreender o que aquilo significava.

— Cuide como um precioso tesouro. Ela é capaz de tudo para obtê-lo! Não sei como consegui ocultar-lhe isso. Bloqueei-a de todas as maneiras possíveis para que essa informação não chegasse até suas mãos. Aqui está o que tanto procuram e que não deve, em hipótese alguma, cair nas mãos de minha irmã. Talvez seja meu único gesto decente nesta vida, porém insuficiente para me redimir de tudo o que lhe causei. Afonso saberá o que fazer com isso. Quando ela descobrir o que fiz, não sei o que será capaz de fazer.

— Você é irmão dela! Como pode pensar assim? — Betina estava chocada.

— Talvez sejamos comparsas primeiramente e isso tem um nome: traição. Ela não perdoará meu gesto. Mas fiz o que meu coração determinou. E apenas por um simples motivo: eu a amo mais que tudo, Betina. – No mesmo instante, sentiu uma pressão em sua cabeça. Tentou bloquear as energias que a irmã lhe enviava, mas era uma tarefa complexa demais. Ela tinha uma força mental poderosa. Percebia que sua cabeça estava prestes a explodir, tamanha a pressão que o acometia. Foi quando Betina segurou sua mão e envolveu-o em energias sutis e amorosas. Julian e Leonora a tudo observavam, sentindo o assédio invisível e implacável que Estela impunha a Diego. Inspirando Betina a ajudá-lo, pediu que lhe doasse reconfortantes energias a fim de bloquear os estímulos deletérios que ela irradiava. Em alguns minutos, Diego sentiu que algo acontecera. Sua mente estava liberta e conseguia pensar de forma equilibrada.

— Afonso está chegando e posso ir embora. Algum dia poderá me perdoar? – Ele ainda segurava a mão da confusa jovem.

— O que vai acontecer com você? – Foi só o que conseguiu dizer.

— Não sei, mas isso é o que menos importa. Um ser desprezível como eu não merece regalias da vida. Tudo será como deve ser. E você estará a salvo. Se algum dia conseguir compreender a miséria que habitava o meu ser, talvez entenda as razões que me levaram a ser a sombra de minha irmã, tornando-me o que hoje sou. – Fechou os olhos e disse: – Cuide-se! Um dia nos reencontraremos! Do outro lado da vida! – Antes de soltar a mão dela, ele a beijou com ternura. Virou-se e saiu a passos lentos. Nada mais importava. Quando cruzou o jardim, viu Afonso vindo em sua direção, com a fúria no olhar. Fixou seu olhar no dele, transmitindo mentalmente o ocorrido.

— Cuide dela como se fosse sua própria vida. Faça isso por mim! – E, sem mais, foi embora, deixando Afonso confuso. Ele entrou e se deparou com a jovem sentada no sofá, com o olhar distante.

— O que aconteceu, Betina? – Perguntou ele se aproximando. Ela se levantou e correu para seus braços, permitindo que toda dor fosse extravasada. Assim permaneceram até que ela se acalmasse.

— Você tinha razão. Foi tudo uma farsa. — Seus olhos ainda estavam marejados.

— Ele veio aqui apenas para lhe dizer isso?

— Não. Veio alertar-me quanto ao perigo que corro, agora mais do que nunca. E para entregar-me isso. — Estendeu o papel para que ele pudesse ver. O jovem leu atentamente o bilhete e seu olhar se iluminou.

— Você sabe o que significa isso?

— O paradeiro do livro. — Disse ela baixinho, como se alguém mais pudesse ouvir. E, de certo, poderia!

— Estela mataria por isso. — Falou ele. Só naquele momento percebeu que o destino de Diego acabara de ser selado. — Ela não o perdoará! — Afonso pôde constatar a tristeza contida no olhar de Betina. — O que mais ele lhe disse? — Novamente a emoção predominou e ela não conseguiu falar mais nada. Só minutos depois, já mais calma, continuou:

— Diego a traiu, Afonso. O que vai acontecer com ele? — A aflição estava instalada.

— Ele fez sua escolha muito antes de aqui chegar. Hoje, apenas consolidou o que já programara. Eu sabia que Diego não daria continuidade aos atos insensatos perpetrados por Estela. Uma semente foi semeada tempos atrás e, só agora, germinou. Ele não conseguiria mais viver com sua consciência a lhe cobrar insistentemente. E você, Betina, iniciou a semeadura há séculos, cuidando do solo árido que era o coração de Diego como todo agricultor atento às necessidades de cada solo. Esse dia chegaria, apenas não sabíamos quando seria. Ele acordou para sua essência tão comprometida, tentando oferecer algo que amenizasse sua própria dor. O amor que ele sente por você é sincero, hoje isso foi comprovado. E o transformou neste novo homem.

— Estela não o perdoará, sabe disso. — Ela torcia as mãos em desespero.

— A escolha foi dele, Betina. Ele sabia o que estava fazendo. Creio que agora seja o momento ideal de encontrar-me com ela. Você ficará com Ricardo e Vitória.

— É perigoso, Afonso. Tenho tanto medo por você!

— Minha querida, nada vai acontecer que não esteja programado, ainda não assimilou essa lição? Vou apenas encontrar-me com ela e verificar, com meus próprios olhos, o que ela pretende. Além do que irei alertá-la quanto a qualquer ação leviana contra algum de nós, especialmente você. Vá se arrumar enquanto telefono para Ricardo. – A jovem ia contradizer Afonso, mas o olhar que ele lhe destinou minou qualquer ação de sua parte. Ele estava na posse de tanta energia que nada iria dissuadi-lo a mudar de ideia.

Alguns minutos depois, os dois saíram de lá, levando o bilhete consigo. Mostraria aos médicos, memorizaria e depois o destruiria. Não poderia deixar nenhum rastro.

Betina estava silenciosa, com o semblante abatido e a tristeza imperando. Confusa com tudo o que Diego lhe falara pela primeira vez em tantos meses, sentiu que ainda o amava, por mais que pretendesse negar até a si mesma. Porém era tarde demais para eles. Essa era a única certeza. Algumas lágrimas rolaram e ela permaneceu todo trajeto em sepulcral silêncio.

Não muito distante de lá, Diego chegou em sua casa, sentindo-se vencido. Sabia que Estela o iria inquirir e ele não mentiria para a irmã. Nem mesmo se desejasse! Ela o aguardava na sala com o olhar maquiavélico e sinistro.

Capítulo 27

ENCONTRO PREMEDITADO

— Seu prazo finaliza hoje, meu irmão. Fez o que mandei? – O olhar desafiador que ela lhe enviava era perturbador.

— Disse que nada faria contra ela. Cumpri minha promessa. – Olhando fixamente para Estela.

— E deixou de cumprir uma ordem minha. Sabe o que isso significa? – Ela caminhava em sua direção a passos lentos e calculados.

— Sei. – Respondeu de forma lacônica, irritando-a ainda mais.

— Não pense que desisti de meus planos. Já determinei que minha ordem se cumpra. Diferente de você, tenho pessoas que me obedecem. – Estavam frente a frente.

— Obedecem, pois têm medo de você. Eu sou seu irmão, ou já se esqueceu desse detalhe?

— Esperava fidelidade de meu irmão! Sei o que fez lá, e isso foi ultrajante! Eles ficarão vigilantes! Era tudo que eu não queria que acontecesse. Como pôde me trair de forma tão vil? – Havia uma sombra em seu olhar que não passou despercebido a ele, que sentiu a culpa assomar. Ela sempre o manipulara e não seria diferente agora. Mas Betina era mais importante que tudo. Não a entregaria aos lobos, jamais! Sabia que fizera a coisa certa e respondeu:

— Nós a tratamos de forma abjeta, minha irmã.

— Ela era nossa tarefa, ou já se esqueceu? Nosso mestre assim ordenou. – Ao falar de Edan, seu olhar se iluminou.

— Ele não é mais o meu mestre. Sinto muito! – Falou de forma resignada.

— E quando tomou essa decisão? Após encontrar Betina? – Deu uma gargalhada. – Sabe que ela nunca o olhará como deseja. É um tolo, covarde, traidor.

— E o que pretende fazer? Me matar também? – Disse ele com o olhar em chamas.

— Não seja tolo! Não sei o que fazer com você. Falarei com Edan e ele resolverá sua questão. – Diego se dirigiu para as escadas que levavam ao patamar superior.

— Não perca seu tempo comigo, Estela. Estou indo embora. Não serei mais um problema para vocês. Já me decidi. Não vou mais compactuar com as suas ideias. Posso nunca mais ter Betina em meus braços, mas sei que ela ficará bem e será feliz.

— Ora, pare com esse melodrama. O destino dela já foi fixado, meu bem. Goste ou não! Quanto a você, não ouse repetir o que acabou de dizer. Você é meu irmão e trabalhamos juntos há muito tempo! Não vai me abandonar, entendeu bem? – Ela estava parada no meio da sala olhando-o com total irritação.

— Minha decisão já foi tomada. Estou indo embora desta casa, da sua vida, da empresa, dos conluios e conchavos. Vou tentar uma nova vida distante dessa podridão. E sozinho!

Estela segurou seu braço com toda fúria e avisou:

— Não tolero insubordinação, Diego. Pare de falar tantas asneiras e repense sua decisão.

— Já estou decidido, minha irmã. — Soltou-se dela e disse: — Pare de dispender energias e preste atenção ao que acontece à sua volta. Tem alguém vindo visitá-la. Aquele que você espera há tanto tempo. Afonso está chegando, recomendo que esteja controlada nesta visita tão esperada. — No mesmo instante, a campainha tocou. — Ele foi mais rápido do que imaginava. — Disse isso e subiu as escadas calmamente.

Estela estava atordoada com a possibilidade deste encontro. Olhou-se no espelho e verificou que continuava linda como sempre. Respirou profundamente, acalmando-se. A serviçal avisou que ela tinha uma visita. De forma rude, ela disse:

— Faça-o entrar! O que está esperando? — Seu coração estava descompassado. Esperara tanto por este encontro. O que iria acontecer? Instantes depois, Afonso foi conduzido à sala de estar de Estela, que já o aguardava ansiosa.

— Boa noite, Estela.

— Boa noite, Afonso. A que devo a visita? — Perguntou fixando seu olhar no dele. Era exatamente como o vira em seus sonhos. Um desejo ardente começou a corroer suas entranhas e controlou-se para não se jogar em seus braços.

— Você não é tão poderosa quanto ostenta? Já deveria saber que eu a procuraria.

— Veio render-se ao meu poder? Ora, não me faça rir. Eu o conheço há tanto tempo, sei tudo sobre você. Isso jamais iria acontecer. — Falou de forma desafiadora.

— A mesma coisa posso dizer a seu respeito, Estela. Eu a conheço melhor do que você mesmo. Sei, também, que ainda escolheu o lado contrário ao meu. Por que a insistência em caminhar de forma equivocada? Já não sabe onde isso vai terminar? Pensei que fosse mais sagaz, porém suas ações demonstram que não. Se assim fosse, saberia que o mal jamais vencerá as fronteiras do bem. Por que insiste em fazer alianças que em nada contribuirão para seu progresso? Uma nova chance lhe foi oferecida, mas, pelo visto, desdenhou a oportunidade que lhe foi confiada.

— Ninguém me deu oportunidade alguma! — Afirmou ela já alterada. — Estou aqui apenas pelo meu mestre, caso contrário sabe onde ainda estaria. Vocês me negaram tudo!

— Você ainda acredita que tenha sido ele o responsável por estar aqui? Ele te manipula até hoje e ainda não percebeu! Ele tem objetivos traçados e você o está auxiliando a concretizá-los. Usa-a como o fez no passado! Apenas com um único objetivo, o de nos destruir! Será que ainda não percebeu que é apenas um instrumento de seus planos maléficos? Acorde, Estela, enquanto é tempo. — Conforme ele falava, uma luz sutil era irradiada de seu corpo espiritual.

Estela sentia a energia branda e amorosa que ele emitia, perturbando-a ainda mais.

— Saia daqui! Se veio à minha casa para tentar me convencer, vá embora! Tenho tanto ainda a conquistar e não será você a me impedir! — Neste momento, as janelas se fecharam com toda fúria, a mesma que Afonso sentiu, como se algo poderoso o empurrasse. Ele se manteve no lugar, num duelo mental que ela acabara de iniciar. Seus olhares se cruzaram e ambos estavam impregnados de força e energia. Ele mantinha-se firme no meio da sala, desafiando-a.

— Não vim aqui para medir forças contigo, Estela. Desejo apenas lhe dizer algo de suma importância. Deixe-nos em paz. Betina está agora sob minha responsabilidade e sabe o que posso fazer. Ou já se esqueceu? — Afonso mostrou-lhe cenas de seu passado, em que algumas potencialidades foram desenvolvidas e utilizadas de forma indevida.

— Sabe que não pode utilizar seu poder desta forma! — Arriscou ela.

— Digo-lhe o mesmo. Não atente contra a integridade física de Betina, pois estarei por perto e irei impedir qualquer gesto leviano e maléfico. Fui claro? Deixe-a em paz! Ainda não a perdoou? – A pergunta atiçou a curiosidade de Estela, que percebeu que não detinha todo conhecimento como acreditava. O que teria acontecido de que ela não se recordava? Isso a incomodou profundamente e, num gesto insano, começou a jogar tudo o que encontrou pela frente, em total desequilíbrio emocional.

– Saia daqui!

– Vou embora, mas saiba que o livro jamais estará em suas mãos novamente. – Estela tentava invadir a mente de Afonso que sorria: – Ainda sou mais forte que você. Nem Edan pode lhe favorecer nesse quesito. Isso é conquista individual, fruto do trabalho incessante, da disciplina, dos propósitos elevados. Não se obtém facilmente e, quando se adquire, precisa ser usado com bom senso e uma utilidade nobre. Um dia conquistará tudo o que almeja, mas não será da forma que pretende. Sinto muito ser portador dessa verdade. Esse livro permanecerá nas mãos daqueles que saibam seu real valor, jamais utilizando-o em benefício próprio. Esqueça-se dele, é o que vim lhe dizer, antes que se comprometa ainda mais. E, quando isso acontecer, nem seu mestre poderá salvá-la de seu destino cruel! Pense nisso e procure rever suas ações enquanto é tempo!

– Veremos quem vencerá! E se não tem mais nada a dizer, saia daqui!

– Esperava encontrar outra pessoa, mas percebi que continua exatamente como antes. Acredita que sua vontade seja soberana e que pode interferir na vida alheia, sem que nenhuma punição ocorra. Existe uma lei universal e ninguém dela escapará. Jamais se esqueça disso. E, para constar, já sei onde o livro se encontra e nem você, nem seu mestre poderão tê-lo nas mãos novamente!

Ela pegou um vaso e atirou nele que se desviou a tempo de não receber o impacto.

– Foi bom te ver, também, minha amiga! – E saiu calmamente de lá, sem olhar para trás. Sabia que ela estava em total desarmonia, com pretensões escusas e infelizes. Conforme caminhava, sentiu a dor em seu peito cada vez mais intensa. Não era uma dor física, mas emocional, decorrente da constatação de que ela ainda em nada se modificara. Já tentara diversas vezes convertê-la a caminhos iluminados, mas seu pendor para o mal falava ainda mais alto. E Edan potencializava esse sentimento contrário ao bem e ao amor, incitando-a a buscar o poder como único recurso a ser respeitada. Doce ilusão a que ela ainda se comprazia!

Quando ele saiu, Estela continuou com sua fúria quebrando objetos e permitindo que as lágrimas aflorassem. Afonso ainda seria seu! Era só o que conseguia pensar após tê-lo à sua frente, sem sequer poder tocá-lo! Quando ele a enxergaria como uma mulher apaixonada? Por que a desprezara de forma tão cruel? Ela apenas desejava seu amor, seria pedir algo impossível? Subiu as escadas e foi direto ao seu quarto e ao seu lugar secreto. Queria ouvir o que seu mestre teria a dizer sobre tudo aquilo!

Lá permaneceu por longos minutos e saiu confiante novamente. Apenas algo a perturbara, mas ele fizera sua escolha. Tentara poupá-lo, mas foi tarefa inglória. O destino dele fora selado e nenhum argumento havia sido forte o suficiente para demovê-lo de sua decisão. Sabia que ele jamais se enquadraria ao seu estilo, mas tentara ajudá-lo. No entanto, ele havia sido capaz de tal gesto infame. Não se pode perdoar a traição! Seja de quem provenha! Saiu do quarto e foi até o do irmão, mas ele já não mais estava. Viu que levara algumas roupas consigo, e supôs que ele tinha ido embora de casa. Deu um suspiro e fez uma ligação. Conversou por alguns instantes e desligou:

— Vou lhe dar mais uma chance! E, desta vez, será definitiva.

Uma hora depois, o telefone tocou. Ouviu atentamente a mensagem. Em seguida, saiu.

Não muito distante de lá, Afonso já estava com seus amigos. Era nítido o desconforto que ele experimentava. Betina o abraçou fortemente, assim que chegou.

— Fiquei tão temerosa com o que pudesse lhe acontecer. Como foi o encontro?

— Como esperava, infelizmente. Ela continua com a mesma prepotência e ousadia. Temos que cuidar da sua proteção, minha querida. Não posso sequer imaginar o perigo rondando sua vida. Peço o mesmo a vocês. A vigilância deve ser intensa e não podemos nos descuidar. Estela não pouparia nem mesmo a Diego, quanto mais a qualquer um de nós, seus pretensos inimigos. — Suas feições estavam tensas.

— Quanto ao nome que Diego entregou a Betina, acredita que essa informação seja confiável, ou uma forma de desviar nossa atenção? — Ricardo perguntou.

— Ele foi sincero, tenho plena convicção. Vi em seus olhos.

Betina ficou com os olhos marejados: — Essa informação lhe custará caro. Você o encontrou?

— Não o vi, mas sei que ele estava lá. Senti sua presença muito próxima. Quanto à sua pergunta, meu amigo, concordo com Betina. Ele estava tentando se redimir perante todas as falhas cometidas com ela. Vamos tentar falar com essa pessoa. O que acham?

Todos assentiram e pegaram o papel novamente, olhando cuidadosamente os dados lá escritos. Era um nome de uma mulher e o de uma cidade do interior do estado de Santa Catarina. Fizeram uma pesquisa através dos dados e, após algumas ligações, descobriram que essa pessoa morava numa fazenda próxima à cidade citada. Encontraram o nome de um parente próximo e fizeram a ligação.

Neste ínterim, Vitória se conectou com seus amigos espirituais, solicitando toda proteção possível. Estela não poderia saber dessas informações. Ela permaneceu silenciosa durante todo o tempo.

Afonso desligou o telefone com a frustração no olhar.

— Por mais que eu insistisse, o homem se recusou a dar qualquer informação acerca dessa mulher. Terei que ir pessoalmente visitá-la. Percebi que ele ficou assustado quando perguntei acerca desse nome e tentou me convencer que tal pessoa não mora mais lá. Sei, entretanto, que ele mentiu, só não entendi o motivo. Deixei meu nome e telefone, caso ele resolva falar sobre essa mulher. Vou até lá, já me decidi. – A confiança estava impregnada em suas palavras.

– E se Estela o estiver seguindo? – Perguntou Ricardo. – Após esse encontro, ela não terá mais receio de ostentar o que pretende. E fará o que for necessário para nos mostrar que o poder lhe pertence. Ela não desistirá do livro em hipótese alguma. E tudo fará para nos impedir de ter acesso a ele.

– Ela não me seguirá, acredite. Tenho meus truques! – Brincou ele.

– Os quais não devem ser utilizados de forma indevida, Afonso. – Repreendeu Betina.

– Não é nada do que imagina. Vou apenas enganá-la, enviando uma informação incorreta. Ela irá para um lado e eu para outro. Simples assim.

– Não brinque com ela, Afonso. Sabe o que ela é capaz de fazer se perceber que está sendo ludibriada. Não quero estar por perto neste momento! – Havia tensão no olhar do médico. Ele sabia o que falava!

– Hoje é sábado e nada posso fazer. Betina ficará comigo, assim estará em segurança.

– Viajo com você, Afonso. – Falou Betina.

– Não sei se será conveniente ambos viajarmos juntos.

– Eu vou te acompanhar, está decidido. – Disse ela com um sorriso. – Creio que ainda não me conheça bem. Sabe que faço exatamente o que quero.

– Tem um nome para isso: mimada! – E os dois se abraçaram. – Mas não me oponho. Será uma viagem interessante. – Virou-se para os demais. – Precisamos manter nosso equilíbrio em qualquer situação. Ele é que nos preservará contra o assédio de Estela. Temos que encontrar algo contra ela, isso nos auxiliará a mantê-la ocupada e distante de nós. Quando regressarmos, pensamos nisso. Boa noite e até a volta!

Os dois saíram, deixando Vitória e Ricardo avaliando a situação e o risco que estavam correndo.

— Como entramos nesta enrascada? — Brincou ele.

— Nós solicitamos isso, meu querido! Temos que nos manter firmes em nossas convicções. Gradativamente, tudo está sendo esclarecido, e cada um de nós já detém o conhecimento necessário para resolver as situações intrincadas do caminho. Esses jovens precisam de nosso apoio e não podemos falhar em nossos propósitos.

— Porém sabemos que o passado ainda irradia e Estela permanece entre esses dois mundos nos assombrando. Como ela consegue ter todas as lembranças tão nítidas?

— Ela se lembra daquilo que é permitido, apenas isso. Certamente, ainda se mantém enredada com seus companheiros espirituais que vibram na mesma sintonia que ela, passando as informações possíveis. Isso tudo é muito complexo, Ricardo. Não existe uma regra clara. Quando aqui chegamos, o véu do esquecimento nos preserva, para que possamos executar as tarefas programadas. Conforme nossa lucidez se amplia, vamos percebendo coisas que há um tempo talvez não conseguíssemos observar. Clarice me disse, certa ocasião, que alguns espíritos em tarefas de grande responsabilidade, podem ter acesso a informações que o auxiliarão a cumprir, com exatidão, os planos que traçaram antes de encarnar. Algumas lembranças assomam sem que uma regressão seja efetivada. Surge de forma espontânea e natural. Porém tudo ocorre com a permissão dos mentores maiores, que assim permitem para que a execução seja célere, não se perdendo tempo maior com detalhes que poderiam perturbar o processo. Essas lembranças podem assomar através de sonhos, percepções e até visões. Tudo, no entanto, ocorre porque assim é necessário. Você teve sonhos confusos, porém reveladores. Afonso acreditava que estava enlouquecendo, a partir do acesso a lembranças dessa encarnação, talvez a mais significativa e que reuniu todos nós. Hoje, não sabemos ao certo o que deixamos de realizar, mas, se aqui estamos reunidos, é porque se faz necessário. As razões para Estela ter informações privilegiadas muito antes do que nós é um fato questionável. Talvez tenhamos as respostas, ou quem sabe apenas estamos juntos para dar sequência à nossa evolução. Não sabemos como tudo se processa e talvez essa revelação jamais aconteça. O importante é nos mantermos unidos, pois já sabemos que juntos somos mais fortes e capazes de realizar as tarefas a nós delegadas. Não sei a importância que esse livro tem ou o que precisamos fazer para que ele permaneça no anonimato. Contemos com a ajuda de nossos amigos espirituais que nos intuirão acerca dos caminhos que devemos seguir. Afonso seguirá a pista do livro, pois assim ele foi inspirado. Devemos estar atentos aos sinais reveladores que nos serão indicados. Quanto a Estela, creio que ela esteja envolvida em negócios escusos, de que não sabemos a dimensão ainda. Porém desvendaremos quando encontrarmos o fio da meada, o início de tudo. Isso será altamente esclarecedor, precisamos conhecer os negócios que ela mantém, além da sua empresa farmacêutica. Vamos tentar descobrir o nome de seus aliados mais próximos.

— Diego poderia nos ajudar nessa questão. — Disse ele pensativo.

— Não creio que ele esteja preparado para isso. — Ela sentiu um calafrio percorrer sua espinha. — Ele já corre perigo pelos atos que perpetrou. Tenho receio do que Estela seja capaz de realizar após o que ele fez.

— Acredita que ela planeja algum mal a ele? Contra seu próprio irmão? — O médico estava indignado.

— Sabe que ela é capaz de tudo, querido. Principalmente se sentir que está perdendo essa batalha. Seus objetivos são claros: ela deseja o poder e nada a impedirá de conquistá-lo, usando as armas ao seu alcance e tirando quem quer que seja do seu caminho. — Um frio cortante penetrou o ambiente, fazendo-os se abraçarem fortemente.

— Não vou permitir que nada de mal aconteça com você, meu amor. Nem que eu tenha que enfrentá-la. Ela não impedirá nossa felicidade! Não mais! — Disse ele, sentindo um temor incontido, como se Estela lá estivesse frente a frente com aquele olhar satânico.

— Ficaremos juntos, essa é minha única certeza! — E beijou-o com paixão.

Diego, distante de lá, rememorava os acontecimentos com pesar. Sabia que sua vida estava por um fio. Teria que se preservar de algum modo, ter um trunfo em mãos, para que sua irmã não o tirasse definitivamente do páreo. Uma traição injustificável aos olhos dela. Mas não poderia fazer mal ao seu amor! Não mais do que já fizera! Não iria se esconder de Estela e foi para o local que ela conhecia, um apartamento que ele mantinha para seus encontros. Ao chegar lá, a primeira providência foi acessar suas contas individuais, antes que sua irmã as bloqueasse, pois assim Estela tentaria. Verificou que ainda estavam liberadas e providenciou a transferência dos valores para uma que ela desconhecia. Ao finalizar as transações, um sorriso triste se delineou em seu rosto. Acabara de transferir parte de seu patrimônio para Betina.

— Esse dinheiro lhe pertence, meu amor! Faça o que quiser com ele quando eu não mais estiver por aqui. — Em seguida, ligou para um advogado conhecido e contou o que acabara de fazer. Cabia a ele resolver as pendências finais, anunciando a Betina sua herança. Pediu sigilo absoluto, especialmente para Estela. Neste momento, a campainha tocou.

Capítulo 28

TRÁGICO ACIDENTE

— O que faz aqui? — Perguntou Diego.
— Não me convida para entrar, meu irmão? — E entrou no apartamento.
— O que quer aqui? Veio fazer o serviço pessoalmente? — Havia uma tensão em seu olhar.
— Ora, pare com isso, Diego. Você é meu irmão e eu o amo. Sempre fizemos tudo juntos. Eu lhe ensinei tudo o que sabe, não conhece o valor da gratidão?
— Conheço o que significa essa palavra e sou-lhe grato. — Disse ele sarcástico. — Consegui perder meu tesouro mais precioso por ser leal a você. Sujei minhas mãos acima de tudo, por ser seu irmão e compactuar com seus negócios escusos. Creio que já comprometi minha encarnação por você. O que ainda espera de mim? — A tristeza imperava em seu olhar.

— Pare de melodramas, meu querido. Você é importante em minha vida e precisa acompanhar os meus passos. Sabe o que representa nos negócios, sua participação é essencial e não posso, nem quero, abrir mão de você. Proponho uma trégua. — Disse Estela calmamente e na maior frieza. — Vou poupar seu grande amor. Por enquanto! O tempo me mostrará se fiz a escolha certa. Volte para casa!

Diego a olhava fixamente, tentando auscultar suas reais intenções. Havia uma frieza controlada em seu olhar, que ele já conhecia. Sorriu dizendo:

— Por um instante, quase me convenceu, Estela. O problema é que você foi uma excelente mestra, me ensinando o essencial, como perceber a verdade contida nas palavras. Sei que já tomou sua decisão, minha irmã. Fiz algumas ligações, também. Não é só você que detém o conhecimento das coisas. Aprendi tanto com você, porém sinto que não consegui despertar em seu coração qualquer tipo de afetividade. Sou mais alguém que não importa aos seus planos e irá me descartar como o fez a muitos. Sem remorso algum! Afinal, sou apenas seu irmão incompetente e traidor! Confesso a você que já esperava por isso e não é nenhuma surpresa. Esse espírito vingativo conseguiu dominá-la integralmente, fazendo-a agir conforme seus próprios desejos. Você é um joguete nas mãos de Edan e ainda não se conscientizou disso. É lamentável, minha irmã. Agradeço sua derradeira tentativa em me ludibriar novamente, mas não quero mais fazer parte desse jogo. Estou fora, definitivamente. Sei que minha vida não vale nada para você, especialmente depois que descobrir o que acabei de fazer. — Um sorriso triste se delineou em seu rosto juvenil. — Tomei minha decisão e ninguém irá me dissuadir de meus planos. Portanto, minha querida, não perca seu tempo. — Ela o encarava fixamente, tentando ler sua mente, que ele não colocou nenhum empecilho. De súbito, ela explodiu:

— Além de incompetente, não dá valor algum à sua vida. Um tolo que ainda crê no amor! Você não merece estar ao meu lado, em hipótese alguma. Preciso de alguém forte, ambicioso, corajoso, e você representa a antítese de tudo isso. Sinto tanto por você! Há de se arrepender de suas escolhas equivocadas. Porém será tarde demais. Fiz minha última tentativa. Desta vez, Edan não o perdoará. – Disse ela em tom lúgubre.

– E você? Algum dia irá me perdoar? – Havia tanta mágoa em suas palavras, que, por um instante, ele sentiu uma sombra pairar nos olhos dela. Quem sabe ela se sensibilizaria! No entanto foi tudo muito fugaz! Ela o encarou com seus olhos magnéticos e frios, dizendo:

– Não sei se algum dia o perdoarei por isso! – Sem se despedir, ela saiu, deixando-o só com toda bagagem excessivamente pesada em seus ombros.

Assim que saiu, Estela pegou o telefone e fez a ligação que tanto evitara. Falou por alguns momentos e desligou. Havia uma lágrima furtiva, que ela limpou rapidamente.

Em seu apartamento, Diego sentiu que seu destino já fora traçado. Pegou a chave do carro e decidiu sair um pouco. Quem sabe aproveitar seus últimos momentos!

Logo que saiu de lá, entrou em seu carro e dirigiu totalmente sem rumo. Absorto em seus pensamentos, nem percebeu o carro que o seguia. As lágrimas escorriam por seu rosto e jamais se sentira tão impotente e vencido. Não vislumbrava nenhum futuro promissor, apenas o vazio, a solidão que chegava a doer. Pensava em Betina e no quanto a amava! No entanto era um amor impossível que jamais se concretizaria. Se ainda ela tivesse dado uma esperança que fosse, quem sabe o que seria capaz de fazer para viver esse amor. Mas ela apenas o desprezara! Conforme as lembranças assomavam, maior a dor represada em seu coração. Já não conseguia conter o pranto e permitiu que ele limpasse sua alma tão corrompida e imunda. Era um ser desprezível e nem Deus o perdoaria por todas as ações equivocadas. Nesse torpor que o acometia, sequer percebeu que a velocidade aumentava cada vez mais, nem tampouco o carro que tentou ultrapassá-lo de forma imprudente, jogando seu carro contra o dele, que perdeu a direção, indo direto a uma construção abandonada. Ele não teve tempo de desviar e o choque aconteceu. O impacto foi tão forte que ele apenas sentiu o peso da direção em seu peito e tudo ficou escuro. Nada mais! Era um lugar de pouco movimento, mas o barulho foi ensurdecedor. Aos poucos, as pessoas foram se aproximando. Uma delas chamou o socorro que, em poucos minutos, se fez presente. Eles tiveram imenso trabalho para retirar o rapaz do que sobrara do carro. Levaram-no imediatamente para o hospital, porém seu estado era de extrema gravidade.

Foi assim que Estela recebeu a notícia. Um grave acidente ocorrera com seu irmão e ele havia sido levado para o hospital em condições críticas. Ela desligou o telefone e as lágrimas afloraram.

— Não era para ser assim, meu querido! — Pegou sua bolsa e partiu para o hospital.

Em sua casa, Afonso e Betina conversavam, quando ela sentiu uma dor profunda em seu peito, como se algo a dilacerasse. A respiração ficou difícil e o jovem tentou entender o que acabara de ocorrer. De repente, ela disse:

— Foi Diego! Algo terrível aconteceu! — E as lágrimas afloraram. Afonso a abraçou, enquanto ela desabafava através do pranto libertador. Quando se acalmou, ele disse:

— Temos que ajudá-lo. Ele necessita de nós. Vamos! — Falou de forma resoluta.

— Para onde?

— Para o local onde ele se encontra. Acalme-se, preciso de você serena. Não sabemos o que iremos encontrar. Seu estado é crítico. — Segurou a mão de Betina e a conduziu até o hospital em que ele dera entrada momentos antes. Pediu informações sobre o jovem e o espanto da atendente era nítido.

— Ele acabou de ser trazido. Nem avisamos a família. Como souberam do acidente?

— Alguém que estava lá nos avisou. — Respondeu ele.
— Vocês são da família? — Perguntou ela.
— Amigos muito próximos. Minha irmã é a namorada dele. — Os olhares de ambos se cruzaram e Afonso viu a dor estampada em Betina. Ela ainda o amava, agora tinha plena convicção. A atendente ficou pensativa e, em seguida, disse:
— Podem esperar na sala próxima ao pronto socorro, já que ela é a namorada dele. Porém, vou avisar alguém da família também.
— Faça isso. Ele só tem uma irmã e se chama Estela. — Disse Afonso dando as informações necessárias. Em seguida, ela os conduziu até uma sala ampla, ao lado onde Diego se encontrava para o primeiro atendimento.
— Posso apenas vê-lo? É muito importante para mim. Por favor! — As lágrimas escorriam e a atendente se compadeceu.
— Não posso abrir exceção, mas sei o que está passando. Venha comigo! — Afonso sorriu e assentiu para Betina, como a dizer, vá em frente e faça o que seu coração determina.
Na sala de atendimento, a movimentação era intensa, médicos e enfermeiras sobre Diego, tentando salvar a sua vida. Por um impulso, ela se aproximou e pegou a mão do jovem. Um médico tentou afastá-la, mas ela permaneceu firme, segurando a mão dele, dizendo:
— Não se entregue, eu lhe peço! Se o que disse foi verdade, lute para conquistar o que tanto ama! Não desista, Diego! — Neste momento, ele abriu os olhos, talvez guiado pelo som da voz de Betina, esboçou um sorriso e falou com a voz baixa e quase inaudível:
— Eu sempre te amarei! Deste e do outro lado da vida! Jamais se esqueça! Cuide-se! — E fechou os olhos para desespero de Betina. Uma enfermeira pegou gentilmente a mão dela e a conduziu para fora.
— Deixe que cuidemos dele, agora. Enquanto isso, reze! Ele irá precisar! — A mulher não entendeu por que dissera aquilo.

Em seguida, entrou novamente na sala, onde, de forma frenética, utilizavam todos os recursos possíveis para mantê-lo vivo.

Betina ficou ao lado da porta chorando. Instantes depois, ele era conduzido numa maca para o centro cirúrgico, tudo sob o olhar atento da jovem, consolada por Afonso. A enfermeira passou por ela e avisou:

— Ele será operado e seu estado é grave. Porém a Deus nada é impossível. Confie e continue rezando. — E seguiu com a equipe.

— Ele vai morrer? — Perguntou ela aflita a Afonso.

— Não detemos o poder de tudo saber, minha querida. Mas o conselho da enfermeira é providencial. Confiemos no Pai Maior, que sabe o que cada um de nós necessita. Acalma teu coração, primeiramente. Não podemos permitir que a dúvida nos visite. Daqui a instantes, Estela chegará. Precisamos manter nosso equilíbrio, não se esqueça!

Após alguns minutos, Estela lá chegou, assustada com a presença deles.

— O que fazem aqui? Vão embora! Não os quero por perto. — E olhando com ódio para Betina, disse: — Você é a responsável por ele estar aqui! Saia ou não me responsabilizarei por meus atos.

— O que vai fazer aqui dentro deste hospital? — Perguntou Betina em tom desafiador.

— Não brinque comigo, minha jovem. Sabe do que sou capaz de fazer com você apenas com a força do meu pensamento. Não me desafie! — Seu olhar estava enfurecido.

— Parem vocês duas! Respeitemos este lugar! — Disse Afonso em tom firme e, olhando fixamente para Estela, completou: — Quanto a você, sei o que planejou para Diego. Não tente me enredar em suas teias, pois conheço cada passo que dá. Não se esqueça de quem eu sou!

— Já lhe disse que sou mais forte. Porém não é o momento, tenho que concordar com você. Meu irmão está entre a vida e a morte. Respeite meus sentimentos. — Sentou-se e permaneceu calada. Afonso e Betina sentaram-se distantes dela, porém sem desviar seus olhares para ela. Todo movimento foi observado pelos jovens.

Duas horas depois, chegou a primeira notícia através de um dos médicos. A cirurgia havia sido necessária para conter uma hemorragia e tiveram êxito. Porém lesões cerebrais não estavam descartadas e ele ficaria em observação na UTI. Seu estado era de extrema gravidade e precisariam aguardar as próximas horas.

— Posso vê-lo? — Perguntou Estela.

— Sem visitas no momento. O máximo que posso permitir é que o vejam através do vidro.

— Sabe quem eu sou, doutor? — Disse Estela com toda empáfia.

— Me perdoe, mas isso não é importante em vista das circunstâncias. — Respondeu o médico de forma profissional. Já haviam dito quem era o paciente naquela situação e o quanto eram influentes naquele hospital.

— Creio que não tenha compreendido a minha relevância, doutor. Irei ver meu irmão quando me aprouver. — Falou ela com toda prepotência.

— Sinto muito, mas sou eu o responsável aqui e ninguém me dá ordens. Peço que se acalme e aguarde as notícias. — Sem dizer mais nada, saiu, deixando-a furiosa.

— Não tente fazer o que acabou de pensar. Estou aqui, não se esqueça. — Disse Afonso com toda serenidade. — Por que está tão interessada em vê-lo? Quer comprovar o quê?

— Acima de tudo, eu o amo. Ele foi imprudente, nada tenho com isso. O que aconteceu se deve exclusivamente a ele. Tinha acabado de vê-lo e nossa conversa havia sido definitiva. O que me consola é saber que ele estava arrependido de suas ações e estava indo me ver. — Olhava Betina com total desprezo. — Ele rendeu-se a mim, minha cara. Reconheceu a tempo quem realmente lhe importa.

— A vida de Diego não me diz respeito, cabe a ele efetuar as escolhas que julgar mais acertadas, Estela. Apenas me preocupo com ele, por isso estou aqui.

— Pois não quero sua presença perto dele, entendeu? Vá embora daqui! — Ela não elevara a voz um só momento, porém a força das palavras era algo poderoso.

— Sou livre para agir como me convém. O lugar é público e aqui permanecerei até obter mais notícias. Aliás, se quisesse poderia usar minha influência, mas não me presto a esse tipo de conduta. — Betina a enfrentava na mesma intensidade.

Afonso observava todo o panorama, sob os dois prismas, material e espiritual. Ao lado de Estela, entidades perversas a acompanhavam, enviando seus petardos mentais e, simultaneamente, potencializando sua força, fomentando a discórdia e a desarmonia. Os iguais se atraem, em qualquer circunstância. Ao lado de Betina, entidades amorosas, tentando dissuadi-la desse confronto injustificável e inútil, em vista da atual situação.

Ele sabia que Estela mentia acerca da decisão do irmão e assim agia para perturbar Betina, a qual estava assimilando as energias que ela irradiava. Estela se comprazia intimamente causando essa dúvida na jovem, uma forma de fazê-la sofrer.

— Se assim deseja, fique! Mas não irá vê-lo, pois não vou permitir.

— Ela irá vê-lo, se assim desejar. Você não pode dominar a todos, Estela. E isso, pois estou aqui, jamais se esqueça desse pequeno detalhe. Ou seria melhor dizer, desse entrave? Se eu fosse você, iria para casa e esperaria as notícias, que talvez não sejam as que você gostaria. — O jovem olhava fixamente para Estela, envolvendo-a nos fluidos amorosos que seu coração carregava. Isso a perturbou tanto, que ela saiu de perto, sem ao menos dar-lhe uma resposta. Ele olhou para Betina e disse:
— Quanto a você, peço que se acalme. Nada há que possa ser feito senão emitir nossas vibrações.

— Sou a responsável pelo que aconteceu? — Havia lágrimas em seus olhos.

— Foi um acidente, é o que inicialmente se supõe. Qual seria a sua responsabilidade nesse fatídico evento? Não aceite as provocações dela que têm o intuito de minar suas energias e desarmonizá-la. Diego fez sua escolha e pagou alto preço por ela. – Ele preferiu omitir a Betina as informações que haviam lhe passado, porém a jovem foi mais rápida e expressou com os olhos marejados:

– Eu sei qual foi a escolha dele. Vi em seus olhos naquele encontro. E, se fui a razão dessa dissenção entre os dois irmãos, naturalmente que sou a responsável, mesmo que de forma indireta. – Pausou a voz pela emoção que predominava. – Ele escolheu me preservar da ira de Estela e, naquele momento, sua sorte foi selada. É tudo muito injusto! – E chorou de forma incontida. Afonso a abraçou fortemente.

– Betina querida, ninguém pode burlar as leis e sair impune. Diego cometeu incontáveis delitos, perturbou a ordem, manipulou pessoas, infringiu a lei moral das mais diversas formas. Isso é um fato que não se pode desprezar. No entanto o amor que nutre por você foi capaz de fazê-lo despertar para novas possibilidades, mudando seu próprio destino. Se permanecesse fiel à Estela, os danos seriam ainda maiores. Se ele escolheu você, agradeça a Deus tudo que advir dessa escolha. Se o ama como pressinto, faça esse amor modificar a essência de Diego, impulsionando-o a novas condutas.

– Não sei se o amo. – Falou ela entre lágrimas. – Apenas não o quero sofrendo.

– E o que é isso, minha querida? Aceite esse amor! Quando amamos verdadeiramente alguém, desejamos que o outro seja feliz, que esteja bem, que não passe por situações aflitivas. Você recusou esse amor após tudo que lhe aconteceu. Mas ele é chama que não se apaga facilmente. E isso estava fadado a acontecer. O reencontro entre vocês estava previsto, e sabe disso. Quando se envolveram emocionalmente, as sementes foram plantadas nesse coração fechado ao amor. Você operou uma grande semeadura nesse terreno ainda pouco fértil. E ele se permitiu viver cada momento, aproveitando para cuidar desse solo, pensando nos frutos futuros que iriam advir. Você fez a parte que lhe competia, e ele, a dele. Quando ele renasceu, aqui chegou confuso e ainda corrompido pelo seu delituoso passado. Essa seria sua derradeira chance, permitida pelo Pai Maior, após tantas solicitações. Tudo faz parte de um grande planejamento, em que somos apenas colaboradores fiéis dessa obra. Há muitos mistérios que talvez não tenhamos oportunidades de desvendar, pois apenas para o que é necessário conhecer, o véu será retirado. Quanto aos dois irmãos, muitos comprometimentos os mantinham unidos. Mesmo como irmãos pelos laços consanguíneos, o afeto e o amor não prevaleciam. Somente imperava o objetivo maior de conquistar cada vez mais poder, como se isso fosse essencial na conquista da felicidade. Sinto que tenho grande participação no destino de Estela, cujas vidas estão entrelaçadas há muitas existências. Devo-lhe algo, é o que eu sinto. E, se aqui estou, com toda essa lucidez predominando, creio que é meu dever tentar reconduzi-la para a luz, por mais complexa que seja essa tarefa. Quanto a Diego, ele se tornou um empecilho aos planos maquiavélicos de Estela e sua vida perdeu todo valor. Porém nem tudo está perdido, afinal, ele tem você, minha irmã, que será seu suporte nesta trajetória áspera que terá que percorrer. Está disposta a aceitar esse desafio? – Um brilho intenso iluminava seu olhar. Betina permaneceu calada por alguns instantes. Em seguida, com os olhos repletos de esperança, disse:

— Creio que sim! Você me ajudará nesta tarefa?

— Sempre, Betina! Sabe que jamais lhe recusaria algo. – Abraçaram-se com todo amor.

Durante a madrugada, nenhuma notícia chegou. Estela deveria ter saído, pois não a viram por toda noite. Os dois lá ficaram vibrando intensamente para que o jovem sobrevivesse. Quando o sol já se fazia alto, Estela retornou ao hospital e viu que eles lá permaneceram.

— Pensavam que iriam alterar algo ficando aqui todo tempo? – As palavras ácidas não atingiram seu alvo, pois eles, simplesmente, a ignoraram. Ela sentou-se e lá permaneceu.

Um médico chegou para conversar com eles quando já passava das onze horas da manhã. Não era o mesmo da noite anterior, o que Estela agradeceu. Ele se aproximou de Betina e perguntou gentilmente:

– Você é Betina?

– Sim. – Seu coração estava em total descompasso.

– Vou permitir que você entre para vê-lo. Vamos? – Já estava saindo com a jovem, quando Estela o interpelou:

– Eu sou a irmã e vou vê-lo agora. – Disse de forma ríspida.

– Sinto muito, mas esse foi o desejo dele. Suas condições são críticas e temo que algo possa lhe acontecer nas próximas horas. Sinto ser tão direto, mas, como disse, seu caso é de estrema gravidade. Se ele quer vê-la, não colocarei empecilhos. Mais tarde, a senhorita poderá vê-lo também. – E sem esperar a resposta agressiva dela, eles saíram.

– Por que todos aqui me ignoram? Não sabem quem eu sou? – Expressou ela com a fúria contida. – Não vou tolerar mais ofensas. – Ela ia sair quando Afonso a segurou.

– Contenha-se, Estela. Estamos aqui por Diego. Pense nele! Não se pode controlar a todos, será que ainda não percebeu?

Capítulo 29

NOVAS PROVIDÊNCIAS

O contato físico com Afonso deixou-a incomodada e ela soltou-se bruscamente.

— Fique longe de mim! — E saiu da sala.

Afonso observou o quanto ela estava tensa perante os fatos ocorridos. Não pretendia fazer um julgamento precipitado, porém sua percepção lhe dizia que tudo havia sido engendrado por ela. No entanto era prematuro assim avaliar. A frieza com que ela lidava com tudo era algo a ser considerado. Desejava estar enganado!

Enquanto isso, Betina e o médico conversavam no trajeto até onde Diego se encontrava.

— Sua situação é realmente delicada, doutor? — Perguntou ela aflita.

— Sim. O choque foi violento, visto as inúmeras fraturas. Porém isso é o que menos importa. Seu pulmão foi perfurado, várias hemorragias precisaram ser contidas e não se descarta a possibilidade de uma nova cirurgia. Suas condições são críticas e tememos que ele não resista. Sinto muito ser o portador de notícias pouco alentadoras. Num dos momentos de lucidez, ele começou a balbuciar seu nome insistentes vezes. Vou permitir vê-lo, porém ficará apenas alguns minutos. – E conduziu-a para uma sala, onde ela fez a assepsia necessária para lá adentrar. Havia muitas macas e Diego estava numa delas. Seu estado era realmente preocupante, visto a quantidade de aparelhos a ele ligados. Ele parecia estar dormindo. Betina se aproximou timidamente e pegou sua mão. Num gesto instintivo, beijou-a. Neste momento, ele abriu os olhos. Era nítido o esforço empreendido nesse gesto aparentemente tão simples. Tentou falar, mas a voz não saía:

– Fique calmo, estou aqui! – Sorriu a jovem com os olhos marejados.

– Preciso que me perdoe! – Foi só o que conseguiu falar. Betina precisou de muito esforço para controlar a emoção naquele instante.

– Não fale mais isso, eu lhe peço. Está tudo bem! – As feições dele se iluminaram.

– Então já me perdoou! Posso partir em paz! – E fechou os olhos.

– Você não vai morrer. Não hoje, nem amanhã! Tem muitas pendências a resolver e não conseguirá escapar assim tão facilmente. – Ela apertava a mão dele com energia.

– Não conseguirei! Eles estão aqui! – Seu semblante se contraiu e ela pôde ver que algo o perturbava. – Não permita que Estela encontre o que ela tanto almeja! Impeça-a!

– Pare de falar e fique calmo. Ninguém lhe fará mal! Confie em mim! – Conforme ela falava, de todo seu ser uma energia intensa era irradiada atingindo-o completamente. Por uns instantes, ele pareceu se tranquilizar.

— Preciso que faça algo por mim. Isso irá adiar os planos dela. Vá até meu apartamento e pegue algo que lhe deixei. — Neste momento, ele começou a ter dificuldades para respirar, seus sinais ficaram em total descompasso e ele desmaiou. Uma enfermeira se aproximou e pediu que Betina saísse de lá. As lágrimas já eram abundantes e alguém a tirou de perto de Diego. Médicos surgiram e deram início aos procedimentos necessários. Fora da sala, a jovem apenas observava a movimentação para salvar a vida dele. Alguém pegou seu braço e disse:

— Será melhor esperar lá fora, minha jovem. Deixe-os trabalhar. Depois terá notícias.

Ela voltou para a sala onde Afonso se encontrava e o abraçou chorando:

— Seu caso é grave!

— Confie em Deus! É o que podemos fazer agora. — Estela viu a jovem e perguntou:

— O que aconteceu? Por que tanto drama?

— Não seja insensível, afinal, ele é seu irmão. — Respondeu Betina furiosa.

— E você causou tudo isso! — Disse ela aproximando-se da jovem com o olhar altivo.

— Não vou discutir com você! Sou eu que lhe peço agora: fique longe de mim! — E virando-se para Afonso, perguntou: — Vamos tomar um café? — Ambos saíram, deixando-a só.

Diego lutava para manter-se vivo, porém sua situação era complexa. Considerando seus graves ferimentos, travava uma árdua batalha para sobreviver. Porém não se pode desprezar a realidade espiritual, em que nossos companheiros nos observam a todo instante e, dependendo das intenções deles para conosco, podem nos ajudar, se forem benévolos e nutrirem sentimentos verdadeiros por nós, ou podem conturbar ainda mais a atual conjuntura. No caso de Diego, espíritos de condição inferior, controlados por Edan, lá se encontravam para complicar o quadro que se apresentava. Postados ao lado do jovem, tinham a tarefa de subtrair-lhe energias, as poucas que lhe restavam, visando sua prostração e, se nenhuma providência fosse tomada, causariam séria exaustão, comprometendo sua capacidade de lutar. Naturalmente, o que se esperava era que o seu desencarne ocorresse, visto que ele deixara de ser importante aos propósitos de Estela. Uma atitude truculenta e ignóbil, mas que caracterizava todo aquele que despreza as leis divinas, que nos ensina a importância da prática do bem, do amor, do respeito e da caridade com todas as criaturas que caminham ao nosso lado.

Diego experimentava imenso desconforto observando a vida se esvair de seu corpo material, enquanto ao seu lado entidades sórdidas o assediavam.

— Deixem-me em paz! Não vou mais ser conivente com os erros de Estela. Pagarei pelos meus e ela assim fará no tempo que lhe convier. Por que estão aqui?

— *Estamos vigiando cada passo seu, assim ele ordenou. Você é um traidor vil! Não merece nossa complacência!* — Dizia uma delas de forma ríspida.

— O que pretendem? Já estou morto!

— *Não, mas falta pouco!* — Conforme as entidades se aproximavam de Diego, maior a sensação de fraqueza que o invadia. Sentia suas energias sendo sugadas de forma brutal e sem seu consentimento. E não sabia como debelar essa batalha! Suas forças estavam sendo minadas gradativamente e ele já não sabia mais o que fazer. Pareciam vampiros roubando toda vitalidade que ainda lhe restava. Sentia-se cada vez mais fraco, quando num esforço inaudito gritou:

— Preciso de ajuda! Betina, não me abandone! — Vendo-a longe dele. E as lágrimas assomaram. Neste momento, uma luz intensa penetrou no ambiente dando passagem a Julian e Leonora. No mesmo instante, os dois espíritos saíram correndo, temendo ser feitos prisioneiros das entidades iluminadas, que habitavam as esferas superiores. Isso sempre ocorria quando a luz penetrava nesses ambientes.

Diego estava de olhos fechados, no limite de suas forças, chorando por todas as atitudes equivocadas que o distanciaram, mais uma vez, do seu grande amor. Leonora aproximou-se dele e colocou a mão em seus cabelos amorosamente. Ele levantou o olhar e viu quem lá se encontrava. Foi, então, que o pranto se intensificou e ele dizia:

— Me deixem! Não mereço o auxílio de vocês! Sou um crápula, infame, sou igual a Estela. Protejam Betina, eu lhes imploro. Não pude fazer isso, mais uma vez!

— *Acalme-se, Diego. Isso em nada o favorecerá. Conhece as leis como ninguém, porém jamais aplicou em seu benefício. Betina ficará bem, Afonso está com ela e outros amigos estão por perto. Tudo ficará dentro da ordem e do equilíbrio traçados.*
— Ela falava com doçura e mansuetude.

— Então nada mais posso fazer por aqui! Levem-me com vocês, eu imploro. Sabem o que me aguarda por tudo que pratiquei. — Conforme ele falava, seu pranto era ainda mais convulsivo. O arrependimento é um momento sublime. Era isso que ele experimentava naqueles instantes. Sua dor era real e ambos perceberam a sinceridade de suas palavras.

— *Não, meu querido, não é tão simples assim. Partir, quando encerramos uma tarefa a contento, nos traz alegria e satisfação pelo dever cumprido. Porém esse ainda não é seu caso e há muito a fazer para recomeçar seu caminho de renovação. Além do que seu tempo ainda não se findou. Há muito a ser feito e você deve persistir nesta jornada, realizando o que ainda não foi concluído.*

— Morrer seria mais fácil.

— *No entanto, não possibilitaria que novos esforços fossem dispendidos, novas abordagens fossem realizadas, novas posturas fossem adotadas. Há muito mais em jogo do que interesses puramente pessoais. Sua atitude contrária aos propósitos de*

Estela foi apenas o primeiro passo. Teria coragem de enfrentá-la em seu próprio território? – Foi Julian que falara.

– Não sabe do que ela é capaz! Foi você quem ensinou tudo a ela! – Falou Diego com a dor estampada no olhar.

– *Você também aprendeu tudo o que pude lhe passar. Afonso, Betina, Ricardo, Vitória, todos foram aprendizes dos conhecimentos que conquistei. Cada um agiu, entretanto, conforme sua própria moral orientou. Não estamos mais a discutir isso e, sim, cuidar para que tudo volte a ordem e equilíbrio naturais. Você é tão forte quanto Estela, apenas ainda não se deu conta disso.*

– Ela tem Edan ao seu lado. Ele a manipula e ela obedece a todas as suas ordens.

– *E por que você não?* – Perguntou Leonora.

– Ele não é meu mestre e não o reconheço como tal. – Expressou com firmeza.

– *Pois foi essa atitude que causou a ira em Edan. Ele, em breve, também despertará e sairá desse castelo inviolável, constatando que apenas um caminho nos leva ao poder maior, o que chamamos amor. Ele se renderá e este dia está se aproximando. Quanto a você, lute mais, confie que tudo se resolverá. Apenas não detemos o conhecimento de quando isso ocorrerá! A vida é dinâmica e pede ação incessante. Se cruzar os braços, certamente, eles conseguirão seus propósitos, que é vencê-lo neste e no outro lado da vida. Feche seus olhos e receba estas energias renovadoras que iremos lhe destinar.*

Diego assim fez. Os dois projetaram intensa luz ao jovem, em desdobramento de seu corpo físico, o qual recebeu integralmente, sentindo suas forças se renovarem. Quando ele abriu os olhos, viu os dois espíritos luminosos lhe sorrindo:

– Me perdoem por todo sofrimento que causei a Betina! Sei que ela jamais me perdoará e a compreendo. Porém quero que saibam que meu amor é verdadeiro e eterno. – Seus olhos estavam marejados.

— *Perdoe-se primeiramente. Essa culpa incrustrada em seu peito é o que o torna vulnerável. Não julgue as pessoas pela sua própria medida. Betina é um espírito valoroso, já efetuou grandes aprendizados e jamais acalentaria em seu coração uma emoção inferior. O que acha que ela estava fazendo quando o visitou?* — Leonora sorria.

— Acredita que ela já me perdoou? — Havia um brilho novo em seu olhar.

— *Veja com seus próprios olhos, Diego. Agora volte ao seu corpo e continue lutando bravamente para salvar seu corpo físico, pois sua alma já está em processo de transformação. Que Deus o abençoe! E mantenha-se firme em seus propósitos.* — Ela o abraçou com ternura. Julian fez o mesmo. Ficaram lá ainda por mais alguns instantes e assim que ele já estava acoplado ao seu corpo físico, ambos deixaram o local, não sem antes mentalizar Afonso e dar-lhe as últimas orientações. O momento seria tenso, precisando que todos estivessem unidos em perfeita sintonia com o Alto.

O jovem captou as orientações como se uma mensagem lhe fosse direcionada mentalmente. Ele estava com Betina e relatou-lhe os próximos passos:

— A situação de Diego é crítica e necessitamos de toda ajuda possível. Precisamos de Ricardo e Vitória ao nosso lado.

— Vá que eu ficarei aqui. Preciso saber as notícias de Diego. — Disse ela preocupada.

— Confie em mim. Ele irá superar isso. Quem não irá superar é Estela. Não a quero sozinha com ela. Você vai embora comigo. Precisa descansar um pouco!

— Não irei até ter notícias dele! — Falou em tom firme.

— Creio que não compreendeu o que eu disse. Sabe que sua vida corre perigo e ficará muito exposta aqui. Chamarei Vitória. Ela é médica e deve ter acesso fácil às informações. — No mesmo instante, ligou para ela. Conversou por alguns minutos e desligou: — Ela e Ricardo estarão aqui em instantes. E assim aconteceu.

— Por que não nos ligaram antes? — Perguntou Ricardo com a expressão séria.

— Já estão aqui, é o que importa. — Disse Afonso em tom sereno. — Preciso de vocês!

— Conte-nos tudo como aconteceu. — Falou Vitória com a preocupação no olhar. Ele contou todos os fatos ocorridos desde o acidente, com todos os detalhes. Enquanto conversavam, um médico se aproximou de Betina e, reconhecendo os dois médicos, disse:

— Vitória e Ricardo, há quanto tempo! — Jorge estudara com eles na faculdade e escolhera a cirurgia como especialização. — Conhecem o rapaz acidentado?

— Somos amigos de Betina, creio que já a conhece. Alguma notícia favorável?

— Bem, entre médicos, posso ser o mais sincero possível. O caso dele é delicado. Houve complicações e será levado novamente à cirurgia. Vim pedir a essa jovem que vá descansar algumas horas. Não teremos novidade alguma, pois ele estará numa mesa de cirurgia e incomunicável. Qualquer coisa eu lhe telefono, Vitória. — Pedindo o telefone dela. — Foi um prazer revê-los. — Deu um beijo na médica e saiu.

— Ele sempre foi assim com você? — Perguntou Ricardo com o semblante fechado.

— Assim como, querido? — Riu a médica. — Será que você está com ciúmes?

— Pare com isso, apenas achei que ele continua o mesmo abusado de sempre.

— Você é meu querido, já se esqueceu? — E beijou-o. Depois, virou-se para Betina e disse: — Você o ouviu. Vamos descansar um pouco! Vocês ficaram a noite toda acordados. Precisamos estar com nossas energias renovadas. Só assim poderemos auxiliar Diego. E não aceito recusas.

Naquele momento, a jovem lembrou-se do pedido de Diego.

– Antes de irmos para casa, preciso passar num lugar. – Os três nada entenderam, mas seguiram com ela. – No caminho, eu conto a vocês. – E assim fez.

– Você tem a chave do apartamento dele? – Perguntou Afonso curioso. Betina ficou constrangida, mas explicou:

– Fui a namorada de Diego, já se esqueceu? – Seu olhar estava triste. – Eu joguei a chave fora, mas sei onde ele guarda a reserva. Vamos!

O apartamento era num prédio elegante, porém discreto. Seu interior era luxuoso, mostrando ostentação.

– Ele disse que me deixou algo. – Foi até um armário e encontrou uma caixa. Ao abri-la, deparou-se com um pendrive, acompanhado de um envelope com seu nome escrito. – Não vamos olhar isso aqui, não creio que seja seguro. – Os três a acompanhavam em silêncio. A curiosidade imperava e, assim que chegaram na casa de Afonso, foram direto ao seu quarto.

– Sintam-se em casa, meus amigos. – Ligou seu computador e quando as informações começaram a surgir na tela, todos se entreolharam. Era um dossiê completo dos negócios escusos de Estela. Havia muito a ser analisado e, numa avaliação superficial, continha dados suficientes para colocá-la em situação comprometedora. Diego lhe entregara tudo o que necessitavam para afastá-la de cena. – Tudo isso é muito grave.

– Sem dúvida. Podemos dar-lhe um pouco de trabalho, o que acham? Talvez seja o momento de ela fazer uma pausa em sua busca frenética ao livro. – Disse Betina.

– O que propõe? – Perguntou Ricardo.

– Alguém noticiará algumas dessas informações e ela terá que se explicar perante a justiça. Ela nos dará uma trégua. Enquanto isso, podemos dar seguimento a nossa busca. Vá sozinho em sua viagem, Afonso. Não posso deixar Diego neste estado. Ele precisa de mim. Não vou abandoná-lo à própria sorte.

Aliás, ao próprio azar, pois é isso que Estela representa em sua vida. – Havia ressentimento em sua voz.

– Betina, de nada valerá carregar essas emoções contigo. Elas apenas a tornarão amargurada e infeliz. Estela é capaz de provocar muito mal, porém você destoa de tudo isso. Você é luz, minha querida, não trevas. Como pretende ajudar Diego mantendo-se neste padrão inferior de vibração? Ele precisa de suas energias sutis e elevadas, sem isso sua recuperação ficará comprometida. Foi isso que me alertaram. Você é detentora de um magnetismo intenso, capaz de promover muitos feitos, considerados aos olhos comuns como algo extraordinário. Essa é sua ferramenta principal. Não macule isso, carregando essas emoções inferiores. – Virou-se para os demais. – Isso vale para todos nós, se desejamos ter a companhia dos irmãos da luz. Cuidemos de nossas emoções!

– Você tem razão, Afonso. Lembre-se daquela noite, Betina. Quantas energias sutis e renovadoras ofereceu a Ricardo? Mas estava com sua mente e coração alinhados para a prática do bem que, naquele momento, auxiliou a recuperação de Ricardo.

– Creio que estejam com razão. – E olhou a cama ao lado acenando-lhe para o repouso mais que merecido. – Vou dormir algumas horas. – Deitou-se e, em questão de segundos, adormeceu sob o olhar carinhoso de Afonso.

– Vamos precisar muito dela. Para isso, é essencial que ela esteja em equilíbrio emocional e espiritual. – Disse o jovem.

– Você também precisa descansar. Deixe conosco essa análise. Vamos dissecar essas informações e descobrir qual é a mais adequada aos nossos planos. – Falou Ricardo.

Afonso saiu do quarto, deixando-os com sua pesquisa, que só foi interrompida horas depois, quando Vitória disse com a tensão no olhar:

– Veja isso! – Mostrando-lhe um documento de aprovação assinado por alguém importante na hierarquia da saúde. – Sabe o que isso significa? – Perguntou ela.

— Não faço ideia. Parece-me a aprovação de um medicamento novo para a cura de alguma enfermidade. O que tem de mais? — Ricardo estava curioso.

— Para que essa aprovação fosse efetivada, seria necessário um procedimento que não foi efetuado. As pesquisas prosseguem para os testes em animais, quando possíveis, e, em seguida, em seres humanos. Mediante os resultados obtidos é que darão seguimento ao processo de validação perante os órgãos envolvidos. Algumas fases foram suprimidas, o que invalida todo o processo. Porém alguém num cargo relevante aprovou sem ao menos verificar se o caminho havia sido percorrido de forma a validar a pesquisa. Isso é fraude e Estela está por trás disso.

— Alguém deve ter ganhado uma quantia razoável para assinar esse documento. E creio que Estela também, afinal, um medicamento novo implica em hegemonia no mercado por um determinado período. Não é assim que funciona?

— Sim, querido. E esse deve ser apenas o fio da meada. Ela é diabólica! O que pretende agindo dessa forma? Não tem um mínimo de decência e escrúpulos! — A indignação era visível. Analisou outros documentos e concluiu: — Creio que esse seja nosso ponto de partida. E uma denúncia a fará se desviar do seu propósito. Pelo menos por um tempo. — No mesmo instante, Afonso entrou no quarto com as feições graves.

— Diego corre perigo. Precisamos ajudá-lo. Venham comigo!

E foram para o outro quarto, onde o jovem pediu que se sentassem e dessem as mãos. Assim fizeram. Afonso proferiu sentida prece, solicitando ajuda do Plano Maior, para que pudesse intervir na atual situação. No final da prece, todos estavam em profunda concentração e Afonso acrescentou:

— Edan está envolvendo Diego em suas energias deletérias, assim me disseram e, apenas unidos, conseguiremos ajudá-lo a sair da prisão em que ele se colocou, impedindo que o equilíbrio material possa ocorrer. — Os dois médicos não entendiam o que ele dizia.

Capítulo 30

LUTANDO BRAVAMENTE

Não era momento de questionamentos! Afonso apenas lhes pedira que mantivessem seus pensamentos ordenados e elevados, vibrando luz intensa para a recuperação de Diego. Em instantes, a conexão se fez, unindo aquele grupo numa sintonia equilibrada e harmoniosa. Pareciam estar distantes de lá, como num verdadeiro transe. A concentração profunda assim permitiu. Ricardo e Vitória, conduzidos por Afonso, viram, como se fosse um filme, Diego em cirurgia. Ao lado dele, uma entidade sinistra emitia pensamentos, de forma frenética, ao jovem que, a cada momento, se deprimia mais, desistindo de seu propósito maior, que era sobreviver.

Mentalmente, Afonso passou a conversar com aquele ser:

– Deixe-o em paz, ele não servirá mais aos seus propósitos.

– *Afaste-se de mim! Sabe quem eu sou?* – Anunciou Edan com a fúria estampada no olhar.

— Sei e não tenho medo de você. Conheço-o há tanto tempo. Lembra-se de mim? — Havia mansuetude nas suas palavras que irritou ainda mais aquele ser.

— *Eu sou mais poderoso que você! Já se esqueceu do que lhe fiz?* — Disse ele dando uma gargalhada. — *Eu o venci!*

— Não, você não me venceu, simplesmente porque não estava em guerra com você. Aquilo foi necessário para que eu aprendesse uma nova lição. O aprendizado é eterno e não tenho medo de viver as experiências que forem necessárias. Pelo que sei, você fugiu ao seu destino. Foi capaz de fazer o que fez e ainda se sente ferido. Uma grande incoerência.

— *Você e os seus me abandonaram quando mais necessitei. Jamais esquecerei dos seus atos! Ela os entregou, como a ordenei! Tiveram o fim que mereciam!*

— Mas não conseguiu o que tanto buscava! E, até hoje, o procura, encorajando seus asseclas para o obterem, utilizando os métodos mais deploráveis. Estela tem sido a mais leal de todos, pois almeja o mesmo que você: o poder supremo. E será que ele existe?

— *Sim, e eu o terei! Colocarei cada um de vocês em seu devido lugar. Serão meus escravos por toda a eternidade! Que mais eu poderia desejar?* — Falou com um sorriso sarcástico.

— Você é um tolo e ainda não se deu conta do que realmente importa. Você, assim como nós, era o guardião do livro sagrado, desde que ele foi escrito, há muitos séculos. Durante a Idade Média, ele foi alvo de uma perseguição implacável e cabia a nós evitar que caísse em mãos erradas. Foi quando você decidiu tomar para si um poder que não lhe pertencia, arrastando consigo tantos irmãos cuja lealdade foi esquecida. Minha família inteira foi morta naquela ocasião, mas o livro ficou a salvo, permanecendo oculto. Quando nos permitiram retornar, alguns séculos depois, novamente a traição ocorreu, dessa vez pelas mãos de Estela, que usou de artifícios sórdidos, manipulada por você, para ter acesso às informações contidas nesse livro.

Fomos perseguidos, mortos, mas nem assim ela obteve o que desejava. O bem sempre irá prevalecer, ainda tem dúvida disso? – Conforme ele falava, Edan se perturbava cada vez mais.

– *Agora sei onde você está e tudo ficará mais simples.* – Havia tanto ódio no olhar, que Afonso precisou manter todo equilíbrio neste momento.

– Não quero e não vou aceitar sua provocação. Peço que reflita em suas ações, pois, a cada momento, é maior o seu comprometimento. Terá que prestar contas de todos os seus atos.

A entidade começou a gargalhar e disse com toda energia:

– *Não tenho que fazer isso! Sou eu quem decide os caminhos que vou seguir. Diego não sobreviverá! É o preço a pagar pela sua traição!*

– E o que fez com sua filha? – A pergunta o deixou furioso.

– *Não fale o que não sabe! Ela teve o que mereceu, mesmo que não tenha sido através das minhas mãos. Não me interessa onde ela se encontra! Jamais a perdoarei!*

– Você preferiu o poder ao amor de sua filha? – Afonso insistia.

Edan retomou seu equilíbrio e disse-lhe:

– *Você continua escolhendo pessimamente seus companheiros.* – No momento em que ele pretendia direcionar sua fúria a Ricardo, o local se preencheu de luz. Leonora e Julian lá se encontravam espargindo todo amor em forma de vibrações elevadas.

– *Acorde, meu amigo! Ainda estamos te esperando!* – Falou Julian. Como se ele tivesse recebido uma carga energética intensa e impactante, contorceu-se todo e gritou:

– *Eu os desprezo! Aguardem-me!* – E saiu de lá levando consigo as energias deletérias.

Mentalmente, ainda, Afonso percebeu tudo o que lá se passara com a presença de seus pais. A cirurgia prosseguia com muitos entraves, porém a presença de Edan não mais perturbaria Diego. Pelo menos, por hora.

Afonso respirou fundo e abriu seus olhos, visualizando Vitória, ainda compenetrada na tarefa, e Ricardo, já desperto, com as lágrimas rolando de forma incontida. Ele parecia profundamente tocado e o jovem entendeu as razões. Era sobre ele que Edan falara e se a intervenção da espiritualidade superior não ocorresse, seria ele o próximo alvo.

A médica percebeu o descontrole de Ricardo e abraçou-o com todo seu amor.

— Tudo ficará bem, meu querido. Confie!

— Desta vez, pudemos impedir suas manobras. Porém até quando o manteremos distante de nós? — Falou Afonso com a expressão tensa. E pegando a mão do médico perguntou: — O que está sentindo?

— Como se o conhecesse! Um pavor intenso me acometeu, como se minha vida estivesse por um fio. A violência de suas palavras me atingiu de forma direta, como se eu fosse seu alvo. Cometi algo contra ele? Senti seu ódio pulsando contra mim.

— Certamente, nós o conhecemos de outras experiências carnais. — E se calou.

— Você o chamou pelo nome! Conhece-o? — Perguntou Vitória.

— Como disse, todos já o conhecemos. Nossos caminhos têm se cruzado ao longo dos séculos, porém não propiciaram lembranças favoráveis.

— Ele é perigoso. Traz o mal incrustado em seu íntimo e parece refratário a qualquer ato benevolente que lhe seja dirigido. Você parece conhecê-lo muito bem. Falou até da filha do passado. Como teve acesso a todas essas informações? — Ricardo estava curioso.

Afonso sorriu para os dois médicos e brincou:

— Definitivamente, não sei como tudo isso aconteceu em tão pouco tempo. Sua regressão não só resgatou as lembranças aprisionadas em meu inconsciente, como também me faz dizer coisas que nem sei por que assim falo. Tudo é complicado, ainda é difícil avaliar todos esses fatos sob a ótica da razão. Aliás, devo dizer que, por essa ótica, talvez meu lugar já esteja definido.

— Havia tanta pureza em seu olhar que os demais se sentiram

reconfortados. Quem era aquele jovem capaz de tantos feitos em tão pouco tempo? Essa pergunta, nenhum deles tinha uma resposta.

Eles foram interrompidos com a entrada intempestiva de Betina.

– Precisamos voltar ao hospital. A cirurgia já se encerrou e teremos notícias de Diego.

– Vamos. – E com um olhar, pediu que não contassem a ela sobre os últimos acontecimentos. Betina precisava estar com suas forças renovadas para poder ajudar. Nossas emoções em conflito são responsáveis pela queda de nosso padrão vibratório, que, por sua vez, nos torna vulneráveis ao assédio de irmãos infelizes.

– Precisamos conversar sobre o que encontramos em nossa busca. – Vitória contou sobre as informações que ela obteve acerca da trama na liberação de um medicamento, sem que todo o processo fosse realizado.

– Isso é muito sério! – Disse Betina com a tensão no olhar. – Conte-me mais. –Conforme Vitória falava, mais a indignação assomava e a palidez se intensificava. – Sei do que se trata. – Falou a jovem ao término do relato, contando acerca da sua participação nas pesquisas iniciais sobre o novo medicamento. – Quando papai falou sobre esse novo remédio, acreditei que tudo estava dentro dos trâmites legais. Meu pai já utiliza com seus pacientes.

Quando ela disse isso, o pânico a acometeu:

– Ele desconhece que isso tenha acontecido. E se algo ocorrer com seus pacientes? Preciso falar com ele!

– Não, Betina, não vai falar nada, pelo menos por enquanto. Primeiro, fique calma. Esses dados podem ser fatais a quem os divulgar. Precisamos ter muito tato e cautela em nossa avaliação. Sabe o que isso já causou, não sabe? – Afonso a encarava com firmeza. – Não sabemos ainda a dimensão do problema. Estela é astuciosa e deve ter feito tudo de forma a aparentar legalidade, caso contrário, seu pai não iria se convencer acerca da viabilidade do medicamento. Realmente, isso é muito sério. Vamos inicialmente aprofundar nossa pesquisa, só depois decidiremos como agir. Estão todos de acordo? – Perguntou ele. Todos assentiram mediante a gravidade dos fatos. – Diego necessita de nosso apoio. Vamos?

As notícias não eram alentadoras. A situação permanecia crítica e tudo estava sendo feito com o intuito de preservar-lhe a vida.

– Preciso vê-lo! – Betina temia não ter tempo para lhe falar. – Vitória, fale com seu amigo, eu lhe peço! – Seus olhos estavam marejados.

– Farei o que for possível, minha querida! – E foi em busca de Jorge.

Encontrou-o saindo de uma cirurgia. Conversaram por alguns instantes e, depois, ele conduziu Betina até onde Diego se encontrava.

– Vou permitir que fique apenas alguns minutos.

– Muito obrigada! – Vitória ficou conversando com Jorge e ela entrou na sala acompanhada de uma enfermeira.

– Deixe que ele sinta que você está aqui. Isso sempre auxilia na recuperação do paciente. Ele precisa saber que alguém o espera. – Havia tanta doçura na voz da mulher que sensibilizou Betina. – Ele é muito especial?

– Sim, alguém especial. Ele deve saber disso, não é mesmo? – Disse ela baixinho.

– Converse com ele. – Com um sorriso, foi ver outro paciente.

Betina olhou Diego com ternura. Parecia tão debilitado, a palidez impressionava, seu rosto estava todo coberto de arranhões, sua respiração era lenta e difícil. Pegou a mão dele e segurou entre as suas. Depois afagou seu rosto com delicadeza e carinho. A emoção predominou neste momento.

– Sei que está me ouvindo e quero que saiba que tudo o que aconteceu no passado lá permanecerá. Não me deixe! Tem tanta coisa que eu preciso lhe falar! É tudo tão confuso para mim, mas não quero que morra, ouviu bem? – As lágrimas escorriam livremente. Ela percebeu que ele parecia ouvi-la, pois apertou sua mão. Não abriu os olhos, ainda em sono profundo e necessário para estabilizá-lo. – Está me ouvindo? – Aproximou dele e disse bem baixinho: – Jamais o esqueci! Temos tanto a resolver! Fique comigo, eu lhe peço. Vou te esperar! – Neste momento, Betina viu duas lágrimas rolando em seu rosto. Ela se sensibilizou ainda mais e fez o que queria desde a primeira vez, beijou suavemente seus lábios. Em seguida, permaneceu ao seu lado, doando todo seu amor em forma de vibrações que eram direcionadas diretamente a ele.

A enfermeira passou ao lado e verificou os batimentos cardíacos alterados de Diego.

– Não disse que eles sabem quando estamos por perto? Veja seus sinais vitais se alterando. Isso é muito bom. – A enfermeira sorriu. – Volte mais tarde, isso será favorável. Se me procurar, eu te ajudo a vê-lo. Meu nome é Luiza. Agora, é melhor deixá-lo descansar.

Betina olhou fixamente para Luiza e perguntou:

– Você acha que ele vai sobreviver?

– Acredita em Deus, minha jovem? A Ele nada é impossível. Já vi de tudo aqui dentro desta sala. A quem vou atribuir os milagres que ocorrem senão a Ele? Confie!

– Obrigada, Luiza. Cuide dele por mim! – Beijou-o novamente e disse: – Estou te esperando. Fique bem!

A jovem saiu de lá com a esperança como companheira. Sentiu que ele lutaria bravamente, pois, agora, havia um incentivo. Ela sabia que ele ouvira cada palavra que pronunciara, sentira o beijo que ela depositou em seus lábios. Ele, agora, precisava recuperar suas energias e ela o auxiliaria nessa tarefa.

Encontrou os amigos aguardando ansiosos por uma notícia. Estela havia estado lá, porém sua visita não fora permitida. Com toda prepotência que lhe era característica, decidiu procurar a direção do hospital. Vitória, antes disso acontecer, já alertara Jorge que Estela assim agiria. Ele rira e dissera:

— Ela não dá ordens aqui neste hospital, Vitória. Que ela não perca seu precioso tempo. Todos conhecem a fama que a acompanha. Como uma empresária fria e calculista que é, focada na tarefa de aumentar cada dia mais sua fortuna, ela apenas está se fazendo de irmã zelosa e preocupada. Isso não dura mais que dois dias, acredite. Depois, colocará alguém por perto para não mostrar que o abandonou por completo.

A médica sentiu a acidez das palavras sobre Estela, o que pressupôs que ele talvez já a conhecesse e era nítido a antipatia que nutria por ela. Um ponto favorável a eles.

— Pelo visto, ela parece ser seu desafeto. — Brincou Vitória.

— Qualquer hora te conto! — E saiu com um sorriso.

Voltando a Betina...

— Ele ainda está sedado. Seu quadro é grave, mas senti, pela primeira vez, que talvez possa se recuperar. — Havia um brilho intenso em seu olhar.

— Assim será, minha querida. Quanto à viagem, creio que devo adiá-la até que esse quadro se altere. — Disse Afonso.

— Não, quero que vá. Isso é mais importante que tudo. Ficarei aqui de prontidão, caso ele necessite de meus recursos valiosos. Senti que, ao ficar ao seu lado, envolvendo-o com todo o meu amor, uma energia intensa era direcionada a ele. Creio que possa tê-lo auxiliado.

— Certamente que auxiliou. Quanto à viagem, sinto que devo aguardar. Seguirei minha intuição. Em relação a Estela, como faremos? — Questionou Afonso.

— Eu e Vitória conversamos e creio que encontramos uma estratégia. — Ricardo contou seu plano aos demais e, no final, Betina sorriu.

— Não poderia ser mais adequado. Ela terá muito trabalho a fazer e deixará Diego em paz. E nós também!

Seria feita uma denúncia aos órgãos competentes acerca de um medicamento que não havia seguido todos os trâmites legais para sua validação. Um médico tivera acesso a uma documentação e decidira tomar as providências necessárias, denunciando a suposta fraude. Alguns documentos que Diego fornecera teriam que ser enviados para que uma investigação se iniciasse. Afonso estava reticente quanto a isso, mas era a saída encontrada e, na ausência de um argumento mais convincente, seria esse o caminho.

— Vitória, fique com Betina, eu lhe peço. Ricardo, poderia me acompanhar?

— Estou pronto, vamos.

Em sua casa, ambos trataram de documentar todos os fatos e, na manhã seguinte, seria enviado ao órgão competente. Porém somente isso seria insuficiente, pois o tempo de análise poderia se prolongar. Decidiram veicular essa notícia na mídia e existiam canais adequados a isso, pois sequer averiguavam a autenticidade das informações divulgadas.

— Não me sinto confortável em utilizar esses artifícios, devo confessar. — Afonso estava com o semblante fechado.

— Também não me sinto. No entanto o que é mais importante neste momento? É uma questão de efetuarmos a escolha adequada. Estela age de forma premeditada e despreza a ética sobretudo. Apenas divulgaremos o resultado de seus projetos, que sabemos podem ser altamente comprometedores.

— Se ela assim age, é porque outros são coniventes com seus propósitos.

— E todos devem ser punidos, não acha? — Disse Ricardo de forma enfática.

— Certamente, apenas não aprecio os métodos de que ela se utiliza e faremos exatamente o mesmo. Estamos sendo éticos? — Perguntou o jovem.

— Estamos sendo justos, Afonso. Tentando evitar um mal maior que poderá advir se algo não for feito. Não se sinta agindo de forma equivocada, pois não está. Estela precisa ser contida em suas ações arbitrárias e esse é um caminho. Pelo menos, no momento.

– Sei que está certo e seus argumentos são infalíveis perante o que estamos verificando. Sinto apenas que iremos despertar ainda mais a ira dela. – Falou ele com pesar.

– Talvez seja essa a forma de induzi-la ao erro. Quem sabe? – E parou de falar, sentindo-se incomodado. – Pode parecer bobagem, mas sinto como se olhos invisíveis me avaliassem todo tempo, desde que aqui chegamos. Esses documentos são muito importantes para ela e aqui, talvez, não seja o lugar mais adequado. Sinto o perigo rondando-nos.

– Tenho a mesma sensação, mas aqui estamos protegidos. – Fechou seus olhos e assim permaneceu por alguns instantes. Quando os abriu, encarou fixamente Ricardo, dizendo: – Pelo menos, por enquanto. Temos que guardar isso em local seguro.

– E esse lugar existe? – Perguntou Ricardo com a dúvida no olhar.

– Sempre existe, meu amigo. – Foi até o computador e enviou todos os documentos para um servidor seguro e a seus amigos. Todos teriam acesso a essas informações. Em seguida, guardou o pendrive num cofre no quarto dos pais. – Se decidirem roubar esse computador, tudo estará a salvo. E o mais significativo, essas informações já terão sido divulgadas.

– Você acredita que ela tentará nos roubar?

– Ela é capaz de tudo. Não podemos duvidar de seus limites, se é que ela os possui. – E terminou o documento que seria encaminhado ao órgão competente. – Podemos enviar de forma digital? – Ricardo fez a análise dos dados do programa e disse:

– Creio que sim. Anexou os documentos necessários?

– Sim. Vamos mandar imediatamente. – E assim fizeram.

– E quanto às mídias?

– Conheço alguém que ficará exultante com a informação. Estela é uma personagem glamorosa, sempre em evidência e qualquer notícia referente a ela será veiculada sem verificar sua autenticidade. Eu me encarrego disso. – Ricardo escreveu por alguns minutos e, com um sorriso de satisfação, finalizou: – Pronto, está feito. Ela será pega de surpresa e ficará furiosa com essa exposição. Esperemos sua represália. A guerra foi declarada e não temos como voltar atrás. – Suas feições se contraíram.

– Isso nos dará tempo para encontrar esse livro. – Disse Afonso sobriamente.

– Se ele ainda existir! – Declarou Ricardo.

– Ele está mais próximo do que supomos. – Seu olhar parecia límpido e sereno. – E a paz reinará novamente entre nós. Tenho plena convicção.

– Precisamos retomar nossas vidas. Tudo está tão nebuloso que não sei o que nos espera. Será mesmo que programamos tudo isso? – Perguntou Ricardo.

– Certamente que sim. E cada um de nós tem um papel a desempenhar. Não podemos fugir ao nosso destino. Precisamos prosseguir, meu amigo. Mesmo que isso nos custe a paz imediata. Temos que impedir Estela e mostrar-lhe qual o caminho a seguir. Seu mestre, Edan, que você já conhece, assim não deseja. – Afonso viu a tensão no olhar do médico. – Foi com ele que aprendeu preciosas lições, as quais não foram utilizadas para propagar o bem. Essa é uma das pendências que, hoje, você precisa resolver, Ricardo. Não o tema, apenas fortaleça-se e mantenha-se firme em suas opiniões.

Capítulo 31

UMA VISITA INESPERADA

— Ainda não sei o que exatamente aprendi, nem tampouco os equívocos que cometi, mas Edan me assusta. Pude vê-lo naquele instante e as lembranças que assomaram foram as mais tenebrosas, tenho de admitir. Quem é ele e o que representa em tudo isso? – O médico sentia que a presença imponente daquele ser o perturbava muito.
— Alguém que ainda desconhece os caminhos da luz e tampouco pretende trilhá-los. Ele acredita que seu poder lhe foi surrupiado, no entanto ele jamais o conquistou pelas ações que ofereceu ao mundo. Desprezou todos os que nele confiavam, traindo ideais nobres, visando apenas a satisfação de seu próprio orgulho. Edan, assim como Estela terão que rever suas condutas, caso contrário permanecerão prisioneiros de seu ego insaciável. Ambos se encontram em realidades paralelas, porém vivem numa ligação tão estreita, em que cada qual respira na

mesma vibração que o outro. E se comprazem, o que os torna tão infelizes. – Havia tristeza nas palavras de Afonso. As lembranças que assomavam gradativamente lhe davam um panorama cada vez mais detalhado acerca das vivências passadas, em que ele e os demais aqui se encontravam para colocar em ação uma programação conjunta. As imagens, cada vez mais reais, lhe mostravam um passado conturbado, doloroso, cuja responsabilidade pertencia exatamente a esses dois personagens, Edan e Estela, cada um falhando em suas aspirações maiores e comprometendo a execução das tarefas a eles confiadas. Era incrível a facilidade com que essas recordações surgiam em sua tela mental e perguntava-se qual a razão dessa lucidez cada vez mais crescente. Ricardo, em contrapartida, ainda se ressentia do passado e, apesar de toda potencialidade já conquistada, não conseguia acessá-la tão facilmente quanto Afonso, em virtude da culpa que estava presente. O tempo se encarregaria de mostrar-lhe que uma nova oportunidade lhe fora oferecida, desta vez com vistas a não mais falhar. Para isso, era imperioso que ele se mantivesse em equilíbrio e confiante, tudo o que o jovem insistia em lhe dizer.

– Bem, vou voltar ao hospital. Vem comigo? – Perguntou o médico.

– Sim. Vamos!

Não encontraram Estela, pois ela recebera uma ligação e tinha saído com rapidez. Eles deduziram que alguém já a alertara sobre as manchetes do próximo jornal. Com ela distante, a situação de Diego poderia ser contornada com mais presteza. Betina não queria ir embora, mas Afonso foi enérgico:

– Precisa descansar! Não queira me convencer do contrário. Amanhã cedo você volta. Tenho de trabalhar, assim como todos os demais. Apenas você dispõe de tempo livre. Fique lá em casa e prometo estar conectado com ele todo tempo. – Afonso tirou um sorriso dela.

— Isso também consigo fazer, meu querido. Porém minha presença aqui o favorece.

— Como ele está? — Perguntou Ricardo.

— Jorge veio aqui dizendo que seu quadro ainda é crítico, mas tem respondido bem ao tratamento. Temos que aguardar. — Disse Vitória.

— Já lhe disse que é minha namorada? Não o quero por perto com muita ousadia.

— Fique tranquilo, querido. Já contei ao Jorge que estamos juntos. Não confia em mim? — Brincou ela.

— Não confio nele! Vamos para casa? — Disse ele com o semblante fechado. Após as despedidas, todos foram embora. A semana se iniciaria com as tarefas já programadas, além das que eles estavam se comprometendo.

Antes de sair, Betina pediu para ver Diego mais uma vez. Conseguiu entrar com a autorização do médico de plantão, amigo de Jorge. Afonso permaneceu do lado de fora, com seus sentidos em alerta. Ela ficou apenas alguns minutos e saiu.

— Ele ainda está sedado, mas sei que sabe que estive lá. Sinto a pressão de sua mão. Não me critique, meu querido. Sempre fui uma tola romântica. Depois de tudo que ele fez por nós, não tenho mais motivo para desprezá-lo. Você me compreende?

— Jamais iria julgar suas atitudes, Betina. Seu coração lhe pertence e ninguém pode avaliar o que nele se passa, senão você. — E sorriu para ela.

— Não sei o que o destino me reserva, mas vou viver um dia de cada vez, certo?

— Perfeito! — Os dois saíram do hospital, não sem antes pedir auxílio aos irmãos da luz para que protegessem a vida de Diego.

A semana iniciou com as notícias bombásticas sobre as possíveis fraudes nas empresas farmacêuticas de Estela. Ela estava furiosa com as declarações que um jornal de muita visibilidade, apesar de pouco confiável, fizera sobre ela. Teria muito a se explicar e era exatamente isso que eles pretendiam com a denúncia.

Ricardo e Vitória estavam na faculdade quando a notícia foi divulgada.

Betina passou o dia no hospital e o quadro de Diego não se alterara.

Afonso trabalhou e, no final do dia, ao chegar em sua casa, foi surpreendido com uma visita.

— Afonso, essa jovem quer vê-lo e diz que o assunto é urgente. — Disse Rosário, a serviçal.

Ele estava curioso e caminhou em sua direção. A jovem estava sentada na sala de estar, lendo uma revista. Percebeu a chegada de Afonso e levantou-se. Os dois se olharam fixamente e o inesperado aconteceu. O silêncio se instalou e nenhum som se ouviu por alguns instantes, até que ele se aproximou da jovem e perguntou encarando-a:

— Eu a conheço? — Ela era detentora de profundos olhos verdes. Seus cabelos ondulados cor de mel caíam sobre os ombros. Aparentava não ter ainda trinta anos, mas parecia mais jovem, com um sorriso juvenil emoldurando seu rosto. Era esguia e elegante, mas exalava uma simplicidade que o cativou.

— Sou Laurita. Creio que estava procurando por mim. E, respondendo a sua pergunta, creio que o conheço, e você a mim. — Seus olhos brilharam intensamente e a conexão se fez. Sim, ele a conhecia.

— Sou Afonso. Sim, eu estava procurando por você. Iria vê-la esta semana, mas você se antecipou. Sabe as razões disso? — Perguntou ele.

— Sei. Ele está comigo. Fui avisada que você iria me procurar um dia. Esperava ansiosa por esse encontro. — Ela se aproximou e colocou a mão em seu rosto. — Sei quem você é!

A presença da jovem o deixou atônito e queria conhecer mais sobre ela.

— Você está de posse de algo valoroso, não sabe? — E pediu a ela que se sentasse. Fez o mesmo e não desgrudava os olhos dela.

— Meu pai o trouxe da Itália, estava em mãos de um colecionador, que apenas guardava esse precioso tesouro. Era um dos guardiões do livro sagrado. Quando meu pai lhe mostrou a tatuagem que trazia em seu ombro, ele chorou e disse que, a partir daquele momento, ele seria o novo guardião. Entregou-lhe o livro, dizendo que sua missão se encerrara. Você o conheceu? – Perguntou a jovem.

— Não, apenas investigava o livro e sua última localização era a Itália. Seu nome chegou apenas há dois dias, quando liguei para um familiar seu que disse não a conhecer. Percebi que ele estava mentindo e decidi ir ao seu encontro. Porém você foi mais rápida do que eu. – Ele mantinha-se conectado a ela através dos magnéticos olhos verdes de Laurita. Ela sorriu e, neste momento, parecia uma criança em suas brincadeiras:

— Desculpe, Afonso, mas tenho um exército de amigos leais a mim, que tudo farão para me preservar de todo e qualquer mal que possa advir. Muitos já se foram. – Seu olhar se entristeceu. – Meu pai já não está aqui entre nós, sou a única que restou. Coube a mim guardar esse livro e, se necessário, defendê-lo com a minha vida. Sabe o valor desse tesouro? – Perguntou ela baixinho.

— Sei. Muitos já perderam suas vidas ao longo dos séculos para protegê-lo. – Ele continuava a olhar fixamente para a jovem. – Quem é você realmente?

Ela se aproximou dele, colocou sua mão na fronte de Afonso e pediu:

— Veja você mesmo!

Em sua tela mental, as imagens iam se sucedendo. Laurita estava em todas elas, sempre ao seu lado. Visualizou a figura dela e de Betina juntas, já na idade madura, com o livro sendo guardado por elas e Vitória. Viu quando a recebeu na espiritualidade ao findar sua existência. A conexão era intensa e seu coração ficou em total descompasso. As lágrimas assomaram e ele, ao abrir os olhos, reparou que o mesmo acontecia com ela.

— Sabia que o encontraria. Assim estava escrito, Afonso. Quando me procurou, tive a certeza de que era você. Te esperei por toda esta existência. — A emoção a dominava e, num impulso, ela o abraçou apertando-o fortemente.

Afonso sentiu-se acolhido como jamais experimentou desde que aqui renascera. A paz o envolvia e não queria que nada atrapalhasse aquele momento. Todos os problemas vivenciados nas últimas semanas foram esquecidos naquele breve instante. Ainda estava atônito com tudo que lhe acontecia e, talvez, ela pudesse esclarecer.

Quando se desvencilharam, ele pediu:

— Fale-me sobre você! — Segurava a mão da jovem que sorria.

— O que quer saber?

— Tudo!

— Minha vida sempre foi uma aventura. Bem, pelo menos para mim, que vivia entre essas duas realidades, material e espiritual, como se pertencesse a ambas. Conversava com os espíritos, às vezes, eles me perseguiam, outras, me protegiam, tudo sob o olhar atento de meu pai, que sempre soube e, principalmente, aceitou essa minha condição. Minha mãe morreu quando eu nasci e meu pai teve um papel fundamental em minha criação. Minha sensibilidade apurada se manifestou quando conversava com minha mãe, ainda uma garotinha. Meu pai era italiano e veio para o Brasil tentando me preservar, assim ele dizia, e passou a vida nessa condição. Ele sempre disse que teria uma tarefa significativa a desenvolver e, para isso, precisaríamos vir para cá, onde eu encontraria os demais. Conforme eu crescia, esperava ansiosa esse dia acontecer, pois poderia conhecer pessoas como eu, também com essa mediunidade ostensiva. Conheço profundamente a Doutrina Espírita, codificada por Kardec, o que me trouxe alento e paz íntima. Obtive todas as respostas que precisava. Frequento uma pequena casa espírita onde moro e, se não fosse ela, muitos entraves não teriam sido removidos. Um dia lhe contarei com calma. Quando eu estava com vinte anos, meu pai contou que sua tarefa se iniciaria e ele teria que ir até a Itália encontrar alguém muito especial. Ao voltar, trouxe consigo este livro com a tarefa de ocultá-lo das forças do mal, que tentariam a todo custo reavê-lo. Montou um esquema de segurança invejável e assim foram os últimos anos. Quando ele adoeceu, relatou-me uma longa história, que lhe fora passada por seus antepassados e pelo colecionador, que também sabia com detalhes acerca do livro. Dizia ele que fazíamos parte de um grupo que era responsável por mantê-lo distante daqueles que o utilizariam com finalidades escusas, propagando o mal ainda mais neste planeta de provas e expiações[1]. Muitos tentaram recuperar a guarda desse livro, mas esse grupo, preparado antes de aqui chegar, até então o mantém protegido e salvaguardado. E assim esperamos que permaneça. Quando descobriu acerca da existência dele? – Perguntou ela curiosa.

– É uma longa e conturbada história. – Seus olhos se cruzaram mais uma vez e ele viu a paz contida nesse olhar.

– Tenho todo tempo do mundo. Para isso estou aqui.

Afonso contou-lhe em poucas palavras a história da sua vida, a morte precoce de sua noiva, as visões assustadoras que o levaram a crer que ele estava enlouquecendo e sua busca por ajuda. Contou todos os detalhes, inclusive aqueles que gostaria de esquecer. O encontro com Ricardo, seu psiquiatra, transformou sua vida. Foi através dele que reencontrou Betina, a irmã de todas as existências e seu porto seguro até então. Falou sobre as regressões realizadas que abriu um portal para que, a partir daquele momento, as lembranças fossem acessadas naturalmente, assim como suas potencialidades, que até então estavam adormecidas, passaram a comandar sua existência. Falou sobre Estela, aquela que buscava implacavelmente o livro,

---

[1] Expiações: Kardec, Allan (1804-1869) – *O Livro dos Espíritos* – questão 132 – A lei de Deus impõe aos espíritos a encarnação com o objetivo de fazê-los chegar à perfeição. Para uns, é uma expiação; para outros, é uma missão.

visando benefícios pessoais. Quando lhe contou sobre Diego, as feições da jovem se endureceram, talvez por acessar recordações infelizes. O jovem percebeu e continuou seu relato, finalizando com as ações que ele perpetrara contra a própria irmã, Estela, que o conduziram a esse desfecho cruel.

— Se não fosse por ele, nada disso estaria acontecendo.

— Um gesto nobre após tantos outros comprometedores. — Disse ela secamente.

— Sua vida corre perigo e Betina lá está tentando protegê-lo da ira de Estela. — Finalizou contando acerca do plano colocado em ação, visando neutralizá-la momentaneamente. — Neste momento, ela já tomou conhecimento dos atos de Diego. Ele entregou a Betina um dossiê contendo informações sigilosas e bombásticas acerca das ações de Estela. O que nos resta esperar é a retaliação, que virá em breve. — Seu olhar se entristeceu. — Não era assim que eu desejava que as coisas caminhassem, porém ela fez sua escolha há tempos e não modificou seus intentos até hoje.

— Ela continua obcecada por você? — Perguntou ela.

— Sim e isso tem sido desde que a conheci. — Voltou suas lembranças a um passado muito remoto em que ambos se encontraram. — Ela sempre confundiu seus sentimentos. Jamais lhe dei esperanças, no entanto todas as suas ações demonstraram que ela jamais aceitou ser rejeitada, conforme suas próprias palavras.

— Ela o traiu, Afonso, não uma, mas várias vezes. O poder é mais importante do que o amor, isso ela já comprovou.

— Como tem acesso a tudo isso? — Ele estava curioso, pois ela parecia conhecer todos os fatos do passado.

— Uma habilidade desenvolvida desde a infância, ou melhor dizendo, já conquistada e sedimentada. É como se um livro se abrisse e as histórias fossem passadas como num filme. No início, isso era algo torturante. As visões me perturbavam e eu não sabia o que fazer com elas. Meu pai me auxiliou nisso, explicando-me sobre as sucessivas vidas que todos vivemos e que, a cada oportunidade, um véu era colocado, impossibilitando que recordássemos o que vivemos. No meu caso, esse véu não existia e, ao simples contato com um fato no presente, as recordações assomavam com toda clareza. Quando peguei o livro em minhas mãos pela primeira vez, algo surpreendente ocorreu. As visões se tornaram mais claras e pude rememorar com exatidão fatos do passado. Como, por exemplo, o castelo em que você viveu e o qual seu pai nos ensinou lições tão preciosas. Via você, sua irmã, uma amiga italiana e quando Estela surgia, um estremecimento ocorria. Essa amiga, sua irmã e eu fugimos após sua morte e a de seu amigo, que, como você falou, é seu psiquiatra. Fomos para Itália e lá permanecemos até nossa morte. Esses fatos foram passados como num filme e não me pergunte como isso ocorre, pois não saberia explicar. Conforme meu pai dizia, eu não tenho esse véu e posso recordar com facilidade as vidas passadas, sem necessitar da regressão. Para mim, é algo natural o que não me surpreende, nem me perturba mais. Será que Betina me reconhecerá? – Havia um brilho intenso em seu olhar.

— Ela é uma criatura excepcional, seu coração compreende apenas o amor. Foi capaz de perdoar Diego após todos os atos vis que ele cometeu. Traz a luz interior brilhando intensamente e é isso que tortura Estela. Ela jamais se equiparará a Betina, isso se permanecer passiva como tem feito. Você vai gostar dela, tenho certeza.

— Como gostei de você, Afonso. Sabia que o encontraria e desta vez tudo farei para mantê-lo ao meu lado. Temos tanto a realizar e o faremos juntos. Assim está escrito.

Seus olhares se cruzaram e uma chama poderosa se fez presente. Ambos entenderam o que aquilo significava, sem mesmo falar palavra alguma. A linguagem presente era a dos sentimentos, até então reclusos, aguardando o tempo certo de eclodir.

— Ficará aqui conosco. Sinto que, nesta casa, estamos envoltos numa proteção maior. Não saberia explicar o que ocorre, mas assim me sinto: em total proteção. Betina está com sua vida em perigo e Diego havia sido imbuído da tarefa de eliminá-la, sem dó ou piedade. O amor de Diego por ela a salvou e pagou alto preço por sua traição. Sua vida corre sérios riscos, pois Edan, que você já deve conhecer, tem assediado-o covardemente, nas condições precárias em que ele se encontra.

— É o preço que está pagando por tudo o que fez. — Seu semblante se contraiu.

— Você não parece acreditar em sua reabilitação.

— Tenho meus motivos pessoais. — Pausou a voz e prosseguiu. — Ele poderia ter feito tudo diferente, mas não fez. Poderia ter recusado o pedido de Estela. — As lágrimas assomaram e ela se calou. Respirou fundo e disse: — Tudo isso que está ocorrendo seria evitado, mas o poder e a ambição falaram mais alto. Deveria ele renascer ao meu lado, dando sequência a seu planejamento, visando a quitação dos infinitos débitos ainda pendentes. Porém fez a escolha errada. Talvez só saiba exatamente como tudo aconteceu quando retornar ao mundo espiritual. Hoje, tenho apenas suposições. Minha mãe o acolheria como filho, para que ele pudesse vivenciar o afeto e o amor puro e incondicional. No entanto ela contraiu grave doença logo após meu nascimento e veio a desencarnar rapidamente. Meu pai ficou inconsolável! Quando minha mãe me apareceu, pediu que revelasse a ele a seguinte frase: "os planos se modificaram, tive que partir, porém tudo irá se encaminhar conforme o programado". Jamais me esqueci de suas palavras. — As lágrimas rolaram por seu rosto.

— E por que acredita que Diego teve algo a ver com isso? — Ele via o desconforto que ela experimentava e devia ter uma razão forte para isso.

— Esse ser, o qual me recuso a falar seu nome, está por trás disso, é o que sei. Diego, no entanto, deveria ter sido fiel aos planos traçados, mas preferiu filiar-se novamente às hostes malignas, renascendo ao lado de Estela, que há tempos tenta impedir que as forças do bem saiam vitoriosas. Sei apenas que não gosto dele. Já o vi em meus sonhos e sei do que ele é capaz. Você me contou o que fez com Betina. Não confio nele!

— Entendo sua restrição, pois abomino tudo o que ele praticou em nome da sua ambição. Porém a vida é dinâmica e o sentimento verdadeiro falou mais alto. Quero crer que ele se reabilite perante todo mal praticado, quitando as pendências que adquiriu por seus atos ilícitos e pecaminosos. Anseio por sua redenção, caso contrário o que irei esperar senão assistir como mero espectador a derrocada do bem? A reabilitação de um criminoso só ocorrerá por uma motivação muito forte e essa será o amor verdadeiro. Pelo menos, desta vez, ele será capaz de oferecer sua porção melhor.

— Você continua o mesmo ser sensível e puro. Como gostaria de ser como você!

— Se aqui nos encontramos em tarefa de grande complexidade, temos que oferecer nossa melhor parte, aquilo que já conquistamos às custas de nosso empenho e dedicação. — Naquele momento, ele fechou os olhos e contraiu seu rosto. A tensão se estabeleceu em seu olhar. E disse: — Estela está furiosa e prepara sua ofensiva. O telefone tocou.

Capítulo 32

A FORÇA DO AMOR

— Boa noite, Estela. O que deseja? — Sua voz estava serena e controlada.
— Não sei como conseguiu fazer isso. Diego merece a morte. — A frieza com que ela se referia ao irmão o chocou, mas ele se manteve calmo.
— Do que está falando?
— Pare de ser hipócrita, Afonso. Sei que ele lhe entregou documentos sigilosos e quero-os de volta, ouviu bem? — Ela quase gritava do outro lado da linha.
— Não sei a que assunto se refere. Pode ser mais clara?
— Não viu as manchetes do jornal? Aquele traidor deve ter falado algo comprometedor e você está usando isso contra mim.
— Não sou eu que tento prejudicar os outros, Estela. Jamais agiria de forma desleal com quem quer que seja. As informações divulgadas são falsidades? — Perguntou Afonso. — Se assim

forem, deve descobrir quem agiu de forma tão vil. — Ela nada respondeu. — Ou são verdadeiras?

— Cale-se! Não liguei para lhe dar explicações, apenas para dar um aviso. Devolva todos os dados que meu irmão lhe entregou. Não quero usar da violência com você, mas não ficarei triste se Betina sofrer um acidente. Este mundo está muito violento.

— Vai fazer o quê? Provocar novo acidente? Seja mais criativa, Estela. Não faça nada a ela ou pode se arrepender. — Falou ele em tom cortante.

— Está me ameaçando, meu querido? Pois não tenho medo de você. O aviso foi dado. Não vou prejudicar meus negócios por um ato insensato, causado por alguém que pretendia mostrar-se para uma tola. Jamais perdoarei Diego! Te dou o prazo de dois dias! Quero tudo em minhas mãos, entendeu?

— Pare com isso, Estela. Não sei do que está falando.

— Sabe sim. O único que poderia ter revelado essas informações é Diego e ele, talvez, jamais possa revelar mais nada a alguém. Ele não vai sobreviver! Porém o estrago já foi feito. Ele deve ter falado mais do que devia e não vou correr riscos. Dois dias! É o que vou esperar, Afonso. Avise seus amigos que posso ser compassiva, mas também o pior dos seus pesadelos. — E desligou sem esperar resposta.

O jovem ficou reflexivo, analisando o conteúdo da conversa. Ela não estava brincando e quando recebesse a intimação para fornecer as explicações, as consequências seriam drásticas para todos certamente.

Laurita apenas o observava e um sorriso se delineou em seu rosto.

— Avaliando cada palavra que ela pronunciou, estou certa?

— Ela é perigosa e, agora, ainda mais. Pensamos que isso seria uma distração para ela, porém ficou extremamente furiosa e capaz de cometer mais atrocidades. Temos que pará-la de uma vez por todas. Isso já está indo longe demais. — Seu olhar estava firme.

— Só tem um meio de fazê-la interromper essa onda de maldades. Ela quer você, Afonso. Sempre o desejou mais que tudo. Talvez se estivesse ao lado dela, poderia neutralizá-la. Seria um preço elevado, mas conseguiria estabelecer elos de confiança com ela.

— Não acho que seria capaz disso, Laurita. Sabe que esse representa o maior dos sacrifícios e não sei se conseguirei. O que me garante que ela se dobrará? Acho muito arriscado e os resultados podem não ser os esperados.

— Prometa pensar, é o que lhe peço. Esperamos tanto tempo para estarmos juntos, talvez ainda não seja o momento. — As palavras saíam permeadas de emoção. Desta vez, foi ele que a abraçou com toda energia.

— Não quero e não vou te perder novamente, ouviu bem? Tentaremos encontrar uma alternativa. Um passo por vez, minha amiga. Só assim apreciamos a paisagem e podemos aproveitar cada momento. Betina ficará segura aqui conosco. Os demais não correm riscos imediatos.

— E quando ela descobrir que estou aqui? — Havia temor em suas palavras.

— Ainda não é o momento. Ficará no anonimato. Quanto ao livro, espero que esteja seguro. Existe a chance de que ela o descubra?

— Essa hipótese é possível, mas tomei providências antes de viajar. — Ela sorriu. — Onde guardamos aquilo que não queremos que seja descoberto? No lugar mais improvável. Ele está num lugar seguro, confie em mim. Além disso, sei que essa situação será provisória, assim me orientaram. Tudo ficará bem. Apenas Estela será um problema de difícil solução. Pense no que conversamos.

— Não hoje! Vamos jantar? Tenho tantas perguntas. Para todos os efeitos, será apenas uma prima distante que veio visitar a família. Onde estão suas coisas? — Ela mostrou-lhe uma mala.

— Vim direto do aeroporto, não tive tempo de ir para um hotel. — Ele chamou Rosário e pediu que a acomodasse no quarto de hóspedes.

— Quer descansar um pouco ou está pronta para conhecer os demais?

— Estou mais que ansiosa. Esperei por toda minha vida. Vamos?

Quando chegaram ao hospital, Ricardo e Vitória lá se encontravam. A médica olhou a jovem que Afonso trouxera e as lembranças assomaram. Quando ela lhe sorriu, Vitória teve a certeza de que já conhecia a jovem. Foi até ela e abraçou com carinho.

— Você é Vitória? Um prazer te reencontrar. — Disse Laurita, virando-se para Ricardo — Você deve ser o anjo que cuidou de Afonso? Aliás, o médico. — Ela era espirituosa.

— Muito prazer! Sou Ricardo. — Olhou fixamente para ela e algo o perturbou.

— Onde está Betina? — Perguntou.

— Está ao lado de Diego. Parece que seu dia não foi dos melhores. Vamos até lá.

Na UTI, o jovem ainda lutava para se estabilizar e o quadro era de extrema gravidade.

Betina viu pelo vidro Afonso acompanhado de uma jovem. Saiu de lá apressada e correu a abraçá-lo. A emoção predominava:

— Temos que fazer alguma coisa! Talvez unirmos esforços, doando-lhe magnetismo em profusão. Ele se debilita a cada instante e não vejo boas perspectivas. — Quando se soltou do abraço, olhou a jovem ao seu lado que lhe sorria.

— Você é exatamente como eu imaginava! Sou Laurita.

— Você é tão familiar, parece que a conheço. — Falou a jovem com a curiosidade no olhar. — É a jovem do Sul? Seu nome era esse. O que faz aqui?

— Vim ver vocês! Sabia que me procuravam e decidi fazer essa surpresa. — Olhou para Afonso e disse: — Estou com vocês em qualquer situação. – Todos a olhavam sem entender exatamente o que ela pretendia dizer com aquelas palavras.

Afonso interrompeu as apresentações e disse:

– Depois conversaremos com mais calma e tudo será esclarecido. Neste momento, Diego necessita de nós. Será que seu amigo médico permitiria que todos entrássemos?

– Vou procurá-lo. – Vitória entendeu o que ele pretendia. Saiu à procura de Jorge.

Quando o encontrou, teve que se esforçar para convencê-lo da necessidade de todos lá estarem juntos.

– A situação dele é crítica, não permitirei, Vitória. Você sabe as implicações disso. Não posso comprometer mais ainda suas condições. – Expressou ele relutante.

– Se a situação é tão desesperadora assim, deixe-nos tentar algo diferente. Não vou tentar convencê-lo de nada, apenas peço alguns minutos com o rapaz. – Ela insistiu.

– Ele está sedado e necessitando de cuidados intensivos. Como posso simplesmente pedir que todos saiam?

– Eu e Ricardo somos médicos, acredita que faríamos algo que comprometesse a saúde dele? Serão apenas alguns minutos. Por favor!

– Trata-se de algum experimento novo?

– Podemos dizer que seja um experimento, porém é um dos recursos mais antigos que existem. Infelizmente, poucos fazem uso dele. Posso apenas dizer que se trata de uma transfusão, mas de fluidos, não de sangue. Confie em mim! – Ela tentava todos os argumentos possíveis. Ele ficou pensativo por instantes e falou:

– Vou permitir, porém quero estar presente. – Vitória sorriu dizendo:

– Então, vamos!

Após entrarem na sala onde Diego se encontrava, eles se aproximaram e Vitória assumiu o comando, solicitando que dessem as mãos e Betina seria a condutora dos fluidos benéficos e restauradores de que o jovem tanto necessitava. Em seguida, proferiu sentida prece, rogando aos amigos espirituais que pudessem interceder por aquele filho pródigo que estava tentando retornar à casa do Pai. Continuou com sua prece e, em seguida, pediu que Betina posicionasse suas mãos sobre o corpo de Diego. Todos estavam de olhos fechados, concentrados na tarefa que abraçaram e não conseguiram observar a profusão de luzes coloridas que foram derramadas ao enfermo. Isso durou apenas alguns instantes, mas foi suficiente para que a emoção lá prevalecesse.

Quando abriram os olhos, todos se entreolharam. Afonso ainda pôde detectar a presença de Leonora e Julian que lhe sorriram e transmitiram, via telepática, a mensagem:

— *Diego terá um longo caminho a percorrer para redimir-se perante todos os débitos. No entanto seu ato abnegado, colocando sua vida em risco para salvar Betina, conferiu-lhe créditos que, agora, são determinantes na sua recuperação. Edan ainda tentará uma represália, porém, com Diego fortalecido, as possibilidades de ele manter seu assédio serão menores. Cuidem-se, queridos! Estamos com vocês! Que Deus os abençoe em seus propósitos.* — Com um sorriso, ambos se despediram, deixando o grupo ainda em respeitoso silêncio.

Jorge sentiu seu corpo estremecer, enquanto a doação fluídica ocorria. Sentiu, igualmente, a emoção predominar, como se algo lá tivesse ocorrido, que seus olhos não puderam visualizar. Foi tudo muito intenso, tinha que admitir.

Vitória se aproximou dele e perguntou:

— Está tudo bem? — Ela percebeu que ele estava incomodado.

— Tudo. — E começou a avaliar os sinais vitais do paciente. Neste momento, Diego abriu os olhos e tentou falar. — Acalme-se, não faça esforços desnecessários. — Era nítida a surpresa do médico. Até momentos antes, aquele jovem estava em situação crítica e, agora, desejava se comunicar. Diego procurou olhar Betina e, quando a viu, sentiu-se confortado. Fechou os olhos e adormeceu novamente. – Vou pedir que todos deixem o quarto. Vitória, depois gostaria que me esclarecesse sobre algumas dúvidas. Betina, fique apenas você. – A jovem estava com os olhos marejados e assentiu.

Jorge chamou outro médico e juntos reavaliaram o caso de Diego. Enquanto isso, Betina segurava a mão do jovem e, mentalmente, agradecia o amparo das equipes superiores. Ela sentira a presença amorosa desses irmãos generosos que tanto auxiliara o jovem.

Os médicos conversaram por alguns minutos, fizeram os exames necessários e, ao término, Jorge disse:

– Esse rapaz tem muita fibra e creio que o nome disso seja Betina.

– Ele precisa viver, doutor. Há muito a ser feito e depende apenas dele.

– Você o ama muito, não? – Jorge perguntou.

– Sim. Tentei evitar, mas quem consegue impedir que uma luz brilhe? – E beijou o rosto de Diego com carinho. – Ele ficará bem?

– Se conseguir manter-se estável pelas próximas horas, creio que posso dizer que a resposta seja afirmativa. Ainda não entendi muito bem o que aconteceu aqui momentos antes, mas tenho a convicção de que algo ocorreu. E foi determinante! – Olhou fixamente para a jovem e perguntou: – O que vocês efetivamente realizaram?

– Doamos nosso amor, apenas isso. Era do que mais necessitava para sair do mundo sombrio em que ele se colocou. Irradiamos nosso amor. Vitória poderá lhe explicar melhor.

– Vou questioná-la, certamente. Pedi que ficasse aqui, pois sua presença o deixa mais tranquilo. Daremos um sedativo bem potente, então vou pedir-lhe que vá descansar um pouco. Amanhã teremos melhores notícias, confie em mim. Ele agora irá dormir um sono profundo e reconfortante. Seus sinais se alteraram de forma surpreendente, o que é bem alentador. Vou pedir que informem a irmã sobre a atual condição dele.

— Não faça isso, eu lhe peço. Ela não se preocupa com ele, caso contrário estaria aqui todos estes dias. É uma longa história, posso apenas dizer que eles romperam seriamente. Ele não mora mais com ela, nem tampouco trabalha mais nas empresas que a ele também pertencem. O momento é tenso e Diego não gostaria de vê-la por aqui. Espere ele acordar e dizer tudo isso pessoalmente. Até lá, eu lhe peço que mantenha o silêncio. Se ela o ama realmente, virá procurar saber notícias dele. Faça isso como um favor a mim.

— Seu pai sabe que está aqui? — Perguntou ele.

— Conhece o meu pai? — Betina estava curiosa.

— Vitória me contou sobre você. Me perdoe a indiscrição, mas acompanhei seu caso quando aqui foi trazida. Seu pai pediu sigilo absoluto e jamais iria trair a confiança em mim depositada. Reconheci você assim que a vi, mas preferi manter meu silêncio. Percebo seus sentimentos por esse rapaz, apenas não sei se seu pai aprovaria tudo o que está acontecendo. Ele me confidenciou sobre os motivos prováveis de sua atitude e acreditava ser em função de um relacionamento encerrado. Presumo que Diego seja o motivo. E, mesmo assim, aqui está doando todo seu amor a ele! O que acontecerá quando ele despertar? — Falava com cuidado sobre um assunto delicado.

— Ainda não sei! Porém ele mostrou-se merecedor de toda minha dedicação. Como eu lhe falei, é uma longa história e, talvez, um dia eu lhe conte. Por hora, quero agradecer tudo o que está fazendo por ele. — Betina o abraçou com carinho, deixando o médico sensibilizado. Aquela jovem era realmente especial!

— Não vou contatar a irmã se me prometer que vai descansar um pouco. — Disse sorrindo. — Como falei, creio que ele tenha superado as dificuldades iniciais de sua recuperação. Será um processo longo e doloroso. Ele teve, além dos ferimentos internos, os mais graves, muitas fraturas, cuja convalescença será bastante penosa. Bem, neste momento, queremos apenas que ele se estabilize, e isso está ocorrendo. Não acredito em milagres, mas hoje algo aqui aconteceu. – Havia um brilho diferente em seu olhar.

– Não acredita no milagre do amor? – Betina ostentava uma luz intensa que pareceu envolvê-lo, proporcionando-lhe profundo bem-estar. – Se assim for, vou para casa descansar. Quanto a meu pai, será um outro momento difícil a enfrentar. Ele está viajando e terei que lhe revelar tudo o que está acontecendo. Chegará no meio da semana, terei tempo para refletir nas palavras certas. De qualquer forma, agradeço sua interferência permitindo visitá-lo tantas vezes. Sei que não é a postura habitual e lhe sou grata pelo auxílio. E pela discrição! Boa noite! – Foi até Diego e beijou seus lábios ressequidos. Viu que duas lágrimas escorreram por seu rosto, o que a fez sorrir. – Durma bem, querido! Voltarei amanhã! – E saiu.

Jorge permaneceu ainda mais alguns instantes, chamou uma enfermeira, deu algumas instruções, pediu novos exames, examinou novamente Diego. Só depois decidiu ir embora. Porém a dúvida o acompanhou. O que realmente teria acontecido lá?

Betina encontrou-os aguardando do lado de fora do quarto. Suas feições estavam mais serenas e a confiança parecia ter-se instalado de forma definitiva.

– Vamos todos jantar? Assim conhecemos melhor nossa nova amiga. Agradeço a todos vocês o que fizeram naquele quarto por Diego. Ele necessitava de nosso amor. – E dirigindo-se à Vitória, disse: – Terá muito o que explicar a seu amigo Jorge sobre o que ocorreu naquela sala. O importante é que conseguimos o que pretendíamos e as energias renovadoras chegaram até ele, sem bloqueio algum. Aquele ser deve ter sido afastado provisoriamente.

— Exatamente. Porém não sabemos até quando. Enquanto isso, temos muito a conversar sobre Estela. — Disse Afonso com o semblante tenso. — Ela quer as informações que Diego nos entregou. Me fez ameaças graves e precisamos discutir nossas ações.

Ricardo já antecipara isso e, novamente, sentiu-se vulnerável. A simples menção de Estela já lhe causava calafrios e Vitória percebeu seu desconforto, apertando fortemente sua mão. Laurita observava cada um com a máxima atenção, sem nada dizer.

Já no restaurante, ela confidenciou a todos:

— Parece que já vivi todas essas cenas. Vocês são exatamente como eu esperava. Vejo-os em meus sonhos desde criança, como se tivesse sido preparada desde essa época para reencontrá-los. Não calculam o quanto esperei este momento. Betina, Vitória, as irmãs que a vida me deu no passado e que, hoje, continuarão a fazer parte da minha história. Estou muito feliz por estar aqui ao lado de vocês! — Expressou com emoção.

— Laurita contou-me toda sua vida e como o livro chegou até ela. Aquilo que supomos realmente aconteceu. Os guardiões do livro o têm mantido, desde seu início, em total proteção. Assim tem sido e continuará sendo. Hoje, ele está com Laurita, que já sabia desde sua adolescência que amigos a auxiliariam a mantê-lo em segredo, distante daqueles que poderiam utilizá-lo com objetivos menos dignos, satisfazendo apenas seu orgulho e egoísmo. — Disse Afonso.

— Onde o livro se encontra? — Perguntou Vitória.

— Em local protegido que irei revelar hoje. — E contou, num breve relato, sobre o seu paradeiro. — Não sabemos o que nos aguarda no próximo minuto de existência, então caberá a qualquer um de vocês seguir cuidando para que ele jamais seja entregue em mãos erradas. Quando tudo se acalmar, eu mesma o trarei para vocês.

— Acredita que isso irá acontecer? Não creio que Estela desistirá facilmente de seus planos maquiavélicos. — Disse Ricardo com a tensão no olhar.

— Ricardo, não seja pessimista. Ela não conseguirá nos vencer, desta vez. Desde aquela ocasião, entre idas e vindas, temos vivenciado preciosas lições e o aprendizado tem ocorrido gradativamente. Não somos os mesmos de outrora, não cometeremos os mesmos deslizes novamente. — Laurita fixou seu olhar em Ricardo. — Não a tema, meu amigo. Ela teve as mesmas chances que nós de aprender as lições necessárias. Você não é mais o mesmo, acredite. Aquela sua fragilidade deveria já ter se constituído em sua força, capaz de não mais se vergar a ela. Você viveu outras experiências materiais em que teve que se deparar com situações mais aflitivas que aquela e conseguiu superar cada entrave do caminho. Todos confiam em seu potencial, apenas você ainda duvida de sua capacidade de gerenciar sua existência. — Ela fechou os olhos como se recordasse de algo. Estendeu sua mão até tocar a dele, segurando-a fortemente. — Não despreze o que já aprendeu, meu querido. Não se detenha em lamentações improdutivas, quando já superou tantos obstáculos! Venceu muitas deficiências e, hoje, aqui se encontra para provar a si mesmo que é vitorioso! — As lágrimas assomaram e Ricardo baixou a cabeça. — Não faça isso consigo! Levante seu olhar e confie que pode transformar todas as situações que julga intransponíveis. O Pai confia em você! Confia também! — Ao lado dela, entidades luminosas a envolviam em toda luz.

Capítulo 33

NOVA OFENSIVA

Ainda segurando a mão de Laurita, Ricardo pôde ver em sua tela mental Leonora e Julian, personagens constantes em seus sonhos, dizendo as mesmas palavras que ela agora proferia. Sentiu uma força poderosa envolvendo-o, como se algo brotasse em seu íntimo, incentivando-o a crer na declaração daquela jovem, que parecia conhecê-lo com profundidade. Algumas cenas surgiram em sua mente, mostrando que ela já o acompanhara em alguma de suas existências passadas. A emoção já era impossível de conter e aquele pranto pareceu tão renovador, que ele permitiu que se expandisse.

– Ricardo, quando aqui renascemos, o véu do esquecimento nos acompanha exatamente pelos motivos que você tem vivenciado. Para que a culpa, o remorso, a dúvida não assomem, nos impedindo de realizar as tarefas que programamos. Tudo o que lhe aconteceu, desde o primeiro contato com Afonso, teve importância significativa no rumo de sua existência. Como profundo conhecedor da mente humana, apenas lhe faltava entender como ela funcionava. As lembranças dolorosas acessadas tiveram por intuito mostrar-lhe que o passado já havia sido revisto. No entanto, você permitiu que a dúvida acompanhasse, tornando-o vulnerável aos estímulos que Estela lhe enviou, com o fim de neutralizá-lo, já sabendo do aprendizado que você realizou. Ela lhe propôs uma armadilha e você, dominado pela emoção em desalinho, nela se deixou envolver. Afonso já o orientou sobre isso, porém parece que você ainda carrega a culpa por uma ação efetivada quando ainda desconhecia muitas das leis que nos regem. Aceite sua transformação, meu amigo, caso contrário, não assumirá definitivamente o controle de sua existência. Precisamos de sua força, mas, primeiramente, deve crer que ela o acompanha. Unidos seremos fortes e, como um elo essencial, é fundamental que você aceite que aqui se encontra para colaborar na obra da continuidade do bem, da paz e do amor. Estela é merecedora de nossa compaixão, não compete a nós julgá-la, nem tampouco temê-la, valorizando seu pretenso poder. Você simboliza, nesta existência, a razão que deve nos acompanhar. Cabe a você, caso ainda não tenha percebido, ser o centralizador de todas as ações que iremos empreender. É hora de valorizar-se, meu amigo, pois só assim nossa tarefa será executada de forma plena. – As palavras de Laurita surtiram o efeito desejado e Ricardo sentiu-se detentor de uma força que jamais supôs possuir. Os demais apenas observavam atentamente o desenrolar da conversa, vibrando intensamente para que ele despertasse, de forma definitiva, para a tarefa a ele destinada. Laurita era uma jovem dotada de um magnetismo que a todos surpreendeu.

– Você fala com tal propriedade, que é quase impossível não crer em seu discurso. Só agora compreendi meu papel junto a vocês, criaturas tão nobres, as quais não me julgava merecedor

de acompanhá-las tão de perto. Você abriu meus olhos e sou-
-lhe grato por isso. Sei que já me auxiliou quando assim se fez
necessário e ainda mantém sua generosidade, que talvez não
mereça, mas que agradeço mais que tudo nesta vida. – Ele
beijou delicadamente a mão de Laurita, com todos em profunda
emoção.

– Bem, creio que agora possamos conversar acerca da ameaça
de Estela. – Afonso contou sobre o telefonema, sem ocultar as
intenções dela acerca de Betina.

– Ela ainda insiste em me ferir. O que significa tudo isso? Por
que sua fúria está sempre a mim destinada? – Havia certa tensão
em suas palavras.

– Um dia entenderemos, Betina. Cabe, neste momento, to-
marmos as devidas decisões. Ela sequer suspeita da presença
de Laurita, porém isso será conhecido nos próximos dias. Tempo
esse que talvez não tenhamos a nosso favor. O que faremos?

Todos ficaram calados, refletindo acerca do grave problema.
Ricardo, já sereno e na posse de seu equilíbrio, disse de forma
enfática:

– Não podemos ceder aos seus caprichos. Cuidemos da proteção de Betina e continuemos com nosso plano original, que é
denunciar as suas ações ilícitas. Estela não pode nos manipular
como pretende. Sabemos que ela é assessorada por forças das
trevas, um ser conhecido de todos nós, que ainda insiste em
obter o poder que acredita possuir. – Fechou seus olhos por
um momento e viu a imagem maléfica em sua tela mental a lhe
dizer: *"Em breve, todos vocês estarão no lugar de onde jamais
deveriam sair. Serão meus prisioneiros e nem você, nem ninguém os conseguirão salvar"*. Ele ouviu uma gargalhada satânica,
mas, desta vez, não se atemorizou. Respirou fundo e abriu os
olhos dizendo: – Ele já sabe sobre nosso trunfo: o livro. Em breve,
Estela também saberá e não podemos antever qual será seu
próximo passo. – Falou Ricardo com firmeza.

— Sabemos que o livro é mais importante que tudo para Estela. Quando ela vier ao nosso encontro, é ele que deve ser preservado mais que tudo. Sabíamos que esse confronto iria ocorrer em algum momento e estamos, hoje, preparados para o embate. Pedirei que me enviem imediatamente. — Laurita pegou seu telefone e fez a ligação. Conversou por breves minutos, dando as orientações necessárias. — Amanhã, ele estará aqui em nossas mãos e tudo faremos para preservá-lo distante de Estela. Até quando for possível.

— Bem, agora creio que possamos jantar e brindar a este reencontro. — Afonso sorria de forma enigmática. Algo lhe havia sido mostrado, o que reafirmou sua confiança.

O jantar transcorreu de forma agradável, como se fosse um reencontro de amigos que há muito não se viam. Foram momentos de paz, pelos quais eles tanto ansiavam. Ao término, Afonso sugeriu que ficassem todos em sua casa, mantendo o grupo unido e coeso. Ricardo, no entanto, decidiu que voltaria para sua casa com Vitória. Suas vidas precisavam seguir seu rumo, independentemente das tarefas a ele designadas. Havia um trabalho a realizar, assim ele planejara. Apenas ficariam mais vigilantes quanto às investidas de Estela. Sabia, no entanto, que eles não eram o alvo prioritário dela. Aliás, ela sequer poderia imaginar que ele não estaria mais receptivo ao seu assédio.

— Depois desta noite, Estela não conseguirá mais me manipular. Ela, porém, ainda não se deu conta, o que para nós é algo favorável. Ficamos, no entanto, prontos para qualquer necessidade de vocês. Sabem onde nos encontrar. — Virou-se para Laurita e disse com a emoção permeando suas palavras. — Agradeço tudo o que fez hoje por mim. — Foi até ela e a abraçou com carinho.

— Era esse o Ricardo que esperava reencontrar. Fico feliz por você, meu amigo.

Vitória também a abraçou dizendo ao seu ouvido:

— Obrigada, minha amiga. Esperava que este dia chegasse!

Os dois médicos saíram do restaurante, deixando os três a conversar:

— Creio que, desta vez, ele assumiu suas tarefas. — Falou Afonso com um sorriso. — Era o que faltava acontecer. Sinto que as coisas irão fluir daqui para frente. Vamos, meninas, para nossa fortaleza segura? — Brincou ele.

As duas sorriram e assentiram. A noite foi longa para Afonso e Laurita que ficaram quase todo o tempo acordados, conversando sobre suas vidas. Betina estava exaurida e deitou-se assim que chegaram. Já estava quase amanhecendo quando ele disse:

— Teremos que estar atentos aos passos de Estela. — Pressentia que ela já sabia da presença de Laurita.

— Ela já tem conhecimento de que estou aqui e que, desta vez, ficaremos juntos. Não conseguirá mais nos separar. Como é possível eu sentir tanto amor vendo-o apenas há tão pouco tempo?

— Os verdadeiros afetos são eternos e ultrapassam as barreiras do tempo e do espaço. Hoje, tenho plena convicção de que tudo caminha sob a determinação do Pai Maior. Cada coisa ocorre no seu tempo. Se fosse há um mês, não acreditaria que isso pudesse ser possível. Amei muito Olívia, uma grande companheira e amiga, sei que ela está bem onde estiver. Foi muito difícil compreender tudo o que aconteceu após sua partida para a pátria espiritual. Todas aquelas visões apavorantes quase me enlouqueceram, pensei em desistir tantas vezes! — Seus olhos ficaram marejados. — Poderia ter colocado tudo a perder se não fosse Ricardo aparecer em minha vida. Tudo fez parte de um complexo plano divino, em que cada qual teria um papel a desempenhar. Em tão pouco tempo, minha vida deu uma guinada, fazendo-me compreender minha parcela de responsabilidade neste contexto. Entendi tanta coisa neste meio tempo, conheci potencialidades que sequer imaginava possuir. Enfim, sou hoje um novo homem, sei que tenho tarefas a desempenhar e não fugirei a nenhuma delas. Ver você reacendeu minha vontade de viver e lutar pela minha sobrevivência. Será uma batalha acirrada e percebo que tudo pode acontecer. Mas sinto-me fortalecido, isso é essencial para o sucesso de nossa empreitada. As potencialidades que detemos não podem ficar imersas em nosso comodismo. O livro foi responsável apenas por nos unir. Cada um de nós tem tarefas próprias que devem ser realizadas nesta existência. Sabemos o que buscamos e isso já é determinante para prosseguirmos. Você ficará aqui comigo? – A pergunta esteve em seus pensamentos desde que a encontrara. Laurita fixou seus olhos no dele e com um sorriso radiante respondeu:

– Ninguém mais irá nos separar. Não desta vez! – Ela se aconchegou em seus braços e ambos adormeceram exaustos.

Betina acordou e os encontrou assim enlaçados. Afonso era uma criatura especial e merecia ser feliz. Que assim fosse! Tomou seu café e decidiu visitar Diego, pois pressentia alguma investida maléfica a rondá-lo. Sua intuição lhe dizia que deveria estar atenta aos próximos passos e estava para despertar Afonso, quando recebeu um telefonema do hospital, pedindo que fosse até lá com a máxima urgência. Seu coração ficou em total descompasso e não pensou em mais nada. Esse foi seu único erro. Pegou sua bolsa e chamou um táxi. Tudo isso aconteceu sem que Afonso ou Laurita despertassem. Avisou apenas Rosário, pedindo que contasse a Afonso sobre o ocorrido.

Ainda era muito cedo e a rua estava deserta. Os fatos seguintes ocorreram de forma rápida, sem que ela pudesse perceber o que estava acontecendo. Um carro parou ao seu lado e um homem saiu dizendo:

– Por favor, entre e não faça nenhum movimento. – Ela estava atônita e parou, sem saber o que fazer. O homem insistiu:
– Vamos, entre. Uma pessoa deseja vê-la. – E a empurrou para dentro, sem que ela pudesse efetuar gesto algum. O carro saiu em disparada.

No exato instante, Afonso despertou e foi até seu quarto, onde Betina dormira. A cama estava vazia. Neste ínterim, Laurita também acordara e passou a seguir o jovem pela casa. Encontrou Rosário que lhe informou sobre a jovem. Tentou ligar para seu telefone, mas apenas dava caixa postal, ele havia sido desligado. As feições de Afonso ficaram tensas e ele sentiu que Estela se antecipara. Como confiou nela? Fechou os punhos com raiva e disse:

— Mais uma armação de Estela! Como pude acreditar nela? — Seu olhar se fechou e a primeira coisa que pensou em fazer foi ligar para ela. Porém Laurita o conteve.

— Não faça nada ainda. Deixe que ela nos procure. Betina pode ter ido até o hospital e você está se antecipando inutilmente. Acalme-se! — E o abraçou com carinho.

— Eu pressinto ser obra de Estela. Nada me ocorre diferente dessa ideia. Eu a conheço profundamente e sei que ela está enfurecida com tudo o que está acontecendo. Sua ira precisa ser expandida e Betina é sempre sua vítima preferida.

— E você sabe as razões. — No mesmo instante, calou-se. Não era momento de relembrar fatos do passado. — Betina jamais confiou nela, apesar de todos vocês acreditarem. Bem, mas não vem ao caso. Isso já deveria ter se alterado, mas Estela ainda se mantém refratária aos ensinamentos. O que pretende fazer?

— Esperar! Imagino o que ela deseja com isso, mas aguardemos.

— Vai ligar para Ricardo?

— Esperarei ela me contatar. — Ligou para seu trabalho dizendo que teve um contratempo e não iria.

Passava das dez horas da manhã, quando seu telefone tocou:

— Bom dia, Afonso. Como você está? — Perguntou Estela de forma maliciosa.

— Não como eu gostaria. Posso falar com Betina? — A pergunta foi direta.

— Não ainda, meu querido. Posso dizer que ela está bem.

— Você me deu dois dias. Por que não consegue ser uma pessoa de palavra? — O silêncio imperou por instantes.

— Porque vocês não merecem minha complacência! Não são confiáveis e, por isso, decidi me antecipar. — Sua voz parecia controlada ao extremo, sinal de que ela estava segura quanto às suas ações.

— Quero falar com Betina agora ou, então, desligarei o telefone. — Sua voz se manteve firme.

— Não creio que fará isso comigo nem com ela. Você a preza demais, sei disso. Vou propor um trato. Você tem algo que me pertence, e eu tenho Betina. Naturalmente, será uma troca em que você sairá perdendo, porém é o risco do negócio.

— Seu patrimônio está correndo riscos? Naturalmente, terá muito a explicar, Estela. Porém isso já está feito e não posso voltar atrás. Sinto muito. Consigo, entretanto, devolver o pendrive que poderia incriminá-la em outros atos ilícitos.

— Não o quero mais! Fique com ele. Duvido que ouse me enfrentar após estar de posse do que realmente desejo. Veremos quem é o mais forte! Quero o livro!

Afonso permaneceu calado, tentando manter o controle da situação.

— Não o tenho. Como lhe dar algo que não possuo? — Disse ele de forma lacônica.

— Pensei que amasse Betina mais do que tudo. Até me ameaçou caso fizesse algo contra ela. Vai deixá-la sofrer as consequências de sua fraqueza? — Deu uma gargalhada. — Quero o livro em minhas mãos, até amanhã à noite. Não tente me afrontar, Afonso, pois conheço todos os seus truques. Tenho conhecimento de que esse livro estará em suas mãos muito em breve. Esperarei você me contatar. Pense bem em tudo o que acabamos de conversar. Se ela é tão importante para você, decida por não me causar mais transtorno algum. — E desligou.

Afonso avaliava seus próximos atos de forma cuidadosa. Primeiro, falaria com Ricardo e Vitória. Eles precisavam saber o que estava acontecendo. E assim fez. Uma hora depois, os dois médicos lá se encontravam.

– Conte-nos tudo o que aconteceu. – Pediu Ricardo. Ao término, uma ruga de preocupação se instalara em seu semblante. – O que quer que façamos?

– Vitória, vá até o hospital e saiba notícias de Diego. Não podemos nos descuidar dele. Quanto a Betina, foi um ato impulsivo. Ela sabia que corria perigo, mas recebeu um telefonema, supostamente do hospital, pois, agora, tenho minhas dúvidas sobre isso. Deve ter sido surpreendida quando daqui saiu. Ela está bem, mas ainda não sei onde está escondida. Estela não a levaria para sua casa, especialmente agora após toda a propaganda sobre suas falcatruas. Os jornalistas devem estar lá feitos abutres. E nem assim ela parecia incomodada! Só se importa com o livro.

– E iremos entregá-lo a ela após todos os esforços em mantê-lo oculto? – Ricardo perguntou. – Não existe uma alternativa?

– Talvez, mas a vida de Betina é mais importante que tudo. Deve haver um meio de resolvermos essa questão.

– Sim, descobrir onde Betina se encontra e regatá-la. – Disse Ricardo simplesmente sem se abalar. – Ela é esperta e tudo fará para nos indicar seu paradeiro.

– Gostaria de assim acreditar.

– Mantenha-se no controle de suas emoções. – Parecia o médico assumindo seu papel.

– Trata-se de Betina. Pensei que poderia protegê-la, mas não pude.

– Não temos o comando de tudo, Afonso. Mas podemos controlar nossas emoções desgovernadas, pois elas impedem que o fluxo de nossos pensamentos flua de forma clara e objetiva. Conheço a conexão existente entre vocês dois e isso é algo que pode ser fator favorável. Mas nesse estado emocional aflitivo, não poderá administrar suas potencialidades de forma plena.

Lições que aprendi há bem pouco tempo. – Disse Ricardo oferecendo um sorriso jovial. – Você pode receber as informações que ela deseja transmitir se estiver receptivo, não nessas condições.

– Ricardo tem razão, Afonso. Acalme-se primeiramente. O livro ainda não está em nossas mãos e, quando estiver, deveremos ter muita cautela com ele. Somos seus guardiões e não podemos permitir que ele caia nas mãos de Estela. Um passo por vez, querido. Acate a orientação de Ricardo e mantenha o controle de suas emoções. Isso será determinante para encontrarmos as alternativas possíveis. Por ora, nada farão contra ela. Betina é a mercadoria de barganha, não lhe farão mal algum. – Laurita segurou a mão dele e proferiu com serenidade: – Betina lhe mandará uma mensagem, esteja receptivo a ela. Para isso, já sabe o que tem de fazer.

– Bem, irei até o hospital. Ricardo, vem comigo? – Era Vitória a falar. Ele assentiu e os dois saíram.

Afonso sentou-se com as mãos na cabeça e Laurita percebeu a preocupação que o acometera. Ele sabia o que Estela era capaz de fazer. No passado, desconsiderou até o amor que ela nutria por ele, entregando-o aos seus algozes. Decretou a morte do próprio irmão, quando ele não era mais importante aos seus propósitos. O que não faria a Betina por puro prazer de fazê-la sofrer? As lágrimas assomaram.

– Disse a ela que ninguém mais lhe faria mal algum. E, agora, sinto-me impotente para cumprir minha promessa. Onde ela estará?

– Em algum lugar distante de seus pensamentos. Pelo menos, no momento. Não deve estar em local conhecido, pois seria fácil descobrir seu paradeiro. Sinto que ela está bem e, enquanto ela estiver com seus pensamentos em desalinho, não conseguirá acessar sua mente, meu querido. Então cabe a você tranquilizá-la, enviando suas melhores vibrações, que ela acatará e se acalmará. Simples assim! – Disse ela sorrindo.

— Faz parecer tudo tão fácil. Tem razão em tudo! E assim vou agir.

Distante de lá, Betina foi levada a um local que já conhecia, distante da cidade. Era onde as festas excêntricas ocorriam. Porém o público participante era apenas os convidados especiais de Estela. Poucos conheciam o local. Nem ela sabia como chegar lá. Tratava-se de um caminho tortuoso e de difícil acesso. Ninguém descobriria seu paradeiro. Aqueles homens desconhecidos a trataram com respeito. Bem, pelo menos até aquele momento. O que Estela pretendia com aquele gesto impulsivo? Ela a sequestrara em pleno dia! Sentiu seu corpo estremecer só de imaginar o que poderia lhe acontecer! Como informar telepaticamente a Afonso seu paradeiro, se ela sequer sabia onde ficava aquele local? O pânico tentava se instalar e Betina lutava bravamente para impedir que isso acontecesse, pois sabia que se distanciaria cada vez mais da liberdade. Chegaram à construção imponente e a conduziram a um dos quartos.

— O que pretendem fazer comigo? — Perguntou ela. Eles pediram que ela entrasse e ficasse quieta. Ouviu quando a porta foi trancada. Era, efetivamente, uma prisioneira.

Analisou o local com calma e sentiu um calafrio percorrer seu corpo. Lembrava-se daquele quarto. Foi onde tudo aconteceu! Recordou-se de quando despertou e ouviu as coisas mais absurdas e tenebrosas. Lembrou-se, em seguida, de Diego e sua confirmação de que nada daquilo que ele dissera havia acontecido. Pensou nele! Como estaria? Sentiu as lágrimas brotarem em seus olhos e pensou o quanto havia sido tola e invigilante.

Capítulo 34

ENCONTRO NAS TREVAS

Perdida em suas divagações, ouviu a porta sendo destrancada. E a figura imponente de Estela adentrou o quarto.

— Espero que as acomodações estejam a contento. — Expressou com cinismo. Betina não se intimidou e foi ao seu encontro.

— O que pretende fazer comigo? Por que age de forma tão traiçoeira, Estela, quando todos a tratam com consideração?

— Como ousa dizer isso? Consideração? Vocês são tão pérfidos quanto eu! Agiram pelas minhas costas com o intuito de me destruir! Sei que tiveram ajuda providencial, porém poderiam ter evitado. Mas preferiram dar continuidade, acreditando que iriam me conter. — Ela deu uma gargalhada histérica. — Vocês são tolos pensando que eu iria me deter. Diego assinou sua sentença definitiva, tratarei dele depois. — Viu as feições da jovem se contraírem e se sentiu ainda mais extasiada, causando sofrimento a ela. — Que pena, minha querida! Não terão tempo para viver o grande amor! Fico penalizada por vocês! – E nova gargalhada foi ouvida.

– Você é doente, Estela. Não creio que nesta existência consiga aprender alguma lição acerca do amor. Você é cruel, insensível, vingativa, e outros predicados que não perderei meu tempo em pronunciar. E tudo porque foi rejeitada por Afonso todas as vezes que se cruzaram. Ele jamais será seu! – Neste momento, Estela se aproximou de Betina e a esbofeteou com toda sua fúria.

– Cale-se! Ele se renderá a mim! Irá me procurar, eu sei! Você não será mais um empecilho. Jamais o verá novamente! – Antes de sair, ainda pronunciou: – Por tudo o que fez, seu destino já está traçado e ninguém poderá salvá-la. – E saiu a passos firmes.

Betina respirou fundo e sentiu que sua vida corria sérios riscos. Ela não pretendia trocá-la por nada. Mais uma vez, Estela agiria conforme seus instintos malignos, desprezando as leis do amor que regem a todos, até aqueles que ainda a desconhecem. A situação era complexa e precisaria de todo equilíbrio para sair de lá. Começou a respirar pausadamente, procurando a paz interior. Tentou não pensar na sua condição deveras desesperadora, e passou a irradiar suas vibrações até que Afonso pudesse detectar seus pensamentos. No entanto, detectou uma barreira magnética que a impedia de assim proceder. Mentalizando o local, teve a nítida percepção que forças inferiores estavam a envolver toda a casa. Aquele local era um ambiente hostil e sentiu desde a primeira vez que lá esteve, meses atrás. Porém a presença de Diego a confortava. Até naquela noite! Sentiu calafrios pelo corpo e sua mente parecia ter sido bloqueada. Por mais que tentasse enviar suas ondas mentais para Afonso, elas eram interrompidas por uma barreira potente. Sabia o nome disso: Estela e seus amigos.

Sentou-se na cama e procurou relaxar física e mentalmente. Poderia furar esse bloqueio, mas necessitaria de uma ajuda extra.

Pediu o auxílio dos companheiros espirituais que a tudo observavam, mesmo que não pudessem interferir.

Leonora tentava adentrar o local, porém Edan colocara fortes barreiras magnéticas, impedindo a aproximação dos irmãos da luz. Julian, então, disse:

– *Sabe a quem devemos procurar. Vamos! Ela ficará bem!*

Nas regiões espirituais, os dois espíritos se dirigiram a um local trevoso, de energias deletérias e densas. Parecia um castelo de formas semelhantes ao que naquela existência na Espanha a família viveu. Quando se aproximaram, vários guardas, ou assim se designavam, bloquearam a passagem. Julian deu um passo à frente e falou:

– *Queremos ver Edan.* – As palavras eram permeadas de luz.

– *Ele nos avisou que viriam e que nos preparássemos para o embate.* – Pronunciou a entidade de expressão endurecida.

– *Não viemos para confrontá-lo. Queremos apenas conversar com ele. Peço que o avisem que aqui estamos.* – Ele continuava sereno e no controle.

– *Desistam! Ele não quer vê-los! Vão embora, antes...* – E não terminou a frase.

– *Antes de que, meu irmão?* – A pergunta o surpreendeu.

– *Estão em número reduzido, sabem que os venceremos!* – Disse em tom firme.

– *Aqui estamos pela paz e jamais iríamos provocar uma guerra. Vocês são em maior número, já percebemos. Somos apenas dois.* – Lorena também se aproximou e seu olhar profundo o envolveu plenamente, deixando-o incomodado.

– *Ele disse que usariam da magia para nos atingir, no entanto estamos preparados.* – Ele tentava se desvencilhar do olhar magnético de Leonora, porém não conseguiu.

– *Não queremos usar desses artifícios com vocês, apesar de determos conhecimento sobre o assunto. Queremos apenas falar com Edan e o faremos, meu amigo. E será agora!* – No mesmo instante, todos os soldados soltaram suas armas e permaneceram como que hipnotizados por ela. Leonora aproximou-se do que lhe falava e disse mansamente: – *Agora, leve-nos até ele, meu bom amigo.*

Os três adentraram o castelo tenebroso e de aspecto sombrio. O guarda os conduziu pelos corredores escuros do local, como se sua vontade não predominasse. Abriu uma porta e disse aos dois:

– *Ele irá me castigar por isso!* – Havia temor em suas palavras.

– *Edan não lhe fará nada, eu prometo.* – Ela colocou a mão gentilmente sobre a dele que, naquele momento, experimentou uma emoção que há muito tempo não vivia. Ficou estático, enquanto os dois seres da luz adentravam o salão.

Quando percebeu a presença deles, o ser que lá se encontrava disse aos brados:

– *Saiam daqui! Não os convidei e não pretendo falar com vocês!* – Seus olhos mostravam toda a fúria lá contida. – *Esse é meu domínio! Nada podem fazer contra mim!*

– *Não pretendemos lhe fazer mal algum, Edan. Queremos apenas conversar com você.*

– *Nada tenho a lhes falar. E, pelo que saiba, não temos nenhum assunto comum.* – Expressou ele friamente.

– *Sabe que não é verdade. Tem um propósito e não iremos discutir se ele é viável ou não, pois são suas escolhas, as quais não podemos interferir.* – Disse Julian pausadamente.

– *Então, nada mais tenho a conversar com vocês. Saiam daqui! Antes que...*

– *Antes que chame seus soldados e nos expulsem daqui. É isso?* – Nova pausa. – *Não temos medo de você, viemos em paz. Sabe que o caminho que está trilhando será sua derrocada final. Não poderemos mais interceder por você.* – Havia compaixão em suas palavras. – *Não pode agir esperando que as consequências de seus atos não o atinjam. Não é assim que funciona, Edan!*

Oferecemos uma derradeira trégua. E tudo por ela, sua filha amada! O tempo jamais foi capaz de extinguir esse amor!

Quando Julian falou da filha, um grito dolorido se fez ouvir.

— Não tenho filha alguma! Ela me traiu! Escolheu o lado contrário ao meu, então não a reconheço mais. Não farei nada por ela! Jamais!

— *Laurita espera seu despertar há tanto tempo, meu amigo! Ela fez a escolha de seu coração e você, até hoje, não aceitou esse gesto.*

— Eles jamais serão felizes! Eu assim decidi! — Disse ele em tom cortante.

— *Não tem o direito de decidir por ela, apenas por você. Você interferiu em todas as vidas, desde então, impossibilitando que os dois pudessem ser felizes. E o que ganhou?*

Um silêncio sinistro se instalou. E Julian continuou seu discurso:

— *Afonso permaneceu fiel aos princípios esposados e jamais os trairá. Com ou sem Laurita, viveu suas existências propagando a paz, o bem e o amor. Tudo poderia ter sido facilitado, porém você interferiu de forma indevida, causando-lhe todos os sofrimentos que poderia impingir a um ser. E nem assim ele o despreza, como você o faz.* — Pausou a voz e, em seguida, proferiu: — *Os dois já se encontraram e, quando Estela a reconhecer, não sabemos o que ela será capaz de arquitetar em sua implacável vingança. É isso que deseja realmente, meu amigo? Conseguirá assistir novamente ao sofrimento de sua amada filha, que apenas fez a escolha na qual acreditava?* — Julian calou-se esperando que ele administrasse suas emoções em total desalinho.

— Já disse! Ela fez a escolha dela e eu farei a minha! Quero o livro! Durante esses séculos, eu o procurei com todas as minhas forças! — Sua voz estava sensibilizada.

— *E o que pretende fazer quando o possuir? Acha que ele contém algo que ainda não conheça? Ora, meu amigo, como ainda* acredita no maravilhoso e sobrenatural, quando já aprendeu que as potencialidades apenas são desenvolvidas pelo esforço daquele que as possui em gérmen? Todos os que hoje se encontram encarnados realizaram um extenso aprendizado, em que superaram os mais diversos obstáculos, entre eles, o interesse pessoal, que poderia comprometer a tarefa programada. Eles lá se encontram para disseminar as virtudes tantas vezes praticadas, colocando suas vidas em risco para que o livro fosse mantido em segredo. Quão poucos o merecem, meu amigo! Quão poucos foram capazes de mantê-lo distante das hordas do mal! Quantos deram a sua vida para mantê-lo assegurado? O sacrifício foi a condição a que muitos se renderam para manter sua fé e seus talentos invioláveis. Assim estava escrito! Todos os dons conquistados devem ser utilizados em prol do bem comum. E eles assim têm agido ao longo dos séculos e, conjuntamente, mantendo o livro inacessível aos que ainda não se encontram aptos a conhecerem e darem sua validade. Sabemos o que pretende com a posse dele e não iremos permitir que isso aconteça. O que o move, além da ganância pessoal, é a intolerância e o orgulho desmedido, que o fazem se colocar acima de nosso próprio Pai Maior, que a tudo e a todos comanda, quer aceite essa verdade ou não! Pretende impor seu domínio a todos, independentemente do que sua própria razão assinala. Em seu íntimo, reconhece que faz parte desse processo e tem de rever suas condutas. Mas ainda se sente mortalmente ferido, vilipendiado, abandonado pelos que o acompanhavam e acredita que, apenas, uma batalha poderá colocar um ponto final nisso! E se não vencer, o que será de ti? Está convicto que sairá vencedor, quando já conheceu o poder do Criador? – As palavras duras e sábias atingiram o coração de Edan, que, por alguns instantes, ficou a refletir sobre o discurso. Porém foi curto o espaço em que ele assim se sentiu, pois, num ímpeto, gritou com toda sua fúria:

– Saiam daqui! Não me convencerão de nada! Não irei ceder aos seus propósitos, pois seria colocar por terra tudo o que já realizei! Não tenho como interromper esse ciclo. Muitos dependem de mim e se ao meu lado se encontram, foi porque assim escolheram e se comprometeram. Estela é a mais fiel de todos os meus comandados. Ela é movida pela mesma fúria implacável, pelo desprezo dos que a abandonaram e a traíram. Não tenho como contê-la, pois assim age por sua própria escolha. Ela não cederá!

— Sabe que exerce grande ascendência sobre ela e, assim que desejar, pode conter seus ímpetos ferozes.

— Estão preocupados apenas com Betina, não tentem me enganar. — Falou ele dando um sorriso mordaz. — Nada posso fazer quanto a isso.

— Não é apenas Betina que está na mira de Estela e sabe disso. Como conseguirá viver sabendo que poderia ter feito algo por Laurita e se recusou por simples despeito e orgulho desmedidos? Pense em tudo que conversamos, Edan. Não estamos aqui por piedade ou qualquer outro sentimento semelhante. Queremos que a paz se estabeleça entre nós definitivamente. Se ainda desejar ser um guardião do livro, faça a parte que lhe compete. Jamais pense em utilizá-lo em benefício próprio.

— Ora, deixe de ser hipócrita. Jamais permitirão que eu seja novamente um guardião! E vocês sabem disso! Não venham com fantasias escabrosas, esperando que eu acredite. Não sou tolo e não vou me vergar a nenhum de vocês novamente. Um dia ainda se renderão a mim! — Havia um brilho intenso em seu olhar, denotando toda sua fúria contida. — Se já disseram tudo o que pretendiam, saiam daqui.

— Nós já iremos partir, porém, antes, quero que veja algo. — Leonora se aproximou da entidade e levantou suas mãos, fechou os olhos e projetou na sua tela mental as imagens de cenas do passado. Laurita chorava sobre o corpo de um homem, seu pai, Edan, dizendo palavras que ele jamais escutara. Tudo foi rápido e intenso. Ao término, Leonora pegou delicadamente nas mãos dele e disse com carinho: — *Não permita que as sombras advindas de seus atos possam macular o verdadeiro amor que a tudo se sobrepõe. Guarde as palavras e reflita sobre elas.* – O ser maléfico nada respondeu e os dois saíram lentamente do local com a esperança de ter plantado novas sementes no solo, até então estéril, que era aquele coração. Julian e Leonora sentiram que algo se alterara, e talvez pudessem tê-lo sensibilizado. O tempo lhes diria...

Enquanto isso, no hospital, Diego tivera sensível melhora. Quando Vitória e Ricardo encontraram Jorge, o médico responsável, ele disse:

– Foi impressionante o que ocorreu após aquele evento, do qual ainda aguardo as explicações necessárias. Quando poderemos conversar, Vitória?

– Quando quiser, Jorge. Porém sinto que irei decepcioná-lo, pois não existe segredo algum. Agora conte-nos como ele se encontra. – O médico falou sobre o progresso obtido nas últimas horas, que impressionou a todos lá. Talvez, pudessem tirar a sedação profunda e esperavam que ele despertasse em breve.

– Estou surpreso com a ausência de Betina. Aconteceu algo? – Estava curioso.

– Ela precisou resolver alguns problemas familiares, mas logo estará de volta. Ficará feliz com o progresso que Diego realizou. Podemos vê-lo? – Perguntou Ricardo.

– Claro! – E os conduziu até a sala onde ele se encontrava.

As feições de Diego ainda mostravam uma palidez impressionante, mas era natural perante tudo pelo qual ele passara. Vitória se aproximou e pegou delicadamente sua mão, sentindo a pressão que ele fazia, detectando a sua presença. Ela olhou para Ricardo e falou:

– Ele sabe que estamos aqui, querido. É perceptível! Veja! – Algumas lágrimas escorreram por seu rosto. Vitória segurou com mais força a mão do jovem e disse: – Fique tranquilo, tudo ficará bem, confie! Betina não pôde vir. – Ao ser mencionado o nome da jovem, ele se mexeu, dando mostras de que estava incomodado, como se temesse algo. Os seus sinais vitais se alteraram por instantes, mas a voz suave e doce de Vitória o tranquilizou: – Não fique assim, acalme-se, você precisa ficar bem! Não se preocupe! – Foi neste momento que ele abriu seus olhos lentamente e perguntou com a voz trôpega:

– Betina! Onde ela está? – Os dois médicos se entreolharam e não sabiam o que responder.

– Acalme-se, eu lhe peço. – Disse Vitória com um sorriso. Porém ele insistiu:

– Algo aconteceu, eu sei! Foi Estela? – Pergunta direta e carregada de dor.

– Nada de mal irá acontecer a ela, confie! – Desta vez, foi Ricardo quem respondeu.

Diego tentava se mexer, mas apenas se contorcia de dor em função de todos os ferimentos. As lágrimas escorriam livremente e ele disse:

– Estela irá se vingar em Betina! Não permitam! – Neste momento, uma enfermeira adentrou o quarto, observando o estado de agitação em que ele se encontrava e pediu com energia:

– Por favor, será melhor saírem. Ele precisa descansar. – Diego segurou a mão de Vitória e, antes que ela saísse, ele falou algo que não entenderam:

– Casa... Fazenda... – Adormeceu novamente.

A enfermeira passou a cuidar do rapaz.

– O que ele quis dizer com isso? – Questionou Ricardo.

– Não tenho ideia. Precisamos falar com Afonso. Vamos!

Afonso e Laurita os aguardavam ansiosos. O livro acabara de chegar trazido por um amigo fiel a Laurita. Ele apenas o entregou e partiu para sua cidade no sul. Era melhor que ninguém notasse sua ausência.

Quando os dois médicos chegaram, eles estavam com o livro nas mãos. A emoção tomou conta de todo o grupo. Vitória se aproximou e tocou com delicadeza o pesado livro, que, aparentemente, era apenas um livro raro e precioso.

— Posso abri-lo? – Perguntou ela.

— Naturalmente. – A médica passou a folhear com todo cuidado as folhas quase se desfazendo, tal era o estado em que o livro se encontrava. Conforme ela o folheava, as lágrimas escorriam em profusão.

— Ele me parece tão familiar! – Estava escrito numa língua desconhecida, porém era como se ela conhecesse cada palavra. Não se podia afirmar quando ele havia sido escrito, mas seu lugar deveria ser um museu, dado a sua antiguidade. Entretanto não poderia ser exposto a olhos despreparados, e o local mais adequado seria nas mãos dos que o protegeriam. Ricardo, observava à pequena distância, mas não se sentia confortável próximo dele. O livro representava um passado que ele queria esquecer.

Laurita e Afonso os aguardavam para decidirem sobre seu destino.

— Guarde-o em total segurança. No mesmo cofre em que está o pendrive. Depois veremos o que fazer com ele. É imprescindível que ele fique oculto. – Proferiu Ricardo com firmeza.

— Estela o contatou novamente? – Perguntou Vitória após fechar delicadamente o livro.

— Ainda não, mas ainda temos tempo. Ela disse dois dias, então teremos que esperar. E Diego, como está? Estela deu uma pausa, mas será provisória. Ele precisa se recuperar o mais rápido possível, pois, fortalecido, impedirá que ela e seus amigos invisíveis o assombrem. – Afonso sentiu um estremecimento e seu coração ficou em descompasso, o que não passou despercebido por Ricardo.

— O que você sentiu, Afonso? Algo com Betina? Acessou a mente dela?

— Não estou conseguindo, o que me faz supor que esteja envolta em energias densas. Talvez o local onde se encontre. Nossa comunicação era tão fácil! Algo está impedindo agora! – Seu semblante se contraiu.

— Você perguntou acerca do estado de saúde de Diego. Ele parece ter obtido grande progresso. Até falou conosco! Coisas desordenadas, mas sobre Betina. Ele proferiu apenas duas palavras: casa e fazenda. Não sei se isso tem a ver com o paradeiro dela. – Disse Vitória.

Afonso fechou seus olhos e algumas imagens surgiam em sua tela mental. Eram confusas e esparsas. E, de súbito, viu a figura de Betina sobre uma cama. Foi tudo muito rápido, o suficiente para que ele visse que ela estava bem.

Ricardo permanecia calado, refletindo em tudo que ouvia, até que acessou algumas das lembranças de Betina em suas sessões de terapia. Ela falara algo sobre um local onde Estela fazia suas festas mundanas e que tanto trauma lhe ocasionara. Era um lugar afastado da cidade e que pertencia à família dos dois irmãos.

– Talvez eu saiba o que possa significar as palavras de Diego. – Disse o médico. – Betina relatou em uma das sessões sobre as festas de que participara num local não muito distante da cidade. Talvez seja onde Estela a tenha levado. Uma casa na fazenda!

– Precisamos conhecer as propriedades da família. Não é uma informação que obteremos rapidamente e não temos o tempo a nosso favor. – A tensão estava no olhar de Afonso que contou sobre as suas suspeitas. – Estela não pretende soltar Betina, eu sei. – Todos o olharam apreensivos. – Essa é a forma que ela encontrou para me punir. – Seus olhos estavam marejados. – Precisamos encontrá-la antes que o tempo se expire.

Todos concordaram com ele! A vida de Betina corria sério risco!

Capítulo 35

VISITA NECESSÁRIA

Os quatro amigos ficaram por várias horas tentando obter informações acerca das propriedades dos dois irmãos, mas isso não era tarefa de fácil execução. A vida de Estela estava tumultuada, no entanto ela possuía um exército de cooperadores que a protegiam de todo e qualquer assédio. Uma trupe de advogados a preservavam, e o escândalo sobre as suas empresas parecia não a ter abalado como previam. O que seus advogados não conseguiriam impedir era que uma investigação mais apurada fosse realizada, em função do medicamento já estar sendo utilizado e, talvez, sem passar pelo trâmite necessário. Assim dizia a denúncia.

Afonso tinha alguns contatos em função dos pais, conseguindo acessar dados sigilosos. Um antigo advogado da família forneceu algumas informações preciosas acerca dos dois irmãos, considerados como grandes gestores na indústria farmacêutica. Herdaram um laboratório pequeno, conseguindo transformá-lo numa referência no país.

— Posso imaginar os meios utilizados para obter tamanho sucesso. — Disse Ricardo com o semblante contraído. — Vejam quantas empresas eles adquiriram ao longo dos anos. — O velho amigo da família de Afonso lhe enviara uma lista com as propriedades compradas pelos irmãos nos últimos anos. — É surpreendente a capacidade deles. Ninguém nunca apurou como isso aconteceu?

— Muito dinheiro colocado em mãos corretas, querido. — Falou Vitória também indignada.

— Eles terão muito o que explicar. — Afirmou Ricardo. Seus pensamentos se dirigiram a Estela e sentiu a vibração poderosa que a envolvia. — Se assim conseguirmos...

— Tudo a seu tempo. Confiemos na justiça divina que é soberana e abarca a todos no tempo certo. Neste momento, o que nos interessa é a segurança de Betina. Precisamos descobrir seu paradeiro e nos anteciparmos. Pensei em visitar Estela. — Disse Afonso.

— Não faça isso, é o que ela está esperando. — Falou Vitória.

— Talvez por esse mesmo motivo seja conveniente visitá-la. — Declarou Laurita serena. Ela olhou fixamente para Afonso e completou: — Talvez consiga obter as informações que tanto deseja. Deixe-a vulnerável e conseguirá o que quiser dela. — Completou a jovem com a convicção em suas palavras.

— Não posso fazer isso, Laurita. — Afonso estava incomodado.

— Betina vale o sacrifício, querido. — Laurita colocou sua mão sobre a dele e sorriu. — Você sabe como fazer. Vá lá e tente obter a informação. Continuaremos aqui em nossa pesquisa. — Os demais assentiram, sem entender realmente o que ele estava a realizar.

Antes de sair, Afonso pegou o livro e o guardou. Ricardo o acompanhou:

— Como é possível que esse simples livro possa controlar e determinar o destino de tantos? O que de tão importante aí está contido? — Perguntou ele.

— O maior mistério se encontra escondido no íntimo de cada ser. A presença de Deus! Para muitos, é uma utopia. Para outros, uma verdade. Para tantos, o inexplicável e absoluto. Para Estela, representa o poder superior, capaz de desvendar todos os mistérios invioláveis. Magia, sobrenatural, misterioso? Tudo isso e algo mais. Porém, para aqueles que o guardam, será apenas a chave de todos os segredos. Esses somente poderão ser conhecidos por aqueles cuja essência sagrada já foi desvendada. Nós, que aqui estamos, já conhecemos tudo o que nele está escrito. Guardamos em nossa consciência todos os segredos aqui contidos e sabemos como utilizá-los. Custamos a aprender, mas a lição já foi incorporada. Para nós, nada mais significa que um livro contendo informações acerca dos talentos que cada um se esmerou em aprimorar, ao longo das sucessivas experiências encarnatórias. – Calou-se por alguns instantes. – Para Estela, representa o poder máximo, o qual acredita lhe proporcionará a glória. Mas esse poder não será conquistado simplesmente pela posse do livro. Já tentamos inúmeras vezes lhe explicar, porém ela é refratária a esse ensinamento. As poções aqui descritas, as ervas capazes de proporcionar a cura de muitas doenças, as supostas magias que, na verdade, representam apenas a constatação da ciência aplicada na vida comum, tudo isso aqui escrito não é capaz de proporcionar poder a quem não o possui por direito. E que poder é esse, meu amigo? Se a pureza das intenções e do coração não estiverem presentes, é um recurso ineficaz. Por tantos séculos, foi procurado por almas infelizes e imaturas, acreditando que isso os colocaria num patamar superior. Ledo engano! Cabe a nós, seus guardiões, zelar para que esse grave equívoco não ocorra, caindo em mãos desavisadas.

– Um trabalho insensato, temos que convir. Pois se ele nada irá representar aos que dele se apoderarem, por que tanto empenho em o manter protegido? Que mal advirá com sua posse, se não saberão como utilizá-lo?

– Na sua imaturidade espiritual, poderão acessar informações e dados que, quando não embasados na pureza e na beneficência, causarão grandes desvios da ordem natural. É isso que temos que impedir. – Seu olhar se contraiu. – Estela é desprovida dos recursos morais que garantiriam que ela o utilizasse com finalidades nobres. Acabamos de constatar isso. Infelizmente, ela ainda não se decidiu a percorrer o caminho da ascensão espiritual, que lhe conferiria condições para tê-lo em suas mãos. Ela ainda se uniu a companheiros mais infelizes do que ela, pensando ter se fortalecido com esse conluio. Isso apenas a enfraqueceu mais ainda. É lamentável já antever os infortúnios que terá de enfrentar, mas ela assim escolheu. Sinto tanto por ela! – Havia sinceridade nas suas palavras. Em seguida, guardou o livro. – Espero que não precise utilizá-lo como moeda de troca. Sob o olhar atento de Ricardo, ele se despediu e saiu.

Ricardo e os demais continuaram em sua busca frenética, para saber o destino da jovem sequestrada.

Em seu cativeiro, Betina tentava de todas as maneiras uma forma de fugir. Estela era traiçoeira e sabia que seu destino já estava traçado, apenas não sabia quando seria consumado. Andava de um lado a outro tentando encontrar uma saída. Seu coração ficou em descompasso, quando a porta se abriu e entrou um dos homens. Pensou que ele lá estava para matá-la, porém trazia uma bandeja com água e comida. O homem nada falou, deixando a bandeja sobre uma cômoda. Betina o envolveu em toda luz possível e o homem sentiu-se incomodado, virando-se:

– Sinto muito por você, apenas recebo ordens. Não posso deixar de obedecê-la. Tenho muito a perder. Não tente nada, eu lhe peço. – Vendo que a jovem tentava sair do quarto.

– Ela vai me matar e você sabe disso. Teria coragem de matar um inocente apenas para satisfazer a ambição dela? Vai carregar o peso desse grave erro em suas costas? Me ajude, eu lhe imploro. Não deixarei que mal algum lhe advenha. – As palavras de Betina eram permeadas de doçura e amor, tocando as fibras do coração do capanga, que por pouco não cedeu aos apelos dela. Porém outro se encontrava logo atrás e disse com um sorriso sarcástico:

– Você é um tolo! Vamos embora antes que ela o amoleça! – O homem saiu não sem antes lançar um olhar para Betina, mostrando toda sua insatisfação perante a situação.

A jovem percebeu que nem tudo estava perdido. Quem sabe não haveria uma chance de demovê-lo de seus propósitos?

Distante de lá, Afonso se dirigiu até a casa de Estela. Lá chegando, percebeu uma movimentação acima do normal. Eram alguns jornalistas que queriam ouvir a empresária acerca das acusações. Porém ela se recusava a atendê-los

Afonso tocou a campainha e, em pouco tempo, a porta se abriu. Um dos seguranças dela, assim ele supôs, pediu que entrasse.

Na sala de estar luxuosa, encontrava-se Estela com um sorriso vitorioso.

— Sabia que você viria, meu querido. Tentaria todas as artimanhas para ter aquela idiota novamente ao seu lado. Sente-se. Vejo que suas mãos estão vazias, o que significa que não trouxe o livro. Até quando irá impedir que ele chegue até mim?

— Não o trouxe, Estela. E só o trarei quando Betina estiver em segurança.

— Pois só a libertarei quando ele estiver em minhas mãos. Creio que estamos num impasse, meu bem! – Sua voz era controlada e fria.

— Deseja muito mais do que o livro. – Disse ele se aproximando de Estela, que não se afastou. – Sei o que você mais quer. – Ele tocou seu rosto com delicadeza.

Por alguns instantes, ela permaneceu atônita, apenas permitindo que as coisas tomassem o rumo pelo qual ela tanto ansiava. Queria tê-lo em seus braços, beijá-lo com toda paixão, amá-lo com todas as suas forças. E quase deixou-se conduzir pelo sonho que há tanto acalentava. Foi quando em sua tela mental, a figura de Edan se materializou com toda sua fúria, como a lhe dizer:

— *Acorde, isso é um devaneio. Ele apenas está brincando com você. Ele está jogando com sua fraqueza por ele. Lembre-se do que é mais importante neste momento!* – De súbito, ela se afastou das mãos de Afonso e falou:

— Sei o que pretende, e não vou ceder. Quero o livro mais do que tudo! O que deseja vindo aqui? – Ela parecia ter retomado o controle da situação. – Dei-lhe o prazo até amanhã para que ele esteja em minhas mãos.

– Quero ver Betina antes disso e ter a certeza de que não está me atraiçoando. Sei do que é capaz, infelizmente. Vi o que fez com Diego e contra mim. – Ele projetou as cenas acessadas de seu inconsciente, desde sua prisão até seu destino ter sido consumado, morrendo na fogueira. Foi doloroso relembrar as cenas, mas sentiu que a atingiu diretamente, pois suas feições se contraíram. – Você planejou com meu amigo tudo o que adveio, foi capaz de assistir passivamente meu sofrimento atroz e, em seguida, minha morte. E ainda quis que acreditasse que me amava. Que tipo de amor é capaz de fazer o que fez comigo? E o que fez com meus pais? Matou-os friamente! Você é traiçoeira, Estela, e ainda não se encontra apta a ter o livro. Não saberia o que fazer com ele! – Disse Afonso com os olhos marejados.

– Fique ao meu lado e me ajude a bem empregá-lo! Juntos, seremos imbatíveis, ninguém poderá nos vencer! – Estela pegou em suas mãos e ele as largou.

– Não posso e sabe disso! O livro não me pertence, sou apenas um guardião. Nem você, nem eu achamos que ele seja capaz de nos proporcionar tal poder. Isso é ilusão, Estela. Edan a incentiva a acreditar que todo poder lhe será concedido. Você está sendo um joguete em suas mãos. Ele quer se vingar daqueles que julga tê-lo traído. Na verdade, suas ações ilícitas o fizeram não mais merecer ser o guardião. Sabe do que ele é capaz e ainda assim se uniu a ele, sendo manipulada, agindo de forma desleal com todos os que a auxiliam. Sei de todo seu passado e tudo o que realizou para se tornar o que é hoje. Sua conduta deplorável e vil deverá ser revista. Diego foi seu cúmplice e terá que responder também. – No mesmo instante, as feições dela ficaram geladas.

– Ele não terá tempo para tal. Traiu-me e, por isso, morrerá! Aguarde! – Afonso viu em sua tela mental o que ela pretendia e teria que impedir.

– Você não é tão pérfida quando pretende mostrar! Ele é seu irmão e escolheu viver o amor nesta existência, o mesmo que você o impediu por diversas vezes.

– O amor distrai a criatura e a tira do foco das tarefas. Fiz-lhe um bem e ele me retribuiu da forma mais abjeta possível. Ele tem que ser punido! E será! – Ostentou um sorriso de escárnio.

– Se assim pretende, não terá o livro. Já me decidi! Se não honra sua palavra, como posso confiar em você depois de tudo que está falando? Seu ódio por Betina é imensurável e jamais pretendeu soltá-la. Não é isso? – Perguntou ele com firmeza.

– Exatamente. Porém existe uma forma de evitar que isso aconteça e somente você pode solucionar. – Ela se aproximou dele e o beijou com toda fúria. Afonso não rejeitou o beijo de Estela, que se sentiu encorajada a continuar. Ele a abraçou com força e a beijou com a mesma intensidade. Ao término, ela sorriu dizendo: – Sabia que isso aconteceria um dia! Fique ao meu lado!

– Solte Betina, eu lhe peço. Se realmente me quer ao seu lado, faça isso.

– Não ainda. O livro não está em minhas mãos. – Argumentou ela beijando-o novamente e sem resistência por parte dele.

– Não é assim que se inicia um relacionamento, Estela. A confiança deve imperar. Esqueça Betina, Diego, foquemos no que realmente importa. – Ele tentava demovê-la de seus propósitos menos dignos.

– Um passo por vez, querido! Como posso confiar integralmente em você? Por que mudaria de lado?

– Para salvar alguém que me é muito caro e já sofreu o suficiente. Isso não é um motivo justo? Além do que você sempre me amou, não é assim? – Perguntou ele com seu olhar fixo no dela.

– Mas e aquela jovem? – Referindo-se a Laurita.

– O que tem ela? Não representa nada, não se preocupe. – Disse ele ainda a segurando em seus braços. Era nítido que ele exercia profunda ascendência em Estela, e ela se comprazia com isso. Afonso não sabia quanto tempo duraria essa farsa, mas teria que continuar, pois havia muito em jogo. Sentia-se o mais vil dos homens, porém era imperioso no momento, quando tudo parecia correr contra o que desejava. Ficou lá por mais alguns instantes e decidiu ir embora. Ela o retinha e desejava muito mais do que ele oferecera. Esperava há tanto tempo por isso! Queria que ele fosse seu definitivamente!

— Mande-a embora! Não a quero por perto novamente! E sabe os motivos! — Sorria de forma vitoriosa. — Você será meu e isso é o que importa! Edan quer o livro mais do que tudo. Eu quero você! Ambos ficaremos satisfeitos! Passe comigo esta noite! Não vá embora! Não hoje!

— Tenho muito a resolver, pessoas a convencer. Preciso ir! — Disse ele resoluto.

— O que fará se eles se oporem? — A pergunta o atingiu em cheio.

— Saberei como convencê-los. Quanto a Diego, deixe-o em paz, me prometa! Se vamos começar algo, que seja na base da confiança. Não me engane, Estela, ou tudo acaba aqui.

— Diego não representa nada para mim. Fique tranquilo.

— Vou confiar em você! — Beijou-a com paixão e completou: — Amanhã lhe trarei o que deseja. Quero ver Betina antes disso.

— Ainda não confia em mim? — Seu olhar se fixou no dele novamente, e Afonso se manteve firme em suas ideias para não ser desvendado. — Não me traia, querido. Quero tanto poder confiar em você!

O jovem sorriu, pegando em seu rosto com delicadeza:

— Foi você que sempre usou métodos escusos, não eu. Cuide-se! — Beijou-a novamente e saiu, deixando-a entretida em seus pensamentos.

Aquele olhar sonhador de momentos antes foi substituído por um maquiavélico.

— Como gostaria de acreditar em você, meu querido! Faríamos uma dupla imbatível, mas escolheu novamente o lado errado. Sinto tanto! Poderíamos ser tão felizes juntos! — Subiu as escadas lentamente, com as lágrimas escorrendo por seu rosto. — Não controlo o destino, mas posso comandar minhas ações. E, se for preciso, eu o entregarei novamente aos leões. Com meu coração em frangalhos! Por que não consegue me amar, pelo menos uma vez? — Entrou em seu quarto e foi direto ao local onde os rituais aconteciam. Chamou por Edan novamente.

Somente ele lhe era fiel! Ninguém mais! Conversou com ele por alguns momentos, finalizou bebendo o cálice contendo aquela mistura escura. Em seguida, sentiu-se renovada, com a força predominando. Seu amor por Afonso sempre havia sido sua maior fraqueza. Isso teria que acabar, aceitando que ele jamais iria lhe pertencer de fato! E se ele não seria seu, também não seria de mais ninguém! Dois destinos já haviam sido decididos: Afonso e Betina. Aliás, três: Diego não sairia vivo daquele hospital. Ele não poderia entregá-la aos lobos como pretendia. Triste destino! Por que todos a desprezavam? Sentiu uma dor profunda em seu peito, como se uma adaga ferisse seu coração, destruindo-o! A rejeição, a traição, a mentira, isso nunca mais iria acontecer em sua vida! Assim decidira! Fez uma ligação, falou por alguns momentos e desligou. Com a alma lavada, deitou-se e dormiu rapidamente.

Já no carro, Afonso se remoía pelo remorso. Não importava o quão vil Estela fosse, ele se portara exatamente como ela, sem princípios. Sentiu-se o mais miserável dos homens, enganando-a como acabara de fazer. As lágrimas escorriam por seu rosto e ele desejava esquecer tudo o que acontecera. Sentia-se péssimo e dirigia a esmo. Quando se deu conta, estava próximo ao hospital. A imagem que ele viu não saía do seu pensamento. Ela pretendia causar uma morte indolor ao irmão e ele precisava avisar alguém. Talvez não acreditassem nele, mas era seu dever fazer a tentativa. Estela havia ordenado que alguém fosse até o hospital e preparasse uma medicação definitiva, que faria com que todas as dores físicas de Diego cessassem por completo. Sentiu-se enjoado só de imaginar o que ela era capaz de fazer. E, momentos antes, ele a beijara com paixão! Como fora capaz? Quando se deu conta, estava a poucos metros do hospital e parou seu carro. Procurou por Jorge, mas ele não estava de plantão. Não sabia a quem recorrer, quando viu a mesma enfermeira da primeira noite, que permitiu que Betina visitasse Diego. Foi até ela e disse:

— Você é Luiza, certo? — Proferiu ele com um sorriso jovial.

— E você é irmão daquela jovem, Betina, não? Me desculpe, preciso iniciar meu plantão. Há algo que possa fazer por você? — Perguntou ela de forma gentil.

— Creio que sim. Pode parecer loucura o que vou lhe perguntar. Você conhece cada pessoa que trabalha aqui?

— Certamente, por quê? — Ficou curiosa.

— Se alguém estranho entrasse a UTI, o que você faria?

— Pediria sua identificação para comprovar que trabalha lá. Não estou entendendo aonde pretende chegar. Está me deixando confusa. Pode explicar melhor?

— Peço apenas que me escute com atenção. — Contou uma história surpreendente, acerca do rapaz ter sofrido um atentado, não um acidente como todos pensavam. A intenção era eliminá-lo, no entanto ele ainda estava vivo, o que significava que tentariam novamente. Luiza ouviu atentamente e, ao término, suas feições ficaram tensas. Aquele jovem não brincaria com ela sobre um assunto de tamanha gravidade.

— Não será o caso de acionarmos a polícia? Isso é muito perigoso, se o que está dizendo for verdade. E por que querem vê-lo morto?

— É uma longa história, que ele mesmo poderá lhe contar. Bem, se estiver vivo para tanto. Não gostaria de envolver mais ninguém neste hospital apenas Jorge, mas ele não está hoje aqui. Posso contar com sua discrição?

— E como vou ajudá-lo? — Perguntou ela solícita.

— Fique atenta a qualquer pessoa estranha que queira entrar no local onde ele está. Se possível, mantenha-se ao seu lado ou por perto. Sei que tentarão algo esta noite.

— Como tem tanta certeza? — Estava curiosa.

— Simplesmente, sei. Ficarei por aqui algum tempo, se me permitir.

— Não sei por que estou fazendo isso, mas acredito em você.

Capítulo 36

AÇÃO PREMEDITADA

Afonso decidiu continuar no hospital, pressentindo que algo ocorreria. Avisou aos amigos que lá permaneceria. Sentia-se intranquilo, a conexão com Betina ainda não acontecera e ele tentava de todas as maneiras adentrar sua mente, pois só assim saberia onde procurá-la. Pensou em pedir ajuda a Clarice, no centro espírita. Confiava tanto nela! Talvez ela pudesse orientá-lo sobre o que fazer. Falaria com Vitória.

A relação de imóveis que os amigos investigavam era extensa, porém nada relacionado a uma casa distante da cidade. Poderia não estar em seu nome, alertou Ricardo. E continuaram a busca de uma informação favorável. O tempo corria!

Afonso, ainda no hospital, refletia em tudo que acabara de acontecer. Seu coração o alertava sobre a falsidade que ela ocultava. Ele sentia que ela não lhe fora verdadeira, com exceção dos beijos apaixonados. Queria esquecer que aquilo ocorrera, mas sabia que não seria possível. O que ela estaria fazendo naquele exato momento? Fixou sua mente na dela, tentando captar as ondas mentais que ela irradiava. Neste momento, a figura tenebrosa de Edan surgiu em sua tela mental a lhe dizer:

— *Não seja tolo acreditando que possa tê-la enganado!* — Ele ouviu uma gargalhada tétrica e aterradora. — *Estela é mais esperta que todos vocês juntos. É minha menina leal! Tem ainda uma chance de sobreviver: entregue o livro. Se assim fizer, tentarei demovê-la de sua vingança contra sua irmã! Esse é meu último aviso!* — De súbito, a imagem se desfez. Afonso parecia ter levado um choque potente, todo seu corpo ainda tremia. Aquele era o mestre de Estela. Foi ele que sempre esteve por trás de todos os eventos traumáticos que vivenciou ao longo das existências. Jamais algo fora tão claro! Por que ele o odiava tanto? Uma pergunta sem resposta.

Exausto, acabou adormecendo na poltrona da sala de espera. Foi despertado pelo toque firme de alguém em seu braço. Abriu os olhos e se deparou com Luiza à sua frente, com as feições pálidas.

— O que aconteceu? — Perguntou Afonso tenso.

— Você estava com a razão. — Disse ela com a voz baixa e contida.

— Conte-me tudo, ele está bem? — Diego era sua preocupação naquele momento.

— Sim, venha comigo. Não posso falar aqui. — Ela o conduziu por um corredor longo, distante da UTI.

— Para onde está me levando?

— Fique calmo, só posso antecipar que Diego está bem e que eu cheguei a tempo. — Ela viu a ansiedade dele e decidiu contar tudo enquanto caminhavam. — Fiquei atenta ao que acontecia naquela sala, em especial, perto da cama do jovem. Fui atrás de um dos médicos, ao retornar, havia um homem perto de Diego com uma seringa na mão. Perguntei quem ele era e sobre aquele medicamento. Tive sorte, pois dois enfermeiros entraram no exato instante em que ele iria aplicar algo no soro do jovem. Eu me aproximei e pedi sua identificação e a seringa. Apenas eu era a responsável por aquele paciente. Foi quando ele tentou sair de lá e quase conseguiu, mas meus amigos o impediram. Chamamos a polícia e eles querem falar com você também. É para lá que estamos indo, para a sala de segurança do hospital.

Afonso empalideceu. Como explicar aos policiais que tivera uma visão e apenas por isso alertara a enfermeira sobre um possível atentado? Luiza viu o desconforto que ele experimentava e segurou sua mão com carinho.

— Você salvou a vida desse jovem, deveria estar feliz. Conte a eles o que me relatou. O conteúdo da seringa está sendo analisado, mas se trata de algo letal certamente, caso contrário esse homem não estaria lá naquele momento. — Quando chegaram até a sala, ela se despediu com um sorriso. — Diego está bem e isso é o que realmente importa. Obrigada! — O jovem não sabia o que dizer.

Na sala, estavam dois policiais, além dos seguranças do hospital. Havia um homem algemado a uma cadeira. Afonso não o conhecia, mas sabia que Estela o enviara. Ela havia sido impulsiva em demasia, já começando a cometer erros. O que aquele homem diria à polícia?

— Você é o jovem sobre quem Luiza falou, alertando sobre o possível atentado ao paciente? Como sabia que isso poderia acontecer? — Perguntou o policial.

— Foi o próprio Diego quem contou que alguém queria vê-lo morto. Minha irmã é a namorada dele e tem estado ao seu lado todo tempo desde o acidente. Quando conseguiu dizer algo, foi sobre isso que ele se referiu. Alguém queria matá-lo.

— Esse homem não fala nada, parece que é mudo. Se tentou ministrar-lhe alguma dose fatal de medicamento, o hospital nos avisará. Sei que deve estar cansado, mas poderia nos acompanhar até a delegacia? — Afonso não tinha tempo para isso e respondeu:

— Poderia ir amanhã? — Pensou em relatar os motivos, mas isso seria inviável. — Estamos nos revezando ao lado de Diego e estou sem dormir há mais de vinte e quatro horas. Prometo que irei vê-los assim que puder. — O policial ficou pensativo por alguns instantes e decidiu acreditar no rapaz, que parecia efetivamente exausto. Algo naquele jovem lhe inspirava confiança.

— Esperaremos seu depoimento. Ele ficará sob proteção. Pelo nome do rapaz, trata-se do irmão daquela empresária poderosa, que está sendo investigada por algo complexo. Por que ela não está aqui? — Parecia curioso.

— Os dois estavam brigados, apenas isso. Sei, no entanto, que ela ficará furiosa quando descobrir o que quase aconteceu aqui nesta madrugada.

— Espero que tudo seja esclarecido. Vá para casa e descanse. Seu nome é Afonso, certo?

O jovem deixou seus dados com o policial, em seguida foi embora. Betina não lhe saía do pensamento. Tinha que encontrá-la!

Já amanhecia quando ele chegou em sua casa. Ninguém havia dormido, cada um com uma tarefa a realizar e todos firmes no propósito de encontrar o paradeiro de Betina. Contou-lhes todo o ocorrido, desde a visita à Estela até o atentado a Diego.

— Não podemos confiar em Estela. — Disse Afonso com tristeza. — Ela não acreditou em nenhuma palavra que lhe disse. — Olhou para Laurita: — Juro que tentei trazê-la para meu lado, usando artifícios semelhantes ao dela. Porém ela reconheceu que jamais seria possível. Isso não é um jogo, não existe lados a apoiar, pois só há um lado: o da verdade. E esse lado, ela nunca apoiará! Seus interesses são diversos dos nossos. — Via-se, em seu semblante, a inconformação. Laurita pegou sua mão com carinho e disse:

— Não podemos determinar as escolhas que cada um realiza. Você é responsável apenas pelas suas, querido. Quanto a ela, podemos apenas orar, rogando a Deus que as sombras se dispersem e ela possa entender o verdadeiro propósito da existência humana. Até lá, continuará a acarretar mais e mais débitos. O momento de despertar é decisão pessoal. Ela só abandonará esse caminho quando perceber o que realmente importa conquistar. Essa lição Estela deveria ter aprendido há muitos séculos, porém fez ouvidos de mouco, desprezando a bendita oportunidade de se afastar das sombras da iniquidade. – Sobre ela uma luz intensa era irradiada. Vitória a observava com emoção. Aquela jovem, assim como Afonso, era detentora de virtudes e potencialidades que destoavam dos demais ali presentes. Definitivamente, eles estiveram atentos a cada lição do caminho.

– Ela não poupará Betina, temos que encontrá-la antes disso. Se ela já atentou novamente contra o próprio irmão, o que nos espera? – A aflição permeava as palavras do jovem. – Nenhuma pista foi encontrada?

Ricardo, apesar de exausto, ainda se detinha na procura de uma informação. Tudo estava sendo examinado minuciosamente, mas deixaram escapar algum dado fundamental. Verificou tudo novamente, quando, de súbito, seu olhar foi conduzido diretamente a um endereço. Desde a primeira vez, chamara sua atenção, mas era algo improvável e passou adiante. Ao olhar desta vez, era como se ele estivesse em luz neon, insistindo para ser revisto. Tratava-se de uma pequena chácara de propriedade de um grupo, o qual Estela e Diego participavam. Não era distante da cidade e parecia um local adequado para manter alguém oculto. Com um sorriso radiante, disse aos demais:

– Acho que descobri onde ela está. Teremos que averiguar.

– Isso é arriscado. Não seria melhor chamarmos a polícia? – Disse Vitória.

– Seria complicado explicar o que está acontecendo. Ainda mais se dissermos o real motivo de tudo isso. – Argumentou Ricardo com um sorriso.

– Estamos lidando com pessoas perigosas, capazes de tudo para satisfazer os caprichos de Estela. Temos que pedir ajuda!

Não podemos colocar tudo a perder! – Vitória tinha convicção de que sozinhos estariam vulneráveis.

Afonso permanecia pensativo e, desta vez, tentou acessar a mente de Betina. Viu-a novamente sobre uma cama, com os olhos atentos e a expressão tensa. Enviou-lhe a seguinte mensagem: "Acalma teu coração e não faça nada. Já sabemos onde está. Te amo, minha irmã querida!". Ele fechou os olhos e ouviu, logo em seguida: "Sabia que viria me salvar. Te amo!". Olhou os demais e afirmou:

– Não podemos esperar a ofensiva de Estela. Betina está bem e nos espera. – Havia um sorriso de esperança brotando em seu olhar.

– O que estamos esperando então? – Perguntou Ricardo.

– Estela está esperando que eu leve o livro até ela. E assim farei. – Todos o olharam no mesmo instante.

– Pretende levar o livro até as mãos de Estela? Não podemos, Afonso. – Pediu Laurita com o semblante triste. – Estamos há tanto tempo protegendo-o, tantos já ofereceram sua vida para que ele permaneça em segredo. Sei que é a vida de Betina que está em jogo. Naquela ocasião, foi a sua. – Todos permaneceram em silêncio. – Você deu sua vida resignadamente e jamais contou onde ele se encontrava. Experimentou suplícios e a derradeira morte. Nem assim, seus pais se esqueceram da tarefa a eles designada. Sabe o desfecho dessa vida, meu querido? Tudo em nome da proteção desse livro. Não posso permitir que o entregue justamente a ela! – Os olhos da jovem estavam marejados e a emoção predominava em todos. – Aceite isso, eu lhe peço.

A tensão se estabeleceu no ambiente. Afonso caminhava de um lado a outro. Não poderia permitir que Betina se sacrificasse por um livro. Sabia, no entanto, que Laurita estava certa em suas colocações. Seu maior receio seria chegar até Estela sem nada em mãos, o que poderia causar sua fúria. Sabia do que ela era capaz quando assim se sentia. E, de súbito, algo aconteceu. Vitória estava, até então, calada observando a discussão, quando começou a sentir algo estranho. Era como se alguém tentasse invadir sua mente e todo seu ser. Uma energia intensa percorria seu corpo e sentiu a fúria invadi-la. Sabia que essas emoções não lhe pertenciam e, conforme Clarice lhe orientara, ela era uma médium, podendo intermediar uma comunicação de um ser do mundo espiritual. Sua vontade já não lhe pertencia e deu vazão àquele que lá estava presente. Suas feições se endureceram e proferiu:

— *Você não merece minha clemência! — Disse em altos brados olhando diretamente para Laurita, que sentiu uma dor em seu peito. — Nada mais lhe importa, não é mesmo? Apenas esse maldito livro, capaz de trazer a discórdia e a desgraça a todos os que o protegem! Você também fez uma escolha, tempos atrás. Escolheu a ele, em detrimento ao seu próprio pai! —* As palavras duras em nada condiziam com a delicadeza de Vitória. Definitivamente, não era ela quem falava aquele áspero discurso. Nenhum som se ouvia. Apenas Edan e sua dor pungente preencheu aquele ambiente.

— *Vocês são tolos e ingênuos, pois apenas o protegem de nossas mãos e nenhum proveito tiram de tudo isso. E são capazes de preterir aqueles que amam, apenas para que sua tarefa seja cumprida. Esquecem os verdadeiros afetos, abdicam de seus sonhos, tudo em nome de quê? Vamos, falem! —* O tom de voz se elevava a cada momento. Dirigiu-se a Afonso e disse com escárnio: — *Betina será entregue ao sacrifício? Fará isso a sua própria irmã, a quem jurou proteger de todo mal? Será capaz disso? Você continua estúpido e ingênuo, como foi no passado. Entregou sua vida por ele! E o que obteve? —* Voltou seu olhar para Laurita, que já não continha as lágrimas. — *Você me traiu, minha filha! Como foi capaz desse gesto tão abjeto? Entregou-me à turba que dilacerou meu corpo, pois minha alma já estava totalmente despedaçada após sua atitude para comigo! Estou nessa* batalha para provar-lhe que sou mais forte e poderoso do que supõe! É por você que tenho vagado todos esses séculos buscando esse maldito! Meu amor por você se extinguiu naquela tarde fatídica, quando poderia ter feito algo por mim, e não o fez! Não é apenas o livro que é amaldiçoado! Você também! Vou lhe provar que estava errada!*

Laurita, ainda em prantos, se aproximou de Edan e disse entre lágrimas:

— Jamais irá me perdoar? — Tocou o rosto de Vitória como se fosse a ele e continuou: — Me perdoe, meu pai. Trago em meu coração até hoje o ônus de minha escolha. Jamais seguirei em paz enquanto não me perdoar. — O silêncio se instalou por instantes.

— *Então jamais terá paz! Sinto muito!* — A entidade saiu rapidamente, deixando Vitória ainda experimentando as sensações dolorosas daquela passividade[1].

Laurita continuou chorando. Afonso estava de cabeça baixa. Ricardo sabia quem ele era e seu coração ficou em total descompasso. Lembrou-se de cenas de um passado remoto que o deixaram aturdido. O temor queria se instalar, mas Ricardo lutava bravamente para resistir ao impacto que ele lhe causava. Hoje, era outro ser, mais capacitado e não poderia mais se submeter a ele. Respirou profundamente e foi em auxílio de Vitória, que reassumia o controle de seu corpo, ainda sentindo as energias deixadas pela entidade comunicante.

— Como se sente, minha querida? — Ricardo a abraçava com carinho.

— Como se estivesse em meio a uma tempestade, sentindo toda fúria que ela continha. Uma sensação apavorante, mas instrutiva. Dei passividade a um companheiro do mundo espiritual e isso me ensinou preciosas lições. Essa é minha real tarefa: intermediar a comunicação entre essas duas realidades. E, hoje, sei

---

[1] Passividade: Kardec, Allan (1804-1869) – *O Livro dos Médiuns* – cap19 – Item 223 – 10 – O espírito do médium é passivo quando não mistura suas próprias ideias com as do espírito comunicante, mas nunca se anula por completo. Seu concurso é indispensável como intermediário, mesmo quando se trata dos chamados médiuns mecânicos.

que sou capaz. – A serenidade lhe retornara. Virou-se para os companheiros e disse: – Esse irmão enfurecido é quem auxilia Estela em seus diabólicos planos. Agora, sabemos que é a vingança que o move. Um passado ainda não esquecido e todos nós lá estávamos, cada um em sua tarefa. Laurita, creio que sentiu quem ele era e o que representou em sua vida. Não podemos acessar todas as lembranças do passado, mas creio que isso se iniciou numa época longínqua, que se perdeu na noite dos tempos, porém não para esse infeliz irmão, que ainda sucumbe ao peso da dor e da traição. Ele não nos perdoou e manterá seu plano, desta vez com vistas ao êxito. Tem um trunfo em suas mãos: Betina. Cabe a nós decidir o que fazer. Nossa escolha deve ser baseada em todos os fatos, meus queridos. Tudo tem que ser avaliado. Vidas estão em jogo, inclusive a sua, Afonso.

– Não tenho medo de morrer. Farei um trato com Estela. – Nada mais disse. Virou-se para Laurita e com os olhos marejados: – Me perdoe, mas não posso deixar Betina ser levada ao sacrifício. Fique com o livro e continue protegendo-o, essa é sua tarefa. A minha é impedir que mais equívocos sejam perpetrados em nome da segurança dele. Cuide-se! – Beijou-a com todo seu amor. Um abraço selou aquele momento de despedida. Novamente, seriam separados. Deveria haver uma razão para isso acontecer.

– O que pretende fazer? – Perguntou ela com a dor estampada em seus olhos.

– O que deveria ter feito desde que encontrei Estela. Tentarei demovê-la à minha maneira. Quanto a Betina, façam tudo para salvá-la. Olhou com carinho a Ricardo e Vitória e disse: – Jamais chegaria até aqui se não fosse vocês. Minha eterna gratidão! Ricardo, cuide de Betina por mim. – Abraçou-os com carinho e saiu a passos lentos.

– O que vamos fazer? – Indagou Laurita entre lágrimas.

— Fique aqui e proteja esse livro. — Contou onde ele estava e como abrir o cofre, se necessário. Afonso deixara tudo registrado. — Eu e Vitória temos outra tarefa a realizar.

Os dois médicos saíram deixando a jovem sozinha. Jamais ela experimentara tal solidão. Seria esse o preço a pagar por tal tarefa? Deitou-se no sofá e adormeceu.

— O que pretende fazer, querido? Não está pensando em resgatar Betina sozinho, está?

— Claro que não! Você vai comigo. — Disse ele com um sorriso confiante.

— Acho que enlouqueceu! Como nós dois sozinhos faremos isso?

— Lembro-me de que você disse há bem pouco tempo que sua vida andava muito monótona. Vou proporcionar-lhe um pouco de aventura. Que acha? — Ele até parecia se divertir com a situação.

— Não vê os riscos que iremos correr? Acho que, definitivamente, está precisando de um psiquiatra. — Proferiu ela sem nada entender.

— Poderia me indicar um? — Entraram no carro e se dirigiram para o local que possivelmente seria o cativeiro da jovem.

— Já que estou com você, qual o seu plano? — Os dois conversaram durante o trajeto. Quando lá chegaram, não havia movimentação alguma. Tudo parecia deserto, com exceção de um carro, escondido atrás de uma árvore frondosa. Não sabiam quantas pessoas lá se encontravam e contariam apenas com a sorte. E alguns itens a mais.

Durante quase uma hora, nada parecia anunciar a presença de alguém no local. Foi quando Ricardo pediu silêncio a Vitória. Um homem alto e forte caminhava até o carro. Abriu-o e de lá tirou uma garrafa de alguma bebida. Tomou uns goles e acendeu um cigarro. Ele tinha uma cara muito suspeita. O que fazia lá, somente ele poderia dizer. Ricardo pensou rápido e, na distração do homem, golpeou-o na cabeça.

Vitória não estava acreditando no que acabara de presenciar. E falou baixinho:

— Você está louco? E se o matou? — Parecia aflita.

— Apenas vai dormir um pouco. Tempo suficiente para entrarmos. — Examinou os bolsos do homem e de lá tirou uma arma. — Viu? Quem é que anda armado senão alguém que deva muito? — Guardou a arma sob o olhar atento da médica que, a cada instante, se surpreendia mais com Ricardo. — Pensando bem, fique aqui com ela. — Pegou algo no carro e o atou com força. — Ele não irá acordar tão cedo.

— Você anda vendo muito filme policial, querido! — Ricardo sorriu e caminhou para dentro da casa que parecia abandonada. Procurou entrar em silêncio, caminhando vagarosamente pela sala ampla e luxuosa. Esse deveria ser o local das festas mundanas de Estela, sem dúvida. Havia uma escada no meio dela, que levava ao piso superior. Porém, antes, verificou se havia mais alguém no térreo. Eram vários cômodos, entre salas e escritórios, todos decorados com a máxima elegância. Estela tinha classe, isso era inegável. Mas uma desclassificada no quesito moralidade. Deu uma verificada em cada cômodo e não encontrou alma viva por lá. Deveriam estar no piso superior. E decidiu subir as escadas em total silêncio. Quando estava no final dela, ouviu um movimento a sua esquerda. Ficou em suspenso, pois, se alguém fosse até lá, o descobriria na certa. Para sua sorte, essa pessoa entrou em algum lugar e fechou a porta. Foi o tempo suficiente para ele sair de onde estava, dirigindo-se para o imenso corredor. Novamente, muitas portas. Aquilo mais parecia um hotel. Onde Betina estaria?

Capítulo 37

A UM PASSO DA VERDADE

Afonso, neste ínterim, dirigiu-se para a casa de Estela. Ainda não sabia o que fazer, apenas que não ficaria passivo perante tudo o que estava acontecendo. Era uma vida em jogo, Betina, que ele preservaria acima de tudo.

Foi recebido pelo mesmo segurança da noite anterior e encaminhado até ela.

— Não imaginava que viesse tão rápido. Já sei sobre sua decisão, querido. Resta saber se eu concordo com seus termos.

— Por favor, eu lhe peço. Estou propondo uma troca justa. — Disse ele sério.

— Edan ainda quer o livro. Como faremos? — Ela o encarava fixamente com seus olhos magnéticos e intensos. Era uma mulher muito bonita e que muitos homens tudo fariam para tê-la nos braços.

— Já lhe disse que o livro é obsoleto sem aquele que possa controlar seu poder. Eu estou aqui! Isso não basta?

— A mim, sim. A ele, sinto dizer que não está satisfeito. O que podemos lhe oferecer em troca? Diga algo alentador, Afonso, e tentarei intervir por você. — Desta vez, ela mostrava quem efetivamente estava no controle da situação. Era isso que ela tanto desejava e, agora, conseguira. Afonso via em seu olhar a satisfação plena e isso ainda o torturava. Porém esse era o preço a pagar. Ficaria com ela até que tudo se equilibrasse, o tempo que fosse necessário. A paz valia esse sacrifício.

— Edan sabe com quem está a posse do livro e não cederá, como não o fez no passado. Já lhe disse que estou aqui e essa foi a escolha que fiz. Nada irá alterar isso, Estela. Resta apenas que confie em mim. Liberte Betina, eu lhe peço. E deixe os dois em paz. Diego terá um longo caminho a expiar e Betina o ajudará. Eu lhe peço! — A súplica dele a comoveu por um momento, porém, em seguida, ela rebateu:

— Não será assim tão fácil, querido. Posso até deixá-la em paz, mas ele...

— Coloque-se no lugar de Diego e veja tudo o que ele fez por amor. Você está agindo de forma diferente? Sabe que não. E o que está fazendo não é também em nome do amor? Seria capaz de trair Edan e assim está agindo. Não é diferente de Diego. Aceite isso! — Quando ele falou o nome de seu mestre, ela se enfureceu.

— Não estou traindo meu mestre e jamais faria isso. Digamos que estou apenas entregando o livro vivo a ele. Na verdade, é você que ele sempre quis, meu querido. Conhecê-lo em toda sua essência era seu verdadeiro plano todo esse tempo. — Um sorriso irônico se desenhou em seu rosto. — Eu disse a ele que ambos seríamos vencedores e aqui estamos. — Ela estava exultante. Afonso a olhava fixamente e nada dizia. Só agora entendera o que eles planejavam. Sentiu uma dor pungente em seu peito, que quase o fez desfalecer. Era tudo tão doentio que ele custava a aceitar.

– Posso dizer que estou surpreso, Estela. Mas não vou mudar meu plano. Aqui estou e peço que liberte Betina. – Ela o encarava com tal frieza que ele ficou tenso. O que ela pretendia, de fato?

– Uma coisa por vez. Primeiro, quero que desfaça todo esse imbróglio que causou. Retire a denúncia que fez contra mim. Esse é o primeiro passo. Faça a ligação. – Estendeu o telefone a ele. – Assim poderemos iniciar o que podemos chamar um relacionamento duradouro. – O sorriso o fez estremecer. Não era seu amor, apenas, que ela desejava. Era um conjunto de prerrogativas que não teriam fim. Sentiu seu corpo cada vez mais pesado e sentou-se. Ela sugava todas as suas energias, com o único propósito de dominá-lo efetivamente. – O que está sentindo, querido? – Perguntou ela com o telefone nas mãos. – Estou esperando!

– Farei a ligação, mas não agora. Antes eu quero falar com Betina. – Disse ele com firmeza retomando o controle da situação.

– Você não dá ordens aqui, Afonso. Ainda não entendeu? – Mas colocou o telefone de volta. – Betina está viva e pode comprovar. – Colocou sua mão na testa dele e as cenas se desenrolaram em sua tela mental. Ela estava naquele mesmo quarto, ainda.

– Quero falar com ela! – Proferiu ele com firmeza.

– Vou ser condescendente com você. Mas porque eu quero! – Pegou o telefone e fez a ligação. Uma voz atendeu e ela ordenou: – Ponha-a na linha, agora! – Rapidamente, ele ouviu a voz de Betina:

– Alô! Afonso? – A emoção predominou entre eles.

– Vai ficar tudo bem, querida. Eu prometo!

– Não faça nada do que estou imaginando!

– Isso não importa mais, apenas sua segurança deve prevalecer. Ficarei bem!

— Quando sairei daqui?

— Muito breve! — Estela tomou-lhe o telefone e desligou subitamente.

— Está satisfeito? Confia em mim, agora? — Perguntou ela languidamente bem próxima a ele. — Não sabe o quanto te desejo, meu querido! — Beijou-o com paixão.

Afonso se entregou passivamente, afinal, essa foi a sua escolha. Novamente, o sacrifício.

— Quero que conheça um lugar muito especial. Venha comigo! — Conduziu-o escada acima até seu quarto secreto. — Entre! — O jovem sentiu seu corpo estremecer assim que adentrou aquele lugar mórbido e saturado de energias deletérias. Sentiu suas forças se esvaírem e lutava para manter seu equilíbrio energético, o único que lhe possibilitaria manter sua integridade psíquica e espiritual. Era um local macabro e sentia-se sufocado, como se alguém o oprimisse. E, de fato, isso ocorria. Edan estava em júbilo com a presença dele ao lado de Estela. Era tudo pelo qual tanto ansiava!

Ficaram apenas alguns minutos, que, para Afonso, pareceu uma eternidade. Ao sair de lá, estava em total desconforto. Um sono atroz o envolveu, sem que pudesse conter, e ele pediu a Estela.

— Posso dormir um pouco? — Ela apontou sua majestosa cama:

— Velarei seu sono, meu amor! — Ele deitou-se e, em instantes, adormeceu. — Cuidarei de você! Mesmo que não mereça! — Ela o acariciava com ternura, sentindo-se vitoriosa. Sabia que ele não a amava, que a trairia se assim pudesse, mas ele estava lá com ela e isso é o que importava. Ele nunca a abandonaria, pois sabia o quanto era leal aos seus propósitos. Ele escolhera ficar ao seu lado, independente do que o motivou. — Você será meu e nada ou ninguém o tirará de mim! — Envolveu-o numa energia poderosa, impedindo que os amigos da luz o contatassem.

Após falar ao telefone, o homem trancou Betina novamente no quarto e saiu. Precisava de uma bebida e um cigarro. Aquela mulher o aterrorizava e nada faria para contrariá-la. Mas o que aquela jovem teria feito para a patroa mantê-la prisioneira? E se ela quisesse eliminá-la como a jovem supunha? Não era uma pessoa de bem, já cometera tantos deslizes, tantos atos equivocados, mas jamais tirara a vida de alguém. Deus jamais o perdoaria. Sim, ele acreditava em Deus, mas nunca dissera isso a seus amigos, pois iriam troçar dele. Esse era seu segredo! Em seus devaneios, tomou um gole de bebida e acendeu um cigarro. Isso sempre o acalmava. Tão absorto estava que nem percebeu a presença de alguém às suas costas, que desferiu um golpe em sua cabeça. Tombou sem perceber de onde proveio o ataque. Ricardo, então, entrou na casa e estava nas escadas, quando ouviu uma porta se fechar. No mesmo instante, sentiu como se alguém o conduzisse para um determinado local. Ele seguiu sua intuição e abriu uma porta fechada a chaves, deparando-se com Betina.

— Ricardo, como sabia que eu estava aqui?
— Você me disse! Agora não temos tempo para conversas, vamos embora, rápido! – Ao saírem, foram surpreendidos pelo capanga.
— Ora, ora, temos uma visita! – E apontou uma arma para os dois. – Quem é você e o que faz aqui?
— Creio que essa pergunta seja minha. Por que está prendendo minha amiga aqui?
— Você é muito petulante. Fique bem quieto. Sente-se. – No mesmo instante, pegou o telefone e ligou para Estela, que ficou furiosa com a invasão. Olhou Afonso, que ainda dormia, e disse ao homem:
— Já sabe o que fazer. Aquilo que combinamos! E desligou!
– Virou-se para o jovem: – Pensei que poderia confiar em você e, novamente, me apunhalou pelas costas. Era esse seu plano, querido? Uma pena, agora é tarde para voltar atrás. – Acariciava

seu rosto e as lágrimas escorriam livremente. Mais uma vez, não o teria para si! Ele jamais a perdoaria por matar Betina. Era esse o preço! Quanto ao livro, ele viria até ela, assim Edan lhe orientara. Teria apenas que aguardar...

Enquanto isso, o homem, ainda de arma em punho, avisou aos dois:

— Meu trabalho está quase finalizando. Vamos! Saiam bem vagarosamente e sem nenhum movimento suspeito.

Ricardo apertou a mão de Betina, doando-lhe toda confiança. Nada estava perdido ainda. Aquele homem recebera a tarefa de matá-los, porém isso não iria acontecer. Ele não permitiria. Havia sido ousado indo até lá, não se entregaria tão facilmente. Tentaria alguma medida extrema. Tinha que arriscar! Quando estavam descendo as escadas, ele soltou a mão de Betina e, num impulso, jogou-se sobre o homem. Os dois rolaram as escadas e, já no térreo, engalfinharam-se numa luta corporal. O homem era forte, porém Ricardo também. Betina tentava pegar algo que pudesse acabar com o embate. Tudo foi rápido e prevaleceu a astúcia do marginal, que empunhou a arma e ia atirar em Ricardo, quando um tiro se ouviu. O homem caiu sobre o médico. A jovem foi ver de onde partira o tiro e viu o outro homem que a vigiava, o mesmo que ela sentira que a ajudaria. Ao lado dele, estava Vitória, que correu em direção a Ricardo:

— Você está bem, querido? — Ele tentou se levantar e percebeu que seu pé não o ajudou.

— Tudo bem! Apenas meu pé. Não consigo firmá-lo. — Foi aí que viu o homem com a arma.

— Fique tranquilo. Ele nos ajudou. É um bom homem, apenas ainda não tinha se dado conta. — Vitória ofereceu um sorriso sincero a ele. — Obrigada por tudo o que fez. Vá embora e esqueça de tudo o que aqui aconteceu. Se precisar, sabe onde me achar.

— Nunca ninguém me tratou assim. Serei eternamente grato, minha senhora. — Foi até Ricardo e ajudou-o a se sentar numa cadeira. Mexeu no pé dele e disse com um sorriso: – Não é fratura, apenas uma luxação. – Vitória sorriu e falou:

– Somos os médicos e você é que deu o diagnóstico. Agora vá, já chamei a polícia. Confiei em você, Paulo. Espero que retribua fazendo o seu melhor daqui em diante. Aproveite a chance que Deus lhe concedeu. – O homem assentiu e, sorrindo para o grupo, saiu de lá. – Espero que ele encontre seu caminho. É um bom homem!

– Foi essa a impressão que tive! – Disse Betina.

– Deixei o homem amarrado, você com a arma. Como tudo se modificou?

– Segui minha intuição apenas. Quando ele acordou, me falou tudo o que estava acontecendo aqui e pedi ajuda em troca da sua liberdade.

– Depois me alertou de que eu precisava de um psiquiatra! – Olhou o homem ferido e percebeu que seu estado era grave. – Chame uma ambulância também.

– Como me encontraram? – Perguntou Betina.

– Você nos avisou, minha jovem. Direcionou-nos até aqui chegarmos. – Disse Ricardo.

– E Afonso? – Neste momento, deram conta do perigo que ele corria.

Os dois lhe contaram como tudo aconteceu e ela ficou em pânico:

– Como permitiram que ele fosse até ela nessas condições? – As lágrimas escorriam.

– Essa foi sua escolha, não tínhamos como impedir. Era isso ou o livro!

– Mil vezes esse livro maldito!

– Não fale assim, Betina. Tudo está sob o olhar atento do Pai Maior. Nenhum mal irá ocorrer se assim não estiver determinado. Onde está sua confiança nele? – Vitória a abraçou com todo seu carinho.

— E Diego? — Como nada poderia ser oculto dela, tiveram que relatar o incidente noturno, evitado pela intercessão de Afonso.
— E, mesmo assim, ele foi até aquela louca?
— Bem, depois do que aconteceu aqui, creio que a situação dela está mais complexa do que ela imagina. Fraudes, atentados, sequestro, o que mais ela será capaz de praticar? Neste instante, a mesma imagem surgiu na tela mental dos três: a figura de Afonso.
— Ele está correndo perigo! Precisamos avisar a polícia! Se ela estiver acuada, não pensará duas vezes! Não podemos permitir que ela faça isso!

Em pouco tempo, a polícia chegou e os três tiveram muito o que explicar. O homem ferido foi levado para o hospital.
— Quem atirou nesse homem? — Perguntou o policial.
— Fui eu. Não poderia permitir que ele matasse meu marido! — Disse Vitória com firmeza, abraçando Ricardo.
— Já fui promovido, fico feliz! — E beijou-a com todo carinho.
— Quem a sequestrou, minha jovem?
— Estela de Albuquerque. Seu nome está nos noticiários desta semana por outros crimes.

O policial nada compreendeu. Aquela jovem estava dizendo que uma empresária de sucesso foi quem ordenou seu sequestro? Isso era, no mínimo, algo inusitado.
— Tem provas do que está dizendo?
— Sim. — E entregou o celular que ela pegou do capanga. — Veja se o número confere. Aliás, ela está retendo em sua casa outra pessoa: meu irmão Afonso. Ele corre sérios riscos.
— Vamos averiguar. Enquanto isso, será melhor passar no hospital doutor. As mulheres vão acompanhá-lo?
— Não vou deixá-lo sozinho nem mais um minuto. — Vitória o ajudou a caminhar até o carro e todos foram para o hospital.

Em casa de Estela, Afonso ainda dormia, quando ela o chamou.
— Pensei que poderia confiar em você. E, mais uma vez, você me decepcionou. Não disse que libertaria Betina? Por que me enganou? — Ele se levantou de súbito:

— Sinto muito não confiar em você, Estela. Betina é muito importante para mim e sabe disso. Você não a libertaria até que eu provasse minha lealdade. Seria capaz de segurar seu ímpeto? Sei o quanto a odeia e tudo faria para se livrar dela. Não poderia arriscar sua segurança.

— Você acreditou que se antecipava a mim, mas o contrário aconteceu. — Ela tocou o rosto dele e disse mansamente. — Creio que, a essa hora, os dois não poderão mais atrapalhar meus planos. Sinto tanto que tenha que ser assim! — Afonso segurou seu pescoço com fúria e disse:

— Se fizer algo a ela, jamais conseguirá o que tanto deseja! Afirmei que esse era o preço!

— Sinto muito, querido, mas sua Betina só se comunicará, agora, através de um médium. O jovem apertava cada vez mais o pescoço dela, enquanto as lágrimas escorriam.

— Você a matou? Como teve coragem? Eu estou aqui! Era isso que queria! Por quê? — E continuava a sufocá-la, quando percebeu o que estava fazendo. Soltou-a e correu para a porta, mas ela não abriu.

— Abra esta porta, Estela. Vou embora!

— Não! — Ela se recompôs, ainda respirando com dificuldade. — Você não sairá daqui! Nada mais o prende a esse mundo! Betina se foi! Pode chorar o quanto quiser, mas ela não mais voltará! — Havia uma frieza em suas palavras que Afonso não podia conceber.

— Você não tem sentimentos? Jamais saberá o que é um verdadeiro amor! Você é insensível e egoísta! Eu a amava e prometi cuidar dela! Você a tirou de mim! Tudo por um mero capricho! Eu te desprezo, Estela! Como foi capaz? — O pranto perdurou por vários minutos, enquanto ela o observava em silêncio.

— Acalme-se, querido. Isso não vai levar a nada. O que você está vivendo foi o mesmo que vivi quando você partiu! Não sabe a dor que me causou!

— Você motivou aquilo, Estela. Não precisava ser daquele jeito!

— Fez a sua escolha e eu fiz a minha. Cada um de nós teve que administrar do seu jeito toda a frustração daquele momento. Perdi você, o livro, fiquei só! — Havia uma raiva contida que até então não fora expurgada. — Você perdeu Betina, eu perdi o amor da minha vida! São coisas incomparáveis. — Disse ela com frieza.

— Você tem razão. São coisas completamente incomparáveis. Meu amor por Betina sempre foi e será incondicional, verdadeiro, capaz de superar o tempo e o espaço. O seu é um amor platônico, criação apenas de seus devaneios, pois jamais lhe dei qualquer esperança. Que tipo de amor é capaz de trair por objetivos tão fúteis? O que você sente não é amor, é obsessão. E não sei se terá cura algum dia! Lamento por ver sua decadência e ainda se comprazer nela! Você é digna de pena! — Colocou as mãos no rosto e assim permaneceu. Até que ouviu uma batida na porta. Estela abriu e falou por instantes com a serviçal. Fechou-a em seguida e se virou para Afonso. Um sorriso se delineou:

— Eu disse que teria o livro! Agora, possuo tudo o que sempre desejei! Sua amada Laurita está lá embaixo com ele. — Deu uma gargalhada satânica. — Terei todo o poder que sempre mereci! E você ficará ao meu lado! Seremos imbatíveis, meu amor! — As palavras não faziam sentido algum. Laurita não traria o livro a ela. Isso seria trair suas convicções. Só o faria para tê-lo de volta. O amor falou mais alto, uma vez na vida! Seus olhos ficaram marejados. Como a amava! E talvez jamais pudesse viver esse amor!

Ela corria grande perigo indo até lá. Quem garantiria que Estela a deixaria ir embora depois de entregar seu valioso tesouro? Seus pensamentos foram lidos rapidamente por Estela que completou: — Exatamente isso: o livro em troca de você. Mas por que faria isso se posso ter os dois, não é mesmo? Está em suas mãos, meu querido. Se a ama tanto assim, não faça nada. Fique aqui e eu vou poupá-la. Caso contrário, não respondo por mim. O livro já se encontra em meus domínios, e você também! Deixe-a ir se a ama! Te dou alguns minutos para refletir.

Afonso sentiu-se acuado, sem alternativas e só pensou em poupar a vida da amada. De forma resignada, disse:

— Farei como deseja. Não faça nada contra ela. Eu lhe imploro. Já me tirou Betina!

Estela caminhou até ele e o beijou com suavidade.

— Se você se comportar, eu a deixo ir. E tudo ficará bem! — Na sua loucura, ela sequer supunha que todos os atos ilícitos praticados teriam que ser revistos algum dia. Como poderia acreditar que ficaria impune após tantos crimes cometidos? Em sua obsessão cega, não conseguia antever a realidade e as punições que iriam advir. Ela estava cega e em total perturbação. Não discutiria com ela nessas condições.

Antes de sair, chamou um dos seguranças e pediu que o vigiasse.

— Não será necessário. Nada farei que possa comprometer a segurança dela.

— Não custa nada ser prevenida. — E saiu, deixando-o entretido em seus funestos pensamentos. Betina não lhe saía do pensamento. Estela dissera "os dois". Seria Ricardo a quem ela se referira? Ele descobrira o local onde Betina estava escondida e teria ido lá resgatá-la? Mais lágrimas foram derramadas. Dois inocentes pagando por um crime que não lhes competia. Cabia apenas a ele resolver essa pendência com Estela. De repente, tudo se fez claro. Ele ali estava para resgatá-la do seu mundo sombrio. Era sua a tarefa e de mais ninguém!

Capítulo 38

DESTINO QUE SE CUMPRE

Laurita esperava por Estela na sala em total aflição. Ao vê-la descendo calmamente as escadas, seu coração ficou em total descompasso. Ela era exatamente como aparecia em seus sonhos. A mesma elegância, beleza, prepotência, os mesmos olhos instigantes. Igual avaliação, Estela fez de sua oponente. Mas nada disseram uma à outra.

— Vejo que trouxe algo que me interessa. — Disse Estela.

— Onde está Afonso? Quero vê-lo. — Laurita ostentava a firmeza no olhar.

— Creio que não será possível, minha cara.

— Então vou embora.

— Infelizmente isso não irá acontecer. Você pode ir embora, mas o livro fica. — Estela se aproximou da jovem, tentando afrontá-la.

— Não tenho medo de você, Estela. Fui preparada por toda vida para enfrentar um momento como esse. Se Afonso não aparecer, vou-me embora. E levarei o livro comigo. Nem você, nem ninguém irá me impedir. — Ela mantinha seus sentidos em alerta.

— Afonso escolheu ficar ao meu lado. — Afirmou ela com um sorriso vitorioso.

— Você está mentindo.

— Ouça por sua própria boca. — E chamou seu segurança, dando-lhe as instruções. Em segundos, Afonso desceu as escadas. Ao ver Laurita, seu coração acelerou, mas não podia deixar transparecer. — Fale você mesmo, querido. Diga qual foi sua escolha.

— Vá embora, Laurita. Ficarei com Estela, aqui é meu lugar. — Havia uma amargura em sua voz que não passou despercebida à jovem.

— Vamos embora, querido. Aqui jamais será seu lugar! — A emoção já os envolvia.

— Não posso! Tenho que fazer o que é certo. Procure entender! Eu cuidarei do livro! Confie em mim! — Ele desejava que ela saísse de lá com urgência. Mas Laurita não se conformava com a decisão dele.

— Não vou embora sem você! — Quando seus olhares se cruzaram, ela entendeu o que estava acontecendo. Sem palavras, sem leitura telepática, apenas seu olhar expressava tudo o que seu coração comportava, todo amor nele contido, que irradiava de forma natural até Laurita. Quando ela entendeu a mensagem, decidiu não mais insistir. — Se você assim escolheu, nada mais posso fazer. Sempre te amarei! — Deixou o livro sobre a mesa e disse a Estela: — Não posso pedir que faça bom uso deste livro, pois sei que não tem competência para tal. Que Deus possa perdoá-la por todos os pecados. — Ofereceu um último olhar a Afonso, envolvendo-o com todo seu amor, em seguida saiu da casa.

Estela segurou seu braço antes de sair e ameaçou-a:

— Não quero vê-la nunca mais, entendeu? Afonso é meu! Desta vez não irá atrapalhar meus planos. Saia daqui! — Bradou ela.

Laurita sentiu a energia que ela lhe irradiava e permaneceu refratária a essas vibrações deletérias. As lágrimas a acompanhavam e de lá saiu sem saber o que fazer. Não tinha mais o livro em mãos. Não tinha mais Afonso ao seu lado. Nem chegara a viver seu amor e já se despedia dele. Mais uma vez... Sentiu o peso do mundo em seus frágeis ombros e chorou como jamais fizera antes.

Foi quando ela ouviu mentalmente a voz de Afonso: "Não permitirei que ela utilize indevidamente o livro. Acalma teu coração, meu amor. Ficarei aqui até quando for necessário. Porém nada está perdido. Confie em mim! Te amo". Seu coração se tranquilizou com a mensagem recebida e decidiu ligar para os amigos, para contar o que acabara de fazer. Não sabia como eles reagiriam à notícia.

Vitória pediu que ela se dirigisse até o hospital e contasse tudo o que acontecera.

Quando os encontrou, a primeira pessoa que viu foi Betina. Correu a abraçá-la.

— Como estou feliz por você. Conte-me como tudo aconteceu. — A jovem narrou todos os fatos ocorridos, dignos de um filme policial. Ao término, ela perguntou sobre Afonso.

— Você o viu? Ele está bem? — Laurita baixou o olhar e as lágrimas afloraram. Contou sobre o fatídico encontro que acabara de ocorrer. — Você entregou o livro?

— Foi o próprio Afonso que assim pediu. Não recusaria nada a ele. Estela disse que ele está com ela e nada compreendi. Por que ele faria isso? Você já está aqui sã e salva.

— Talvez ele não saiba. Estela pode ter lhe dito que ainda me mantinha sua prisioneira. Afonso faria tudo pela minha liberdade. Temos que contar-lhe tudo. Sua vida corre perigo ao lado dessa mulher insana! — A aflição da jovem comoveu Laurita.

— Acalme-se, minha querida. Confie em Afonso! Ele sempre soube como agir, saberá o que fazer agora também. Se ele está ao lado dela, deve ter um propósito. Vamos respeitar sua vontade. E onde está seu salvador?

— Ricardo está no pronto socorro, cuidando de seu pé. Vamos vê-lo! — As duas se dirigiram até o local onde ele se encontrava.

O médico que examinava Ricardo diagnosticara uma luxação apenas.

Ricardo olhou para Vitória e ambos sorriram.

— Já sabia.

— Natural, o senhor é médico, não? — Disse o residente. — Permaneça alguns dias sem pisar e não terá maiores problemas.

Laurita chegou acompanhada de Betina e ambas contaram os últimos eventos. Ricardo ficou tenso com a notícia. Olhou para Vitória percebendo a mesma preocupação em seu olhar. Assim que Estela fosse procurada pela polícia, não sabia qual seria sua reação imediata. Ela colocaria toda responsabilidade sobre seus ombros. E o inevitável poderia acontecer.

Naquele momento, Jorge chegou e estranhou aquela movimentação. Soubera de um homem ferido à bala e outro com trauma leve que acabavam de chegar. Qual foi a sua surpresa quando viu Ricardo deitado na maca.

— O que andou aprontando, meu amigo? — Perguntou ele.

— Quando tiver um tempo, contarei o que aconteceu. A história é longa.

— Quero ouvir tudo, mas agora estou com pressa. Tenho uma cirurgia de emergência. — Olhou Betina e disse com um sorriso: — Seu namorado está acordado e pergunta por você insistentemente. Vá vê-lo.

A jovem assentiu e se dirigiu até o local onde Diego se encontrava. Ao vê-lo, a emoção predominou. Ele poderia estar morto àquela hora, se não fosse a intercessão de Afonso.

Aproximou-se e disse:

— Como se sente? — Segurou a mão dele com carinho. Ao vê-la, as lágrimas assomaram:

— Tive tanto medo de te perder. — E contraiu o semblante.

— Não fale mais, querido! Tudo ficará bem! Eu estou aqui.

— Estela enlouqueceu! Do que mais ela será capaz para satisfazer sua ambição desmedida? — Ele fechou os olhos por instantes e disse com a dor no olhar. — O que vai acontecer com ela? Apesar de tudo, é minha irmã.

— Todos temos que arcar com os nossos erros. Ninguém pode escapar da justiça. — Ela percebeu que Diego entendeu o recado.

— Será que um dia ficaremos juntos? Sei que já me perdoou e que me ama, tanto quanto eu a amo. Cometi muitos equívocos e terei muito a explicar também. Será capaz de me esperar? — Ele trouxe a mão dela para perto e a beijou. As lágrimas já eram abundantes.

Betina, por um momento, esqueceu-se de todos os problemas e exclamou:

— Irei te esperar, querido! — Beijou seus lábios suavemente.

— Não vá embora, fique ao meu lado. Preciso de você! — Em seguida, adormeceu.

A jovem ficou mais alguns instantes velando por ele, quando ouviu uma voz às suas costas. Era Luiza, a enfermeira zelosa:

— Ele perguntou por você todo o tempo. Até em seus delírios, seu nome era pronunciado. Ele deve amá-la muito. — Disse com um sorriso jovial.

— Agora eu tenho certeza. — Beijou-o novamente e saiu.

A situação estava crítica, pensava Betina. Sua maior preocupação era Afonso. Da mesma forma que antes, seu acesso a ele continuava bloqueado. Como ele estaria?

Para Ricardo e Vitória, a vida profissional precisava de uma pausa. Problemas mais urgentes predominavam e a vida de um amigo querido estava em suspenso.

Após os depoimentos de Betina e dos dois médicos, naturalmente, que uma investigação se iniciaria. Mas tudo era muito moroso e teriam que aguardar o desenrolar dos fatos. Decidiram se encaminhar para a casa de Afonso e esperar pelas notícias.

Estela, por sua vez, fora alertada dos novos fatos, mas não iria relatar a Afonso o que estava acontecendo. Já ele se mostrava completamente apático. Tentava se comunicar com os amigos, mas uma nuvem sombria impedia sua mente de alçar voos libertadores.

Tudo isso era acompanhado por Julian e Leonora, cuja preocupação se expandia a cada instante. Edan, finalmente, conseguira o que tanto desejava. Mesmo assim, continuava com sua vingança contra todos eles. Mais uma vez, Afonso era seu alvo predileto.

— Não há nada que possamos fazer, meu querido? — Leonora olhava a cena com pesar.

— As escolhas lhe pertencem. Se ele assim decidiu, nada há que possamos fazer. Entregar-se passivamente a Estela foi uma tolice e nós sabemos disso. Porém ele acredita que existe uma chance de salvá-la. Nosso menino sempre foi altruísta. Seu coração bondoso e generoso sempre falará mais alto. Não podemos repreendê-lo pela sua nobreza. O que não pode é entregar-se ao desânimo. Se ele soubesse acerca de Betina, talvez seus ânimos se alterassem. Mas Estela é esperta o suficiente para não permitir que essa notícia chegue até ele, pois assim consegue manipulá-lo mais facilmente. Nossa amiga ainda não aprendeu as lições necessárias.

— Afonso acredita na sua reabilitação e nada podemos fazer para alterar a situação. Mas como ele fica nessa história? Olha as condições em que ele se encontra!

— Descobriremos uma forma de auxiliá-lo. Elevemos nosso pensamento ao Pai. Ele jamais desampara aquele que nele crê. Inspiremos nossos amigos a assim procederem. A vibração em conjunto tem uma potência poderosa.

Afonso permanecia no quarto de Estela feito um prisioneiro.

Ela ainda não confiava nele e assim permaneceria até que algo se alterasse.

Tentando manter-se equilibrado, o jovem mantinha sua mente alerta e serena. A dor pungente em seu coração ainda persistia, mas teria que conviver com isso. Em dado momento, ouviu o som da voz de Estela em completa alteração. Ela falava ao telefone e gritava com seu interlocutor. Ainda furiosa, entrou subitamente no quarto e deparou-se com Afonso à sua frente.

— Seus amigos estão tentando me encurralar, mas não obterão êxito. Eles, efetivamente, não me conhecem tão bem para imaginar que seria presa fácil. Acredita que terei que conversar com um policial sobre uma tentativa de morte ao meu próprio irmão? — Ela ostentava um ar de deboche. — Jamais seria capaz disso! — Disse gargalhando. — Ele, Betina, aquele médico insuportável! Terei que responder a todas as acusações!

Porém, desta vez, Afonso percebeu algo no tom de voz de Estela que mostrava seu nervosismo ou, talvez, estivesse mentindo. Pensou em Betina e Ricardo e a dúvida imperou. E se Estela mentira acerca dos fatos que dissera? Apesar de não conseguir acessar o mundo exterior, sua mente detectava tudo o que ela tentava ocultar. E, neste momento, constatou que ela o enganara sobre a morte dos dois. Uma certeza abarcou todo seu ser e, pela primeira vez, percebeu que ainda estava no controle da sua mente. E perguntou a ela:

— Por que está mentindo para mim? Acredita que é mais poderosa que eu? Sempre dominei o controle da minha mente, não sei por que há bem pouco tempo duvidei disso. Talvez estivesse sensibilizado ao extremo com a perspectiva que me apresentou. Como fui tolo! No quesito sagacidade, você me venceu. Porém por pouco tempo. — Foi caminhando em sua direção. — Por que age de forma tão sórdida? Como pretende conquistar meu respeito e amor, agindo de maneira tão vil? Você é uma mulher com tantos atributos, mas lhe falta algo essencial: a decência.

Estela o esbofeteou com toda sua fúria:

— Você continua ingênuo e fraco! — Vociferou ela.

— Onde está o livro? — Ele nem se abalou e continuou caminhando até ela. Segurou seus braços com energia e, novamente, fez a pergunta: — Onde está o livro?

— Em meu domínio. Jamais o terá de volta. Agora, solte-me ou vou gritar.

— Faça isso. Não tenho medo de nada e sabe disso. Se eu estou aqui foi por um propósito e, desde que ele não existe mais, irei embora. Mas levarei o livro comigo. — Havia uma força em suas palavras que Estela se retraiu por alguns instantes apenas:

— Não irá a nenhum lugar, meu querido. Nem você, nem o livro sairão daqui. Ainda não conseguiu entender? — Disse ela ostentando um sorriso cínico.

— Por que quis me enganar? Por que insiste em me fazer sofrer? Você sabia que eu ficaria consternado com a morte de Betina e, mesmo assim, persistiu com essa mentira! Eu deixei tudo lá fora para me dedicar a você, pensando que poderia salvá-la. Em algum momento, isso pareceu possível. Mas não creio que queira ser salva!

— Não quero, nem tampouco necessito ser salva! — A ira impregnava cada palavra.

— Você enlouqueceu, Estela. Realmente, não saberia como ajudá-la. Ultrapassou todos os limites, desprezou todos os sinais que a vida lhe enviou e começou a cometer erros. Betina e Ricardo estão vivos? Quero ouvir de sua própria boca! — A firmeza das suas palavras a perturbou ainda mais.

— Cale-se! Você fez uma escolha e está aqui agora. Sei que sua lealdade jamais o trairá. Ficará comigo! — Seu olhar fixou-se no dele e ela leu tudo o que ele continha. — Sei que não me ama, mas podemos ser felizes! — Havia uma súplica velada.

— Como? Somos tão diferentes, fazemos escolhas diversas o tempo todo, nossos interesses jamais serão os mesmos, simplesmente, porque você ainda insiste em seguir o caminho sombrio. Eu escolhi a luz! E é esse o rumo de que gostaria que me acompanhasse. Seria capaz de abdicar de tudo por mim? – Ela baixou seu olhar e permaneceu calada. – Como quer que a acompanhe? Esqueça o livro, Edan, todos que lá fora se encontram! Eu ficarei ao teu lado, se assim escolher! – O olhar de Afonso era límpido e transparente.

– Não foi isso que sonhei para minha vida! Quero o livro mais do que tudo!

– Mais do que eu? – Ele estava tão próximo que podia ouvir a respiração entrecortada dela. – Você foi impulsionada a buscar esse livro por Edan, que o deseja como um troféu. Apenas isso! Foi manipulada por ele em sua insaciável busca e esqueceu-se do essencial: de você! Quando se permitiu viver um momento de paz? Amar e ser amada? – Ela continuava silenciosa e ele persistiu em seu discurso. Não sabia qual seria o desfecho, mas seu coração o determinava a agir dessa maneira. – Acredita realmente que esse livro lhe dará um poder atemporal? Não seja ingênua, Estela. Já lhe disse que sem as condutas retas e dignas, esse livro não proporcionará poder algum a quem se julgue merecedor!

Neste momento, Edan interferiu e vários objetos caíram ao chão. Afonso sentiu todo poder daquele ser, experimentando uma dor atroz em seu peito, como se uma adaga o ferisse mortalmente. Ele pôde ouvir: *"Cale-se, não irá convencê-la de nada! Ela é e sempre será leal!"*. Edan voltou-se para Estela e disse: *"O livro lhe pertence!"*

Estela sentiu-se novamente no controle da situação e, olhando com pesar para o jovem, proferiu:

– Pensei que pudéssemos fazer uma parceria, mas de acordo com meus propósitos, não com os seus. – A frieza retornara a ela.

– Uma parceria, como denomina, deve visar os interesses de ambos, não apenas o de um. O que você sempre desejou era satisfazer apenas aos seus interesses.

– Ainda necessito de você, meu caro. – Foi até um cofre, abriu-o e pegou o livro com todo cuidado. Colocou-o sobre uma mesa e disse: – Não é lindo? – Porém, ao abri-lo, viu que todas as páginas estavam em branco. Inconformada, passou a folhear com rapidez e não encontrou uma só página escrita. Virou-se com toda fúria para o jovem já em total desespero: – O que você fez? Qual foi a magia? Vamos, fale!

Afonso nada compreendeu e se aproximou para observar o misterioso livro. Ele constatou que era exatamente o mesmo que Laurita lhe entregara, o mesmo que ele guardara em seu cofre, o mesmo que manuseava no momento. Não entendia as razões de ela estar tão exaltada.

– Esse é o livro sagrado. Exatamente o que estava com Laurita.

– O que fez com ele? Por que não consigo ver nenhuma palavra escrita? – Ela pegou uma adaga e se aproximou dele com o ódio no olhar. – Pare de brincar comigo ou eu o mato agora mesmo! Não sei qual a magia que fez, mas exijo que desfaça imediatamente!

– Não sei do que está falando, Estela. Sinto muito! Não sei que língua é essa, mas alguém poderá decifrar para você. É o livro que estava escondido. Por que fala desse jeito?

– Veja! Não há nada escrito nele! Só pode ser magia feita por aquela estúpida! Edan não vai me perdoar por isso! Vamos, desfaça o que ela fez! Agora ou não sei do que sou capaz!

O jovem se aproximou e exclamou:

– Você está transtornada, Estela. Impossível não ver os caracteres escritos! Acalme-se!

– Você é exatamente igual a todos os outros! Não merece minha compaixão, nem tampouco meu amor! Tudo isso é obra sua, impedindo-me de acessar o que poderia me conferir o poder supremo. Eu te odeio! – E partiu em sua direção em total desequilíbrio, tentando feri-lo. Afonso procurou segurar sua mão, mas, antes disso acontecer, ela desferiu um golpe em seu peito. Ele sentiu uma dor lancinante e caiu ao chão.

Quando ela percebeu o que fez, começou a gritar e um dos seguranças entrou no quarto, vendo aquele jovem caído e sangrando.

— Faça alguma coisa, rápido.

— O que aconteceu? Ele tentou feri-la? — Perguntou ele de arma em punho.

— Cale-se! Coloque-o em minha cama! — E segurando a mão de Afonso, dizia entre lágrimas: — Jamais tive a intenção de machucá-lo! Me perdoe!

Afonso sentia o líquido quente escorrer por seu peito. Ela o ferira! Como fora capaz de tal ato? Tentava respirar, mas a dor o impedia. O homem avaliou as condições dele e falou:

— Ele precisa ir para um hospital. Está sangrando muito, senhora.

— Não! Faça o que puder por ele! Não podemos levá-lo. Há muito em jogo! Cuide dele!

Estela andava de um lado a outro, esforçando-se para se acalmar e colocar as ideias em ordem. O que acabara de fazer poderia custar a sua liberdade. Por que agira com tanta impulsividade? Jamais pensou em feri-lo de fato. Ele era seu amor, como fizera isso? A culpa a corroía e, enquanto o segurança tentava auxiliar Afonso, ela parecia inconformada com seu gesto. O homem fez um curativo, mas alertou-a novamente:

— Esse jovem precisa ir até um hospital. E se ele morrer aqui? O que a senhora pretende fazer? Quais as explicações para que isso tenha ocorrido?

— Pensarei quando for a hora. Agora saia, deixe-nos a sós. — Logo que o homem saiu, ela trancou a porta e se aproximou da cama. — Não deixarei que nada de mal lhe aconteça. Você é meu amor! Vou cuidar de você!

Capítulo 39

ESCOLHAS DO CORAÇÃO

Os quatro se encontravam em casa de Afonso quando Laurita e Betina se entreolharam sentindo que algo acontecera com ele. Ambas experimentaram uma sensação de desconforto, como se algo funesto acabasse de ocorrer.

— Afonso corre perigo! Eu sei! — As lágrimas escorriam pelo rosto de Betina.

— Sinto o mesmo! — A aflição já dominava Laurita. — Não há nada que possamos fazer?

— Vou até lá! Preciso vê-lo! — Betina se preparava para sair, quando Ricardo a deteve.

— Calma, minha querida. Não podemos invadir a casa de Estela e sabe disso. Temos que esperar que a polícia vá até lá e se certifique de que Afonso está lá por opção e não por coação. Ele sabe como lidar com ela. Não perca sua esperança de que tudo ficará bem.

— E algo acaba bem quando o assunto é Estela? Eu poderia não estar aqui se não fossem vocês dois! Ela é pérfida e capaz dos truques mais sórdidos para escapar impune. Sabemos de que armas ela se utiliza, Ricardo. Não confio nela.

— Procure ficar serena, em equilíbrio, só assim saberá o que está acontecendo. Percebo que nossos amigos espirituais já estão providenciando novas ações para resolver essa intrincada questão. Eles precisam de nossas vibrações positivas, mas se a preocupação imperar, o que ofereceremos a eles? Vamos manter o foco. Afonso precisa de nossa esperança, confiança e paz íntima, tudo o que, infelizmente, está distante de nós neste momento. — A serenidade o acompanhava e Vitória completou:

— Sabemos que tudo isso é complexo demais. Porém cabe a nós administrarmos a situação. Muitas coisas sequer podem ser ditas, pois nos julgariam desprovidos de sanidade. Temos que ter cautela e tato. Para isso, é primordial que avaliemos os fatos com os olhos da razão, que devem imperar. Se alguém me contasse sobre um livro, sobre pessoas que aqui se encontram para proteger esse objeto, iria acreditar que se tratava de alguém com a mente superexcitada ou mesmo criativa demais. Jamais poderia imaginar que eu mesma faria parte deste grupo. Sei que isso estava fadado a ocorrer e tudo conspirou para que assim fosse. Afonso é uma criatura dotada de uma sensibilidade que jamais pude observar, capaz de prodígios que sequer acreditava serem possíveis. E em meio a tudo isso, percebemos que a luta entre o bem e o mal, que sempre imperou, ainda persiste. Infelizmente, o preço para se obter a paz é elevado e nosso querido Afonso sabe disso. Ele não está lá apenas para proteger esse livro ou você, Betina. Ele acredita que conseguirá plantar uma semente no coração pouco fértil de Estela e, talvez, reconduzi-la ao caminho que ela se esquivou tempos atrás. Ele confia que isso seja possível e, se decidiu ficar lá, nada podemos fazer a não ser orar, rogando que a luz jamais se aparte dele, pois será isso que Estela tentará fazer. Ricardo está certo, ele necessita de nosso apoio incondicional, pois é ele quem está no comando. Sempre foi assim! Foi preparado para agir dessa maneira. Poderia ter tudo ainda nebuloso, pois a reencarnação o entorpeceu até então, impedindo-o de assumir suas tarefas programadas. Para isso, a espiritualidade se incumbiu de nos reunir, para sermos o seu suporte, a sua sustentação nas lutas que teria que enfrentar. Sei do imenso amor que ambas nutrem por ele, que não é diferente do nosso. – E sorriu para Ricardo. – Você, meu querido, foi peça chave na resolução desse enigma. Nossos amigos sabiam que poderiam contar com você e, em nenhum momento, você os decepcionou. Um laço que, aparentemente, parecia rompido no passado foi religado e, hoje, Afonso deposita em você toda confiança. Especialmente neste momento tenso que estamos enfrentando. A razão falaria mais alto, e essa só poderia ser conduzida por você. – Seus olhos estavam marejados e a emoção se fez presente. – Sei o que está pensando, meu querido e discordo. Você faria tudo isso novamente, mesmo que eu não estivesse ao seu lado. Mas quis o destino que nosso amor falasse mais alto. Esperamos tanto tempo por isso! – Ele a abraçou, também emocionado. – O que eu quero dizer com todo esse discurso é que temos de respeitar a escolha que ele fizer, independentemente se não for a que aprovaríamos. Ele corre perigo ao lado dela, isso é fato. Porém ele a conhece melhor do que nós. Confiemos nele e cuidemos do que nos compete. Laurita, acalma teu coração e faça o que ele lhe pediu mentalmente: confie nele. Betina, minha querida, nada acontece que não tenha um propósito. Estamos falando de Afonso, um ser iluminado, que conhece profundamente a essência humana e, principalmente, que sabe qual é a sua tarefa, quando a maioria de nós ainda desconhece a que veio nesta encarnação. Tranquilize seu mundo íntimo e procure se reconectar a ele, oferecendo-lhe seu mais puro amor. E digo o mesmo a você, Laurita.

— Eu esperava que pudéssemos ficar juntos finalmente. Sabe quanto tempo o esperei?

— Sei, minha querida. E tudo teve uma razão, pois o Pai não brinca com seus filhos. Tudo segue um caminho devidamente traçado tendo como objetivo o bem comum. Neste caso, visando a paz entre os homens. Uma batalha realizada em duas dimensões, a material e a espiritual, que se interagem a todo instante. Estela está sob o domínio de uma entidade vingativa, porém de um intelecto privilegiado, como bem sabemos. Ele arquiteta, de forma primorosa, cada ação, e nossa amiga é receptiva às suas ordens. Afonso sempre foi seu objetivo maior, só há bem pouco tempo essa informação chegou aos meus ouvidos, ainda tão inexperientes. O livro sempre foi o pretexto, mesmo que, para Estela, esse era seu objetivo primordial. Afonso agora está lá, aparentemente, desprotegido, pois nenhum de nós tem acesso a ele, como se um bloqueio poderoso impedisse nossa aproximação. Mas ele jamais estará só, confiem. Se tudo faz parte de uma grande tarefa, muitos se mobilizaram para que isso pudesse se concretizar. Então onde está nossa fé? A amizade sempre nos manteve unidos, desde os tempos mais remotos. E ela será eterna, tantas vidas nós vivermos! — Uma luz intensa envolvia Vitória. Leonora a abraçava, estimulando-a a prosseguir, elevando os ânimos e mantendo-os conectados a energias superiores, pois só assim as ações seriam favoráveis.

— *Boa menina, sempre atenta ao essencial! Obrigada*! — Um novo abraço e partiu para sua nova e preocupante tarefa. Muito ainda poderia ocorrer.

— Peço a todos que fiquem mais unidos do que sempre fomos! É imperioso que assim seja. Não me perguntem a razão, pois não saberia responder.

— Tem razão, querida. Era isso que tentava dizer, mas seu discurso foi mais que providencial. Creio que precisamos descansar um pouco. Apenas algumas horas serão suficientes. Afonso precisará de nosso apoio em breve.

— Tenho tanto medo de perdê-lo! Não sabem o quanto ele é importante para mim. Me perdoe, Laurita, sei o quanto o ama e quanto já abdicou desse amor. Afonso, para mim, é meu porto seguro, meu esteio, que somente há bem pouco tempo pude usufruir. E se ela o ferir mortalmente? — As lágrimas escorreram livremente.

— Não deixaremos isso acontecer, Betina. — Ricardo a estreitou em seus braços e ela assim ficou até que toda angústia se acalmasse.

Os quatro amigos lá permaneceram até a noite chegar. Algumas horas de sono, apenas, foram suficientes para apaziguar os ânimos e reequilibrar as energias.

Por volta das sete horas da noite, Ricardo recebeu um telefonema de um investigador que dizia estar averiguando o sequestro de Betina. Queriam mais informações e pediu que comparecessem à delegacia para novos esclarecimentos.

Ele, Vitória e Betina seguiram para a delegacia, enquanto Laurita se manteve em casa, aguardando as notícias. A jovem procurava a serenidade e, para isso, entrou em profunda prece. Conforme orava, a paz passava a habitar seu coração. Lembrou-se daquela entidade vingativa que teria sido seu pai e, hoje, talvez o causador de toda discórdia e disseminação do mal. Ele dissera que ela o traíra e procurou acessar seu passado como nunca fizera. As lembranças foram surgindo de forma gradual. Viu-se numa época muito antiga. Seu pai era um dos guardiões do livro, porém desejava muito mais do que isso. Afonso era um iniciado, conhecendo profundamente o teor daquele livro em função das virtudes já conquistadas e assimiladas. Seus pais detinham o poder maior entre os guardiões, zelando pela sua segurança e proteção. O próximo protetor do livro seria Afonso. Edan, assim ele se chamava nessa vida, rebelou-se e achou injusto passar tal responsabilidade a um jovem que ele não considerava apto a tal função. Uniu-se a seres tão ambiciosos quanto ele, planejaram roubar o livro e fugir de lá. Mas seu plano falhou, mortes indevidas ocorreram, muito sangue foi derramado em nome de um poder supremo que jamais se conquistou. O grupo foi preso, julgado e a punição, prescrita. Decretaram a sentença de morte e Afonso compunha o júri. Laurita era apaixonada por ele, porém foi expulsa da comunidade. No entanto Edan sempre julgou que ela o traíra, visando apenas sua felicidade. O que ele não soube foi que os dois não ficaram juntos. Afonso tinha sua tarefa a desempenhar e não poderia abdicar disso para viver seu grande amor. Laurita, por sua vez, além de perder o pai, não pôde viver seu amor, sendo banida para um território distante, onde viveu até o fim dos seus dias em total solidão. Tudo isso Edan se negava a ver, acreditando ser obra de magia ou ilusão. Jamais a perdoou e a ele também. Tudo foi recordado em sua tela mental como um filme. As lágrimas escorriam sem que ela pudesse impedir. Queria tanto que Edan aceitasse a verdade dos fatos, não aquilo que sua mente criara para se defender de todo sofrimento que sempre o acompanhou.

— Meu pai, como queria que acreditasse que nunca o traí! Perdoe-me pelo sofrimento que lhe causei, mesmo que de forma indireta. Todos esses séculos e ainda mantém tanto ódio em seu coração! Sinto tanto! Onde estiver, me perdoe!

Edan a tudo observava, distante de lá, mas ainda estava reticente a aceitar esses fatos que a filha acabara de recordar. Julian estaria por trás, tinha certeza. Tudo para proteger aquele insuportável! Por que tinha de ser assim? O ódio impregnava todo seu ser e não iria permitir que Afonso novamente fosse o vencedor.

Uma ideia surgiu em sua mente doentia e seu olhar se iluminou. Para isso, precisava de Estela. Ela jamais lhe negaria algo. Era fiel!

Em casa de Estela, após o incidente trágico, ela ficou ao lado de Afonso, prometendo cuidar dele. O jovem estava deitado, sentindo sua camisa molhada. A dor parecia percorrer todo seu corpo e ele gemia.

— Estela, vai me deixar morrer? – Perguntou ele com a voz baixa, procurando reter as energias que lhe restavam.

— Não, querido. Vou cuidar de você. Ficará bem, não se preocupe.

— Preciso ir para um hospital. Acredite em mim.

— Não! Se for, você não voltará mais, tenho certeza. Depois de tudo o que fiz, não vou te perder!

— Seja razoável, você me quer ao seu lado vivo. Ou pelo menos chame um médico. Dói demais! – Ele contraía seu rosto o que a deixou preocupada.

Estela fez uma ligação e, em seguida, disse:

— Um médico virá te ver. Vou lhe dar algo. – Pegou uma caixa, retirou duas pílulas e o fez ingeri-las. – Isso vai amenizar sua dor, confie em mim.

Instantes depois, Afonso adormeceu. Neste ínterim, Edan tentava acessar sua mente, pedindo que ela fosse até seu quarto. Estela obedeceu e entrou naquele lugar sombrio, onde ambos se conectavam mentalmente.

— *Preciso que me faça algo. É impreterível que aja exatamente como estou ordenando. Deixe suas emoções para depois. Quero que o traga até mim!* – Disse Edan.

— O que você deseja exatamente? – Ela não queria aceitar o que ele lhe ordenava.

— *Você entendeu muito bem! Quero Afonso em meus domínios, de forma definitiva.*

Estela enrijeceu seu corpo. O que ele estava lhe pedindo? Que matasse Afonso? Pois só assim ele o teria em seu mundo lúgubre e tenebroso. Sabia que ela o amava, como poderia pedir-lhe tal absurdo? Era totalmente descabida a sua ordem!

Edan sentiu que Estela estava vacilante e a instigou:

— *Você foi capaz de fazer isso ao seu próprio irmão! Como ousa me desafiar? Ele não merece minha clemência, nem tampouco a sua! Você sempre foi leal a mim! Tudo o que obteve nesta existência deve a mim! Eu o quero aqui, entendeu bem? Vai renunciar a tudo que já conquistou?* – Ele esbravejava.

– Ele é o livro vivo que você tanto desejou! Por que tirá-lo de mim? – Ela tentava argumentar, intercedendo por sua vida.

– *Porque eu o quero aqui ao meu lado, ou melhor, submisso a mim! Eles irão entender quem possui realmente o poder supremo!*

– Não posso fazer isso! Essa foi a única chance de tê-lo ao meu lado! – Seus olhos estavam marejados.

– *Deixe de ser uma tola sentimental. Ele jamais será seu, minha querida. Ainda não entendeu essa verdade? Você não o merece, por isso jamais o terá! Você é como eu! Acredita que ele ficará quanto tempo ao seu lado?* – Edan viu que ela relutava, mas que entendera a sua mensagem. Afonso jamais seria seu, porque ele pertencia a uma outra categoria de criaturas: abnegadas, devotadas a uma causa nobre, em que o amor, a virtude maior, sempre sairia vencedor. – *Vamos, faça o que tem que ser feito, antes que eu mesmo o faça. Quero continuar confiando em você. Sabe o que tem que fazer?* – Ela assentiu. – *Quando tudo estiver consumado, você terá uma surpresa.*

Estela fez tudo conforme ele lhe ordenara, de forma mecânica, tentando não pensar nas ações que iria empreender. Para que dispendera tanto trabalho, tanto esforço se, no final das contas, seu prêmio maior lhe seria surrupiado? A indignação assomou, porém ela não poderia esquecer que Edan é quem realmente imperava. Ele era seu mestre e lhe dedicaria seu respeito e obediência. Enxugou as lágrimas e olhava o líquido escuro no copo em suas mãos. Seria rápido e indolor, assim esperava. Não queria que ele sofresse. Sentiu o peso do mundo como jamais sentira. Lembrou-se do irmão e, novamente, a culpa assomou. Ela o amava, mas Edan não iria tolerar traição. Atentou contra ele duas vezes e não teve êxito em nenhuma delas. Pelo menos, Diego estava vivo por enquanto. Sabia que teria que eliminá-lo por tudo o que ele lhe fizera. Mesmo assim, sentiu uma dor pungente em seu coração. Com Afonso, não teria a mesma chance que o irmão tivera, pois o líquido que ela preparara era uma poção letal. Ele não sobreviveria àquela dose. Saiu do quarto escuro e satânico e olhou o rapaz dormindo. Aproximou-se dele e tocou seu braço suavemente.

— Afonso, beba, isso vai lhe fazer bem. — Disse ela com a voz lúgubre.

Ele sentou-se na cama com dificuldade e olhou fixamente para ela. Foi quando percebeu o que ela desejava. Sentiu-se infinitamente triste e perguntou:

— É exatamente o que deseja que eu faça?

— Isso vai te ajudar a se sentir melhor. — Disse ela incomodada.

— Nós dois sabemos o que vai acontecer, Estela. Foi ele quem te pediu tal coisa?

— Não sei o que você quer dizer com isso. É apenas uma poção para amenizar as dores. Por que está fazendo tantas perguntas? Tome, é para o seu bem.

Afonso pegou o copo em suas mãos ainda insistindo:

— Sabe que, se eu beber, tudo será consumado. Novamente! — Os olhos magnéticos de Afonso estavam tristes, porém não demonstravam temor algum. Ele fixou seus olhos nos dela e Estela pôde ver o mesmo olhar daquele fatídico momento, séculos atrás. Sentiu a mesma firmeza, força, coragem, resignação, decepção, tudo ao mesmo tempo.

— Por favor, não dificulte ainda mais. — E desviou o olhar.

— Saiba que tentei fazer tudo diferente desta vez. Queria muito te ajudar a sair desse mundo sombrio. Mas você ainda insiste em permanecer nele. Não vou lutar, apenas aceitarei meu destino. Espero que esse sacrifício faça com que você repense suas ações. — Quando estava levando o copo aos lábios, ela, num ímpeto, o tirou das suas mãos. E chorou como nunca fizera antes. Afonso a abraçou e assim permaneceram.

— Sabia que você não me decepcionaria. Tudo vai ficar bem!

— Não, Edan não me perdoará por esse gesto insensato. Nada ficará bem novamente!

Neste momento, seu celular tocou. Ela ouviu atentamente o que o interlocutor lhe dizia e suas feições iam empalidecendo conforme o tempo passava. Conversaram por alguns minutos e, quando ela desligou, disse secamente:

— Pode ir! Nada mais o prende aqui. Vá embora antes que eles cheguem. — Ela caminhava pelo quarto em total aflição.

— O que aconteceu? — Afonso estava curioso.

— Tudo acabou, querido. Cometi muitos equívocos e terei que pagar por eles, não é assim que se diz? — Deu uma gargalhada. — Fim da linha para mim. A polícia quer falar comigo. Uma das acusações é retê-lo aqui por coação. — Nova gargalhada histérica.

— Estou aqui porque quero.

— Sabe que não é verdade. Quer que eu chame seus amigos? Não desejo ser acusada de mais um crime se algo lhe acontecer.

— Acalme-se, Estela. Tudo pode ser resolvido com um bom advogado. — Conforme ele falava, contraía seu semblante. O sangramento parecia ter estancado, mas sentia-se cada vez mais fraco, seu corpo estava quente, talvez pela febre. Queria apenas fechar os olhos e dormir. Mas ainda não podia. Estela precisava dele. Juntando todas as suas energias, ele disse: — Não faça nada que vá se arrepender depois. Conte toda a verdade à polícia. Você sequestrou Betina, mas não tinha intenção de feri-la. Com relação a Diego, estava lá e vi o que realmente poderia ter acontecido. Quanto a mim, ninguém está me coagindo a nada. — A serenidade dele a irritava.

— Você viu o que está me dizendo? Quer que eu fale toda a verdade?

— Naturalmente, pois, dessa forma, terá um julgamento e a justiça será feita. Você já cometeu delitos demais e responderá por eles. Só assim nos libertamos de nossos erros e crescemos: corrigindo nossas falhas, aprendendo com nossos equívocos e procurando fazer a escolha certa. Isso acontece com todos os seres da criação, não seria diferente com você, Estela.

— Faz parecer tudo tão simples, no entanto é minha vida que está em jogo. Meu lado profissional devastado! Meu irmão me traiu entregando-me aos lobos. Serei acusada de vários crimes. Acredita que vou me entregar para ser imolada? — Havia tanta dor em seu olhar que Afonso sentiu o quanto ela estava vulnerável.

— O que esperava com todas as suas ações ilícitas?

— Pare de me julgar! Você é meu inquisidor? Reconheço meus delitos, porém não me sinto preparada para quitá-los. — O desespero assomou: — Não irei ser presa, ouviu bem? Ninguém me manterá prisioneira! Jamais!

Naquele momento, o segurança a chamou e disse que a polícia se encontrava à sua espera para fazer algumas perguntas. Ela abriu a porta e, com toda prepotência e controle, respondeu:

— Peça para esperar que desço em seguida! Vá! — Fechou a porta com fúria, andando de um lado a outro. — Não posso sair daqui! — Estava em total desequilíbrio.

Edan, por sua vez, acessava sua mente e dizia:

— *Você me desobedeceu, deixou-o viver. Mas eu não permitirei! Eu mesmo o trarei até aqui. E você não poderá me impedir!* — No mesmo instante, Afonso começou a sentir uma pressão em seu pescoço, cada vez aumentando mais, como se alguém o sufocasse.

Estela viu o desespero do rapaz e o pânico se instalou.

— Pare com isso! Você não fará mais mal a ele! Não consentirei!

— *Ele irá morrer e você não poderá impedir. Sou mais forte que você! Eu ensinei tudo que sabe! Você continuará a me servir até quando eu quiser!*

— Não, Edan. Você só está em meu mundo porque eu quero! Mas se esse é o preço que terei que pagar... — Pegou o copo que preparara para Afonso e ingeriu de um gole só. O veneno desceu por sua garganta e tudo já estava feito.

Um grito estridente pôde ser ouvido.

– *Não! Sua irresponsável! Olha o que você fez! Eu precisava de você! Sua traidora!* – Edan não se continha em sua fúria insana.

Estela acudiu Afonso e ajudou-o a se deitar na cama.

– Você ficará bem, meu amor! Ele jamais irá te perturbar. Tudo só era possível através de mim. Nada mais acontecerá! Estou partindo!

Afonso viu o copo no chão e só então se deu conta do que Estela acabara de fazer. Ela decidira interromper o ciclo de maldades há tanto tempo iniciado. Tudo por ele! Jamais imaginara que fosse capaz disso! Renunciar a todo seu poder, glória, sucesso, apenas para protegê-lo! Um gesto nobre e altruísta!

– Tudo poderia ter sido diferente, Estela. Por que fez isso?

– Por você apenas! Jamais irá compreender meus atos, minha busca insaciável pelo poder. Não você! – Ela sentia que seu corpo ficava pesado pelo efeito do veneno.

– Vamos pedir ajuda! O que você ingeriu? Deve haver algo que se possa fazer! – Seus olhos estavam marejados. Ela sorriu e disse:

– Não, querido. Nada pode ser feito. Peço apenas que fique ao meu lado! Tenho medo do que irei encontrar! – O temor a invadiu e ela o abraçou com todas as forças que lhe restavam. – Fique comigo, não permita que me levem para ele! Por favor! – A súplica o sensibilizou, a emoção já predominando.

– Não permitirei que Edan a leve até seus domínios. Eu prometo! – Afonso a abraçava e, mentalmente, acessava seus amigos espirituais para que o auxiliassem. Fechou seus olhos e, numa prece sentida, disse: – Pai, mãe, olhem por Estela. Essa nossa irmã querida descobriu que apenas a luz é capaz de dissipar as trevas da nossa inferioridade. Ela aprendeu que o amor verdadeiro supera todas as dissensões e nos liberta do peso do egoísmo, que insiste em prevalecer. Seu gesto foi generoso, seu amor predominou o qual eu suplico que a envolva neste derradeiro momento em que encerramos um ciclo para iniciar outro, desta vez com a companhia da luz! Nossos caminhos não se interrompem aqui, pois ainda há muita estrada para percorrer e desejo imensamente que, um dia, ela possa me acompanhar os passos, nessa trajetória infinita que é nossa evolução. Peço que a recebam com todo amor, o mesmo que o pai acolheu o filho pródigo quando ele retornou ao seu amoroso colo protetor. Uma filha querida que reconheceu que apenas o amor cobre a multidão de pecados. Meu pai e minha mãe façam por ela o que fariam por mim, este imperfeito filho que ainda tem muito a aprender. Não permitam que Edan a envolva em seus ímpetos de vingança, esse filho ainda reconhecerá que o poder maior vem de Deus, apenas Dele! – Conforme ele proferia a sentida prece, Leonora e Julian se aproximaram e envolveram aquele quarto numa cúpula protetora feita de fluidos sutis, não permitindo que energias inferiores lá adentrassem. Afonso sentiu a presença dos dois espíritos e sorriu dizendo: – Fique tranquila, minha querida. Eles já estão aqui e a conduzirão.

Estela sentiu suas forças se esvaírem, como se uma conexão estivesse prestes a romper. E era isso que, efetivamente, acontecia, o rompimento dos laços que a prendiam nesta encarnação. Ela ouviu as palavras doces e amorosas e seu coração se enterneceu como nunca ocorrera antes. As lágrimas já não podiam ser contidas e ela segurava fortemente a mão de Afonso. Num gesto derradeiro, ela proferiu:

– Me perdoe por tudo! Se um dia puder compreender as razões dessa minha obsessão por você e esse livro, por favor, me esclareça. Sei apenas que nunca senti o que meu coração traz em seu íntimo agora. Jamais tive paz, querido! Em nenhum momento de toda minha existência, experimentei o que estou apreciando agora. Perdoe-me para que eu possa seguir em frente. Sem isso, jamais acalentarei a paz em meu coração. Você sempre foi um anjo inacessível, só agora tenho consciência dessa verdade. De maneira nenhuma, poderia caminhar ao seu lado. Só agora compreendi isso! Que eu possa, um dia, aprender as lições que desprezei até hoje. Tenho tanto medo! Me abrace forte! – Ela, aos poucos, despedia-se deste mundo material, aquele que a enfeitiçou por tantos séculos com promessas ilusórias de poder e glória. Afonso percebia que os laços estavam sendo rompidos e a abraçou com todas as forças que lhe restavam, com a emoção dominando.

– Siga em paz, minha querida. Leve meu amor com você! E perdoe minha incompreensão!

– Era tudo o que eu sonhei! Estar com você neste momento! – Seus olhos materiais se fecharam e Julian a acolheu em seus braços com todo seu amor, sendo acompanhado de Leonora, que seguiram para outras esferas, levando um espírito redimido, após tantos séculos de iniquidades. Outros companheiros da luz a acompanharam, em especial um que chorava de emoção, dizendo:

– *Filha querida, quanto tempo esperei por este momento!* – Era o pai de Laurita nesta derradeira encarnação que não teve tempo para reencontrá-la enquanto aqui esteve.

– *Ela será amparada, meu amigo. Venha conosco!* – E todos seguiram neste cortejo amparados pela luz e pelo amor infinito do Pai Maior.

Afonso sentiu que ela partira, mas permaneceu abraçado a ela, sentindo suas forças se esvaírem. Foi assim que os policiais os encontraram minutos depois, após esperarem por Estela. Jamais poderiam imaginar tal cena. Um silêncio sepulcral envolvia os dois.

Os policiais agiram rapidamente e o socorro foi acionado. Constataram que Afonso ainda vivia, o que não sucedeu com Estela.

A informação chegou aos quatro amigos momentos depois, quando o jovem já estava no hospital. Seu quadro parecia grave e foi direto para cirurgia, para angústia do grupo, que ficou todo tempo esperando notícias.

Quando Afonso abriu seus olhos no dia seguinte, viu a figura de Betina sorridente à sua frente:

— Você está bem! Como eu supunha! — Disse ele com um sorriso.

— Meu irmão querido, que bom tê-lo de volta! — Beijou seu rosto. Ele a puxou para perto de si e a abraçou com todo seu amor.

— Eu prometi que cuidaria de você, lembra-se? — Falou ele mantendo-a em seus braços.

— Eu jamais esqueci! — A emoção predominou em todos.

— Estela partiu deste mundo, mas levou consigo a semente do amor. Era essa minha maior tarefa nesta vida. Ela seguiu em paz!

— Quando estiver melhor, conte-nos como tudo aconteceu. Foi necessária uma cirurgia e precisa de repouso. — Alertou Ricardo, o médico, com um sorriso.

— Estão todos bem? — Perguntou Afonso olhando para cada um em especial. — Parece que fiquei dormindo por tanto tempo! Diego já sabe de Estela?

— Betina já lhe contou parte da história, aquela que ela sabia. — Proferiu Ricardo.

— Foram momentos tensos. — E tocou seu peito. As lembranças assomaram de forma plena e ele expressou com os olhos marejados: — Estela salvou minha vida. À sua maneira, mas, pela primeira vez, pensou em outro ser que não fosse ela mesma. Um ato nobre! — Calou-se, pois a emoção predominou. Em poucas palavras, relatou tudo o que viveu naquele fatídico dia ao lado dela. Ao término, todos estavam surpresos com o desfecho ocorrido. Laurita, até então, em silêncio, disse:

— Ela o amava verdadeiramente, caso contrário, jamais teria feito o que fez. Em todas as oportunidades de encarnação, foi-lhe dada a chance de acertar o passo, porém ela deixava seu orgulho assumir as rédeas de sua vida. Você era o troféu que ela almejava mais que tudo. No entanto nada fazia para merecer ficar ao seu lado. Creio que ela entendeu qual o significado de aqui estarmos em novos corpos, novas experiências, visando, em qualquer tempo, nossa própria evolução. Que Deus a acolha em seus amorosos braços e que ela possa, desta vez, aprender as lições que ainda desconhece. E nosso amigo? O que será dele? Teremos notícias suas mesmo sem Estela?

Todos ficaram silenciosos, refletindo sobre o fato de Edan não aceitar a derrota e retornar com todo ímpeto para um novo confronto.

— O tempo dirá, meus queridos. Enquanto isso, foquemos em nossas tarefas programadas anteriormente. Coloquemos em ação nosso potencial magnético, nossas ferramentas mediúnicas, visando transformar o mundo em que ora vivemos. Há muito trabalho na seara do Pai e aqui estamos para sermos instrumentos do amor maior. Quando tudo se acalmar, e espero que seja muito breve, convido todos vocês para conhecerem, com mais profundidade, a Doutrina dos Espíritos. Clarice me avisou que novos companheiros estavam chegando e que muitos corações seriam amparados e consolados. — Uma luz intensa envolvia Vitória. Leonora, que ao seu lado se encontrava ostentando um sorriso radiante, expressou pelos canais telepáticos: "Como dissemos, o livro foi apenas um pretexto para que todos se reunissem nesta encarnação, a fim de poderem, além de resolver as pendências deixadas de outras vidas, também se dedicar à prática das lições já assimiladas por todos. Sejam livros vivos da prática do amor, respeito, tolerância, perdão, humildade e aceitação. Aquele que já aprendeu a lição que seja o que irá ensinar a tantos outros o melhor caminho a seguir. Que Deus esteja com vocês!"

Vitória ficou emocionada com a mensagem e tentou repassá-la de forma integral. Afonso e Betina se entreolharam, sentindo todo o amor derramado naquelas simples e edificantes palavras, sabendo de quem provinha. Laurita pôde, assim como a médica, ter acesso às palavras sábias e amorosas de Leonora. Ricardo sentiu uma emoção intensa, fazendo seu coração transbordar de alegria. A entidade, antes de partir, envolvera-o em seu abraço, dizendo: *"Confiei a ti meus maiores tesouros, com a certeza de que jamais iria me decepcionar. Obrigada, meu bom e fiel amigo, que soube aproveitar as dificuldades para aprender a lição mais preciosa: a de aceitar-se e amar-se, procurando oferecer ao mundo sua melhor parte. Há muitas tarefas ainda a desempenhar e será a sustentação deste grupo. Aceite a tarefa, e seja feliz!"*

Em seguida, Leonora partiu, deixando um rastro de luz a envolver a cada um dos componentes do grupo.

— Aconteceu algo misterioso quando Estela pegou o livro e não encontrou palavra alguma escrita. Eu olhava e elas estavam lá, no entanto pareciam invisíveis aos olhos dela. O que pode ter ocorrido? — Perguntou Afonso curioso.

— Foi você mesmo quem disse que o livro somente teria valor para aqueles que já tivessem conquistado os valores morais que o tornariam digno dele. Estela ainda não reunia condições de acessar as informações nele contidas. Será isso? — Laurita disse.

— Se assim for, por que existem os guardiões desse sagrado livro, se ele não tem serventia aos que não o mereçam? — Perguntou Betina.

— Por via das dúvidas, vamos mantê-lo em local protegido, distante do olhar daqueles que ainda não saberiam como utilizá-lo! — Falou Afonso com firmeza.

— Bem, deixemos nosso amigo descansar. Ele estará fora daqui brevemente e teremos tempo para discutir essas questões. — Ricardo pegou a mão de Vitória e estavam saindo, quando Betina perguntou:

— Minha sessão da sexta-feira ainda está agendada?

— Creio que será melhor procurarem outro psiquiatra. Minha agenda está lotada para vocês. — Saiu rindo e voltou: — Além do que não precisam mais de um terapeuta! — Os dois saíram sorrindo e felizes.

— Vou deixá-los a sós, pois vocês estão distantes há tanto tempo, séculos para ser mais exata, e creio que tenham muito a falar. — Beijou Afonso e Laurita e saiu, indo ao encontro de Diego. Teria uma conversa delicada com ele.

Os dois ficaram sós e apenas trocaram olhares.

– Pensei que iria te perder. Novamente! – Disse ela olhando-o com carinho.

– Eu lhe pedi que confiasse em mim. Tudo ficaria bem! – Afonso estava sereno e em paz.

– Eu sei, mas temia que, novamente, nossos caminhos não mais se cruzassem. – Ela se aproximou e pegou sua mão. – Será desta vez? – Seus olhos brilhavam intensamente. – Agora merecemos ficar juntos?

– Mesmo distante, Laurita, você esteve sempre perto, só hoje reconheço. Vamos começar da forma certa? – Disse ele com ares sérios. – Posso conhecê-la melhor? Sinto que temos tanta coisa a viver e redescobrir. – E puxou-a para bem perto de si. – Você se ofenderia se eu a beijasse?

– Estava demorando! – Os dois se beijaram, selando nesta vida o reencontro há tanto tempo esperado.

Betina contou a Diego todos os eventos ocorridos. O jovem ainda estava convalescente, mas seu estado era cada dia mais satisfatório. Seu olhar refletia toda angústia que ele comportava. Teria um longo caminho para provar a Betina que seria digno dela, mas temia que ela não pudesse esperá-lo. Lendo o pensamento de Diego, a jovem sorriu:

– Sei que terá muito a provar, porém não a mim. Talvez precise fazer tudo o que está pensando por você mesmo. Só assim se libertará de todas as pendências que ainda o mantêm neste patamar de tanta dor. A paz será conquistada. No tempo certo!

– Você ficará ao meu lado me ensinando como fazer? – Havia dúvida em seus olhos.

– Desde que faça a parte que lhe compete, claro que estarei com você. – Ela o olhava com tanto carinho que ele sentiu a emoção querendo imperar.

– Você já me perdoou? – Ele perguntou.

Betina se aproximou e o beijou ternamente.

– Essa é a resposta!

EPÍLOGO

    As pessoas buscam incessantemente o poder, esquecendo-se de um detalhe de suma importância: estou apto a exercê-lo? Essa pergunta ninguém faz, pois seria admitir que, talvez, seja ainda precoce e temerário usufruir dele.
    Em nossa história, muitos a ele se voltaram ao longo dos séculos, numa busca insaciável e frenética, desejando incessantemente tê-lo em mãos para provarem sua superioridade e seu valor. Mas não encontraram o que tanto ansiavam, simplesmente, porque ainda não estavam aptos a possuí-lo. Ninguém perde o que ainda não conquistou, nenhum poder é surrupiado, como Edan declarava a altos brados, pois esse poder jamais lhe pertenceu de fato e por direito. E mantendo as posturas adotadas, dificilmente, o poder lhe chegaria nas mãos, por mais embates e confrontos que ele provocasse, por mais conluios e alianças que realizasse, pois não é, simplesmente, pelo nosso

querer que as coisas chegam até nós. Precisamos do trabalho, do esforço, da prática das virtudes que nosso mestre Jesus veio aqui nos ensinar, enfim, necessitamos de ações nobres, dignas e, principalmente, justas. Sim, a justiça é fator preponderante nesse caminhar.

Nossos personagens encarnados, inicialmente dispersos, cada um em busca da própria paz íntima, foram, ao longo do percurso, reconhecendo-se como antigos amigos, ligados pelos laços fraternos e pela lealdade de propósitos. Eles não apenas se encontraram, mas se reencontraram, restabelecendo os laços já existentes, mas que ainda estavam distantes. Não se conheceram, mas se reconheceram como irmãos de ideal, prontos para realizar as tarefas a eles designadas, fruto de uma programação pré-estabelecida muito antes de aqui chegarem. Entre dramas, dificuldades, fragilidades, uniram-se para que, juntos, pudessem prosseguir realizando o que havia sido estabelecido. Seguiram com suas tarefas, mas, desta vez, estavam fortalecidos pelo aprendizado realizado perante as dificuldades enfrentadas. E, certamente, foram felizes, pois a paz os acompanhou durante toda a jornada.

E Estela? Edan? Como prosseguiram suas jornadas? Foram amparados, esclarecidos? Sim, na medida do entendimento de cada um desses irmãos.

Estela foi acolhida por nossos amigos da luz, encaminhada à colônia de refazimento, porém ainda demorará longo tempo até ela assimilar sua nova condição. Foram tantos os delitos cometidos, os quais simplesmente não se apagam, simplesmente, porque assim desejamos. Teremos que quitar cada débito contraído, cada infração cometida contra a lei divina, levando o tempo que for necessário. E esse tempo denomina-se "despertar para os valores essenciais da vida". Para ressarcir uma dívida, devemos, primeiramente, ter a consciência do nosso equívoco, aceitar que falhamos, admitir que erramos e nos arrepender. Quando isso ocorrer, estamos caminhando para real libertação do peso opressor de nosso orgulho. Errar, assumir o erro, arrepender-se e reabilitar-se perante a lei que nos rege. Assim se efetua o aprendizado verdadeiro de uma lição, seja ela qual for. Para Estela, ainda ofuscada pelo poder que almejava, determinada a obtê-lo a qualquer preço, seria um doloroso caminho até que se conscientizasse de que nada disso realmente importava, quando o amor não nos acompanha em nossa jornada redentora. Porém teria o amparo de irmãos amados que ao seu lado estariam até que seu tempo de despertar ocorresse. Permaneceu em perturbação por um longo período, mesmo sendo auxiliada. Os momentos derradeiros de sua existência material quando foram recordados lhe trouxeram grande estímulo para prosseguir em sua luta contra as próprias imperfeições. A figura amorosa de Afonso ao seu lado era seu maior consolo e lhe estimulava a prosseguir. Sentiu a verdade em suas palavras e, para um dia poder acompanhar-lhe os passos, era necessário que se elevasse moralmente, procurando quitar suas dívidas e amenizar suas imperfeições. E teria essa ajuda, se assim desejasse.

O Pai amoroso ao seu lado se encontrava, tentando despertar-lhe as lembranças de sua alma ainda pura, contendo toda a potencialidade para aspirar a condições melhores.

Leonora e Julian providenciaram para que ambos pudessem estar próximos dela e, assim, facilitar o tempo de despertar de Estela. Todos confiavam que esse dia estava próximo. E, quem sabe, uma reencarnação poderia auxiliá-la um pouco mais? O tempo diria...

Quanto a Edan, nosso amigo permanece em seu castelo sombrio, praguejando contra tudo e todos, atribuindo ao outro a miséria que o acompanha. Somos nós os causadores de nossos infortúnios e precisamos despertar para essa sublime verdade. Ele ainda arquiteta vinganças, planeja novas alianças malévolas com a finalidade de se fortalecer, aguardando o momento de atacar nossos amigos, em especial Afonso, fonte de todo rancor e ódio. Laurita e Afonso aceitaram recebê-lo como filho, de maneira compulsória[1], mas ele se nega a reencarnar novamente, muito menos ao lado de nossos amorosos irmãos. Porém o que sempre irá prevalecer é a vontade soberana de Deus, aquele que tudo sabe e que nos ama incondicionalmente. Se assim for sua vontade, como não acatar sua orientação? Sua mágoa excessiva o impede de ver o essencial e o Pai fará tudo para que ele se reconecte novamente a ele. Como disse o Mestre: nenhuma ovelha se perderá! Confiando nisso, em breve esse amado irmão se renderá ao apelo magnânimo do amor!

Leonora e Julian continuam em suas tarefas de amparo e auxílio aos tantos que ainda se encontram perdidos nos vales sombrios da dor e da iniquidade.

Sempre com um sorriso nos lábios, esses amorosos companheiros estendem as mãos aos que os buscam...

Nenhum poder é maior que o amor!

Daniel
Maio/2018

---

[1] Reencarnação compulsória: Kardec, Allan (1804-1869) – *O Livro dos Espíritos* – questão 337 – A união do espírito com um determinado corpo pode ser imposta pela Providência Divina, bem como as diferentes provas, especialmente quando o espírito ainda não está apto a fazer uma escolha com conhecimento de causa.

 17 3531.4444
 17 99777.7413
 @boanovaed
 boanovaed
▶ boanovaeditora

Av. Porto Ferreira, 1031 | Parque Iracema
CEP 15809-020 | Catanduva-SP

www.**petit**.com.br | petit@petit.com.br
www.**boanova**.net | boanova@boanova.net

Acesse nossa loja

Fale pelo whatsapp